民法典普及推荐读本

民法典与日常生活365问

林伯青　邢　鑫　吴银书　主编

法律出版社
LAW PRESS·CHINA
北京

图书在版编目(CIP)数据

民法典与日常生活365问 / 林伯青，邢鑫，吴银书主编. -- 北京：法律出版社，2022(2025.12 重印)
ISBN 978 - 7 - 5197 - 7093 - 8

Ⅰ. ①民… Ⅱ. ①林… ②邢… ③吴… Ⅲ. ①民法－法典－中国－问题解答 Ⅳ. ①D923.05

中国版本图书馆CIP数据核字(2022)第170855号

民法典与日常生活365问
MINFADIAN YU RICHANG SHENGHUO 365 WEN

林伯青 邢 鑫 吴银书 主编

策划编辑 林 蕊
责任编辑 林 蕊
装帧设计 汪奇峰

出版发行 法律出版社
编辑统筹 司法实务出版分社
责任校对 王 丰 李景美
责任印制 胡晓雅
经 销 新华书店

开本 710毫米×1000毫米 1/16
印张 29.5 字数 546千
版本 2022年10月第1版
印次 2025年12月第5次印刷
印刷 天津嘉恒印务有限公司

地址：北京市丰台区莲花池西里7号(100073)
网址：www.lawpress.com.cn
投稿邮箱：info@lawpress.com.cn
举报盗版邮箱：jbwq@lawpress.com.cn

销售电话：010－83938349
客服电话：010－83938350
咨询电话：010－63939796

书号：ISBN 978 - 7 - 5197 - 7093 - 8 定价：85.00元

凡购买本社图书，如有印装错误，我社负责退换。电话：010－83938349

本书编委会

序　一 PREFACE

自1804年《法国民法典》到2020年5月我国第十三届全国人民代表大会第三次会议通过的《民法典》,现代民法经两百余年历史长河洗礼,终在神州大地结出丰硕果实。《民法典》是中华人民共和国成立以来第一部以"法典"形式命名的立法,开创了我国法典编纂的先河,既是对我国现有相关民事法律的合并、梳理和重述,也根据社会发展需求作出了创新性的规定。

作为从业二十余年的律师,本人代理过数不清的民事案件,在与当事人沟通过程中,我深刻感受到根植在大众心中的"厌讼""惧讼"情结。人们往往因为这些情结,在自身权益受到侵犯时不愿拿起民法的武器维护自己,或当想诉诸民法时因错过时效而为时已晚,更有甚者通过私力救济反而铸成大祸,把简单的民事纠纷激化升级为刑事案件,酿成一个家庭或数个家庭的悲剧。

孟德斯鸠曾说:"在民法慈母般的眼神中,每个人就是整个国家。"民法是与普罗大众生产生活息息相关的法律,人们对其应如慈母般可亲可敬,为何人们反而会对民法敬而远之呢?为何会觉得民法触不可及呢?

首先,在《民法典》通过之前,我国民法相关法律有《婚姻法》《继承法》《民法通则》《收养法》《担保法》《合同法》《物权法》《侵权责任法》《民法总则》(现均已失效)等。这一部部法律犹如一座座大山,在人们追寻正义的路上巍然耸立,大部分人远眺一眼便选择放弃;剩下的人中,有的会选择向导(律师/法律援助)助其翻越,有的则徒手攀爬、艰难前行。而《民法典》的颁布宛如在一座座高山中开辟了隧道,从此正义之路即便非坦途,但也不再崎岖。《民法典》拉近了民众与民法的距离,更降低了人们的学习成本:一本《民法典》便覆盖了百姓生活的方方面面。

其次,中华文明虽然是四大文明古国中硕果仅存的古老文明,但中华人民共和国仍然是一个年轻的国家,法律制度不健全、立法空白等问题曾长期存在于我国的法治历史中。法律不保护权利上的沉睡者。"科学立法、严格执法、公正司法、全民守法"的十六字方针以及强化对权力运行的制约和监督犹如《民法典》"正义隧道"中的高速路，让人民不再在权利上沉睡，敢于踏入征途，乘上民法的“战车”追寻正义！

作为仲裁员，本人也历经许多仲裁案件审理。《民法典》的核心任务之一，就是为市场经济提供完整的市场化交易规则。仲裁是市场主体解决因市场交易产生纠纷的重要方式之一，《民法典》的规定也与仲裁工作有密切联系。

《民法典》属于实体性的法律。我国当事人之间的仲裁，多将《民法典》作为实体法予以适用。可以预见的是，在今后的仲裁中，我国《民法典》将对仲裁工作起到越来越重要的作用。

《民法典》共七编，包括总则、物权、合同、人格权、婚姻家庭、继承和侵权责任及附则共计1260条。在法律规定的可仲裁事项范围内，《民法典》中所有的法律规定都有可能与仲裁有关，并且在仲裁中得以解释和适用。

根据多年的大学执教经验，本人发现当代大学生对于冰冷晦涩的法条大多意兴阑珊，而对相关的案例却兴致盎然。这与互联网时代年轻人不满足于传统的教学方式有关，时代的发展必然要求法律教学也与时俱进。在法律教学中根据法条设定一个个现实情境，使学生能感同身受一个个现实案例，比苦口婆心解析法条有更好的教学效果，这也是我参与创作本书的原因。对普通老百姓来说更是如此，案例能让人举一反三，更易理解。本书通过300余个生动的现实案例，以日常生活中常见的疑惑作为问题，通过律师解读相关《民法典》法律条文，以通俗易懂的语言作为回答，更好地服务于人民群众“学法、懂法、用法”的实际需求，引领人们走入一个化繁为简的《民法典》新世界！

衷心希望本书的出版，能让《民法典》走进千家万户，能让群众养成自觉守法的意识，形成遇事找法的习惯，培养解决问题靠法的意识和能力。

林伯青

2022年9月

序　二 PREFACE

中国古代实行“诸法合一、民刑不分”的立法政策，直到清末变法时，清政府于1911年开始制定《大清民律草案》。中华人民共和国成立以来，立法机关先后四次启动民法制定工作，但因各种原因被中断；随着改革开放，社会主义市场经济体制的确立和发展，民事主体在开展各种民事活动的过程中，渴望更加科学完善的民法规范体系。

1986年，第一部调整民事法律关系的基本法《民法通则》出现了，《合同法》也于1999年颁布。2001年，第九届全国人大常委会组织起草了《民法(草案)》，立法机关决定采取分阶段、分步骤的方式，待条件成熟后再制定《民法典》；《物权法》《侵权责任法》分别于2007年、2009年相继颁布。2014年10月，党的十八届四中全会提出加强市场法律制度建设，“编纂民法典”；2016年6月，全国人大常委会决定按照“两步走”的工作安排着手民法典的编纂活动，即先制定民法典总则，后制定民法典各分编。2017年3月，《民法总则》通过并于2017年10月1日起施行；2019年12月16日《民法典(草案)》公布；《民法典》于2020年5月最终通过，自2021年1月1日起施行，《婚姻法》《继承法》《民法通则》《收养法》《担保法》《合同法》《物权法》《侵权责任法》《民法总则》同时废止。

从我国民事法律规范大致的发展进程来看，《民法典》的颁布直接推动了民事立法的体系化。我国颁布的《民法典》考虑到我国国情和实践需要，进行了体例上的创新；《民法典》在基本原则和价值的指引下，按照总分结构，形成了由概念、规则、制度构成的逻辑完备、内在一致的整体，将民事活动中具有普遍适用性的规范抽象出来作为总则的主要内容，依次完善了自成体系且联系紧密的物权编、合同编、人格权编、婚姻家庭编、继承编、侵权责任编。通过整合多部单行法，尽力弥合《民法典》与单行法之间的诸多矛盾，减少法律体系内部产生冲突，促进民事法律制度的完善和进一步科学化，为国家公职人员依法行政、公正司法，法律行业工作者更准确地适用法律提供基本遵循。

《民法典》的出台不仅是公民民事法律活动交往过程中所必需的，更是我国社会主义现代化进程中相当重要的一环。从宏观层面来看，《民法典》弘扬社会主义核心价值观，有效提升国家治理体系和治理能力的现代化。《民法典》是全面保障私权的基本法，确立了完备的民事权利体系，构建完善了民事权利的保护和救济规则，通过更好地保护私权利实现了规范公权力的效果，为公权力机关合理行使权力明确了边界，进一步推动政府依法行政以及治理能力的提升。从微观层面来看，《民法典》的颁布为私主体之间的民事交易活动和其他民事行为提供了更为科学完整的理论指导。市场经济的成熟很大程度上以民商事规则的成熟为标志，《民法典》完善了社会主义市场经济法律体系，进一步明确私法自治、合同自由的原则，调动市场主体从事交易活动的积极性。民事活动的繁荣和发达，在受到《民法典》规范的指引时，本身也为民法规范的完善提供了丰富的素材和多元的视角。二者相辅相成，互为表里，为实现人民群众美好幸福生活提供保障。

《民法典》作为百姓生活的百科全书，"从摇篮到坟墓"各个阶段实现对人的保护，覆盖社会生活的方方面面，以平等主体在民事活动中所形成的人身关系和财产关系为调整对象，直接关系人民群众的切身利益和社会生产生活秩序，为公权力的行使也划定了合理的边界。相信本书的出版，能够为崭新的民法典时代和法学教育的繁荣发展提供更有力的支持。

邢　鑫

2022年9月

序　三 PREFACE

2020年5月28日，第十三届全国人民代表大会第三次会议表决通过了《民法典》，自2021年1月1日起施行。《民法典》的颁行进一步完善了我国社会主义法律体系。其不仅包括对社会生活方方面面的规范，同时也为民事领域特别法（如网络虚拟财产、个人信息问题）的制定预留了一些空间。

《民法典》的时代精神之一也是赋予了民事主体更为丰富的民事权利类型，让权利的救济措施更为多元化，让权利的效力更为丰满。与之相对应的，《民法典》严格限制公权力介入社会领域，尤其是市场领域、家庭领域和私人生活领域。通过明确民事权利类型、效力及厘定其行使边界，《民法典》完成了其最重要的宗旨之一——“保护民事主体的合法权益”。

我国改革开放至今，民事领域的法律规则已相对完备，但因为这些规则诞生于不同时期，某些制度和规则无法满足社会和经济发展的新需求，亟须按照新理念设计新规则。《民法典》的颁布实施为我国市场经济法律规则的完善和改进提供了绝佳的机会。

《民法典》被称为“社会生活的百科全书”，因为其涉及的内容范围极其广泛，每一条规定都与我们的日常社会生活息息相关。除此以外，《民法典》还通篇贯穿以人民为中心的发展思想，着眼满足人民对美好生活的需要，充分保障了人民的权利，也因此被誉为是“新时代人民权利的宣言书”。

因此，读懂《民法典》，在日常生活中运用其维护自己的相关权益，是自《民法典》颁布并施行后的一大急需普及的知识。本书从日常生活中的常见场景入手，着眼于生活化的案例，并结合《民法典》的相关规定对相关内容进行了深刻的剖析。

希望本书可以为各位读者提供适用《民法典》解决日常生活中纠纷的有效途径。

吴银书

2022年9月

目　录 CONTENTS

第一章
总则法律问题

一、基本规定

1.《民法典》诚信原则的内容是什么?

【情景案例】

2021 年 3 月,陈某通过中介公司与卖家邓某签订房屋买卖合同,以 130 万元的价格购买了一套 110 平方米的房屋,并支付中介费 2 万元。入住后,陈某才从小区邻居处了解到,几年前曾有人在该房屋内自杀;该房屋系所谓的“凶宅”。经查实,房产中介对该房屋是“凶宅”并不知情。

请问:陈某可以要求退房吗?

【律师解答】

我国《民法典》规定,民事主体从事民事活动,应当遵循诚信原则,秉持诚实,恪守承诺。诚实原则,是指所有民事主体在从事任何民事活动时,都应该秉持诚实、善意、不诈不欺、言行一致与信守诺言的态度。诚信原则是民法的基本原则之一,彰显的是民事活动中最重要的价值取向。

本案中,在签订买卖合同而进行磋商时,邓某隐瞒房屋是“凶宅”的事实,没有履行诚信原则要求的必要告知义务。在我国传统的观念里面,人们对住宅内发生凶杀事件会让人产生恐惧和忌讳的心理,此类住宅虽在实物形态上未受损坏,但会在一定程度上影响房产的价值,这已构成合同标的物的重大瑕疵。因此,邓某的隐瞒行为违反诚实信用原则,已经构成欺诈,陈某有权请求人民法院撤销房屋买卖产合同并要求退房。需要说明的是,房屋发生正常生理死亡的,并不属于出卖人应当披露的信息,不构成撤销合同的必要条件。

【法条链接】

《民法典》第七条　民事主体从事民事活动，应当遵循诚信原则，秉持诚实，恪守承诺。

第一百四十八条　一方以欺诈手段，使对方在违背真实意思的情况下实施的民事法律行为，受欺诈方有权请求人民法院或者仲裁机构予以撤销。

第五百零九条第二款　当事人应当遵循诚信原则，根据合同的性质、目的和交易习惯履行通知、协助、保密等义务。

2.《民法典》公序良俗原则的内容是什么？

【情景案例】

郑某与邓某（女）于2017年6月登记结婚。之后，郑某在一次朋友聚会中认识马某（女），并发展成为情人关系。2021年5月，在马某的强烈要求下，双方订立一份协议，约定：由郑某出资100万元，以马某名义全款购买一套房屋。为报答郑某，马某自愿做郑某的情人，如果马某违反约定，则应退还郑某100万元购房款。如果郑某提出解除两人的情人关系，则马某不用退还上述购房款。受新冠肺炎疫情影响，郑某的生意急需资金周转，于是将马某诉至法院，要求其返还100万元购房款。

请问：郑某的请求能得到法院支持吗？

【律师解答】

我国《民法典》规定，民事主体从事民事活动，不得违反法律，不得违背公序良俗；违背公序良俗的民事法律行为无效。公序良俗是由"公共秩序"和"善良风俗"两个概念构成的。公共秩序，是指政治、经济、文化等领域的基本秩序和根本理念，是与国家和社会整体利益相关的基础性原则、价值和秩序。善良风俗，是指基于社会主流道德观念的习俗，是全体社会成员所普遍认可、遵循的道德准则。公共秩序强调的是国家和社会层面的价值理念，善良风俗突出的是民间的道德观念。

本案中，郑某与马某订立"情人协议"，欲以金钱维系、约束双方的情人关系，该协议的内容损害了社会善良风俗，违反了公序良俗原则，属于无效的民事法律行为。由于法律行为无效，当事人因此获得的财产应当返还。因此，郑某的请求能得到法院支持。

【法条链接】

《民法典》第八条　民事主体从事民事活动，不得违反法律，不得违背公序良俗。

第一百五十三条第二款　违背公序良俗的民事法律行为无效。

二、自然人与个体工商户

3. 未成年人从事民事活动是否有限制?

【情景案例】

刚满10周岁的小张非常喜欢打游戏,多次请求父亲老张为自己购买一台电脑,但老张每次都拒绝。某天,小张拿出自己的3000元压岁钱去某电器店买了一台二手电脑。老张知道此事后,担心小张迷上游戏而不专心学习,于是要求电器店老板将电脑取走,并返还已支付的3000元。

请问:老张可以要求某电器店取回电脑吗?

【律师解答】

我国《民法典》规定,8周岁以上的未成年人为限制民事行为能力人,实施民事法律行为由其法定代理人代理或者经其法定代理人同意、追认;但是,其可以独立实施纯获利益的民事法律行为或者与其年龄、智力相适应的民事法律行为。

本案中,小张是一个刚满10周岁的未成年人,其购买二手电脑应当不属于与其年龄、智力相适应的民事活动,其行为要经法定代理人追认才有效。在小张的法定代理人老张拒绝追认的情况下,小张花3000元购买二手电脑的行为是无效的。对此,老张可以以小张为限制民事行为能力人为由,要求某电器店取回电脑。当然,某电器店也需要给小张返还已支付的3000元价款。

需要说明的是,8周岁以上、不满18周岁的未成年人原则上为限制民事行为能力人,对于限制民事行为能力人实施的纯获利益的民事法律行为(如春节时收取的压岁钱、收长辈赠与的财产),即使没有法定代理人的同意,也是有效的。

【法条链接】

《民法典》第十九条 八周岁以上的未成年人为限制民事行为能力人,实施民事法律行为由其法定代理人代理或者经其法定代理人同意、追认;但是,可以独立实施纯获利益的民事法律行为或者与其年龄、智力相适应的民事法律行为。

第一百四十五条第一款 限制民事行为能力人实施的纯获利益的民事法律行为或者与其年龄、智力、精神健康状况相适应的民事法律行为有效;实施的其他民事法律行为经法定代理人同意或者追认后有效。

4. 胎儿是否具有继承遗产的资格?

【情景案例】

李某与王某(女)相恋多年,于2021年1月登记结婚。为与王某结婚,李某婚前以自己名义购买了一套80万元的房屋。2021年3月,王某顺利怀孕。之后,李某因交通事故意外身亡。事后,李某的父母与王某就未出生的胎儿是否有继承权发生争议。

请问:王某腹中的胎儿可以继承李某的遗产吗?

【律师解答】

我国《民法典》规定,涉及遗产继承、接受赠与等胎儿利益保护的,胎儿视为具有民事权利能力。遗产分割时,应当保留胎儿的继承份额;胎儿娩出时是死体的,保留的份额按照法定继承办理。由此可见,虽然胎儿还没有出生,但只要胎儿出生是活体的,也具有继承遗产的资格。

本案中,李某在王某怀孕时不幸去世,如果王某的腹中胎儿生出来是活体,其可以继承李某的遗产;如果生出来是死体,则不可以继承李某的遗产。

【法条链接】

《民法典》第十六条　涉及遗产继承、接受赠与等胎儿利益保护的,胎儿视为具有民事权利能力。但是,胎儿娩出时为死体的,其民事权利能力自始不存在。

第一千一百五十五条　遗产分割时,应当保留胎儿的继承份额。胎儿娩出时是死体的,保留的份额按照法定继承办理。

5. 监护人将监护职责委托给他人,被监护人发生侵权行为的,责任由谁承担?

【情景案例】

2021年2月16日,11岁的小张到外婆家拜年。当天,小张的表哥小刘(19岁)提出带小张到外面骑自行车,小张的父母同意。但小张在骑自行车时,不小心将刚满7岁的小陈撞伤,共花医疗费3000元。在小张将小陈撞伤时,小刘正在赌博。之后,小陈的爸爸要求小刘赔偿损失,小刘称自己不是小张的监护人,因此无须承担赔偿责任,双方因此发生争议。

请问:小张将小陈撞伤的责任由谁承担?

【律师解答】

我国《民法典》规定，监护人可以将监护职责委托给他人，因被监护人的侵权行为需要承担民事责任的，原则上由监护人承担，但受托人确有过错的，须承担相应的责任。由此可见，监护人并不因将其委托监督职责委托给受托人而免除自己的责任，仍然是侵权责任人。

本案中，小刘受托暂时负责对小张进行监管，其应当好好照看小张，但事发时小刘正在赌博，其对小张将小陈撞伤的后果存在过错，其应当与小张的监护人一起承担侵权责任。

【法条链接】

《民法典》第一千一百八十九条　无民事行为能力人、限制民事行为能力人造成他人损害，监护人将监护职责委托给他人的，监护人应当承担侵权责任；受托人有过错的，承担相应的责任。

6. 老年人可以指定非近亲属为监护人吗？

【情景案例】

杨大爷今年82岁，由于早年离异，虽然有个亲生儿子但从不联系，唯一的亲妹妹也早已断绝往来。由于年纪大了，杨大爷身体一直不太好，经常生病住院，只能靠居委会和邻居赵阿姨来照顾。为能安享晚年，杨大爷想要委托赵阿姨作自己的监护人，在其生活不能自理时照顾自己。赵阿姨也同意照料杨大爷的晚年生活。

请问：杨大爷可以委托赵阿姨当自己的监护人吗？

【律师解答】

我国《民法典》规定，具有完全民事行为能力的成年人，可以与其近亲属、其他愿意担任监护人的个人或者组织事先协商，以书面形式确定自己的监护人，在自己丧失或者部分丧失民事行为能力时，由该监护人履行监护职责。该规定是《民法典》新设的意定监督制度，该制度充分尊重了老年人对于自己事务未雨绸缪进行管理的意愿，更好地保障了老年人的合法权益，有利于解决我国人口老龄化的社会问题。

本案中，杨大爷可以与赵阿姨签订书面协议，以确定赵阿姨为自己的监护人。赵阿姨在杨大爷丧失或者部分丧失民事行为能力时，就应当履行监护职责。需要说明的是，在签订书面协议前，赵阿姨可以与杨大爷约定是否需要支付报酬及具体的支付方式。此外，为更好地保障自己的权益，杨大爷也可以确定监护监督人，以监督赵阿姨的行为是否符合自己的利益。

【法条链接】

《民法典》第三十三条　具有完全民事行为能力的成年人，可以与其近亲属、其他愿意担任监护人的个人或者组织事先协商，以书面形式确定自己的监护人，在自己丧失或者部分丧失民事行为能力时，由该监护人履行监护职责。

7. 监护资格可以被撤销吗？

【情景案例】

小周 8 岁时，其母亲因病去世。之后小周一直与父亲大周共同生活。但大周有赌博的恶习，每次输钱后都会打骂小周。为让小周不受打骂，邻居黄某将此事告知村民委员会。村民委员会知道此事后，对大周进行了多次批评教育，但大周屡教不改。无奈之下，村民委员会向法院提出申请，要求撤销大周的监护资格。

请问：村民委员会的请求能得到法院支持吗？

【律师解答】

我国《民法典》规定，监护人实施严重损害被监护人身心健康的行为，人民法院可根据有关个人或者组织的申请，撤销其监护人资格，安排必要的临时监护措施，并按照最有利于被监护人的原则依法指定监护人。本条规定的组织包括村民委员会、居民委员会、学校、妇女联合会、未成年人保护组织、民政部门等。

本案中，大周作为监护人怠于履行监护职责，具有赌博的恶习且长期打骂小周，严重损害了小周的身心健康。因此，小周所在地的村民委员会向法院申请撤销大周的监护资格，应当能得到法院支持。大周的监督资格被撤销后，法院可以依照最有利于小周健康成长的原则，指定其他具有监护资格的人作为小周的监护人。需要说明的是，大周被法院撤销监护人资格后，如果确有悔改表现，其可向法院申请恢复监护人资格。经其申请，法院可以在尊重被监护人真实意愿的前提下，视情况决定是否恢复其监护人资格。

【法条链接】

《民法典》第三十六条　监护人有下列情形之一的，人民法院根据有关个人或者组织的申请，撤销其监护人资格，安排必要的临时监护措施，并按照最有利于被监护人的原则依法指定监护人：

（一）实施严重损害被监护人身心健康的行为；

（二）怠于履行监护职责，或者无法履行监护职责且拒绝将监护职责部分或者全部委托给他人，导致被监护人处于危困状态；

（三）实施严重侵害被监护人合法权益的其他行为。

本条规定的有关个人、组织包括：其他依法具有监护资格的人，居民委员会、村民委员会、学校、医疗机构、妇女联合会、残疾人联合会、未成年人保护组织、依法设立的老年人组织、民政部门等。

前款规定的个人和民政部门以外的组织未及时向人民法院申请撤销监护人资格的，民政部门应当向人民法院申请。

第三十八条 被监护人的父母或者子女被人民法院撤销监护人资格后，除对被监护人实施故意犯罪的外，确有悔改表现的，经其申请，人民法院可以在尊重被监护人真实意愿的前提下，视情况恢复其监护人资格，人民法院指定的监护人与被监护人的监护关系同时终止。

8. 公民下落不明的，可以宣告失踪吗？

【情景案例】

吴某与徐某于2013年结婚，婚后生育一子。婚后，吴某以自己的名义购买两套房屋。之后因赌博输钱，吴某向同事孙某借款20万元。为尽快还清债务，吴某于2018年4月外出打工，但此后再也没有回来，也未跟家中有任何联系，徐某通过各种方法也联系不上吴某。此后，孙某多次上门讨债，均被徐某以吴某多年没回家、下落不明为由搪塞。无奈之下，孙某于2021年3月向法院提出申请宣告吴某失踪，以便清偿债款。

请问：孙某的请求能得到法院支持吗？

【律师解答】

我国《民法典》规定，自然人下落不明满2年的，利害关系人可以向人民法院申请宣告该自然人为失踪人。失踪人的财产由其配偶、成年子女、父母或者其他愿意担任财产代管人的人代管。失踪人所欠税款、债务和应付的其他费用，由财产代管人从失踪人的财产中支付。实务中，自然人离开惯常住所下落不明，不仅不利于其自身财产的管理和维护，还有可能损害债权人等利害关系人的利益。针对这种情况，我国法律设立了宣告失踪与宣告死亡制度，以宣告的方法认定自然人失踪或死亡。

本案中，吴某下落不明的时间已满2年，债权人孙某作为利害关系人，有权向法院申请宣告吴某为失踪人。法院受理后，应发出寻找吴某的公告，寻人公告期间（3个月）届满仍不能发现吴某下落，法院即可根据事实，作出失踪宣告，并为吴某指定财产代管人代管其财产。对于孙某的20万元债权,其可向财产代管人主张偿还。

【法条链接】

《民法典》第四十条 自然人下落不明满二年的,利害关系人可以向人民法院申请宣告该自然人为失踪人。

第四十一条 自然人下落不明的时间自其失去音讯之日起计算。战争期间下落不明的,下落不明的时间自战争结束之日或者有关机关确定的下落不明之日起计算。

第四十二条 失踪人的财产由其配偶、成年子女、父母或者其他愿意担任财产代管人的人代管。

代管有争议,没有前款规定的人,或者前款规定的人无代管能力的,由人民法院指定的人代管。

第四十三条第二款 失踪人所欠税款、债务和应付的其他费用,由财产代管人从失踪人的财产中支付。

9.被宣告死亡的人又出现的,其婚姻关系怎么办?

【情景案例】

胡某与朱某(女)结婚后,因胡某下落不明满4年,朱某向法院申请宣告了胡某死亡。宣告死亡3年后,朱某经媒人介绍与高某结婚,并生有一子一女。没想到的是,胡某于2021年5月突然回来,并要求朱某对他尽妻子的义务。

请问:胡某与朱某的婚姻关系如何处理?

【律师解答】

我国《民法典》规定,被宣告死亡的人的婚姻关系,自死亡宣告之日起消除。死亡宣告被撤销的,婚姻关系自撤销死亡宣告之日起自行恢复。但是,其配偶再婚或者向婚姻登记机关书面声明不愿意恢复的除外。

本案中,朱某与胡某的婚姻关系已在胡某被依法宣告死亡之日解除。朱某在胡某重新出现后已再婚,因此两人的夫妻关系并不自行恢复。也就是说,朱某与高某的夫妻关系受法律保护,其不必对胡某尽妻子义务。如果胡某仍强行要求朱某履行妻子义务,其行为是违法的,严重时可能构成犯罪。

【法条链接】

《民法典》第四十六条 自然人有下列情形之一的,利害关系人可以向人民法院申请宣告该自然人死亡:

（一）下落不明满四年；

（二）因意外事件，下落不明满二年。

因意外事件下落不明，经有关机关证明该自然人不可能生存的，申请宣告死亡不受二年时间的限制。

第五十一条 被宣告死亡的人的婚姻关系，自死亡宣告之日起消除。死亡宣告被撤销的，婚姻关系自撤销死亡宣告之日起自行恢复。但是，其配偶再婚或者向婚姻登记机关书面声明不愿意恢复的除外。

10. 父母可出卖未成年子女名下的房屋吗？

【情景案例】

2021年1月，何某将一套价值60万元的房屋赠与10周岁的外孙小林。因资金周转困难，小林的父亲大林决定将该房屋出售以解燃眉之急。大林与郭某签订《房屋买卖合同》并支付50%购房款后，双方在办理过户手续时，被房产登记部门告知大林其无权出售该房屋。

请问：大林可以出售小林名下的房屋吗？

【律师解答】

我国《民法典》规定，8周岁以上的未成年人为限制民事行为能力人，可以独立实施纯获利益的民事法律行为或者与其年龄、智力相适应的民事法律行为。监护人应当按照最有利于被监护人的原则履行监护职责。监护人除为维护被监护人利益外，不得处分被监护人的财产。

本案中，10周岁的小林属于限制民事行为能力人，其可依法获得何某赠与的房屋。但房屋是小林所有的，大林作为监护人，原则上不能处置小林的财产，除非是为小林的利益处置房屋，如小林因重大疾病需要医疗，费用出现困难时，大林才可以处置小林名下的房屋。综上所述，大林不能因自己资金周转出现困难而出售小林名下房屋。

【法条链接】

《民法典》第十九条 八周岁以上的未成年人为限制民事行为能力人，实施民事法律行为由其法定代理人代理或者经其法定代理人同意、追认；但是，可以独立实施纯获利益的民事法律行为或者与其年龄、智力相适应的民事法律行为。

第三十五条第一款 监护人应当按照最有利于被监护人的原则履行监护职责。监护人除为维护被监护人利益外，不得处分被监护人的财产。

11. 个体工商户资不抵债,需要用家庭财产还债吗?

【情景案例】

林某夫妇经营了一家咖啡店,核准为个体工商户。经营过程中由于资金不足,林某以咖啡店名义向张某借款10万元。后来由于经营不善,咖啡店倒闭了。多次催款无果后,张某诉至法院,要求林某以他的家庭财产偿还10万元债务。

请问:林某需要用家庭财产偿还债务吗?

【律师解答】

我国《民法典》规定,个体工商户的债务,个人经营的,以个人财产承担;家庭经营的,以家庭财产承担;无法区分的,以家庭财产承担。

本案中,林某的咖啡店由夫妻两人经营,属于家庭经营,因此咖啡店的债务应当以林某的家庭财产承担。

【法条链接】

《民法典》第五十六条第一款 个体工商户的债务,个人经营的,以个人财产承担;家庭经营的,以家庭财产承担;无法区分的,以家庭财产承担。

三、法人与非法人组织

12. 可以起诉法人的分支机构吗?

【情景案例】

甲公司是一家化妆品公司,经营状况良好。2021年1月,甲公司在广州设立了分公司即乙公司。乙公司在当地办理了注册手续,领取了营业执照。2021年8月,乙公司因拖欠供应商丙公司货款200万元被起诉至法院。乙公司认为,其是甲公司的分支机构,不应当成为被告,甲公司才是适格被告。

请问:丙公司可以起诉乙公司吗?

【律师解答】

我国《民法典》规定,法人的分支机构可以自己的名义从事民事活动,产生的民事责任由法人承担；也可以先以该分支机构管理的财产承担，不足以承担的，由法人承担。《民事诉讼法》第五十一条规定，公民、法人和其他组织可以作为民事诉讼的当事人。法人由其法定代表人进行诉讼，其他组织由其主要负责人进行诉讼。《最高人民法院关于适用〈中华人民共和国民事诉讼法〉的解释》第五十二条规定，民事诉讼法第四十八条[①]规定的其他组织是指合法成立、有一定的组织机构和财产，但又不具备法人资格的组织，包括依法设立并领取营业执照的法人的分支机构。

本案中，乙公司作为甲公司的分支机构，可以作为民事诉讼的当事人，即丙公司可以起诉乙公司。需要说明的是，法人的分支机构引起纠纷被诉至法院的，原告可以法人的分支机构为被告，也可以法人为被告，还可以分支机构和法人为共同被告提起诉讼。即本案中的丙公司可以单独起诉乙公司，也可以单独起诉甲公司，还可以将甲公司与乙公司列为共同被告。

【法条链接】

《民法典》第七十四条　法人可以依法设立分支机构。法律、行政法规规定分支机构应当登记的，依照其规定。

分支机构以自己的名义从事民事活动，产生的民事责任由法人承担；也可以先以该分支机构管理的财产承担，不足以承担的，由法人承担。

《民事诉讼法》第五十一条　公民、法人和其他组织可以作为民事诉讼的当事人。

法人由其法定代表人进行诉讼。其他组织由其主要负责人进行诉讼。

《最高人民法院关于适用〈中华人民共和国民事诉讼法〉的解释》第五十二条　民事诉讼法第五十一条规定的其他组织是指合法成立、有一定的组织机构和财产，但又不具备法人资格的组织，包括：

……

（五）依法设立并领取营业执照的法人的分支机构；

……

13. 公司成立前，发起人以自己名义对外签订合同，相关责任由谁承担？

【情景案例】

2021 年 1 月 4 日，张某、刘某与吴某三人约定成立一家培训公司，经过一番商议之后，决定由张某办理公司筹建的所有事宜。2021 年 1 月 15 日，张某以个人名义与

---

① 《民事诉讼法》（2021 年修正）生效后，《民事诉讼法》（2017 年版）第四十八条的内容已经相应被《民事诉讼法》（2021 年修正）第五十一条所吸收。

徐某签订一份《租赁合同》，约定：合同期限为3年，租金为每月1万元，每月5日前交付上月租金。某培训公司成立后，由于经营不善于2021年5月开始欠租，直至2021年7月还没交租。多次催收无果后，徐某要求租赁合同签订人张某交租，但遭到张某拒绝。张某认为，其代表公司签订合同，租金应当由公司交纳，与其无关。

请问：徐某应当向谁追讨租金？

【律师解答】

我国《民法典》第七十五条规定，设立人为设立法人以自己的名义从事民事活动产生的民事责任，第三人有权选择请求法人或者设立人承担。《最高人民法院关于适用〈中华人民共和国公司法〉若干问题的规定（三）》第二条规定，发起人为设立公司以自己名义对外签订合同，合同相对人请求该发起人承担合同责任的，人民法院应予支持；公司成立后合同相对人请求公司承担合同责任的，人民法院应予支持。

本案中，张某作为某培训公司的发起人，以个人名义签订《租赁合同》，根据合同的相对性原理，徐某可以请求张某交付拖欠的租金。此外，由于某培训公司成立后便以合同所涉的地址作为办公地点，以默示方式对发起人张某的行为予以认可，根据上述法律规定，徐某同样可以请求某培训公司（合同权利的实际享有者）支付拖欠的租金。需要说明的是，徐某只能在两者中择一起诉，即要么起诉张某承担责任，要么起诉某培训公司承担责任，不能要求两者承担共同责任。

【法条链接】

《民法典》第七十五条第二款　设立人为设立法人以自己的名义从事民事活动产生的民事责任，第三人有权选择请求法人或者设立人承担。

《最高人民法院关于适用〈中华人民共和国公司法〉若干问题的规定（三）》（2020年修正）第二条　发起人为设立公司以自己名义对外签订合同，合同相对人请求该发起人承担合同责任的，人民法院应予支持；公司成立后合同相对人请求公司承担合同责任的，人民法院应予支持。

14. 非法人组织如何承担民事责任？

【情景案例】

2018年3月，罗某与梁某各出资100万元成立一家木器制品厂，登记为合伙企业。2021年5月10日晚上，木器制品厂突然发生火灾，工厂化为灰烬。此时，工厂已资不抵债，供货商也派人前来催款。

请问：罗某与梁某对木器制品厂的债务要承担无限连带责任吗？

【律师解答】

我国《民法典》规定，非法人组织的财产不足以清偿债务的，其出资人或者设立人承担无限责任。法律另有规定的，依照其规定。由此可见，在法律没有特别规定的情形下，非法人组织首先以其财产承担民事责任，不足以清偿债务，由出资人或设立人承担无限责任。

本案中，木器制品厂是合伙企业，属于非法人组织，当木器制品厂的财产不足以清偿债务时，罗某与梁某应当以个人财产承担无限连带责任。

【法条链接】

《民法典》第一百零二条　非法人组织是不具有法人资格，但是能够依法以自己的名义从事民事活动的组织。

非法人组织包括个人独资企业、合伙企业、不具有法人资格的专业服务机构等。

第一百零四条　非法人组织的财产不足以清偿债务的，其出资人或者设立人承担无限责任。法律另有规定的，依照其规定。

15. 村民委员会能够作为民事主体对外签订合同吗？

【情景案例】

花果山村依山傍水，是远近闻名的苹果种植基地。近年来，很多外出务工人员返乡种植苹果，苹果产量大增。由于未设立村集体经济组织，为帮助村民解决销售难题，村民委员会打算以自己的名义与某水果批发商签订一个长期的供货合同。

请问：村民委员会可以与某水果批发商签订合同吗？

【律师解答】

我国《民法典》规定，村民委员会具有基层群众性自治组织法人资格，可以从事为履行职能所需要的民事活动。农村集体经济组织依法取得法人资格，是合法的民事主体，能够对外签订合同。未设立村集体经济组织的，村民委员会可以依法代行村集体经济组织的职能。

本案中，花果山村虽然未设立村集体经济组织，但村民委员会也具有法人资格，是合法的民事主体，其可与某水果批发商签订合同。

【法条链接】

《民法典》第九十九条　农村集体经济组织依法取得法人资格。

法律、行政法规对农村集体经济组织有规定的,依照其规定。

第一百零一条　居民委员会、村民委员会具有基层群众性自治组织法人资格,可以从事为履行职能所需要的民事活动。

未设立村集体经济组织的,村民委员会可以依法代行村集体经济组织的职能。

四、民事权利

16. 自然人的个人信息受法律保护吗?

【情景案例】

2021年1月,宋某在某楼盘购买了一套商品房。之后,宋某收到很多装修公司、家具公司、房产中介公司的骚扰电话。经调查得知,某楼盘营销总监郑某将宋某的姓名、手机号码、电子邮箱、家庭住址等信息出售给其他公司获利。

请问:郑某是否侵犯宋某的个人信息受保护权?

【律师解答】

我国《民法典》规定,自然人的个人信息受法律保护。任何组织或者个人需要获取他人个人信息的,应当依法取得并确保信息安全,不得非法收集、使用、加工、传输他人个人信息,不得非法买卖、提供或者公开他人个人信息。个人信息是以电子或其他方式记录的能够单独或者与其他信息结合识别特定自然人的各种信息,包括自然人姓名、出生日期、身份证件号码、住址、电话号码、电子邮箱、健康信息、行踪信息等。

本案中,郑某出售宋某的个人信息,侵害了宋某的个人信息受保护权,应依法承担民事责任。

【法条链接】

《民法典》第一百一十一条　自然人的个人信息受法律保护。任何组织或者个人需要获取他人个人信息的,应当依法取得并确保信息安全,不得非法收集、使用、加工、传输他人个人信息,不得非法买卖、提供或者公开他人个人信息。

17. 网络虚拟财产受法律保护吗?

【情景案例】

谢某是一名游戏玩家,其系某网络游戏的用户。2021 年 1 月 1 日,谢某花 300 元购买了一批游戏装备。韩某是谢某的朋友,其通过邮件方式向谢某的电脑植入了某种计算机病毒,成功盗窃了谢某账号中的游戏装备。

请问:谢某可以向韩某主张损害赔偿责任吗?

【律师解答】

网络虚拟财产,是虚拟的网络本身以及存在于网络上的具有财产性的电磁记录,是一种能够用现有的度量标准度量其价值的数字化的新型财产。常见的网络虚拟财产包括游戏账号、微信账号、抖音账号、淘宝店铺等。我国《民法典》规定,民事主体的财产权利受法律平等保护;法律对数据、网络虚拟财产的保护有规定的,依照其规定。网络游戏装备是网络游戏用户通过合法途径支付费用购买的,实务中被认为是具有财产价值的网络虚拟财产,用户自然对该虚拟财产享有权利。

本案中,谢某被盗的游戏装备属于网络虚拟财产,具有财产价值,应当受到法律的保护。韩某盗取谢某的游戏装备的行为违反法律规定,损害了谢某的合法权益,本质上属于侵权行为,谢某可以向韩某主张损害赔偿责任。需要说明的是,如果韩某盗窃游戏装备的数额较大,有可能涉嫌构成盗窃罪。

【法条链接】

《民法典》第三条　民事主体的人身权利、财产权利以及其他合法权益受法律保护,任何组织或者个人不得侵犯。

第一百二十七条　法律对数据、网络虚拟财产的保护有规定的,依照其规定。

五、民事法律行为

18. 赠与是民事法律行为吗?

【情景案例】

张某在家收拾时,翻出保存多年的一幅字画,市场价值为 2 万元。由于好友刘某喜欢字画，于是张某将字画赠与刘某，作为其80岁的生日贺礼。

请问：张某给刘某赠与字画，属于民事法律行为吗？

【律师解答】

我国《民法典》规定，民事法律行为是民事主体通过意思表示设立、变更、终止民事法律关系的行为。民事法律行为可以基于双方或者多方的意思表示一致成立，也可以基于单方的意思表示成立。由此可见，单方民事法律行为是指因一方的意思表示就可以成立的民事法律行为。

本案中，张某赠送字画给刘某是通过单方意思表示作出的，属于单方民事法律行为。实务中，最常见的单方民事法律行为是赠与、立遗嘱、委托授权、放弃继承追认无权代理、刊登悬赏广告、债务的免除等。

【法条链接】

《民法典》第一百三十三条 民事法律行为是民事主体通过意思表示设立、变更、终止民事法律关系的行为。

第一百三十四条第一款 民事法律行为可以基于双方或者多方的意思表示一致成立，也可以基于单方的意思表示成立。

19. 双方虚假通谋的法律行为有效吗？

【情景案例】

2021年2月1日，冯某与甲公司职工于某签订一份《借款合同》，约定于某向冯某借款100万元，借款期限为1年，年利率为10%。事实上，冯某实际出借对象并非于某，而是于某所在的甲公司，因为借款时，甲公司不方便以自己的名义借，故以于某的名义借款。借款时，借贷双方均对实际借款人为甲公司的事实清楚了解，而该笔借款最终用于支付甲公司购买乙公司的股权。之后，甲公司认为该借款系冯某的个人借款，与其无关，由此引发争议。

请问：冯某与于某签订的《借款合同》有效吗？

【律师解答】

无效民事法律行为，是指已经成立的民事法律行为因不具备民事法律行为的有效要件，因而根本不能引起行为人意思表示内容要求的民事法律后果。民事法律行为无效，从行为开始时就没有法律约束力。我国《民法典》规定，行为人与相对人以虚假的意思表示实施的民事法律行为无效。以虚假的意思表示隐藏的民事法律行为的效力，依照有关法律规定处理。

本案中，因于某与冯某签订《借款协议》时，并无真实借款的意思表示，故双方之间不存在借贷的民事法律行为。而本案中隐藏的民事法律行为是甲公司与冯某存在真实借款的意思表示，故应认定甲公司与冯某存在借贷的民事法律行为，应由甲公司承担还款义务。

【法条链接】

《民法典》第一百四十六条 行为人与相对人以虚假的意思表示实施的民事法律行为无效。

以虚假的意思表示隐藏的民事法律行为的效力，依照有关法律规定处理。

20. 违反法律强制性规定的法律行为有效吗？

【情景案例】

陈某与杨某是同事，两人关系甚好。由于杨某自小在城市中长大，十分向往农村的田园生活，于是与陈某签订一份《农村房屋买卖合同》，约定：陈某将自家房屋出售给杨某，价款为20万元。陈某的父母知道此事后，表示强烈反对。

请问：陈某与杨某签订房屋买卖合同，有效吗？

【律师解答】

我国《民法典》规定，违反法律、行政法规的强制性规定的民事法律行为无效。但是，该强制性规定不导致该民事法律行为无效的除外。《中央农村工作领导小组办公室、农业农村部关于进一步加强农村宅基地管理的通知》规定，严禁城镇居民在农村购置宅基地。

农村房屋虽是私有财产，房主有权进行处分，但基于不动产的房地关联性，农村房屋买卖涉及宅基地使用权的转让。宅基地使用权是集体经济组织成员享有的与特定身份关系相联系的权利，而农村房屋买卖合同的生效依赖于宅基地使用权的有效转让。

司法实践中，一般认定农村房地产在本村内流转合法有效。本案中，杨某并非陈某同村的村民，两人订立的农村房屋买卖合同因涉及转让宅基地使用权，违反了国家法律关于农村宅基地禁止违法转让的强制性规定而无效。

【法条链接】

《民法典》第一百五十三条 违反法律、行政法规的强制性规定的民事法律行为无效。但是，该强制性规定不导致该民事法律行为无效的除外。

违背公序良俗的民事法律行为无效。

第三百六十三条 宅基地使用权的取得、行使和转让，适用土地管理的法律和国家有关规定。

《中央农村工作领导小组办公室、农业农村部关于进一步加强农村宅基地管理的通知》六、依法保护农民合法权益 要充分保障宅基地农户资格权和农民房屋财产权。不得以各种名义违背农民意愿强制流转宅基地和强迫农民“上楼”，不得违法收回农户合法取得的宅基地，不得以退出宅基地作为农民进城落户的条件。严格控制整村撤并，规范实施程序，加强监督管理。宅基地是农村村民的基本居住保障，严禁城镇居民到农村购买宅基地，严禁下乡利用农村宅基地建设别墅大院和私人会馆。严禁借流转之名违法违规圈占、买卖宅基地。

21. 恶意串通损害他人利益的法律行为有效吗？

【情景案例】

赵某和黄某是同事，同住一个宿舍。因工作需要，公司委派赵某到北京出差半年。赵某临行前，将自己一台电脑交给黄某保管和使用。4个月后，赵某告知黄某电脑可以适当价格卖掉。黄某的好友张某得知此事，表示想买下这台电脑。两人商议后，黄某对赵某谎称电脑主板坏了，现在开不了机。赵某答复可以降低价格卖掉。于是黄某将市场价3000元的电脑以500元的低价出售给张某。赵某出差回来后，知道真相后便诉至法院，要求确认买卖电脑的行为无效，并要求张某返还电脑。

请问：赵某的请求能得到法院支持吗？

【律师解答】

我国《民法典》规定，行为人与相对人恶意串通，损害他人合法权益的民事法律行为无效。民事法律行为无效、被撤销或者确定不发生效力后，行为人因该行为取得的财产，应当予以返还。

本案中，黄某与张某恶意串通，将市场价3000元的电脑以500元的低价出售给张某，损害了赵某的合法权益，该民事法律行为无效。故赵某的请求能得到法院支持。

【法条链接】

《民法典》第一百五十四条 行为人与相对人恶意串通，损害他人合法权益的民事法律行为无效。

第一百五十七条 民事法律行为无效、被撤销或者确定不发生效力后，行为人因该行为取得的财产,应当予以返还;不能返还或者没有必要返还的,应当折价补偿。有过错的一方应当赔偿对方由此所受到的损失;各方都有过错的,应当各自承担相应的责任。法律另有规定的,依照其规定。

22. 基于重大误解签订的合同,可以撤销吗?

【情景案例】

周某将一幅祖传的字画卖给吴某,双方签订了一份买卖合同。交付后,吴某将该画拿到权威部门鉴定,鉴定结果为赝品。为此,吴某以重大误解为由要求退货并返还价款,但周某以该画是祖传物件,并不知道真假为由拒绝。

请问:吴某有权撤销双方所签订的合同吗?

【律师解答】

我国《民法典》规定,基于重大误解实施的民事法律行为,行为人有权请求人民法院或者仲裁机构予以撤销。

本案中,吴某不知周某祖传的字画是赝品,基于重大误解购买了该幅字画,故吴某有权撤销双方所签订的买卖合同。需要提醒的是,吴某应当自知道或者应当知道撤销事由之日起 90 日内行使撤销权,否则撤销权消灭。

【法条链接】

《民法典》第一百四十七条　基于重大误解实施的民事法律行为,行为人有权请求人民法院或者仲裁机构予以撤销。

第一百五十二条　有下列情形之一的,撤销权消灭:

(一)当事人自知道或者应当知道撤销事由之日起一年内、重大误解的当事人自知道或者应当知道撤销事由之日起九十日内没有行使撤销权;

(二)当事人受胁迫,自胁迫行为终止之日起一年内没有行使撤销权;

(三)当事人知道撤销事由后明确表示或者以自己的行为表明放弃撤销权。

当事人自民事法律行为发生之日起五年内没有行使撤销权的,撤销权消灭。

23. 以欺诈手段达成的交易,可以撤销吗?

【情景案例】

2021 年 3 月 1 日,唐某到某二手车行看中了一辆宝马汽车,二手车行负责人冯某告诉唐某，该车买了才5年，没有发生过重大事故。唐某觉得价格还算合理就与二手车行签订《买卖合同》，以18万元的价款将该车买了。后来，唐某从朋友口中得知该车曾发生过重大事故，且发动机被水泡过。事后查明，冯某对该车曾发生过重大事故是知情的。

请问：唐某可以撤销该买卖合同吗？

【律师解答】

可撤销的民事法律行为，是指已经成立的民事法律行为因欠缺民事法律行为的非根本性有效条件，法律并不使之绝对无效，而是赋予相对人撤销权的民事行为。可撤销的民事法律行为从成立时具备民事法律行为的生效要件，具有法律效力，但其法律效力具有相对性，即允许当事人撤销。权利人表示永不行使撤销权，或撤销权超过除斥期间而消灭的，该民事法律行为变为确定有效的民事法律行为；权利人依法行使撤销权，民事法律行为经撤销后，自始无效。我国《民法典》规定，一方以欺诈手段，使对方在违背真实意思的情况下实施的民事法律行为，受欺诈方有权请求人民法院或者仲裁机构予以撤销。

本案中，二手车行有义务告知该车的真实情况，但其欺骗唐某，使其基于虚假事实购买了该车，唐某作为受欺诈方有权撤销该买卖合同。

【法条链接】

《民法典》第一百四十八条 一方以欺诈手段，使对方在违背真实意思的情况下实施的民事法律行为，受欺诈方有权请求人民法院或者仲裁机构予以撤销。

第一百四十九条 第三人实施欺诈行为，使一方在违背真实意思的情况下实施的民事法律行为，对方知道或者应当知道该欺诈行为的，受欺诈方有权请求人民法院或者仲裁机构予以撤销。

24. 以胁迫手段签订的协议，可以撤销吗？

【情景案例】

因当地旅游发展需要，徐某所住房屋被纳入搬迁范围。因补偿未与甲拆迁公司达成一致意见，徐某一直未签拆迁补偿协议。为此，甲拆迁公司派人用刀威胁徐某，并称如果不签合同，就砍其一只手。无奈之下，徐某按甲拆迁公司的要求签订了违背其本人意愿的拆迁补偿协议。

请问：徐某可以撤销已签订的拆迁补偿协议吗？

【律师解答】

我国《民法典》规定，一方或者第三人以胁迫手段，使对方在违背真实意思的情况下实施的民事法律行为，受胁迫方有权请求人民法院或者仲裁机构予以撤销。

本案中，甲拆迁公司用刀威胁徐某，使徐某在违背真实意思的情况下签订拆迁补偿协议，徐某可以撤销已签订的拆迁补偿协议。

【法条链接】

《民法典》第一百五十条 一方或者第三人以胁迫手段，使对方在违背真实意思的情况下实施的民事法律行为，受胁迫方有权请求人民法院或者仲裁机构予以撤销。

25. 乘人之危签订的协议，可以撤销吗？

【情景案例】

孙某因患重病急需一大笔医疗费。为此，孙某打算将其投资的一套市场价为60万元房屋卖掉。邻居胡某听说此事后马上找上门来，提出以40万元的价格购买孙某的房屋。孙某实在不愿意以这么低的价格卖房，可该房屋要是按照市场价来出卖，恐怕一时半会难以卖出，而自己需要马上手术，已不能再耽搁下去。迫于无奈，孙某只好按胡某的要求签订了一份《房屋买卖合同》。出院后，孙某对低价卖房一事很后悔，故一直不配合胡某办理房屋过户手续，也不交付房屋。

请问：孙某可撤销与胡某签订的房屋买卖合同吗？

【律师解答】

我国《民法典》规定，一方利用对方处于危困状态、缺乏判断能力等情形，致使民事法律行为成立时显失公平的，受损害方有权请求人民法院或者仲裁机构予以撤销。显失公平的核心是暴利行为，其主观构成要件为一方利用对方处于危困状态或缺乏判断能力；客观构成要件为双方当事人利益显著失衡以及民事法律行为成立时显失公平。

本案中，胡某是在明知孙某住院急需医疗费的情况下，主动找到孙某，故意压低至低于正常合理价格的房价购买此房屋。孙某以这么低的价格出售该房屋，是出于无奈，并不是其真实意思表示。虽然孙某与胡某签订了房屋买卖合同，胡某也已经按照合同的约定履行了付款义务，但是胡某的行为属于乘人之危，孙某可撤销与其签订的房屋买卖合同。

【法条链接】

《民法典》第一百五十一条 一方利用对方处于危困状态、缺乏判断能力等情形，致使民事法律行为成立时显失公平的，受损害方有权请求人民法院或者仲裁机构予以撤销。

六、代 理

26. 因出差在外，可委托他人代签购房协议吗？

【情景案例】

朱某经同事介绍，决定购买林某的一套房屋，两人在吃饭时谈好成交价格为50万元。由于朱某有急事出差2周，故写了一份授权委托书，委托邻居何某代其签约。之后，何某代朱某与林某签订了一份《房屋买卖合同》。朱某出差回来后，林某突然不想卖房了，遂以何某无权签订合同为由诉至法院，主张已签订的合同无效。

请问：何某代朱某与林某签订的合同有效吗？

【律师解答】

我国《民法典》规定，民事主体可以通过代理人实施民事法律行为。由此可见，合同代签同样具有法律效力，前提是委托人必须出具授权委托书。

本案中，朱某出具的授权委托书系其真实意思表示，该授权委托书合法有效。

授权委托书载明朱某委托何某代其签约，故何某与林某签订的合同有效，林某对合同的无效主张不能得到法院支持。

【法条链接】

《民法典》第一百六十一条 民事主体可以通过代理人实施民事法律行为。

依照法律规定、当事人约定或者民事法律行为的性质，应当由本人亲自实施的民事法律行为，不得代理。

第一百六十五条 委托代理授权采用书面形式的，授权委托书应当载明代理人的姓名或者名称、代理事项、权限和期限，并由被代理人签名或者盖章。

27. 代理人与相对人串通损害被代理人利益的，怎么办？

【情景案例】

郭某是甲公司的采购员。2021 年 5 月 10 日，郭某受甲公司委托从乙公司订购 100 吨钢材，甲公司对钢材单价未作明确限定。郭某与乙公司私下商定将钢材单价比正常售价提高 300 元，乙公司给郭某每吨 150 元的回扣。当天，郭某以甲公司名义与乙公司签订了买卖合同。1 个月后，甲公司发现郭某与乙公司之间的不法行为。

请问：甲公司的损失应由谁赔偿？

【律师解答】

我国《民法典》规定，代理人和相对人恶意串通，损害被代理人合法权益的，代理人和相对人应当承担连带责任。

本案中，郭某作为甲公司的代理人，其与乙公司恶意串通提高了钢材的单价，严重损害了甲公司的利益，对甲公司的损失，应由郭某与乙公司承担连带责任。

【法条链接】

《民法典》第一百六十四条第二款 代理人和相对人恶意串通，损害被代理人合法权益的，代理人和相对人应当承担连带责任。

28. 法定代理人与监护人有什么不同？

【情景案例】

林某与何某是某法学院大一学生。某日，两人对法定代理人与监护人的概念理解发生争论。林某认为，法定代理人与监护人是同一个概念，所表示的意思都一样。何某认为，两者所表示的意思不一样。

请问：林某的说法符合我国法律规定吗？

【律师解答】

我国《民法典》规定，代理包括委托代理和法定代理。委托代理人按照被代理人的委托行使代理权，法定代理人依照法律的规定行使代理权。无民事行为能力人、限制民事行为能力人的监护人是其法定代理人。

本案中，林某的说法不符合我国法律规定，理由如下：

（1）监护人，是指对无民事行为能力人和限制民事行为能力人的人身、财产和其他一切合法权益负有监护职责的人。监护人可分为未成年人的监护人和精神病人的监护人。

(2)法定代理人,是指根据法律规定,代理无诉讼行为能力的当事人进行各类诉讼,直接行使诉讼代理权的人。无诉讼行为能力的公民只能由其法定代理人代理其进行诉讼活动。

综上所述,法定代理人的权限来自监护权。也就是说,当监护人变更时,法定代理人也会变更,两者为同一主体。但是两者往往使用的法律场合有所区别,监护人更多强调的是对内的监护职责,法定代理人更多强调的是对外的代理权限。

【法条链接】

《民法典》第二十三条 无民事行为能力人、限制民事行为能力人的监护人是其法定代理人。

第一百六十三条 代理包括委托代理和法定代理。

委托代理人按照被代理人的委托行使代理权。法定代理人依照法律的规定行使代理权。

29. 什么是无权代理?

【情景案例】

萧某刚买的房屋装修完成。由于其被公司临时派去外地出差,于是其通过微信委托好友程某到某家电商场购买三台某型号的格力空调(3000元/台),并通过微信给程某转了9000元。但程某到家电商场后,看到相似功能的志高空调正在打折,于是自作主张购买了三台志高空调,共帮萧某省了2000元。萧某出差回来后,希望某家电市场能够退货或按自己的要求更换空调。

请问:程某的行为构成无权代理吗?

【律师解答】

无权代理,是指未经他人委托授权,既没有法律上的根据,也没有经人民法院或指定单位的指定,而冒用他人的名义实施民事行为,包括没有代理权、超越代理权、代理权终止后的无权代理。超越权限的无权代理,是指行为具有代理权,却超越代理权限范围而实施法律行为的情形。我国《民法典》规定,行为人超越代理权实施代理行为,未经被代理人追认的,对被代理人不发生效力。追认,是指被代理人对无权代理行为事后予以承认的一种单方意思表示。被代理人的追认应当以明示的意思表示向相对人作出,如果要仅向行为人作出意思表示,也必须使相对人知道后才能产生法律效果。一旦被代理人作出追认,无权代理就变成有权代理,行为人实施的民事法律行为从成立时起就对被代理人产生法律效力。

本案中,萧某委托程某购买三台格力空调,但程某实施的行为超越代理范围,构成无权代理。由于萧某拒绝追认,故该行为对萧某不发生效力。

【法条链接】

《民法典》第一百七十一条第一款　行为人没有代理权、超越代理权或者代理权终止后,仍然实施代理行为,未经被代理人追认的,对被代理人不发生效力。

30. 什么是表见代理?

【情景案例】

曹某于2018年1月入职甲公司,负责采购工作。2020年12月,曹某从甲公司辞职。2021年3月,甲公司收到乙公司催款通知书。经查,原来曹某从甲公司辞职后,保留了一份已盖章的空白合同,其利用乙公司对他的信任,以甲公司名义与乙公司签订了一份采购20台电脑的合同,价款为6万元。甲公司认为,这是曹某的个人行为,与公司无关,于是拒绝付款。

请问:甲公司可以拒绝付款吗?

【律师解答】

表见代理,是指善意相对人根据被代理人的行为足以相信无权代理人具有代理权,并基于此种信赖与无权代理人进行交易行为,由此产生的法律后果由被代理人承担的代理。表见代理对第三人与被代理人发生有权代理的法律效果,第三人有权要求被代理人承受代理行为产生的权利义务,被代理人不得以表见代理人无代理权为由对善意第三人进行抗辩。我国《民法典》规定,行为人没有代理权、超越代理权或者代理权终止后,仍然实施代理行为,相对人有理由相信行为人有代理权的,代理行为有效。

本案中,曹某离职后以盖甲公司公章的合同向乙公司采购,乙公司完全有理由相信曹某仍是代表甲公司的职务行为,曹某的行为构成表见代理,甲公司应当对曹某的行为负责,不能拒绝付款。甲公司向乙公司付款后,可以向曹某追偿。

需要提醒的是,对于公司某些特殊岗位,如高管、采购、销售等人员,当其离职时,应当向与其有业务往来的客户发出告知函,以规避相关法律风险。

【法条链接】

《民法典》第一百七十二条　行为人没有代理权、超越代理权或者代理权终止后，仍然实施代理行为，相对人有理由相信行为人有代理权的，代理行为有效。

七、民事责任

31. 民事责任的承担方式包括哪些？

【情景案例】

郭某与马某是同事。某日，郭某在网络上看到诽谤自己嫖娼的文章，因深受该不实言论的困扰，郭某精神上遭受巨大刺激。经查实，该文章由马某发布，目的是丑化郭某的形象。为此，郭某打算诉至法院，要求马某承担停止侵权、恢复名誉、赔礼道歉与支付精神抚慰金的民事责任。但郭某妻子罗某认为，我国法律规定的民事责任只有赔偿损失一种，故起诉要求马某支付精神抚慰金即可。

请问：罗某的说法符合我国法律规定吗？

【律师解答】

民事责任，是指民事主体因违反了民事义务（法定义务或约定义务）而应当承担的民事法律后果，可以分为违约责任、侵权责任与其他责任。我国《民法典》规定，承担民事责任的方式主要包括：停止侵害；排除妨碍；消除危险；返还财产；恢复原状；修理、重作、更换；继续履行；赔偿损失；支付违约金；消除影响、恢复名誉；赔礼道歉。承担民事责任的方式，可以单独适用，也可以合并适用。

本案中，罗某的说法不符合我国法律规定，因为民事责任的方式不限于赔偿损失一种，还包括停止侵权、排除妨碍，消除危险等。另外，当事人合法权益受到损害时，可以向侵权人或违约人主张承担一种或多种民事责任，如郭某可向马某主张停止侵权、恢复名誉、赔礼道歉与支付精神抚慰金四种民事责任，我国法律是允许的。

【法条链接】

《民法典》第一百七十九条　承担民事责任的方式主要有：

（一）停止侵害；

（二）排除妨碍；

（三）消除危险；
（四）返还财产；
（五）恢复原状；
（六）修理、重作、更换；
（七）继续履行；
（八）赔偿损失；
（九）支付违约金；
（十）消除影响、恢复名誉；
（十一）赔礼道歉。

法律规定惩罚性赔偿的，依照其规定。

本条规定的承担民事责任的方式，可以单独适用，也可以合并适用。

32. 因正当防卫致人损害，是否要承担民事责任？

【情景案例】

2021 年 2 月 3 日，袁某（女）在下班路上被无业游民邓某调戏，在邓某伸手摸袁某的胸部时，袁某在慌乱中从包里拿出小刀将邓某刺成轻微伤。邓某因受伤共花医疗费 3000 元。出院后，邓某要求袁某赔偿医疗费。

请问：袁某需要对邓某受伤承担责任吗？

【律师解答】

我国《民法典》规定，因正当防卫造成损害的，不承担民事责任。正当防卫超过必要的限度，造成不应有的损害的，正当防卫人应当承担适当的民事责任。正当防卫，是指当公共利益、他人或本人的人身或其他利益受到正在发生的不发侵害，行为人所采取的一种防卫措施。

本案中，袁某的行为属于正当防卫，且未超过必要的限度，由此给邓某造成损害的，不用承担责任。

【法条链接】

《民法典》第一百八十一条　因正当防卫造成损害的，不承担民事责任。

正当防卫超过必要的限度，造成不应有的损害的，正当防卫人应当承担适当的民事责任。

33. 因紧急避险致人损害，是否要承担民事责任？

【情景案例】

2021 年 6 月 8 日，许某驾车下班途中经过一个十字路口时，突然发现前面有一行人傅某横穿公路，眼看就要撞上傅某，许某慌乱之下猛打方向盘，但由于转弯过于突然和猛烈，不小心将行人沈某挤倒，致使沈某头部受伤。沈某现要求许某对其人身损害承担赔偿责任。

请问：沈某的损害应当由谁承担？

【律师解答】

紧急避险，是指为了使公共利益、本人或者他人的人身和其他权利免受正在发生的危险，不得已而采取的损害较小的另一方的合法利益，以保护较大的合法权益的行为。我国《民法典》规定，因紧急避险造成损害的，由引起险情发生的人承担民事责任。

本案中，许某的行为属于紧急避险，给沈某造成的损害应由引起险情发生的傅某来承担。

【法条链接】

《民法典》第一百八十二条　因紧急避险造成损害的，由引起险情发生的人承担民事责任。

危险由自然原因引起的，紧急避险人不承担民事责任，可以给予适当补偿。

紧急避险采取措施不当或者超过必要的限度，造成不应有的损害的，紧急避险人应当承担适当的民事责任。

34. 因见义勇为受到损害，责任由谁承担？

【情景案例】

2021 年 6 月 10 日晚上 10 点，梁某在下班路上看到邻居郑某正在追小偷，郑某一边追一边喊“抓小偷”。为帮郑某取回财物，梁某于是追赶小偷。梁某很快追上小偷，但在取回财物过程中被小偷刺了一刀，手不断流血。小偷伤人后由于害怕，将郑某的手袋掉在地上。梁某受伤共花医疗费 6000 元，但小偷没有被警方抓获。

请问：梁某可要求郑某赔偿医疗费用吗？

【律师解答】

我国《民法典》规定，因保护他人民事权益使自己受到损害的，由侵权人承担民事责任，受益人可以给予适当补偿。没有侵权人、侵权人逃逸或者无力承担民事责任，受害人请求补偿的，受益人应当给予适当补偿。

本案中，梁某因保护郑某的财物而受伤，应由小偷承担赔偿责任，但由于小偷没有被抓到，梁某请求补偿的，郑某应当给予适当补偿。

【法条链接】

《民法典》第一百八十三条　因保护他人民事权益使自己受到损害的，由侵权人承担民事责任，受益人可以给予适当补偿。没有侵权人、侵权人逃逸或者无力承担民事责任，受害人请求补偿的，受益人应当给予适当补偿。

35. 因紧急救助造成受助人受伤，要承担责任吗？

【情景案例】

谢某是一名退伍军人。某日，谢某在上班时路遇突发心脏病的韩某。谢某在拨打"120"后，急忙上前救人，但由于着急用力过度，不慎压断了韩某的一根肋骨。韩某醒来得知情况后，要求谢某赔偿相关损失。

请问：谢某需要给韩某赔偿损失吗？

【律师解答】

我国《民法典》规定，因自愿实施紧急救助行为造成受助人损害的，救助人不承担民事责任。

本案中，谢某对韩某的救助行为属于紧急救助，对于韩某的受伤，谢某不需要承担任何责任。

【法条链接】

《民法典》第一百八十四条　因自愿实施紧急救助行为造成受助人损害的，救助人不承担民事责任。

八、诉讼时效

36. 借给别人的钱超过3年，还能要回来吗？

【情景案例】

吕某向苏某借款3万元，吕某写了借条，约定了还款期限。苏某当天到银行给吕某转账3万元。之后，吕某没有按约定给苏某还款，苏某也没有向吕某提出还款要求。直至还款到期后4年的某天，苏某因购房缺钱要求吕某还款，但吕某以借款已过诉讼时效为由拒绝返还。

请问：苏某如果起诉吕某还钱，可以获得法院支持吗？

【律师解答】

我国《民法典》规定，向人民法院请求保护民事权利的诉讼时效期间为3年。诉讼时效期间自权利人知道或者应当知道权利受到损害以及义务人之日起计算。

本案中，苏某自还款日起应当知道权利受到损害，其于4年后才向吕某主张债权，由于该债权请求权已过诉讼时效，因此苏某向法院起诉吕某还钱的诉求不能获得法院支持。

【法条链接】

《民法典》第一百八十八条 向人民法院请求保护民事权利的诉讼时效期间为三年。法律另有规定的，依照其规定。

诉讼时效期间自权利人知道或者应当知道权利受到损害以及义务人之日起计算。法律另有规定的，依照其规定。但是，自权利受到损害之日起超过二十年的，人民法院不予保护，有特殊情况的，人民法院可以根据权利人的申请决定延长。

第一百九十五条 有下列情形之一的，诉讼时效中断，从中断、有关程序终结时起，诉讼时效期间重新计算：

（一）权利人向义务人提出履行请求；

（二）义务人同意履行义务；

（三）权利人提起诉讼或者申请仲裁；

（四）与提起诉讼或者申请仲裁具有同等效力的其他情形。

37. 未成年人遭受性侵，成年后可以起诉索赔吗？

【情景案例】

小卢在10岁时被班主任蒋某多次性侵，但由于害怕而没有和任何人提过此事。在某一次性侵时，小卢用手机进行了录音。现在小卢已经20岁，为捍卫自己的权益，小卢打算到法院起诉蒋某。

请问：小卢还可以起诉蒋某索赔吗？

【律师解答】

我国《民法典》规定，未成年人遭受性侵害的损害赔偿请求权的诉讼时效期间，自受害人年满18周岁之日起计算。向人民法院请求保护民事权利的诉讼时效期间为3年。

本案中，小卢虽然在10岁时遭受性侵，但其损害赔偿请求权的诉讼时效自期满18周岁时起算，故20岁的小卢的损害赔偿请求权诉讼时效期间还未过，其可以向法院起诉蒋某，向其索赔。

【法条链接】

《民法典》第一百八十八条第一款 向人民法院请求保护民事权利的诉讼时效期间为三年。法律另有规定的，依照其规定。

第一百九十一条 未成年人遭受性侵害的损害赔偿请求权的诉讼时效期间，自受害人年满十八周岁之日起计算。

38. 婚前借给丈夫的钱，离婚时可以要回来吗？

【情景案例】

唐某因父亲生病向冯某(女)借款3万元，并约定了还款日。后两人办理结婚登记手续。因感情不和，两人于结婚3年后办理离婚登记手续。离婚后2个月，冯某拿出借条，要求唐某归还婚前借款，但唐某以借款已过3年诉讼时效为由拒绝返还。

请问：冯某借给唐某的钱，能要回来吗？

【律师解答】

我国《民法典》规定，在诉讼时效期间的最后6个月内，当事人因其他导致权利人不能行使请求权的障碍，不能行使请求权的，诉讼时效中止。自中止时效的原因消除之日起满6个月，诉讼时效期间届满。司法实践中，对于夫妻双方婚前借款的情况，离婚后一方提起诉讼的，在婚姻关系存续期间一般应认定为“其他导致权利人不能行使请求权的障碍”，诉讼时效中止。

本案中，冯某在婚前借款给唐某，在婚姻关系存续期间诉讼时效中止，冯某自离婚之日起6个月内，可要求唐某还款。冯某于离婚后2个月要求唐某还款，并未过诉讼时效，故冯某借给唐某的钱可以要回来。

【法条链接】

《民法典》第一百九十四条　在诉讼时效期间的最后六个月内，因下列障碍，不能行使请求权的，诉讼时效中止：

（一）不可抗力；

（二）无民事行为能力人或者限制民事行为能力人没有法定代理人，或者法定代理人死亡、丧失民事行为能力、丧失代理权；

（三）继承开始后未确定继承人或者遗产管理人；

（四）权利人被义务人或者其他人控制；

（五）其他导致权利人不能行使请求权的障碍。

自中止时效的原因消除之日起满六个月，诉讼时效期间届满。

39. 请求支付抚养费，受诉讼时效的限制吗？

【情景案例】

董某与萧某（女）于2015年1月结婚，婚后生育一子。因感情不和，两人后协议离婚，孩子由萧某抚养。由于萧某不懂法，故离婚时没有要求董某支付抚养费。离婚3年后，萧某得知董某依法应当给孩子抚养费时，遂向董某提出每月支付抚养费的请求，但董某以索取抚养费已过3年诉讼时效为由拒绝支付。

请问：董某的说法符合我国法律规定吗？

【律师解答】

我国《民法典》规定，向人民法院请求保护民事权利的诉讼时效期间为3年。法律另有规定的，依照其规定。请求支付抚养费、赡养费或者扶养费的请求权，不适用诉讼时效的规定。

本案中，萧某于2021年6月起诉时虽然已过3年，但支付抚养费的请求权不适用诉讼时效的规定，故董某的说法不符合我国法律规定。

【法条链接】

《民法典》第一百八十八条　向人民法院请求保护民事权利的诉讼时效期间为三年。法律另有规定的，依照其规定。

诉讼时效期间自权利人知道或者应当知道权利受到损害以及义务人之日起计算。法律另有规定的，依照其规定。但是，自权利受到损害之日起超过二十年的，人民法院不予保护，有特殊情况的，人民法院可以根据权利人的申请决定延长。

第一百九十六条　下列请求权不适用诉讼时效的规定：

……

（三）请求支付抚养费、赡养费或者扶养费；

……

第二章

物权法律问题

一、通 则 规 定

40. 物权受到侵害时，权利人如何获得救济？

【情景案例】

蒋某与蔡某是邻居，因蔡某新建房屋影响了蒋某家的采光，因此双方发生矛盾。2021 年 3 月 10 日，双方发生口角，愤怒之下，蒋某用石头将蔡某的汽车前挡风玻璃打碎。

请问：蔡某应当如何主张自己的合法权益？

【律师解答】

我国《民法典》规定，物权受到侵害的，权利人可以通过和解、调解、仲裁、诉讼等途径解决。造成不动产或者动产毁损的，权利人可以依法请求修理、重作、更换或者恢复原状。侵害物权，造成权利人损害的，权利人可以依法请求损害赔偿，也可以依法请求承担其他民事责任。

本案中，从实体法角度来看，蔡某汽车的前挡风玻璃被蒋某打碎，蔡某可以要求蒋某将汽车修理好；也可以自己修理好，再要求蒋某赔偿相应损失。从解决途径角度来看，蔡某可以选择的维权方式有以下四种：

(1)和解，即双方自行协商解决。

(2)调解，即通过第三人如村民委员会、居民委员会、司法所、人民调解委员会调停解决纠纷。

(3)仲裁，即双方通过协议选择仲裁机构，由仲裁庭仲裁决解决纠纷。

(4)诉讼，即通过向法院提起民事诉讼的方式来解决。

【法条链接】

《民法典》第二百三十三条　物权受到侵害的，权利人可以通过和解、调解、仲裁、诉讼等途径解决。

第二百三十四条　因物权的归属、内容发生争议的，利害关系人可以请求确认权利。

第二百三十五条　无权占有不动产或者动产的，权利人可以请求返还原物。

第二百三十六条　妨害物权或者可能妨害物权的，权利人可以请求排除妨害或者消除危险。

第二百三十七条　造成不动产或者动产毁损的，权利人可以依法请求修理、重作、更换或者恢复原状。

第二百三十八条　侵害物权，造成权利人损害的，权利人可以依法请求损害赔偿，也可以依法请求承担其他民事责任。

41. 债权人可以申请查询债务人的房屋登记资料吗？

【情景案例】

萧某向程某借款200万元。借款到期后，萧某因生意失败无力偿还。程某有萧某的户口簿复印件，该户口簿住址系萧某现在的住处，该房屋现在市场价值为300万元。但程某听说该房屋登记在萧某父亲名下。在到法院起诉前，程某想查询一下该房屋登记资料，不知道是否可行。

请问：程某可以申请查询萧某的房屋登记资料吗？

【律师解答】

我国《民法典》规定，权利人、利害关系人可以申请查询、复制不动产登记资料，登记机构应当提供。

本案中，程某作为萧某的债权人，属于萧某的利害关系人，根据法律规定，程某自己或委托专业律师，在提供查询机构所需的全部资料后，可以向房产登记机关提出要求查询萧某房产的申请。但因萧某父亲与程某没有任何利害关系，若萧某实际出资购买了房产但登记在萧某父亲名下，程某也无权查询或复制萧某父亲的房产信息。

但必须提示，程某查询萧某的房产信息，仅可供合法保护其债权使用，不得公开或作其他任何用途，否则也属于侵权或违反法律规定的行为。

【法条链接】

《民法典》第二百一十八条　权利人、利害关系人可以申请查询、复制不动产登记资料，登记机构应当提供。

第二百一十九条 利害关系人不得公开、非法使用权利人的不动产登记资料。

42. 不动产登记簿登记错误，该怎么办？

【情景案例】

丁某与魏某结婚后共有一套房屋，所有权登记在丁某名下。2021年1月，法院判决两人离婚并且判决房屋归丁某所有。丁某以为法院会通知房管局办理房屋所有权变更登记，在其出售该房屋时，发现房屋登记簿上仍有魏某的名字。

请问：丁某应当如何处理？

【律师解答】

我国《民法典》规定，权利人、利害关系人认为不动产登记簿记载的事项错误的，可以申请更正登记。不动产登记簿记载的权利人书面同意更正或者有证据证明登记确有错误的，登记机构应当予以更正。

本案中，丁某可以凭房屋归自己所有的离婚判决书到房屋登记部门申请变更登记。

【法条链接】

《民法典》第二百一十六条 不动产登记簿是物权归属和内容的根据。

不动产登记簿由登记机构管理。

第二百二十条 权利人、利害关系人认为不动产登记簿记载的事项错误的，可以申请更正登记。不动产登记簿记载的权利人书面同意更正或者有证据证明登记确有错误的，登记机构应当予以更正。

不动产登记簿记载的权利人不同意更正的，利害关系人可以申请异议登记。

登记机构予以异议登记，申请人自异议登记之日起十五日内不提起诉讼的，异议登记失效。异议登记不当，造成权利人损害的，权利人可以向申请人请求损害赔偿。

43. 因不动产登记错误造成他人损害，赔偿责任由谁承担？

【情景案例】

张某与某不动产登记机构工作人员勾结，恶意串通，非法办理土地使用权抵押，某不动产登记机构非法出具土地使用权他项权证。某银行基于该土地使用权抵押担保给张某发放贷款。现张某已被判承担刑事责任,无赔偿能力,某银行欲向某不动产登记机构追回贷款损失。

请问:某银行可以要求某不动产登记机构承担责任吗?

【律师解答】

我国《民法典》规定,当事人提供虚假材料申请登记,造成他人损害的,应当承担赔偿责任。但因登记错误,造成他人损害的,登记机构应当承担赔偿责任。登记机构赔偿后,可以向造成登记错误的人追偿。

本案中,张某与某不动产登记机构串通勾结,非法办理土地使用权他项权证,并因此成功让张某向某银行贷款,而后因张某无赔偿能力,导致某银行损失惨重。对于某银行造成的损失,张某与某不动产登记机构均存在过错责任,应对某银行的损失承担赔偿责任。某不动产登记机构虽为行政机构,但对于其工作人员在执行工作任务、行使职权的过程中故意造成的侵权行为,应承担侵权责任。正是基于其工作人员与张某(登记申请人)恶意串通,进行虚假登记,某银行基于对行政机关所做抵押登记的信赖发放贷款,但因虚假错误登记,使某银行无法实现抵押担保物权,侵害的是某银行合法担保物权的实现。故张某与某不动产登记机关侵害的是某银行的民事权益,应适用《民法典》侵权责任编的法律规范。《最高人民法院关于审理房屋登记案件若干问题的规定》第十三条规定,房屋登记机构工作人员与第三人恶意串通违法登记,侵犯原告合法权益的,房屋登记机构与第三人承担连带赔偿责任。由此可见,房屋登记机构与第三人恶意串通,侵害他人的合法权益,其本质上应是共同侵权行为,连带赔偿责任应为民事责任。综上所述,张某与某不动产登记机构应对某银行的损失承担连带赔偿责任,故某银行可要求某不动产登记机构承担责任。

【法条链接】

《民法典》第二百二十二条 当事人提供虚假材料申请登记,造成他人损害的,应当承担赔偿责任。

因登记错误,造成他人损害的,登记机构应当承担赔偿责任。登记机构赔偿后,可以向造成登记错误的人追偿。

《最高人民法院关于审理房屋登记案件若干问题的规定》第十三条 房屋登记机构工作人员与第三人恶意串通违法登记,侵犯原告合法权益的,房屋登记机构与第三人承担连带赔偿责任。

44. 买房办理不动产预告登记有什么用?

【情景案例】

薛某与叶某签订一份《房屋买卖合同》,约定:房屋价款为60万元,合同签订后支付30%的预付款,余款在办理过户后当天支付。薛某支付18万元首付款后,叶某称最近要到国外出差暂不能办理过户手续,出差时间约1个月。由于房屋未过户,薛某担心叶某将房屋再出售给他人。

请问:薛某可采取什么方法保护自己的权益?

【律师解答】

我国《民法典》规定,当事人签订买卖房屋的协议或者签订其他不动产物权的协议,为保障将来实现物权,按照约定可以向登记机构申请预告登记。预告登记后,未经预告登记的权利人同意,处分该不动产的,不发生物权效力。预告登记后,债权消灭或者自能够进行不动产登记之日起90日内未申请登记的,预告登记失效。

不动产预告登记制度是法律保护不动产买受人权利的重要制度,主要目的是杜绝"一房多卖"的情况发生。预售登记的好处在于,出卖人要把同一商品房再卖给他人,除非经预先登记的权利人同意,否则就不会发生物权变动的效力;另外,办理预告登记后,出卖人也不能在房屋上设立抵押。现实生活中,如果权利人可以在购买不动产过程中善用该制度,将有利于为自己的合法权益提供一重保护屏障,有助于确保将来把不动产物权变更到自己名下,进而取得不动产所有权。

本案中,薛某与叶某还没有办理房屋过户登记,叶某仍是房屋的所有权人,其可以将房屋卖给他人并办理过户登记。一旦房屋过户给他人,薛某将无法取得该房屋所有权,只能向叶某主张违约责任。为防止这种情况发生,薛某可以要求叶某一起到不动产登记中心申请办理房屋预告登记,等叶某出差回来后再办理过户登记。需要提醒的是,薛某应当在能够办理正式的不动产登记之日起90日内申请登记,否则预告登记失效。

【法条链接】

《民法典》第二百二十一条 当事人签订买卖房屋的协议或者签订其他不动产物权的协议,为保障将来实现物权,按照约定可以向登记机构申请预告登记。预告登记后,未经预告登记的权利人同意,处分该不动产的,不发生物权效力。

预告登记后,债权消灭或者自能够进行不动产登记之日起九十日内未申请登记的,预告登记失效。

45. 因法院生效裁判导致房屋产权转移的，该物权何时变动？

【情景案例】

某房屋的所有权登记在潘某名下，实为余某出资购买。2021 年 3 月，余某与潘某因某房屋所有权纠纷发生诉讼，后经法院判决确认该房屋归余某所有。判决生效后，由于双方和好，因此一直没有办理过户手续。

请问：该房屋何时归余某所有？

【律师解答】

我国《民法典》规定，因人民法院、仲裁机构的法律文书或者人民政府的征收决定等，导致物权设立、变更、转让或者消灭的，自法律文书或者征收决定等生效时发生效力。也就是说，对于法院生效判决导致房屋产权转移的，房屋产权在法院判决书生效时发生转移，而不是在登记后才发生转移。

本案中，余某与潘某虽然没有办理过户登记手续，不动产登记簿上潘某表面上仍然是房屋的所有权人，但余某从法院判决书生效之日就已取得该房屋所有权。

实务中，对于常见的不需要办理登记就发生物权变动的情形如下：

（1）对于因继承取得物权的，自继承开始时发生物动变动效力。也就是说，无论是动产还是不动产，只要是继承取得的，相应财产从被继承人去世之时自动转移给继承人所有。如果是动产，不需要进行交付；如果是不动产，不需要进行变更登记，所有权即发生转移。为避免纷争，在继承房屋后，建议继承人申请变更登记。

（2）对于自建房屋的，在房屋建造完成之时，房屋建筑人就取得房屋所有权。但为避免纷争，建议所有权人去房管部门申请办理不动产登记。

【法条链接】

《民法典》第二百二十九条　因人民法院、仲裁机构的法律文书或者人民政府的征收决定等，导致物权设立、变更、转让或者消灭的，自法律文书或者征收决定等生效时发生效力。

第二百三十条　因继承取得物权的，自继承开始时发生效力。

第二百三十一条　因合法建造、拆除房屋等事实行为设立或者消灭物权的，自事实行为成就时发生效力。

46. 因继承取得房屋的，继承人什么时候取得房屋产权？

【情景案例】

傅某于2010年购买一套房屋。2011年3月，傅某与沈某登记结婚，婚后生下儿子阿俊。2021年4月1日，傅某患病离世。傅某在去世前立下一份遗嘱，内容为：婚前购买房屋归阿俊所有，银行存款10万元归沈某所有。2021年6月1日，阿俊到房管部门办理房屋变更登记手续。

请问：阿俊什么时候取得房屋产权？

【律师解答】

我国《民法典》规定，因继承取得物权的，自继承开始时发生效力。

本案中，虽然阿俊于2021年6月1日到房管部门办理房屋变更登记手续，但阿俊是因继承取得房屋的，故应当自继承开始时即2021年4月1日取得房屋产权。

【法条链接】

《民法典》第二百三十条 因继承取得物权的，自继承开始时发生效力。

47. 房屋建成后，可以不进行物权登记吗？

【情景案例】

2018年5月，某村民委员会给曾某分配了一块100平方米的宅基地。2021年1月10日，曾某在自家宅基地上盖了一幢三层高的房屋。房屋建成后，由于时间忙，曾某一直没有到房管部门办理产权登记手续。

请问：曾某可以不办理物权登记吗？

【律师解答】

我国《民法典》规定，因合法建造、拆除房屋等事实行为设立或者消灭物权的，自事实行为成就时发生效力。由此可见，因合法建造房屋取得物权的，法律并不强制要求其进行登记，即不登记也发生取得物权的效力。

本案中，曾某的房屋如果符合建设规划的要求并获得了批准，在房屋建成后就取得物权，其可以不办理物权登记。但需要说明的是，曾某必须先办理登记手续才能处分房屋，否则不发生物权变动效力。

【法条链接】

《民法典》第二百三十一条　因合法建造、拆除房屋等事实行为设立或者消灭物权的，自事实行为成就时发生效力。

48. 物品遗失后知道拾得人的，如何追要回来？

【情景案例】

2021年1月6日，杜某在下班时不慎将一只价值1万元的手表丢失，后来被夏某拾得。之后，夏某将手表以9000元的价格卖给好友钟某。2021年4月6日，杜某意外发现钟某所戴手表是自己丢失的手表。

请问：杜某可以要求钟某返还手表吗？

【律师解答】

我国《民法典》规定，所有权人或者其他权利人有权追回遗失物。该遗失物通过转让被他人占有的，权利人有权向无处分权人请求损害赔偿，也可以自知道或者应当知道受让人之日起2年内向受让人请求返还原物。

本案中，夏某是无权处分人，钟某是受让人，杜某既可以向夏某请求损害赔偿，也可以要求钟某返还手表。需要说明的是，如果钟某是通过拍卖或者从具有经营资格的经营者处购得该手表的，那么杜某要求钟某返还手表时需要支付钟某购买手表时所支付的费用；支付该费用后，杜某可向夏某追偿此笔费用。

【法条链接】

《民法典》第三百一十二条　所有权人或者其他权利人有权追回遗失物。该遗失物通过转让被他人占有的，权利人有权向无处分权人请求损害赔偿，或者自知道或者应当知道受让人之日起二年内向受让人请求返还原物；但是，受让人通过拍卖或者向具有经营资格的经营者购得该遗失物的，权利人请求返还原物时应当支付受让人所付的费用。权利人向受让人支付所付费用后，有权向无处分权人追偿。

第三百一十四条　拾得遗失物，应当返还权利人。拾得人应当及时通知权利人领取，或者送交公安等有关部门。

49. 汽车被小孩剐花，如何救济？

【情景案例】

2021年4月10日，彭某购买了一辆价值30万元的轿车。次日，彭某下楼发现一个小孩在他车边上玩，结果走近一看，是同一小区住户吕某的儿子阿锋拿东西在车上乱划，并将车身剐花。彭某用手机录下相关证据后，要求吕某赔偿相关损失，但遭到拒绝。吕某认为，阿锋现在才9岁，是未成年人，不用承担任何责任。

请问：彭某可以如何救济？

【律师解答】

我国《民法典》规定，造成不动产或者动产毁损的，权利人可以依法请求修理、重作、更换或者恢复原状。限制民事行为能力人造成他人损害的，由监护人承担侵权责任。

本案中，9岁的阿锋系限制民事行为能力人，其剐花彭某的汽车，应当由阿锋的监护人吕某承担民事责任。彭某可与吕某协商赔偿损失事宜，如果吕某不同意赔偿，可诉至法院，要求吕某承担修理或者恢复原状的民事责任。

【法条链接】

《民法典》第二百三十七条　造成不动产或者动产毁损的，权利人可以依法请求修理、重作、更换或者恢复原状。

第一千一百八十八条第一款　无民事行为能力人、限制民事行为能力人造成他人损害的，由监护人承担侵权责任。监护人尽到监护职责的，可以减轻其侵权责任。

二、所　有　权

50. 房屋交易未登记，买方能取得所有权吗？

【情景案例】

2021年6月1日，汪某与表弟田某签订一份《二手房屋买卖合同》。之后，汪某按合同约定给田某支付全部购房款，田某给汪某房产证与钥匙；汪某收到钥匙后就入住了。由于田某在美国一直没回来，因此双方没有办理房屋过户手续。

请问：现在该房屋所有权归谁所有？

【律师解答】

我国《民法典》规定，不动产物权的设立、变更、转让和消灭，经依法登记，发生效力；未经登记，不发生效力，但是法律另有规定的除外。房屋属于不动产，因此房屋在转让时需要办理过户登记，才能发生物权变动的效力。

本案中，虽然汪某与田某签订《二手房屋买卖合同》，但只要没有到不动产登记中心办理过户登记，汪某就没有取得该房屋所有权。需要提醒的是，虽然房产证在汪某手上且其已入住房屋，但并不能表明汪某已取得该房屋所有权。因此，为了保障自己的合法权益，房屋交易中的买方必须尽快完成登记过户，从而取得房屋的所有权。

【法条链接】

《民法典》第二百零九条　不动产物权的设立、变更、转让和消灭，经依法登记，发生效力；未经登记，不发生效力，但是法律另有规定的除外。

依法属于国家所有的自然资源，所有权可以不登记。

51. 屋主可在房屋上设立哪些他物权？

【情景案例】

苏某与卢某于2019年登记结婚，并于2021年1月购买一套房屋。某日，两人关于房屋上可设立哪些他物权发生争论。苏某认为，房屋只可以设立担保物权，即在需要借款时可用房屋进行抵押。卢某认为，房屋除可设立担保物权外，还可设立用益物权，如居住权。

请问：卢某的说法符合我国法律规定吗？

【律师解答】

物权，是指权利人依法对特定的物享有直接支配和排他的权利，包括所有权和他物权。他物权包括用益物权和担保物权。

用益物权，是指以一定范围内的使用、收益为目的而在他人之物上设立的定限物权，如土地承包经营权、建设用地使用权、宅基地使用权、地役权、居住权、自然资源使用权。担保物权，是指为了担保债权的实现，由债务人或第三人提供特定的物或者权利作为标的物而设定的限定物权，如抵押权、质权、留置权等。

我国《民法典》规定，所有权人有权在自己的不动产或者动产上设立用益物权和担保物权。用益物权人、担保物权人行使权利，不得损害所有权人的权益。

本案中，苏某与卢某婚后购买房屋，可以设立抵押权，如为了借款将房屋抵押给银行；也可以设立居住权，如苏某在遗嘱中写明，其住宅由他的儿子继承，但应当让服务多年的保姆居住，直到保姆去世。综上所述，卢某的说法符合我国法律规定，但是必须办理居住权登记。

【法条链接】

《民法典》第二百四十一条 所有权人有权在自己的不动产或者动产上设立用益物权和担保物权。用益物权人、担保物权人行使权利，不得损害所有权人的权益。

52. 村民委员会的干部私分集体财产，怎么办？

【情景案例】

因“西气东输”工程建设需要，国家征收华安村的土地，并给予征地补偿款 80 万元，施工方给予补偿款 20 万元。之后，村民委员会干部经私下商量决定，将国家补偿款 80 万元发放给村民，将施工方补偿款 20 万元作为村民委员会 6 名干部的年终奖金进行分配。

请问：村民应当如何维权？

【律师解答】

我国《民法典》规定，集体所有的财产受法律保护，禁止任何组织或者个人侵占、哄抢、私分、破坏。农村集体经济组织、村民委员会或者其负责人作出的决定侵害集体成员合法权益的，受侵害的集体成员可以请求人民法院予以撤销。

本案中，施工方补偿款 20 万元是集体所有的财产，村民委员会干部无权私分。他们的私分行为侵害了全体村民的合法权益，村民可以到法院起诉，请求予以撤销并返还已私分的集体财产。需要说明的是，农村集体经济组织或者村民委员会、村民小组应当依照法律、行政法规以及章程、村规民约向本集体成员公布集体财产的状况。集体成员有权查阅、复制相关资料。

【法条链接】

《民法典》第二百六十五条 集体所有的财产受法律保护，禁止任何组织或者个人侵占、哄抢、私分、破坏。

农村集体经济组织、村民委员会或者其负责人作出的决定侵害集体成员合法权益的，受侵害的集体成员可以请求人民法院予以撤销。

53. 村民委员会可否出资入股成立公司?

【情景案例】

蒋某创办的甲玩具公司年产值10亿元以上,是当地纳税大户。2021年3月,蒋某拟成立乙塑料公司。其所在村村民委员会的主任郑某得知后,向蒋某提出以村民委员会名义出资100万元入股。蒋某对于村民委员会入股没有意见,但不知道我国法律是否允许村民委员会入股。

请问:该村村民委员会可以入股乙塑料公司吗?

【律师解答】

我国《民法典》规定,国家、集体和私人依法可以出资设立有限责任公司、股份有限公司或者其他企业。国家、集体和私人所有的不动产或者动产投到企业的,由出资人按照约定或者出资比例享有资产收益、重大决策以及选择经营管理者等权利并履行义务。

本案中,村民委员会属于农村基层群众性的自治组织,主要负责管理村集体、办理村集体的公共事务和公益事业等工作。根据我国法律规定,农村中由集体经济组织履行集体经济管理职能的,由农村集体经济组织作为投资主体;没有集体经济组织,由村民委员会代行集体经济管理职能的,村民委员会可以作为投资主体投资设立公司。村民委员会投资设立公司,应当由村民委员会作出决议。

根据法律的规定,在我国,集体可以其所有的不动产或动产投资到企业,故村民委员会可以出资入股成立公司。但因村民委员会的集体组织性,在作出资决定之前,应召开村民大会,投票决定,否则擅自决定出资入股将因违反工作章程而使决定无效,从而导致投资行为无效。

【法条链接】

《民法典》第二百六十八条　国家、集体和私人依法可以出资设立有限责任公司、股份有限公司或者其他企业。国家、集体和私人所有的不动产或者动产投到企业的,由出资人按照约定或者出资比例享有资产收益、重大决策以及选择经营管理者等权利并履行义务。

54. 小区电梯等广告收入归谁所有？

【情景案例】

任某在某小区买了一套二手房，入住后发现小区的电梯内挂起了商业广告牌。为此，任某向物业管理公司咨询广告费是否归业主所有。物业管理公司认为，广告费归物业公司所有，与业主无关。

请问：物业管理公司的说法符合我国法律规定吗？

【律师解答】

我国《民法典》规定，业主对建筑物内的住宅、经营性用房等专有部分享有所有权，对专有部分以外的共有部分享有共有和共同管理的权利。建设单位、物业服务企业或者其他管理人等利用业主的共有部分产生的收入，在扣除合理成本之后，属于业主共有。

本案中，小区电梯及电梯内广告位属于业主的共有部分，应由业主共有和共同管理。因此，出租电梯内广告获得的广告费应在扣除物业管理的合理成本后归业主共有，故物业管理公司的说法不符合我国法律规定。

【法条链接】

《民法典》第二百七十一条　业主对建筑物内的住宅、经营性用房等专有部分享有所有权，对专有部分以外的共有部分享有共有和共同管理的权利。

第二百八十二条　建设单位、物业服务企业或者其他管理人等利用业主的共有部分产生的收入，在扣除合理成本之后，属于业主共有。

55. 业主可以解聘物业管理公司吗？

【情景案例】

某小区物业管理公司原由小区开发商聘请，业主入住后对某物业管理公司不满意，双方矛盾很大，姜某等业主提出解聘该物业管理公司，但某物业管理公司称：合同未到期，业主现在无权对其进行解聘。经查，该小区卫生、治安环境极差，某物业管理公司未能按合同约定提供服务。

请问：姜某等业主可解聘某物业管理公司吗？

【律师解答】

我国《民法典》第二百八十四条规定，业主可以自行管理建筑物及其附属设施，也可以委托物业服务企业或者其他管理人管理;对建设单位聘请的物业服务企业或者其他管理人,业主有权依法更换。第五百六十三条规定,当事人一方迟延履行债务或者有其他违约行为致使不能实现合同目的,当事人可以解除合同。

本案中,某物业管理公司虽然由开发商选定及合同未到期,但如果某物业管理公司未按照合同约定提供物业服务致使不能实现合同目的,业主有权解聘该物业管理公司。需要提醒的是,解聘某物业管理公司要由业主全体共同决定,决定时应当由专有部分面积占比2/3以上的业主且人数占比2/3以上的业主参与表决,并经参与表决专有部分面积过半数的业主且参与表决人数过半数的业主同意。

【法条链接】

《民法典》第二百七十八条 下列事项由业主共同决定:

……

(四)选聘和解聘物业服务企业或者其他管理人;

……

业主共同决定事项,应当由专有部分面积占比三分之二以上的业主且人数占比三分之二以上的业主参与表决。决定前款第六项至第八项规定的事项,应当经参与表决专有部分面积四分之三以上的业主且参与表决人数四分之三以上的业主同意。决定前款其他事项,应当经参与表决专有部分面积过半数的业主且参与表决人数过半数的业主同意。

第二百八十四条 业主可以自行管理建筑物及其附属设施,也可以委托物业服务企业或者其他管理人管理。

对建设单位聘请的物业服务企业或者其他管理人,业主有权依法更换。

第五百六十三条第一款 有下列情形之一的,当事人可以解除合同:

……

(四)当事人一方迟延履行债务或者有其他违约行为致使不能实现合同目的;

……

56. 将自家房屋作为公司办公场所,可以吗?

【情景案例】

2021年1月,雷某创办一家财税公司。为节省成本,雷某将自家房屋当作办公场所。不久,邻居张某发现每天有很多陌生人进进出出,致使其正常生活受到较大影响。为此,张某诉至法院,要求雷某停止在小区内经营公司。

请问:张某的请求能得到法院支持吗?

【律师解答】

“住改商”，是指业主将小区内的住宅改为办公场所、餐厅等经营性用房。我国《民法典》规定，业主不得违反法律、法规以及管理规约，将住宅改变为经营性用房。业主将住宅改变为经营性用房的，除遵守法律、法规以及管理规约外，应当经有利害关系的业主一致同意。由此可见，“住改商”并非被法律绝对禁止，但有前提条件，即要经过有利害关系的业主一致同意。有利害关系的业主只要有一人不同意，就不得将房屋改变住宅用途。

本案中，雷某与张某是邻居。雷某将住宅改成商业用途，不可避免地对张某的正常生活产生影响，张某属于有利害关系的业主，雷某将自家房屋作为办公场所，应当征得张某的同意，这是“住改商”的必要条件。但雷某并未告知张某并取得同意，应认为张某的合法权益因此而受到侵犯。故张某的请求能得到法院支持。

【法条链接】

《民法典》第二百七十九条　业主不得违反法律、法规以及管理规约，将住宅改变为经营性用房。业主将住宅改变为经营性用房的，除遵守法律、法规以及管理规约外，应当经有利害关系的业主一致同意。

57. 私自加高房屋影响邻居采光，如何维权？

【情景案例】

范某与方某是邻居。2021 年 5 月，范家因家中住房紧张，不能满足居住需要，私自将房屋加高一层，从而将与之相邻的方某家房屋的北窗户全部遮挡，导致方某家三个北窗户无法进行正常的通风采光，夏天室内炎热难耐，昏暗不堪。

请问：方某可以如何维权？

【律师解答】

我国《民法典》规定，建造建筑物，不得违反国家有关工程建设标准，不得妨碍相邻建筑物的通风、采光和日照。

本案中，范某私自将房屋加高一层，影响了邻居方某家的通风与采光，方某可以向行政机关投诉，请求依法处理；也可以向法院提起民事诉讼，要求其拆除私自加高的房屋，恢复原状。

【法条链接】

《民法典》第二百九十三条 建造建筑物,不得违反国家有关工程建设标准,不得妨碍相邻建筑物的通风、采光和日照。

58. 汽车交易不过户,买方取得汽车的所有权吗?

【情景案例】

石某与姚某是大学同学,关系甚好。2021 年 4 月,石某将自己开了 3 年本田雅阁出售给姚某,价款为 12 万元。姚某付款后,石某将车交付给姚某。由于该车行驶证不见了,两人一直没有办理汽车过户手续。石某认为,汽车是动产,不用办理过户登记姚某也能取得该车所有权。

请问:该车的所有权归姚某吗?

【律师解答】

我国《民法典》规定,动产物权的设立和转让,自交付时发生效力,但是法律另有规定的除外。船舶、航空器和机动车等的物权的设立、变更、转让和消灭,未经登记,不得对抗善意第三人。

本案中,由于汽车属于动产,因此在石某将汽车交付给姚某时,姚某就取得该汽车的所有权。需要说明的是,汽车属于特殊的不动产,未经登记,不得对抗善意第三人,故姚某应当要求石某配合办理过户登记。

【法条链接】

《民法典》第二百二十四条 动产物权的设立和转让,自交付时发生效力,但是法律另有规定的除外。

第二百二十五条 船舶、航空器和机动车等的物权的设立、变更、转让和消灭,未经登记,不得对抗善意第三人。

三、用益物权

59.土地承包经营权可以流转吗?

【情景案例】

由于务农赚钱太少,在亲戚的帮助下,谭某一家想到上海打工。但如果外出打工,谭某担心家里承包的3亩土地无人耕作。为此,谭某想以800元/(亩·年)的价格出租给他人,但又担心违反国家法律。

请问:谭某可以将承包的土地出租给他人吗?

【律师解答】

我国《民法典》规定,土地承包经营权人依照法律规定,有权将土地承包经营权互换、转让。未经依法批准,不得将承包地用于非农建设。

本案中,作为土地承包经营权人,谭某有权将承包的3亩土地出租给他人,以获得相应收益。

【法条链接】

《民法典》第三百三十四条　土地承包经营权人依照法律规定,有权将土地承包经营权互换、转让。未经依法批准,不得将承包地用于非农建设。

60.购买的新房70年后怎么办?

【情景案例】

2021年1月,邹某花光所有积蓄购买了一套婚房。收楼时,交楼工作人员对邹某说,该房只拥有70年的产权。对此,邹某十分担心,不知道70年后该房屋是不是自己的。

请问:邹某所购房屋70年后怎么办?

【律师解答】

在我国,土地使用权归国家所有。生活中,人们购买的住房拥有两个权利:一是无期限的房屋所有权，二是期限为70年的建设用地使用权。我国《民法典》规定，住宅建设用地使用权期限届满的，自动续期。续期费用的缴纳或者减免，依照法律、行政法规的规定办理。

本案中，邹某购买房屋的住宅建设用地使用权到期后自动续期，无须办理申请手续，至于续期费用的缴纳或者减免将留待后续的法律、行政法规来规定。也就是说，邹某在70年后仍然拥有自己购买房屋的所有权和住宅建设用地的使用权。

【法条链接】

《民法典》第三百五十九条　住宅建设用地使用权期限届满的，自动续期。续期费用的缴纳或者减免，依照法律、行政法规的规定办理。

非住宅建设用地使用权期限届满后的续期，依照法律规定办理。该土地上的房屋以及其他不动产的归属，有约定的，按照约定；没有约定或者约定不明确的，依照法律、行政法规的规定办理。

《城镇国有土地使用权出让和转让暂行条例》第十二条　土地使用权出让最高年限按下列用途确定：

（一）居住用地七十年；

（二）工业用地五十年；

（三）教育、科技、文化、卫生、体育用地五十年；

（四）商业、旅游、娱乐用地四十年；

（五）综合或者其他用地五十年。

61. 宅基地使用权可以转让给城镇居民吗？

【情景案例】

熊某全家已在县城定居，但在农村还有一处宅基地。因资金周转需要，熊某想将该宅基地转让给拥有非农业户口的金某，两人谈好转让价款为10万元。

请问：熊某能将宅基地转让给金某吗？

【律师解答】

根据我国《民法典》以及土地管理的相关规定，农村宅基地属于农村集体所有，仅该集体的村民享有相应的使用权，而没有所有权，所以能享有宅基地使用权的人首先应符合宅基地的申请条件，条件之一是该集体经济组织的成员，否则不具备身份条件。

本案中，金某是具有非农业户口的市民，并非熊某所在村的村民，不具备享有宅基地的基本身份条件,故熊某即使私自转让给金某,该转让行为因违反法律的效力强制性规定,被认定为无效。根据我国法律规定,宅基地使用权的主体仅为集体经济组织的成员(本案中的村民),且宅基地的用途也仅限于在该土地上建造房屋,作为生活资料使用。

【法条链接】

《民法典》第三百六十三条　宅基地使用权的取得、行使和转让,适用土地管理的法律和国家有关规定。

62. 居住权需要登记才能设立吗?

【情景案例】

80 岁的陆某患病多年,由于妻子已去世几年,儿子长年在外,其一直无人照顾。2021 年 3 月,陆某咨询街道办工作员后,与邻居孔某签订一份《居住权合同》,主要内容为:孔某在其生前负责照顾陆某;在陆某去世后,由其儿子继承房屋,但该房屋可由孔某居住,直至其百年归寿。

请问:孔某获得陆某房屋的居住权了吗?

【律师解答】

我国《民法典》规定,居住权人有权按照合同约定,对他人的住宅享有占有、使用的用益物权,以满足生活居住的需要。居住权无偿设立,但是当事人另有约定的除外。设立居住权的,应当向登记机构申请居住权登记。居住权自登记时设立。

居住权,是指居住权人对他人所有房屋的全部或者部分及其附属设施,所享用的占有、使用的权利。需要说明的是,居住权一般情况下是无偿设立的,但我国法律并不排斥当事人之间的自愿约定(如果另有约定,则依照约定)。另外,对于居住权期限,主要由双方当事人约定,期限可以是终身的。

本案中,虽然陆某与孔某签订了《居住权合同》,但由于双方没有到不动产登记机关办理登记,因此居住权未设立,孔某并未获得陆某房屋的居住权。

【法条链接】

《民法典》第三百六十六条　居住权人有权按照合同约定,对他人的住宅享有占有、使用的用益物权,以满足生活居住的需要。

第三百六十七条　设立居住权,当事人应当采用书面形式订立居住权合同。

居住权合同一般包括下列条款:

（一）当事人的姓名或者名称和住所；

（二）住宅的位置；

（三）居住的条件和要求；

（四）居住权期限；

（五）解决争议的方法。

第三百六十八条　居住权无偿设立，但是当事人另有约定的除外。设立居住权的，应当向登记机构申请居住权登记。居住权自登记时设立。

第三百六十九条　居住权不得转让、继承。设立居住权的住宅不得出租，但是当事人另有约定的除外。

第三百七十条　居住权期限届满或者居住权人死亡的，居住权消灭。居住权消灭的，应当及时办理注销登记。

第三百七十一条　以遗嘱方式设立居住权的，参照适用本章的有关规定。

四、担保物权一般规定

63. 可以通过协议方式限制相邻土地建房吗？

【情景案例】

蔡某与贾某于2015年登记结婚。2020年10月，蔡某在所购买土地上盖了一幢五层高的海景别墅。旁边有一块平地是丁某的，蔡某担心丁某建房挡住他观海的需要。贾某认为，可与丁某签一份协议，给丁某30万元，让其保证40年内不得在旁边的土地上建房。蔡某认为，通过协议方式限制他人建房不合法，丁某可随时主张合同无效。

请问：蔡某可以通过协议方式限制丁某建房吗？

【律师解答】

地役权，是指按照合同约定，利用他人的不动产，以提高自己的不动产的效益的权利。地役权自地役权合同生效时设立。我国《民法典》规定，地役权人有权按照合同约定，利用他人的不动产，以提高自己的不动产的效益。他人的不动产为供役地，自己的不动产为需役地。

本案中，蔡某为防止旁边土地建房挡住其观海需要，可与丁某签订一份《地役权协议》。协议签订后，蔡某对丁某的土地享有地役权，丁某在合同约定期间内不得建房。

【法条链接】

《民法典》第三百七十二条 地役权人有权按照合同约定，利用他人的不动产，以提高自己的不动产的效益。

前款所称他人的不动产为供役地，自己的不动产为需役地。

64. 主合同无效的，担保合同有效吗？

【情景案例】

甲公司编造“引进最先进的垃圾处理项目”，与某银行签订一份《借款合同》，骗取某银行3000万元贷款。因该笔贷款数额巨大，仅抵押本公司的不动产不能满足银行的要求，于是甲公司哄骗乙公司作担保人。贷款到手后，甲公司用其还了2000万元债务，其余均挥霍尽。经银行报案，公安部门迅速侦破，最终追究甲公司董事长及有关人员的贷款诈骗罪。

请问：乙公司与某银行签订的担保合同有效吗？

【律师解答】

我国《民法典》第一百四十八条规定，一方以欺诈手段，使对方在违背真实意思的情况下实施的民事法律行为，受欺诈方有权请求人民法院或者仲裁机构予以撤销。第三百八十八条规定，设立担保物权，应当依照本法和其他法律的规定订立担保合同。担保合同包括抵押合同、质押合同和其他具有担保功能的合同。担保合同是主债权债务合同的从合同。主债权债务合同无效的，担保合同无效，但是法律另有规定的除外。担保合同被确认无效后，债务人、担保人、债权人有过错的，应当根据其过错各自承担相应的民事责任。

本案中，甲公司与某银行签订的《借款合同》为主合同，担保合同为从合同，从合同的效力受制于主合同的效力，一般情况下，主合同无效则从合同无效。甲公司编造贷款理由，与某银行签订的《借款合同》因甲公司的故意欺骗行为而无效，而为甲公司提供担保责任的乙公司与某银行签订的担保合同，因主合同无效而无效。因此，甲公司应因欺骗行为向某银行返还其欺骗的全部贷款，而乙公司无须向某银行承担担保责任。

一般情况下，主合同无效则从合同无效。特殊情况即法律有特别规定的情况下，从合同效力不受此规定的限制。

【法条链接】

《民法典》第一百四十八条　一方以欺诈手段，使对方在违背真实意思的情况下实施的民事法律行为，受欺诈方有权请求人民法院或者仲裁机构予以撤销。

第三百八十八条　设立担保物权，应当依照本法和其他法律的规定订立担保合同。担保合同包括抵押合同、质押合同和其他具有担保功能的合同。担保合同是主债权债务合同的从合同。主债权债务合同无效的，担保合同无效，但是法律另有规定的除外。

担保合同被确认无效后，债务人、担保人、债权人有过错的，应当根据其过错各自承担相应的民事责任。

65. 担保物损毁的，担保物权人如何救济？

【情景案例】

2021年3月1日，孔某向白某借款30万元，约定：年利率2%，半年后偿还，孔某以自家房屋作为抵押。2021年6月3日，该房屋因失火被烧毁，孔某获得保险金50万元。

请问：白某可以就50万元保险金优先受偿吗？

【律师解答】

我国《民法典》规定，担保期间，担保财产毁损、灭失或者被征收等，担保物权人可以就获得的保险金、赔偿金或者补偿金等优先受偿。被担保债权的履行期限未届满的，也可以提存该保险金、赔偿金或者补偿金等。

本案中，作为抵押物的房屋被烧毁，抵押权人白某可以就50万元保险金优先受偿。

【法条链接】

《民法典》第三百九十条　担保期间，担保财产毁损、灭失或者被征收等，担保物权人可以就获得的保险金、赔偿金或者补偿金等优先受偿。被担保债权的履行期限未届满的，也可以提存该保险金、赔偿金或者补偿金等。

66. 同一债权既有物的担保又有人的担保，如何处理？

【情景案例】

崔某是某皮鞋厂的老板，该皮鞋厂系个人独资企业。为扩建厂房，崔某以自家别墅作抵押向某银行贷款500万元，但银行认为仅抵押别墅不能满足放贷要求，于是崔某便找好友康某担任保证人。之后，因经营不善，崔某不能按时偿还银行贷款。

请问：某银行应当如何实现债权？

【律师解答】

我国《民法典》规定，被担保的债权既有物的担保又有人的担保的，债务人不履行到期债务或者发生当事人约定的实现担保物权的情形，债权人应当按照约定实现债权；没有约定或者约定不明确，债务人自己提供物的担保的，债权人应当先就该物的担保实现债权；提供担保的第三人承担担保责任后，有权向债务人追偿。

本案中，债务人崔某以自己的别墅提供担保，银行应当首先就该别墅的担保实现债权，其次再追究保证人康某的担保责任。康某承担担保责任后，有权向崔某追偿。

【法条链接】

《民法典》第三百九十二条 被担保的债权既有物的担保又有人的担保的，债务人不履行到期债务或者发生当事人约定的实现担保物权的情形，债权人应当按照约定实现债权；没有约定或者约定不明确，债务人自己提供物的担保的，债权人应当先就该物的担保实现债权；第三人提供物的担保的，债权人可以就物的担保实现债权，也可以请求保证人承担保证责任。提供担保的第三人承担担保责任后，有权向债务人追偿。

67. 未办理抵押登记，抵押合同有效吗？

【情景案例】

毛某向邱某借款30万元，并将自家房屋抵押给邱某。两人签订抵押合同后，毛某将房产证原件交付给邱某，但没有办理抵押登记。之后，毛某不能按期还款，邱某遂诉至法院请求行使抵押权。毛某认为，双方没有办理抵押登记，因此抵押权没有设立，双方签订的抵押合同也无效。

请问：毛某与邱某签订的抵押合同有效吗？

【律师解答】

我国《民法典》第一百四十三条规定，意思表示真实，不违反法律、行政法规的强制性规定，不违背公序良俗的合同有效。第三百九十五条与第四百零二条规定，以房屋等不动产进行抵押的，应当办理抵押登记，抵押权自登记时设立。

本案中，毛某与邱某两人签订的抵押合同是双方真实意思表示，不违反法律、行政法规的强制性规定，不违背公序良俗，因此该合同有效。也就是说，双方没有办理抵押登记，只表明抵押权没有设立，但不影响抵押合同的效力。需要说明的是，在抵押合同仍然有效的情况下，邱某虽然不能对抵押房屋主张优先受偿权，但可基于抵押合同向毛某主张在抵押物价值的范围内对债务承担连带清偿责任。

【法条链接】

《民法典》第一百四十三条　具备下列条件的民事法律行为有效：

（一）行为人具有相应的民事行为能力；

（二）意思表示真实；

（三）不违反法律、行政法规的强制性规定，不违背公序良俗。

第二百一十五条　当事人之间订立有关设立、变更、转让和消灭不动产物权的合同，除法律另有规定或者当事人另有约定外，自合同成立时生效；未办理物权登记的，不影响合同效力。

第三百九十五条　债务人或者第三人有权处分的下列财产可以抵押：

（一）建筑物和其他土地附着物；

（二）建设用地使用权；

（三）海域使用权；

（四）生产设备、原材料、半成品、产品；

（五）正在建造的建筑物、船舶、航空器；

（六）交通运输工具；

（七）法律、行政法规未禁止抵押的其他财产。

抵押人可以将前款所列财产一并抵押。

第四百零二条　以本法第三百九十五条第一款第一项至第三项规定的财产或者第五项规定的正在建造的建筑物抵押的，应当办理抵押登记。抵押权自登记时设立。

68. 债务人到期不履行债务，债权人如何实现抵押权？

【情景案例】

2019年9月1日，为借款装修房屋，秦某将其汽车抵押给江某，借款8万元。双方签订《抵押合同》，约定借款期限为1年，年利率为10%。借款到期后，秦某因资金周转困难，暂时无力偿还上述借款本息。

请问:江某可以如何实现抵押权?

【律师解答】

我国《民法典》规定,债务人不履行到期债务的,抵押权人可以与抵押人协议以抵押财产折价或者以拍卖、变卖该抵押财产所得的价款优先受偿。抵押权人与抵押人未就抵押权实现方式达成协议的,抵押权人可以请求人民法院拍卖、变卖抵押财产。抵押财产折价或者变卖的,应当参照市场价格。抵押财产折价或者拍卖、变卖后,其价款超过债权数额的部分归抵押人所有,不足部分由债务人清偿。

本案中,江某可与秦某签订协议,将抵押的汽车折价或者以拍卖、变卖该抵押的汽车所得的价款优先受偿。如果双方未能达成协议,江某可请求法院拍卖、变卖抵押的汽车。抵押的汽车拍卖、变卖后,其价款超过债权数额的部分归秦某所有,不足部分由秦某清偿。

【法条链接】

《民法典》第四百一十条 债务人不履行到期债务或者发生当事人约定的实现抵押权的情形,抵押权人可以与抵押人协议以抵押财产折价或者以拍卖、变卖该抵押财产所得的价款优先受偿。协议损害其他债权人利益的,其他债权人可以请求人民法院撤销该协议。

抵押权人与抵押人未就抵押权实现方式达成协议的,抵押权人可以请求人民法院拍卖、变卖抵押财产。

抵押财产折价或者变卖的,应当参照市场价格。

第四百一十三条 抵押财产折价或者拍卖、变卖后,其价款超过债权数额的部分归抵押人所有,不足部分由债务人清偿。

69. 同一房屋向两个债权人抵押,要按顺序进行清偿吗?

【情景案例】

为创办公司,史某以自家房屋抵押,向顾某借款50万元用于出资,约定1年后偿还,双方办理了抵押登记。1周后,由于公司经营急需资金,史某又向侯某借款30万元,也用自家房屋抵押,并办理了抵押登记。上述借款到期后,因公司经营不善,史某无力偿还。之后,顾某与侯某行使抵押权,将抵押房屋拍卖并获得价款70万元。

请问:对于处置抵押房屋所得价款,清偿顺序如何确定?

【律师解答】

我国《民法典》规定,同一财产向两个以上债权人抵押的,拍卖、变卖抵押财产所得的价款依照下列规定清偿:(1)抵押权已经登记的先于未登记的受偿;(2)抵押权已经登记的,按照登记的时间先后确定清偿顺序;(3)抵押权未登记的,按照债权比例清偿。

本案中,史某以自家房屋先后抵押给顾某与侯某,均办理了抵押登记。对于抵押房屋所得价款70万元,应当先清偿抵押权登记在前的顾某50万元,再偿还抵押权登记在后侯某20万元。侯某对于未实现的10万元债权,可另行向史某追偿。

【法条链接】

《民法典》第四百一十四条 同一财产向两个以上债权人抵押的,拍卖、变卖抵押财产所得的价款依照下列规定清偿:

(一)抵押权已经登记的,按照登记的时间先后确定清偿顺序;

(二)抵押权已经登记的先于未登记的受偿;

(三)抵押权未登记的,按照债权比例清偿。

其他可以登记的担保物权,清偿顺序参照适用前款规定。

五、抵 押 权

70. 抵押给他人的房屋,还可以转让吗?

【情景案例】

2021年1月10日,邵某因急需用钱治病,于是将某房屋抵押给孟某并借款10万元。之后,由于治疗费用不够,邵某打算将该房屋卖给邻居万某,但遭到孟某反对。

请问:邵某可以将已抵押的房屋卖给万某吗?

【律师解答】

我国《民法典》规定,抵押期间,抵押人可以转让抵押财产。当事人另有约定的,按照其约定。抵押财产转让的,抵押权不受影响。抵押人转让抵押财产的,应当及时通知抵押权人。抵押权人能够证明抵押财产转让可能损害抵押权的,可以请求抵押人将转让所得的价款向抵押权人提前清偿债务或者提存。转让的价款超过债权数额的部分归抵押人所有,不足部分由债务人清偿。

本案中,邵某可以不经孟某同意将抵押房屋转让给万某。房屋转让后,孟某对该房屋的抵押权不受影响,但是邵某需要及时通知孟某房屋被转让的事实。如果房屋转让可能造成房屋价值减损,那么孟某可以要求邵某将出售房屋所获得价款提前清偿债务或者在相关机构进行提存。

【法条链接】

《民法典》第四百零六条　抵押期间,抵押人可以转让抵押财产。当事人另有约定的,按照其约定。抵押财产转让的,抵押权不受影响。

抵押人转让抵押财产的,应当及时通知抵押权人。抵押权人能够证明抵押财产转让可能损害抵押权的,可以请求抵押人将转让所得的价款向抵押权人提前清偿债务或者提存。转让的价款超过债权数额的部分归抵押人所有,不足部分由债务人清偿。

71. 抵押合同约定不能按期还款房屋归债权人所有,有效吗?

【情景案例】

孟某因生意周转急用钱,于是向万某借款50万元,并用自家价值65万元的房屋作抵押。双方在抵押合同中约定:如果孟某不能按期还款,则抵押的房屋归万某所有。债务到期后,孟某无力还款。

请问:万某能直接获得抵押房屋的所有权吗?

【律师解答】

我国《民法典》规定,抵押权人在债务履行期限届满前,与抵押人约定债务人不履行到期债务时抵押财产归债权人所有的,只能依法就抵押财产优先受偿。由此可见,约定到期若不能清偿债务,标的物归债权人所有的抵押条款是无效的。

本案中,万某不能直接获得房屋的所有权,只能就该房屋折价或拍卖、变卖的价款优先受偿。

【法条链接】

《民法典》第四百零一条　抵押权人在债务履行期限届满前,与抵押人约定债务人不履行到期债务时抵押财产归债权人所有的,只能依法就抵押财产优先受偿。

第四百一十条　债务人不履行到期债务或者发生当事人约定的实现抵押权的情形,抵押权人可以与抵押人协议以抵押财产折价或者以拍卖、变卖该抵押财产所得的价款优先受偿。协议损害其他债权人利益的,其他债权人可以请求人民法院撤销该协议。

抵押权人与抵押人未就抵押权实现方式达成协议的,抵押权人可以请求人民法院拍卖、变卖抵押财产。

抵押财产折价或者变卖的,应当参照市场价格。

72. 房屋先出租后抵押的，抵押权人可要求承租人搬走吗？

【情景案例】

2019 年 7 月 8 日，段某将自家房屋租赁给雷某，约定租期为 3 年。2021 年 3 月，段某向钱某借款 30 万元，并用自家房屋作抵押，办理了抵押登记手续。雷某知道此事后，担心钱某要求自己搬走。

请问：雷某可以继续承租该房屋吗？

【律师解答】

我国《民法典》规定，抵押权设立前，抵押财产已经出租并转移占有的，原租赁关系不受该抵押权的影响。由此可见，房屋出租之后成立的抵押权不影响原来的租赁关系，先设立的租赁权优先于后设立的抵押权。需要注意的是，该规定要求承租人已经实际住进房屋之内，否则租赁权不能优先于抵押权。

本案中，段某先将房屋出租给雷某，雷某也实际入住该房屋，因此雷某的租赁权优先于钱某的抵押权，雷某可以继续承租该房屋，不受钱某抵押权的影响。

【法条链接】

《民法典》第四百零五条　抵押权设立前，抵押财产已经出租并转移占有的，原租赁关系不受该抵押权的影响。

73. 抵押人的行为可能致抵押物价值减损，怎么办？

【情景案例】

2021 年 1 月，尹某向汤某借款 15 万元，借款期限为 2 年，年利率 6%。在汤某的要求下，尹某以其名下的一辆轿车作为抵押。2021 年 5 月 8 日，尹某驾驶抵押的汽车外出，因操作不当造成车辆损坏，但是尹某一直未修理。尹某之后另购买了一辆新车，并将抵押给汤某的汽车放在室外弃置。汤某见抵押财产受损减值，要求尹某及时修理汽车，尹某不予理会。无奈之下，汤某要求尹某另外提供担保，以确保借款债权到期能够得到清偿，但遭到尹某拒绝。

请问：汤某可以要求尹某提前还款吗？

【律师解答】

我国《民法典》规定，抵押人的行为足以使抵押财产价值减少的，抵押权人有权请求抵押人停止其行为;抵押财产价值减少的,抵押权人有权请求恢复抵押财产的价值,或者提供与减少的价值相应的担保。抵押人不恢复抵押财产的价值,也不提供担保的,抵押权人有权请求债务人提前清偿债务。

本案中,如果尹某既不愿意修理汽车,又不肯提供减少的价值的担保,汤某有权要求尹某提前清偿债务。

【法条链接】

《民法典》第四百零八条 抵押人的行为足以使抵押财产价值减少的,抵押权人有权请求抵押人停止其行为;抵押财产价值减少的,抵押权人有权请求恢复抵押财产的价值,或者提供与减少的价值相应的担保。抵押人不恢复抵押财产的价值,也不提供担保的,抵押权人有权请求债务人提前清偿债务。

74. 企业可以生产设备、原材料向银行抵押贷款吗?

【情景案例】

甲公司是一家生产皮鞋的企业,由魏某与薛某共同创办。2021年5月,甲公司急需500万元资金周转,魏某提出以2分息借高利贷,但遭到薛某反对。薛某认为,公司可将现有的生产设备、原材料、半成品向银行贷款,这样利息会比高利贷低很多。

请问:薛某的说法符合我国法律规定吗?

【律师解答】

动产浮动抵押,是指作为抵押人的经营者与抵押权人约定,以其现有的和将有的所有经营性动产作为一个集合客体并在其上设立抵押权,在债务人不履行到期债务时,债权人有权对实现抵押权时的动产行使变价和优先受偿的权利。我国《民法典》规定,企业、个体工商户、农业生产经营者可以将现有的以及将有的生产设备、原材料、半成品、产品抵押,债务人不履行到期债务或者发生当事人约定的实现抵押权的情形,债权人有权就抵押财产确定时的动产优先受偿。

本案中,甲公司可与银行约定,以现有和将有的生产设备、原材料、半成品向银行贷款,在甲公司不履行到期债务时,银行有权对上述抵押的动产行使变价和优先受偿的权利。故薛某的说法符合我国法律规定。

实务中,关于动产浮动抵押,需要注意以下几方面:

(1)动产浮动抵押的抵押权自合同生效时设立;未经登记,不得对抗善意第三人。

(2)能够作为抵押人在自己的财产上设立浮动抵押权的必须是企业、个体工商户等经营者,非经营者不得为他人设立动产浮动抵押权。

(3)设立抵押权后,抵押财产在正常经营活动中已支付价款的他人所取得的,该财产退出浮动抵押的范围。设立抵押后行使抵押权前,抵押人新取得的原材料等动产会自动成为浮动抵押的客体。

【法条链接】

《民法典》第三百九十六条　企业、个体工商户、农业生产经营者可以将现有的以及将有的生产设备、原材料、半成品、产品抵押,债务人不履行到期债务或者发生当事人约定的实现抵押权的情形,债权人有权就抵押财产确定时的动产优先受偿。

第四百一十一条　依据本法第三百九十六条规定设定抵押的,抵押财产自下列情形之一发生时确定:

(一)债务履行期限届满,债权未实现;

(二)抵押人被宣告破产或者解散;

(三)当事人约定的实现抵押权的情形;

(四)严重影响债权实现的其他情形。

75. 土地上新盖的建筑物,抵押权人有优先受偿权吗?

【情景案例】

甲公司向乙银行贷款300万元,甲公司以自己拥有的2亩国有土地使用权进行抵押,双方订立了抵押合同并办理了抵押登记。之后,甲公司在此土地上新建一幢五层高的厂房。贷款到期后,由于甲公司无力偿还债务,乙银行诉至法院,请求拍卖该土地使用权及地上所建厂房,并就所有价款优先受偿。

请问:乙银行对甲公司新盖的厂房有优先受偿权吗?

【律师解答】

我国《民法典》规定,建设用地使用权抵押后,该土地上新增的建筑物不属于抵押财产。该建设用地使用权实现抵押权时,应当将该土地上新增的建筑物与建设用地使用权一并处分。但是,对新增建筑物所得的价款,抵押权人无权优先受偿。

本案中,乙银行对甲公司土地上新盖的厂房不享有抵押权,但乙银行行使自己的抵押权时,可以将房屋与土地一并拍卖,就拍卖获得的价款分为两部分,一部分为拍卖土地使用权的价款,另一部分为拍卖土地上新建的厂房的价款。其中,乙银行可以就拍卖土地使用权获得的价款行使优先受偿权,但不能就拍卖厂房获得的价款行使优先受偿权。

【法条链接】

《民法典》第四百一十七条　建设用地使用权抵押后，该土地上新增的建筑物不属于抵押财产。该建设用地使用权实现抵押权时，应当将该土地上新增的建筑物与建设用地使用权一并处分。但是，新增建筑物所得的价款，抵押权人无权优先受偿。

76. 质押物并未交付债权人，质权设立了吗？

【情景案例】

2021 年 3 月，黎某向易某借款 2 万元，双方签订一份《质押合同》，约定黎某以一只价值 5 万元的劳力士手表作为质押。之后，黎某并没有将手表交付给易某。

请问：易某对手表的质权设立了吗？

【律师解答】

我国《民法典》规定，质权自出质人交付质押财产时设立。质权，是指债权人为了保证债权能够实现，占有债务人或者第三人提供的财产，如果债务人到期不履行债务，债权人可以就该财产的价值优先受偿。

本案中，由于黎某并没有将手表交付给易某，因此易某对手表的质权并未设立。需要说明的是，黎某未交付手表不意味《质押合同》没有效力，只是质权并未设立，如果黎某到期不还款，易某可依据《质押合同》主张违约责任。

【法条链接】

《民法典》第四百二十九条　质权自出质人交付质押财产时设立。

六、质　押　权

77. 质权人可以使用质押财产吗？

【情景案例】

李某向武某借款 3000 元，用自己一台价值 8000 元的数码相机作为质押。在借款期间，武某未经李某同意，经常使用李某的数码相机，并在一次拍照过程中不小心将该相机摔坏。

请问：李某可以要求武某承担赔偿责任吗？

【律师解答】

我国《民法典》规定，质权人在质权存续期间，未经出质人同意，擅自使用、处分质押财产，造成出质人损害的，应当承担赔偿责任。由此可见，经出质人同意，质权人可以使用、处分质押财产。对于未经出质人同意并擅自使用、处分质押财产，又造成出质人损害的，质权人应当承担赔偿责任。

本案中，质权人武某未经出质人李某许可擅自使用数码相机并造成数码相机损坏，应当依法承担赔偿责任。

【法条链接】

《民法典》第四百三十一条　质权人在质权存续期间，未经出质人同意，擅自使用、处分质押财产，造成出质人损害的，应当承担赔偿责任。

78. 质权人在质押期间可否将质押物再次质押给他人？

【情景案例】

乔某向贺某借款15万元，双方约定借款期限为1年；乔某将一台宝马汽车质押给贺某，双方未办理质押登记。在借款期间，贺某因资金周转困难，为向赖某借款10万元，其打算将宝马汽车质押给赖某。

请问：贺某有权将汽车质押给赖某吗？

【律师解答】

我国《民法典》规定，质权人在质权存续期间，未经出质人同意转质，造成质押财产毁损、灭失的，应当承担赔偿责任。由此可见，只有经出质人同意，质权人才可以将质押物再次质押给他人。

本案中，贺某经乔某同意，可以将宝马汽车质押给赖某。如果乔某不同意，贺某不能将宝马汽车质押给赖某。

【法条链接】

《民法典》第四百三十四条　质权人在质权存续期间，未经出质人同意转质，造成质押财产毁损、灭失的，应当承担赔偿责任。

79. 质权人因保管不善致质押物灭失的，怎么办？

【情景案例】

2021年1月10日，龚某因急需用钱，向庞某借款10万元，借款期限为6个月，1分息。在庞某的要求下，龚某将一幅价值20万元的字画质押给庞某。2021年5月8日，由于庞某出门时忘记锁门，字画在家中被盗。

请问：对于字画的灭失，责任由谁承担？

【律师解答】

我国《民法典》规定，质权人负有妥善保管质押财产的义务；因保管不善致使质押财产毁损、灭失的，应当承担赔偿责任。质权人的行为可能使质押财产毁损、灭失的，出质人可以请求质权人将质押财产提存，或者请求提前清偿债务并返还质押财产。

本案中，因庞某保管不善致使字画被盗，庞某应当承担字画灭失的赔偿责任。

【法条链接】

《民法典》第四百三十二条 质权人负有妥善保管质押财产的义务；因保管不善致使质押财产毁损、灭失的，应当承担赔偿责任。

质权人的行为可能使质押财产毁损、灭失的，出质人可以请求质权人将质押财产提存，或者请求提前清偿债务并返还质押财产。

80. 股权可以出质吗？

【情景案例】

樊某向好友殷某提出借款30万元。由于借款金额较大，殷某表示必须要提供相应担保，否则妻子不同意出借。樊某提出用其持有甲公司的5%股权作质押，该公司现在净资产为1000万元。

请问：樊某可以用股权出质吗？

【律师解答】

我国《民法典》规定，可以转让的基金份额、股权可以出质。以基金份额、股权出质的，质权自办理出质登记时设立。

本案中，樊某可用甲公司5%的股权出质。需要提醒的是，如果殷某同意股权出质的，双方在签订质押合同后，务必要到公司登记的工商行政管理机关办理出质登记，否则质权不设立。

【法条链接】

《民法典》第四百四十条 债务人或者第三人有权处分的下列权利可以出质：

（一）汇票、本票、支票；

（二）债券、存款单；

（三）仓单、提单；

（四）可以转让的基金份额、股权；

（五）可以转让的注册商标专用权、专利权、著作权等知识产权中的财产权；

（六）现有的以及将有的应收账款；

（七）法律、行政法规规定可以出质的其他财产权利。

第四百四十三条 以基金份额、股权出质的，质权自办理出质登记时设立。

基金份额、股权出质后，不得转让，但是出质人与质权人协商同意的除外。出质人转让基金份额、股权所得的价款，应当向质权人提前清偿债务或者提存。

81. 债务人已还清借款，但债权人不返还质物的，怎么办？

【情景案例】

施某向陶某借款3万元，同时将一块限量版手表质押给陶某。施某在发放年终奖后便将借款还给陶某，但陶某因十分喜欢这只手表，迟迟不归还手表。在施某多次催促下，陶某始终不肯归还。

请问：施某该怎么办？

【律师解答】

我国《民法典》第四百三十六条规定，债务人履行债务或者出质人提前清偿所担保的债权的，质权人应当返还质押财产。第九百八十五条规定，得利人没有法律根据取得不当利益的，受损失的人可以请求得利人返还取得的利益。

本案中，施某已履行还款义务，陶某应当将手表返还给施某，其故意不归还的行为构成不当得利，施某可以到法院起诉，要求陶某返还自己的手表。

【法条链接】

《民法典》第四百三十六条 债务人履行债务或者出质人提前清偿所担保的债权的，质权人应当返还质押财产。

债务人不履行到期债务或者发生当事人约定的实现质权的情形，质权人可以与出质人协议以质押财产折价，也可以就拍卖、变卖质押财产所得的价款优先受偿。

质押财产折价或者变卖的，应当参照市场价格。

第九百八十五条　得利人没有法律根据取得不当利益的，受损失的人可以请求得利人返还取得的利益，但是有下列情形之一的除外：

（一）为履行道德义务进行的给付；

（二）债务到期之前的清偿；

（三）明知无给付义务而进行的债务清偿。

七、留　置　权

82. 不支付汽车修理费，修车厂可以留置汽车吗？

【情景案例】

洪某因汽车的刹车系统有故障将汽车送至某修车厂修理，但汽车修好后，洪某因公司破产，迟迟没有支付修理费。之后，洪某提出给某修车厂写一张欠条，然后将车取走，并承诺在汽车转让后马上支付修理费。对此，某修车厂表示不放心，于是拒绝了洪某的要求。

请问：某修车厂留置洪某的汽车，合法吗？

【律师解答】

我国《民法典》规定，债务人不履行到期债务，债权人可以留置已经合法占有的债务人的动产，并有权就该动产优先受偿。前款规定的债权人为留置权人，占有的动产为留置财产。

留置，是指在保管合同、运输合同、加工承揽合同以及法律规定的其他合同中，债权人按照约定占有债务人的动产，债务人不按照合同约定期限履行债务的，债权人有权依法留置该财产，以该财产折价或者以拍卖、变卖该财产的价款优先受偿。

本案中，洪某不支付修理费，为保障自己的合法权益，某修车厂有权留置洪某的汽车。需要说明的是，经过合理期限后，洪某还不支付修理费的，某修车厂可以将汽车变卖，用所得款项偿还修理费用。

【法条链接】

《民法典》第四百四十七条　债务人不履行到期债务，债权人可以留置已经合法占有占有的债务人的动产，并有权就该动产优先受偿。

前款规定的债权人为留置权人，占有的动产为留置财产。

第四百五十三条　留置权人与债务人应当约定留置财产后的债务履行期限；没有约定或者约定不明确的，留置权人应当给债务人六十日以上履行债务的期限，但是鲜活易腐等不易保管的动产除外。债务人逾期未履行的，留置权人可以与债务人协议以留置财产折价，也可以就拍卖、变卖留置财产所得的价款优先受偿。

留置财产折价或者变卖的，应当参照市场价格。

83. 债务未到期，可以留置债务人的财物吗?

【情景案例】

甲公司委托乙服装厂加工1000套西装，双方签订一份《来料加工合同》，约定加工费5万元，加工后15天内付清。正在加工时，甲公司突然发生火灾，厂房化为灰烬。乙服装厂担心甲公司不能支付加工费，于是停止加工并扣留了已加工的500套西装。甲公司给乙服装厂发函称，虽然厂房被烧，但其仍有能力支付加工费，并请乙服装厂继续履行合同，否则要求其承担相应的违约责任。乙服装厂认为，其是依法行使留置权的。

请问：乙服装厂可以行使留置权吗?

【律师解答】

我国《民法典》规定，债务人不履行到期债务，债权人可以留置已经合法占有的债务人的动产，并有权就该动产优先受偿。前款规定的债权人为留置权人，占有的动产为留置财产。由此可见，行使留置权的前提条件之一是债务人不履行到期债务。

本案中，甲公司欠乙服装厂的加工费还没到期，乙服装厂也没有确切证据证明甲公司将不履行到期债务，因此不得行使留置权。但是，由于甲公司突发危机，乙服装厂依法享有不安抗辩权，可以通知对方中止履行加工义务。对方在合理期限内未恢复履行能力且未提供适当担保的，视为以自己的行为表明不履行主要债务，可以解除合同并可以请求对方承担违约责任，进而行使留置权。

【法条链接】

《民法典》第四百四十七条　债务人不履行到期债务，债权人可以留置已经合法占有的债务人的动产，并有权就该动产优先受偿。

前款规定的债权人为留置权人，占有的动产为留置财产。

第五百二十七条　应当先履行债务的当事人，有确切证据证明对方有下列情形之

一的,可以中止履行:

(一)经营状况严重恶化;

(二)转移财产、抽逃资金,以逃避债务;

(三)丧失商业信誉;

(四)有丧失或者可能丧失履行债务能力的其他情形。

当事人没有确切证据中止履行的,应当承担违约责任。

第五百二十八条 当事人依据前条规定中止履行的,应当及时通知对方。对方提供适当担保的,应当恢复履行。中止履行后,对方在合理期限内未恢复履行能力且未提供适当担保的,视为以自己的行为表明不履行主要债务,中止履行的一方可以解除合同并可以请求对方承担违约责任。

八、占　有

84. 善意占有人可以向权利人要求支付必要费用吗?

【情景案例】

颜某放牛时,误将严某的母牛牵回家。后颜某发现母牛怀孕,十分开心。在颜某的用心照料下,母牛生了一只小牛崽。之后,严某得知母牛是自己的,于是要求颜某返还母牛与牛崽。由于严某在母牛身上做了标记,故颜某将母牛与牛崽返还严某。

请问:颜某有权要求严某支付必要费用吗?

【律师解答】

我国《民法典》规定,不动产或者动产被占有人占有的,权利人可以请求返还原物及其孳息;但是,应当支付善意占有人因维护该不动产或者动产支出的必要费用。

本案中,颜某是善意占有人,因此其有权要求严某支付母牛管理、维护等必要费用。

【法条链接】

《民法典》第四百四十六条 不动产或者动产被占有人占有的,权利人可以请求返还原物及其孳息;但是,应当支付善意占有人因维护该不动产或者动产支出的必要费用。

85. 占有的财产被他人侵占的,在多长时间内可以行使返还原物请求权?

【情景案例】

2021 年 1 月,温某租用李某一台高清数码相机,约定租金为 800 元/年,租期为 2 年。在一次户外拍摄工作中,季某误将该相机拿回家。不久后,温某得知数码相机在季某家,于是要求其返还,但季某以出差在外为由拖延返还。由于温某暂时不用相机,故将这事忘记了。2022 年 3 月,温某因朋友结婚需用该相机,于是再次请求季某返还相机,但遭到拒绝。

请问:季某可以不返还相机吗?

【律师解答】

我国《民法典》规定,占有的不动产或者动产被侵占的,占有人有权请求返还原物;占有人返还原物的请求权,自侵占发生之日起 1 年内未行使的,该请求权消灭。由此可见,占有的财产被他人侵占的,要积极请求侵占人返还原物,否则超过 1 年期限,会丧失返还原物请求权,造成无法挽回的损失。

本案中,温某自数码相机被侵占 1 年后才要求返还,由于超过 1 年期限,其返还原物请求权消灭,季某可以不返还相机。但是,李某可以依据所有权向季某主张返还相机。

【法条链接】

《民法典》第四百六十二条 占有的不动产或者动产被侵占的,占有人有权请求返还原物;对妨害占有的行为,占有人有权请求排除妨害或者消除危险;因侵占或者妨害造成损害的,占有人有权依法请求损害赔偿。

占有人返还原物的请求权,自侵占发生之日起一年内未行使的,该请求权消灭。

第三章
合同法律问题

一、合同的订立

86. 可以采用口头方式订立合同吗?

【情景案例】

季某有一部用了5年的苹果二手笔记本,在一次饭局中,其与章某达成口头买卖合同,约定:季某将笔记本卖给章某,价款为2000元。次日,章某去季某家取笔记本,因季某的表弟愿意出2800元购买,因此季某以双方没有签订合同为由反悔。

请问:季某与章某口头签订的合同有效吗?

【律师解答】

我国《民法典》规定,当事人订立合同,可以采用书面形式、口头形式或者其他形式。由此可见,以合同形式签订的合同,只要符合法律规定,即为有效合同。

本案中,季某与章某达成口头买卖合同虽然未以书面形式订立,但却是成立并生效的。需要提醒的是,尽管法律承认口头合同,但为了避免纠纷,建议当事人最好以书面形式订立合同。

【法条链接】

《民法典》第四百六十九条 当事人订立合同,可以采用书面形式、口头形式或者其他形式。

书面形式是合同书、信件、电报、电传、传真等可以有形地表现所载内容的形式。

以电子数据交换、电子邮件等方式能够有形地表现所载内容,并可以随时调取查用的数据电文,视为书面形式。

87. 违反预约合同需要承担什么责任?

【情景案例】

2021 年 3 月 1 日,鲁某与葛某签订一份《预约合同》,约定:鲁某将其自家房屋出售给葛某,3 月 15 日签订正式《房屋买卖合同》并办理过户手续,不签订者要给对方支付 3 万元违约金。4 月 1 日,鲁某因妻子不同意卖房,故没有与葛某签订正式的房屋买卖合同。

请问:葛某可要求鲁某承担什么责任?

【律师解答】

我国《民法典》规定,当事人约定在将来一定期限内订立合同的认购书、订购书、预订书等,构成预约合同。当事人一方不履行预约合同约定的订立合同义务的,对方可以请求其承担预约合同的违约责任。预约合同,是指当事人双方以将来订立合同为目的而达成的合意。预约合同成立后,当事人负有履行预约合同所规定的订立本约的义务,否则要承担违约责任。实务中,很多重大交易在订立正式合同前,当事人往往会通过签订预约合同方式,暂时将交易的意愿固定下来。如开发商在取得商品房预售许可之前不能签订买卖合同本约,可以通过签订预约合同的方式来提前锁定潜在购房者。

本案中,鲁某与葛某以"3 月 15 日签订正式《房屋买卖合同》"为目的订立了预约合同,双方应当都受到预约合同的约束。由于鲁某拒绝与葛某签订预约合同约定的房屋买卖合同,违反了预约合同义务,葛某可要求鲁某支付 3 万元违约金。

【法条链接】

《民法典》第四百九十五条　当事人约定在将来一定期限内订立合同的认购书、订购书、预订书等,构成预约合同。

当事人一方不履行预约合同约定的订立合同义务的,对方可以请求其承担预约合同的违约责任。

88. 合同的格式条款在哪些情形下无效?

【情景案例】

伍某与某物流公司签订一份《货运合同》,约定由某物流公司为伍某运输一批价款为 3 万元的货物。该合同是某物流公司预先拟定且重复使用的合同。其中有一条免其责任的格式条款，载明："托运的货物如果发生全损、灭失、遗失或被盗，本公司最高赔偿损失额为1万元。"之后，该批货物因发生交通事故全部损毁，双方在赔偿上发生争议。

请问：该格式条款对伍某有效吗？

【律师解答】

我国《民法典》规定，格式条款是当事人为了重复使用而预先拟定，并在订立合同时未与对方协商的条款。提供格式条款一方不合理地免除或者减轻其责任、加重对方责任、限制对方主要权利的，该格式条款无效。

本案中，某物流公司的货运合同是格式合同，该合同关于"托运的货物如果发生全损、灭失、遗失或被盗，本公司最高赔偿损失额为1万元"的条款显然是减轻了自己的责任，故该条款对伍某无效。

【法条链接】

《民法典》第四百九十六条　格式条款是当事人为了重复使用而预先拟定，并在订立合同时未与对方协商的条款。

采用格式条款订立合同的，提供格式条款的一方应当遵循公平原则确定当事人之间的权利和义务，并采取合理的方式提示对方注意免除或者减轻其责任等与对方有重大利害关系的条款，按照对方的要求，对该条款予以说明。提供格式条款的一方未履行提示或者说明义务，致使对方没有注意或者理解与其有重大利害关系的条款的，对方可以主张该条款不成为合同的内容。

第四百九十七条　有下列情形之一的，该格式条款无效：

（一）具有本法第一编第六章第三节和本法第五百零六条规定的无效情形；

（二）提供格式条款一方不合理地免除或者减轻其责任、加重对方责任、限制对方主要权利；

（三）提供格式条款一方排除对方主要权利。

第四百九十八条　对格式条款的理解发生争议的，应当按照通常理解予以解释。对格式条款有两种以上解释的，应当作出不利于提供格式条款一方的解释。格式条款和非格式条款不一致的，应当采用非格式条款。

89. 悬赏广告有法律效力吗？

【情景案例】

韦某不小心丢失了公文包，内含身份证、驾驶证、银行卡、发票等资料。为找回公文包，韦某在本地报纸上刊登广告，声明“送还公文包者酬谢3000元”。一周后，申某看到报纸后将公文包交还给韦某，但韦某拒绝支付酬金。

请问：申某可以要求韦某支付酬金吗？

【律师解答】

我国《民法典》规定，悬赏人以公开方式声明对完成特定行为的人支付报酬的，完成该行为的人可以请求其支付。司法实践中，构成悬赏广告要满足以下三个条件：一是以公开的方式作出声明。公开的方式包括通过广播电视、报纸期刊、公众场所发传单、公开宣传栏张贴广告等。二是悬赏人在声明中提出明确的要求，即要完成特定行为，如将失物交还。三是悬赏人具有支付报酬的意思表示，即对完成特定行为的人给付一定报酬。现实生活中，悬赏广告运用十分广泛，如寻人启事、寻物启事、公安机关悬赏破案线索等。

本案中，韦某在本地报纸刊登的广告属于悬赏广告，申某看到报纸后如数返还遗失物，韦某应当按自己的承诺给付酬金。

【法条链接】

《民法典》第四百九十九条 悬赏人以公开方式声明对完成特定行为的人支付报酬的，完成该行为的人可以请求其支付。

90. 恶意磋商损害他人利益，需要承担什么责任？

【情景案例】

尤某在自家经营的文具店门口张贴一张转让店面的广告。为开分店，某连锁眼镜公司拟以15万元受让该店面。次日，附近某眼镜店老板毕某找到尤某，提出愿意出18万元受让该店面。为此，尤某拒绝将店面转让某连锁眼镜公司。之后，尤某找毕某签订转让合同，毕某以各种理由拒绝。经了解，毕某根本没有受让该店面的意思，只是担心某连锁眼镜公司的进驻会严重影响他的生意才出此下策。因错过商机，尤某最终以13万元的价格将店面转让给他人。

请问：尤某可要求毕某赔偿遭受的损失吗？

【律师解答】

我国《民法典》规定，假借订立合同，恶意进行磋商，造成对方损失的，应当承担赔偿责任。

本案中,毕某假借订立合同的名义,恶意与尤某进行磋商,使尤某只能以较低的价格将店铺转让他人,从而致使尤某的利益受损。毕某的行为因合同未成立不构成违约,但已构成缔约过失,应当承担损害赔偿责任。

【法条链接】

《民法典》第五百条　当事人在订立合同过程中有下列情形之一,造成对方损失的,应当承担赔偿责任:

(一)假借订立合同,恶意进行磋商;

(二)故意隐瞒与订立合同有关的重要事实或者提供虚假情况;

(三)有其他违背诚信原则的行为。

91. 未签字但已履行的合同成立吗?

【情景案例】

聂某于2021年4月1日决定向甲公司采购1吨煤,双方协商确定了合同条款,主要内容为:甲公司于2021年4月10日前发货,货到付款。甲公司签字后将合同快递给聂某,并于次日发货。因快递公司原因聂某在收到货后还没有收到合同。之后,聂某因为不需要这批煤了,故没有在合同上签字,拒绝付款并要求甲公司将煤拉走。

请问:聂某未签字的合同成立吗?

【律师解答】

我国《民法典》规定,法律、行政法规规定或者当事人约定合同应当采用书面形式订立,当事人未采用书面形式但是一方已经履行主要义务,对方接受时,该合同成立。

本案中,虽然聂某与甲公司还没有签订书面合同,但甲公司已履行发货义务,聂某已收货,这表明双方的合同已经成立。对于聂某来说,应当按照合同约定支付货款。

【法条链接】

《民法典》第四百九十条第二款　法律、行政法规规定或者当事人约定合同应当采用书面形式订立,当事人未采用书面形式但是一方已经履行主要义务,对方接受时,该合同成立。

第五百零二条第一款　依法成立的合同,自成立时生效,但是法律另有规定或者当事人另有约定的除外。

二、合同的效力

92. 当事人不履行报批义务，对方可向其主张承担违约责任吗？

【情景案例】

甲公司与乙公司签订一份《铜矿转让合同》，约定：甲公司将某铁矿转让给乙公司，转让价款为5000万元，甲公司于合同签订后1个月内向自然资源主管部门报批，如果违反报批义务，应当向乙公司支付违约金500万元。合同签订后甲公司后悔了，于是以合同无效为由拒绝履行报批义务。

请问：乙公司可向甲公司主张违约责任吗？

【律师解答】

我国《民法典》规定，依照法律、行政法规的规定，合同应当办理批准等手续的，依照其规定。未办理批准等手续影响合同生效的，不影响合同中履行报批等义务条款以及相关条款的效力。应当办理申请批准等手续的当事人未履行义务的，对方可以请求其承担违反该义务的责任。办理批准手续才生效的待批准生效合同，在获得批准之前，尚未发生效力；在获得批准后，合同生效。

本案中，铜矿转让合同属于待批准生效合同，该合同约定甲公司须向自然资源主管部门履行报批义务，由于甲公司违反报批义务，乙公司可向甲公司主张违约责任。需要说明的是，如果乙公司只诉请法院判决甲公司履行报批义务，法院应判决甲公司履行报批义务。

【法条链接】

《民法典》第五百零二条第二款　依照法律、行政法规的规定，合同应当办理批准等手续的，依照其规定。未办理批准等手续影响合同生效的，不影响合同中履行报批等义务条款以及相关条款的效力。应当办理申请批准等手续的当事人未履行义务的，对方可以请求其承担违反该义务的责任。

93. 法定代表人超越权限订立的合同有效吗?

【情景案例】

甲公司由李某与刘某共同创办,李某是法定代表人。甲公司的章程规定:法定代表人对外借款最大金额是 50 万元。2021 年 3 月 10 日,李某以甲公司名义与乙公司签订一份《借款合同》,约定:乙公司向甲公司借款 100 万元,借款期限 1 年,年利率为 10%。乙公司不知道甲公司的章程规定。3 月 15 日,刘某知道李某违反章程签订上述合同后,表示强烈反对。

请问:李某与乙公司签订的合同有效吗?

【律师解答】

我国《民法典》规定,法人的法定代表人超越权限订立的合同,除相对人知道或者应当知道其超越权限外,该代表行为有效,订立的合同对法人或者非法人组织发生效力。

本案中,李某是甲公司的法定代表人,虽然其超越公司章程规定的权限与乙公司签订借款合同,但由于乙公司不存在恶意,不知道李某超越了权限,因此李某与乙公司签订的合同有效,对甲公司发生效力。

【法条链接】

《民法典》第五百零四条　法人的法定代表人或者非法人组织的负责人超越权限订立的合同,除相对人知道或者应当知道其超越权限外,该代表行为有效,订立的合同对法人或者非法人组织发生效力。

94. 企业超越经营范围订立的合同有效吗?

【情景案例】

2021 年 1 月 8 日,甲建筑公司将多余的 20 吨钢材出售给乙公司,双方签订了一份《钢材买卖合同》。合同签订后,因钢材价格下降,乙公司以甲建筑公司经营范围中没有建筑材料买卖、甲建筑公司出售钢材为超出经营范围为由,要求确认合同无效。

请问:甲建筑公司与乙公司签订的合同有效吗?

【律师解答】

我国《民法典》规定,当事人超越经营范围订立的合同的效力,应当依照该法有关规定确定，不得仅以超越经营范围确认合同无效。由此可见，当事人超越经营范围认立的合同不影响合同的效力，双方当事人不得以超越经营范围为由主张合同无效。

本案中，甲建筑公司将多余的钢材出售给乙公司，虽然超出了经营范围，但不违反法律、行政法规的强制性规定，不违背公序良俗，双方所签订合同有效。乙公司是合同的当事方，应当依约履行合同。

【法条链接】

《民法典》第一百四十三条　具备下列条件的民事法律行为有效：

（一）行为人具有相应的民事行为能力；

（二）意思表示真实；

（三）不违反法律、行政法规的强制性规定，不违背公序良俗。

第五百零五条　当事人超越经营范围订立的合同的效力，应当依照本法第一编第六章第三节和本编的有关规定确定，不得仅以超越经营范围确认合同无效。

95. 合同的哪些免责条款是无效的？

【情景案例】

王某与甲物业公司签订一份《租赁合同》，该合同第七条约定：王某在洗澡、煮饭过程中发生的一切事故与甲物业公司无关，责任均由王某承担。2021年4月5日，王某在洗澡时因热水器漏电受重伤。该热水器是由甲物业公司提供的。经调查，事故是由于热水器质量问题导致的。

请问：甲物业公司要对王某的受伤承担责任吗？

【律师解答】

免责条款，是指当事人以协议排除或者限制其未来责任的合同条款。免责条款可以成为合同的组成部分，但并不意味着它一定有效。我国《民法典》第五百零六条规定，合同中造成对方人身损害的免责条款无效。

本案中，王某受重伤是出租屋内热水器漏电所致，因此双方约定“王某在洗澡、煮饭过程中发生的一切事故与甲物业公司无关”的合同条款属于无效的免责条款，甲物业公司应当对王某的受伤承担责任。

【法条链接】

《民法典》第五百零六条　合同中的下列免责条款无效：

(一)造成对方人身损害的;

(二)因故意或者重大过失造成对方财产损失的。

第七百零八条 出租人应当按照约定将租赁物交付承租人,并在租赁期限内保持租赁物符合约定的用途。

96. 合同被确认无效后,无过错方可要求赔偿损失吗?

【情景案例】

某学校将一幢正在申请办理房产证的学生公寓卖给张某等 20 户居民,每套价款为 30 万元。1 年后,张某突然接到某学校通知,内容为:由于公寓的报批手续不合法,故双方所签订的合同无效,某学校要将房屋收回。之后,经有资质的机构评估,此房现在实际价值为 50 万元。

请问:张某可要求某学校赔偿损失吗?

【律师解答】

我国《民法典》第一百五十三条规定,违反法律、行政法规的强制性规定的民事法律行为无效。第一百五十七条规定,合同无效的,有过错的一方应当赔偿对方由此所受到的损失;各方都有过错的,应当各自承担相应的责任。

本案中,由于某学校的报批手续不合法,符合"违反法律、行政法规的强制性规定"的情形,应认定张某与某学校订立的合同无效。但某学校违法报批立项存在过错,其作为过错方应当赔偿张某相应的损失,赔偿数额要结合各自的过错程度认定。

【法条链接】

《民法典》第一百五十三条 违反法律、行政法规的强制性规定的民事法律行为无效。但是,该强制性规定不导致该民事法律行为无效的除外。

违背公序良俗的民事法律行为无效。

第一百五十七条 民事法律行为无效、被撤销或者确定不发生效力后,行为人因该行为取得的财产,应当予以返还;不能返还或者没有必要返还的,应当折价补偿。有过错的一方应当赔偿对方由此所受到的损失;各方都有过错的,应当各自承担相应的责任。法律另有规定的,依照其规定。

三、合同的履行

97. 价格约定不明的合同如何处理？

【情景案例】

2021年10月，甲公司与陈某签订一份《砂糖橘购销合同》，约定：甲公司于12月向陈某采购1万斤砂糖橘，由甲公司到陈某种植基地提货，价格按市价计算。10月，砂糖橘在陈某所在地的市场收购价格为2元/斤，但12月的市场收购价格为1元/斤。之后，双方对于砂糖橘的收购价格产生争议。

请问：砂糖橘的价格应如何确定？

【律师解答】

我国《民法典》规定，合同生效后，当事人就质量、价款或者报酬、履行地点等内容没有约定或者约定不明确的，可以协议补充；不能达成补充协议的，按照合同相关条款或者交易习惯确定。仍不明确的，如果有价款或者报酬不明确的情形，按照订立合同时履行地的市场价格履行。

本案中，当事人双方约定按照市价来计算砂糖橘的价格，但对何地何时的市价并未做明确约定，这属于价格约定不明的情形。因此，双方可按以下方式确定价格：(1)双方可签订补充协议确定价格。(2)不能达成补充协议的，按照合同相关条款或者交易习惯确定价格。(3)按上述方法仍不能确定价格的，按照订立合同时履行地的市场价格确定价格，即按10月的价格来计算。需要说明的是，合同约定甲公司到陈某种植基地提货，故合同履行地为陈某所在地。

【法条链接】

《民法典》第五百一十条　合同生效后，当事人就质量、价款或者报酬、履行地点等内容没有约定或者约定不明确的，可以协议补充；不能达成补充协议的，按照合同相关条款或者交易习惯确定。

第五百一十一条　当事人就有关合同内容约定不明确，依据前条规定仍不能确定的，适用下列规定：

……

（二）价款或者报酬不明确的，按照订立合同时履行地的市场价格履行；依法应当执行政府定价或者政府指导价的，依照规定履行。

……

98. 执行政府定价的合同，如遇价格调整怎么办？

【情景案例】

甲公司与乙公司签订一份《棉花买卖合同》，约定：甲公司向乙公司采购10吨棉花，价格为政府指导价1.8万元/吨。当天，甲公司给乙公司支付了全部货款。在乙公司交货时，政府公布新的棉花指导价为1.5万元/吨。

请问：棉花的交易价格应当如何确定？

【律师解答】

我国《民法典》规定，执行政府定价或者政府指导价的，在合同约定的交付期限内政府价格调整时，按照交付时的价格计价。由此可见，合同约定政府指导的，在交付期限内如果价格有浮动的情况，将不按合同约定价执行，而是按照交付时的政府指导价格计价。

本案中，乙公司交货时政府公布了新的棉花指导价，因此棉花的交易价格为1.5万元/吨，乙公司应当退还甲公司相应差价，即3000元/吨。

【法条链接】

《民法典》第五百一十三条 执行政府定价或者政府指导价的，在合同约定的交付期限内政府价格调整时，按照交付时的价格计价。逾期交付标的物的，遇价格上涨时，按照原价格执行；价格下降时，按照新价格执行。逾期提取标的物或者逾期付款的，遇价格上涨时，按照新价格执行；价格下降时，按照原价格执行。

99. 由第三人代为履行的合同由谁承担违约责任？

【情景案例】

甲公司与乙公司签订一份《热水器买卖合同》，约定由乙公司向甲公司出售某品牌热水器500台。之后，乙公司按照约定向甲公司交付300台热水器，但因其货源不足，遂与甲公司商定由丙公司交付剩余200台热水器。不久，丙公司向甲公司发出200台热水器。经检验，甲公司发现该批热水器质量不合格，遂向乙公司提出要求退货。乙公司不同意，称丙公司所发货与其无关，如有质量问题，应由丙公司负责。

请问:甲公司可向乙公司主张违约责任吗?

【律师解答】

我国《民法典》规定,当事人约定由第三人向债权人履行债务,第三人不履行债务或者履行债务不符合约定的,债务人应当向债权人承担违约责任。由第三人代为履行的合同,是指经当事人约定,由第三人代替债务人履行义务。

本案中,丙公司的行为是第三人代乙公司向甲公司履行合同义务,其代为履行合同义务的行为后果应当由乙公司承担。由于丙公司交付甲公司的200台热水器质量不合格,因此,乙公司应当向甲公司承担违约责任。

【法条链接】

《民法典》第五百二十三条 当事人约定由第三人向债权人履行债务,第三人不履行债务或者履行债务不符合约定的,债务人应当向债权人承担违约责任。

100.哪些情况下第三人有权代债权人履行债务?

【情景案例】

杨某与赵某签订一份《租赁合同》,约定:租期3年,租金为3000元/月。1年后,经房东杨某同意,赵某将房屋以3800元/月转租给黄某。之后,因赵某连续3个月未交租,杨某向赵某提出解除租赁合同。由于黄某不想搬走,于是向杨某提出代赵某支付欠缴的3个月租金,但遭到杨某拒绝。

请问:黄某可以代赵某支付租金吗?

【律师解答】

我国《民法典》规定,债务人不履行债务,第三人对履行该债务具有合法利益的,第三人有权向债权人代为履行。此处的"合法利益"包括两类:一是财产利益,如次承租人代承租人向房东支付租金;二是身份利益,如父母代子女还债。

本案中,第三人黄某作为房屋次承租人,对承租人赵某欠房东杨某的租金具有合法利益,因此其有权代赵某向杨某支付租金,杨某不能拒绝。

【法条链接】

《民法典》第五百二十四条 债务人不履行债务,第三人对履行该债务具有合法利益的,第三人有权向债权人代为履行;但是,根据债务性质、按照当事人约定或者依照法律规定只能由债务人履行的除外。

债权人接受第三人履行后，其对债务人的债权转让给第三人，但是债务人和第三人另有约定的除外。

101. 什么是不安抗辩权？

【情景案例】

周某与某家具厂签订一份《木材买卖合同》，约定：某家具厂向周某采购 10 吨木材，交货后 15 天内付款。发货前，周某发现某家具厂已资不抵债，很多债权人上门讨债。为防止某家具厂无法按时付款，周某决定中止发货，同时书面通知某家具厂，若要继续供货，需提供担保，但某家具厂不同意担保。

请问：周某可以中止向某家具厂发货吗？

【律师解答】

我国《民法典》规定，应当先履行债务的当事人，有确切证据证明对方经营状况严重恶化、有丧失或者可能丧失履行债务能力情形的，可以中止履行。当事人中止履行的，应当及时通知对方。对方提供适当担保的，应当恢复履行。中止履行后，对方在合理期限内未恢复履行能力且未提供适当担保的，视为以自己的行为表明不履行主要债务，中止履行的一方可以解除合同并可以请求对方承担违约责任。

不安抗辩权，是指在当事人互负债务，有先后履行顺序情况下，先给付义务人在有证据证明后给付义务人的经营状况严重恶化，或者转移财产、抽逃资金以逃避债务，或者有欺诈行为，丧失商业信誉，以及有丧失或可能丧失履行债务能力的其他情形时，可中止合同的履行。

本案中，周某先供货，某家具厂后付款，双方有先后履行的顺序。由于某家具厂资不抵债，有不能给付货款的危险，且其不同意提供适当的担保，因此周某有权行使不安抗辩权，中止向某家具厂发货。

【法条链接】

《民法典》第五百二十七条 应当先履行债务的当事人，有确切证据证明对方有下列情形之一的，可以中止履行：

（一）经营状况严重恶化；

（二）转移财产、抽逃资金，以逃避债务；

（三）丧失商业信誉；

（四）有丧失或者可能丧失履行债务能力的其他情形。

当事人没有确切证据中止履行的，应当承担违约责任。

第五百二十八条 当事人依据前条规定中止履行的,应当及时通知对方。对方提供适当担保的,应当恢复履行。中止履行后,对方在合理期限内未恢复履行能力且未提供适当担保的,视为以自己的行为表明不履行主要债务,中止履行的一方可以解除合同并可以请求对方承担违约责任。

102. 承租人可以新冠肺炎疫情为由主张减免租金吗?

【情景案例】

2019 年 12 月,吴某租赁徐某的店铺用于经营服装批发生意,租金为 1 万元/月,租期为 3 年。让吴某意想不到的是,2020 年年初的新冠肺炎疫情突发,当地政府要求批发市场所有店铺暂停营业,吴某的店铺因此无法营业。

请问:吴某可要求徐某减免租金吗?

【律师解答】

我国《民法典》规定,合同成立后,合同的基础条件发生了当事人在订立合同时无法预见的、不属于商业风险的重大变化,继续履行合同对于当事人一方明显不公平的,受不利影响的当事人可以与对方重新协商;在合理期限内协商不成的,当事人可以请求人民法院或者仲裁机构变更或者解除合同。人民法院或者仲裁机构应当结合案件的实际情况,根据公平原则变更或者解除合同。

本案中,吴某的店铺由于疫情防控不能开门营业,属于合同的基础条件发生重大变化。吴某可以据此与徐某协商调整在此期间的租金,如协商不成,可通过法院或仲裁机构变更或解除合同。

【法条链接】

《民法典》第五百三十三条 合同成立后,合同的基础条件发生了当事人在订立合同时无法预见的、不属于商业风险的重大变化,继续履行合同对于当事人一方明显不公平的,受不利影响的当事人可以与对方重新协商;在合理期限内协商不成的,当事人可以请求人民法院或者仲裁机构变更或者解除合同。

人民法院或者仲裁机构应当结合案件的实际情况,根据公平原则变更或者解除合同。

四、合同的保全

103. 债权人的代位权是什么?

【情景案例】

孙某欠胡某10万元,朱某欠孙某10万元,此两项借款均已届还款期限。由于孙某的公司破产,孙某无力偿还胡某的债务。由于朱某是孙某的表弟,因此孙某故意不催朱某还款,胡某多次催促孙某向朱某催款,但孙某置之不理。

请问:胡某可以直接起诉朱某还款吗?

【律师解答】

根据合同的相对性,债权人只能向债务人主张债权,原则上不能要求第三人还钱。但为更好地保护债权人,我国《民法典》规定了代位权制度。简单来说,代位权,是指当债务人怠于行使其对第三人享有的权利,以至于影响了债权人债权的实现时,债权人为了保全自己的债权,可以自己的名义代位行使债务人对第三人的权利。

本案中,胡某对孙某的债权以及孙某对朱某的均是到期的债权。一方面,由于孙某无力偿还胡某的10万元债务;另一方面,孙某又怠于行使自己对朱某的10万元债权,这一不作为致使胡某的债权不能得到实现。因此,胡某可以行使代位权,可以自己的名义起诉朱某,要求其直接向自己偿还10万元欠款。

【法条链接】

《民法典》第五百三十五条　因债务人怠于行使其债权或者与该债权有关的从权利,影响债权人的到期债权实现的,债权人可以向人民法院请求以自己的名义代位行使债务人对相对人的权利,但是该权利专属于债务人自身的除外。

代位权的行使范围以债权人的到期债权为限。债权人行使代位权的必要费用,由债务人负担。

相对人对债务人的抗辩,可以向债权人主张。

104. 债权人的撤销权是什么?

【情景案例】

甲公司欠乙公司货款100万元,由于甲公司资不抵债,打算于2021年4月30日前向法院申请破产清算。2021年4月15日,甲公司与高某签订一份合同,约定甲公司将价值100万元的机械设备以5万元的价格出售给知情的高某。乙公司得知此事后,表示坚决反对。

请问:乙公司可行使撤销权吗?

【律师解答】

撤销权,是指债权人对于债务人所为的危害债权行为,可请求法院予以撤销的权利。我国《民法典》规定,债务人以明显不合理的低价转让财产,影响债权人的债权实现,债务人的相对人知道或者应当知道该情形的,债权人可以请求人民法院撤销债务人的行为。

本案中,甲公司以明显不合理的低价转让机械设备,影响乙公司的债权实现,且高某对甲公司资不抵债的情况知情,故乙公司有权行使撤销权。

【法条链接】

《民法典》第五百三十八条 债务人以放弃其债权、放弃债权担保、无偿转让财产等方式无偿处分财产权益,或者恶意延长其到期债权的履行期限,影响债权人的债权实现的,债权人可以请求人民法院撤销债务人的行为。

第五百三十九条 债务人以明显不合理的低价转让财产、以明显不合理的高价受让他人财产或者为他人的债务提供担保,影响债权人的债权实现,债务人的相对人知道或者应当知道该情形的,债权人可以请求人民法院撤销债务人的行为。

五、合同的变更与转让

105. 合同订立后可以变更吗?

【情景案例】

甲公司与乙公司签订一份《空调买卖合同》,约定甲公司向乙公司采购100台空调,2000元/台,货到付款。次日,甲公司作出股东会决议,决定采购200台空调。

请问:甲公司与乙公司可以变更合同吗?

【律师解答】

合同变更,是指在合同有效成立后,改变合同的权利义务的行为。如标的物数量的增减、标的物品质的改变、价格或者酬金的增减以及履行期限的改变等。我国《民法典》规定,当事人协商一致,可以变更合同。

本案中,甲公司作出股东会决议改变合同标的物的数量,如果与乙公司协商一致,可以变更合同。实践中,可以通过重签协议或签订补充协议等方式办理变更手续。

【法条链接】

《民法典》第五百四十三条　当事人协商一致,可以变更合同。

第五百四十四条　当事人对合同变更的内容约定不明确的,推定为未变更。

106. 债权人转让债权,需要债务人同意吗?

【情景案例】

甲公司欠乙公司50万元货款,乙公司欠丙公司50万元货款,上述货款均已届还款期限。2021年3月20日,乙公司与丙公司签订一份《债权转让协议》,约定由甲公司向丙公司偿还50万元。当日,乙公司书面通知甲公司。当丙公司向甲公司催款时,甲公司以没有欠丙公司债务为由拒绝还款。

请问:丙公司可以要求甲公司偿还50万元债务吗?

【律师解答】

根据我国《民法典》的规定,除根据债权性质、当事人约定、法律规定不得转让的外,债权人可以将债权的全部或者部分转让给第三人。债权人转让债权,未通知债务人的,该转让对债务人不发生效力。

本案中,乙公司有权将其对甲公司的50万元债权转让给丙公司。债权转让后,乙公司通知了甲公司,已经履行法律规定的通知义务,因此债权转让对甲公司已发生效力,故丙公司可以要求甲公司偿还50万元债务。

【法条链接】

《民法典》第五百四十五条　债权人可以将债权的全部或者部分转让给第三人,但是有下列情形之一的除外：

（一）根据债权性质不得转让；

（二）按照当事人约定不得转让；

（三）依照法律规定不得转让。

当事人约定非金钱债权不得转让的，不得对抗善意第三人。当事人约定金钱债权不得转让的，不得对抗第三人。

第五百四十六条　债权人转让债权，未通知债务人的，该转让对债务人不发生效力。债权转让的通知不得撤销，但是经受让人同意的除外。

第五百四十七条　债权人转让债权的，受让人取得与债权有关的从权利，但是该从权利专属于债权人自身的除外。

受让人取得从权利不因该从权利未办理转移登记手续或者未转移占有而受到影响。

107. 债务人转让债务，需要债权人同意吗？

【情景案例】

甲欠乙20万元，乙欠丙20万元，上述欠款均已届还款期限。由于乙的公司破产，乙无力偿还丙的债务，因此让丙直接找甲催款20万元。但甲根本无力偿还20万元，因此丙不同意直接找甲还款。乙认为，债务是可以转让的，丙不得拒绝。

请问：乙的说法符合我国法律规定吗？

【律师解答】

我国《民法典》规定，债务人将债务的全部或者部分转移给第三人的，应当经债权人同意。

因为债的关系建立在债权人对债务人履行能力的了解和信任的基础上，债务人的支付能力对债权人权利的实现至关重要。为了保护债权人的利益不受债务人和承担人之间的债务承担约定的影响，法律规定债权人同意为债务人债务转让、第三人承担转让债务的生效要件。

本案中，乙将自己债务转让给没有还款能力的甲，由于债权人丙不同意，故转让行为无效，乙的说法不符合我国法律规定。

【法条链接】

《民法典》第五百五十一条　债务人将债务的全部或者部分转移给第三人的，应当经债权人同意。

债务人或者第三人可以催告债权人在合理期限内予以同意，债权人未作表示的，视为不同意。

六、合同的权利义务终止

108. 当事人在合同履行届满前明确表示不履行合同义务，怎么办？

【情景案例】

2021年4月1日，何某与郭某签订一份《买卖合同》，约定：何某将一幅古典字画出售给郭某，价款为3万元，4月20日前交画，一手交画一手交钱，违约一方要向对方支付6000元违约金。4月5日，何某有事求于刘某，故将该字画赠送给刘某。郭某知道此事后，于4月8日要求何某支付6000元违约金，但何某以合同履行期限未满为由拒绝。

请问：郭某可在合同履行届满前要求何某支付违约金吗？

【律师解答】

通常来说，合同履行期限届满才能判断当事人是否履行合同义务，是否需要承担违约责任。但我国《民法典》规定，当事人一方明确表示或者以自己的行为表明不履行合同义务的，对方可以在履行期限届满前请求其承担违约责任。

本案中，何某将字画赠送给刘某，说明其以自己的行为表明不履行合同义务。就郭某而言，其可在合同履行届满前要求何某支付违约金6000元。

【法条链接】

《民法典》第五百七十八条　当事人一方明确表示或者以自己的行为表明不履行合同义务的，对方可以在履行期限届满前请求其承担违约责任。

109. 一方迟延履行主要债务的，另一方可以解除合同吗？

【情景案例】

2021年3月1日，甲公司与乙公司签订一份《木材买卖合同》，约定：甲公司向乙公司采购10吨进口木材，交货日期为3月10日前。3月12日，乙公司仍未交货，经甲公司书面催告两次后，乙公司于 3 月 20 日仍未交货，严重影响了甲公司的生产。

请问：甲公司可以解除合同吗？

【律师解答】

我国《民法典》规定，当事人一方迟延履行主要债务，经催告后在合理期限内仍未履行的，当事人可以解除合同。

本案中，由于乙公司迟延交货，经甲公司书面催告两次后仍未交货，故甲公司可以解除合同。需要说明的是，甲公司以通知的方式解除合同，合同自通知到达乙公司时解除，若乙公司对解除合同有异议，可以请求人民法院或者仲裁机构确认解除行为的效力。此外，甲公司也可直接以提起诉讼或者申请仲裁的方式解除合同。

【法条链接】

《民法典》第五百六十三条　有下列情形之一的，当事人可以解除合同：

（一）因不可抗力致使不能实现合同目的；

（二）在履行期限届满前，当事人一方明确表示或者以自己的行为表明不履行主要债务；

（三）当事人一方迟延履行主要债务，经催告后在合理期限内仍未履行；

（四）当事人一方迟延履行债务或者有其他违约行为致使不能实现合同目的；

（五）法律规定的其他情形。

以持续履行的债务为内容的不定期合同，当事人可以随时解除合同，但是应当在合理期限之前通知对方。

第五百六十四条　法律规定或者当事人约定解除权行使期限，期限届满当事人不行使的，该权利消灭。

法律没有规定或者当事人没有约定解除权行使期限，自解除权人知道或者应当知道解除事由之日起一年内不行使，或者经对方催告后在合理期限内不行使的，该权利消灭。

第五百六十五条　当事人一方依法主张解除合同的，应当通知对方。合同自通知到达对方时解除；通知载明债务人在一定期限内不履行债务则合同自动解除，债务人在该期限内未履行债务的，合同自通知载明的期限届满时解除。对方对解除合同有异议的，任何一方当事人均可以请求人民法院或者仲裁机构确认解除行为的效力。

当事人一方未通知对方，直接以提起诉讼或者申请仲裁的方式依法主张解除合同，人民法院或者仲裁机构确认该主张的，合同自起诉状副本或者仲裁申请书副本送达对方时解除。

110. 合同解除后，有什么法律后果？

【情景案例】

高某与林某签订一份《二手房屋买卖合同》，约定：林某将自家房屋出售给高某，价款为80万元。高某支付5万元预付款后得知该房屋是凶宅，于是提出解除合同。林某同意解除合同，但不同意退还5万元预付款。

请问：高某可以要求退还5万元预付款吗？

【律师解答】

我国《民法典》规定，合同解除后，尚未履行的，终止履行；已经履行的，根据履行情况和合同性质，当事人可以请求恢复原状或者采取其他补救措施，并有权请求赔偿损失。

本案中，林某同意解除合同，因此高某可以请求恢复原状，即要求林某退还5万元预付款。

【法条链接】

《民法典》第五百六十六条　合同解除后，尚未履行的，终止履行；已经履行的，根据履行情况和合同性质，当事人可以请求恢复原状或者采取其他补救措施，并有权请求赔偿损失。

合同因违约解除的，解除权人可以请求违约方承担违约责任，但是当事人另有约定的除外。

主合同解除后，担保人对债务人应当承担的民事责任仍应当承担担保责任，但是担保合同另有约定的除外。

111. 合同双方互负到期债务的，是否可以相互抵销？

【情景案例】

甲公司欠乙公司10万元借款，债务已到期。2021年3月1日，乙公司向甲公司赊购10万元的家具，约定一周后付款。3月10日，甲公司向乙公司催款时，乙公司提出以甲公司的欠款10万元抵销，双方互不负债。

请问：乙公司可以主张抵销债务吗？

【律师解答】

我国《民法典》规定，当事人互负债务，该债务的标的物种类、品质相同的，任何一方可以将自己的债务与对方的到期债务抵销；但是，根据债务性质、按照当事人约定或者依照法律规定不得抵销的除外。当事人主张抵销的，应当通知对方，通知自到达对方时生效。实务中，抵销的生效条件如下：必须是双方当事人互负债务、互享债权；必须是相同种类的债务；主动提出抵销的当事人债权已到期。

本案中，甲公司与乙公司互负同种类的债务，且互负债务均已到期，因此乙公司可以主张抵销债务。需要说明的是，乙公司主张抵销的，应当通知甲公司，通知自到达甲公司时生效。

【法条链接】

《民法典》第五百六十八条　当事人互负债务，该债务的标的物种类、品质相同的，任何一方可以将自己的债务与对方的到期债务抵销；但是，根据债务性质、按照当事人约定或者依照法律规定不得抵销的除外。

当事人主张抵销的，应当通知对方。通知自到达对方时生效。抵销不得附条件或者附期限。

112. 买方无正当理由拒绝收货，怎么办？

【情景案例】

甲公司与乙公司签订一份《服装买卖合同》。在甲公司派司机将货物送到乙公司指定地点时，乙公司要求每件降价20元，否则将拒绝接收。如果按乙公司的要求降价会导致本批货亏损，故甲公司拒绝了乙公司的要求。到了约定的交货日期，乙公司仍拒绝接收货物。

请问：甲公司可以怎么办？

【律师解答】

我国《民法典》规定，出卖人按照约定将标的物置于交付地点，买受人违反约定没有收取的，标的物毁损、灭失的风险自违反约定时起由买受人承担，出卖人可以请求买受人赔偿增加的费用。债权人无正当理由拒绝受领导致难以履行债务的，债务人可以将标的物提存。标的物提存后，债务人应当及时通知债权人。

公证处是接收和转交提存物的部门。提存公证是公证机关依照法定条件和程序，对交付的提存物进行寄托、保管，并在条件成熟时交付债权人或其他受益人的活动。

本案中，甲公司按约定将货送到乙公司指定地点，乙公司要求每件衣服降20元，属于无正当理由拒绝收货，货物毁损、灭失的风险自乙公司违反约定时起由其自行承担。另外,甲公司可以将该批货物拿到当地公证处提存,并要求乙公司赔偿甲公司因此增加的费用,如提存的费用等。

【法条链接】

《民法典》第五百七十条　有下列情形之一,难以履行债务的,债务人可以将标的物提存:

(一)债权人无正当理由拒绝受领;

(二)债权人下落不明;

(三)债权人死亡未确定继承人、遗产管理人,或者丧失民事行为能力未确定监护人;

(四)法律规定的其他情形。

标的物不适于提存或者提存费用过高的,债务人依法可以拍卖或者变卖标的物,提存所得的价款。

第五百七十二条　标的物提存后,债务人应当及时通知债权人或者债权人的继承人、遗产管理人、监护人、财产代管人。

第五百七十三条　标的物提存后,毁损、灭失的风险由债权人承担。提存期间,标的物的孳息归债权人所有。提存费用由债权人负担。

第五百八十九条　债务人按照约定履行债务,债权人无正当理由拒绝受领的,债务人可以请求债权人赔偿增加的费用。

在债权人受领迟延期间,债务人无须支付利息。

第六百零五条　因买受人的原因致使标的物未按照约定的期限交付的,买受人应当自违反约定时起承担标的物毁损、灭失的风险。

第六百零八条　出卖人按照约定或者依据本法第六百零三条第二款第二项的规定将标的物置于交付地点,买受人违反约定没有收取的,标的物毁损、灭失的风险自违反约定时起由买受人承担。

七、违约责任

113. 合同一方履行不符合约定的,另一方怎么办?

【情景案例】

罗某与梁某签订一份合同,约定:梁某按设计图纸为罗某装修厨房。双方在合同中对违约责任没有约定。由于梁某临时没空，于是安排工人郑某前来施工。完工后，罗某发现厨房没有按设计图纸施工，整体上影响了美观，双方因此产生争议。

请问：罗某可以怎么办？

【律师解答】

我国《民法典》规定，履行不符合约定的，应当按照当事人的约定承担违约责任。对违约责任没有约定或者约定不明确，依据该法第五百一十条的规定仍不能确定的，受损害方根据标的的性质以及损失的大小，可以合理选择请求对方承担修理、重作、更换、退货、减少价款或者报酬等违约责任。

本案中，梁某没有按设计图纸施工，属于履行不符合约定。由于双方没有约定违约责任，在不能达成补充协议的情况下，罗某可以请求梁某承担修理、重作、减少价款或者报酬等违约责任。

【法条链接】

《民法典》第五百一十条　合同生效后，当事人就质量、价款或者报酬、履行地点等内容没有约定或者约定不明确的，可以协议补充；不能达成补充协议的，按照合同相关条款或者交易习惯确定。

第五百八十二条　履行不符合约定的，应当按照当事人的约定承担违约责任。对违约责任没有约定或者约定不明确，依据本法第五百一十条的规定仍不能确定的，受损害方根据标的的性质以及损失的大小，可以合理选择请求对方承担修理、重作、更换、退货、减少价款或者报酬等违约责任。

114. 违约责任的损失赔偿额包括履行合同后可获得的利益吗？

【情景案例】

甲贸易公司与赵某签订一份《购销合同》，约定：甲贸易公司于2021年4月10日前给赵某交付1万双皮鞋；如果不能按期交货，赵某有权单方面解除合同，且甲贸易公司要支付5万元违约金。为完成该订单，甲贸易公司向乙公司定制1万双皮鞋。之后，由于乙公司机器出现故障导致延期交货，赵某因此解除合同。合同如果正常履行，甲贸易公司可获得利润为10万元。

请问：甲贸易公司可以要求乙公司赔偿可获得的利益吗？

【律师解答】

我国《民法典》规定，当事人一方不履行合同义务或者履行合同义务不符合约定，造成对方损失的，损失赔偿额应当相当于因违约所造成的损失，包括合同履行后可以获得的利益；但是，不得超过违约一方订立合同时预见到或者应当预见到的因违约可能造成的损失。

本案中，甲贸易公司的可得利益损失与乙公司的违约行为存在因果关系，甲贸易公司除可要求乙公司赔偿5万元违约金损失外，还可要求乙公司赔偿合同履行后可获得的利益即预期收益10万元。

【法条链接】

《民法典》第五百八十四条　当事人一方不履行合同义务或者履行合同义务不符合约定，造成对方损失的，损失赔偿额应当相当于因违约所造成的损失，包括合同履行后可以获得的利益；但是，不得超过违约一方订立合同时预见到或者应当预见到的因违约可能造成的损失。

115. 约定的违约金高于造成的损失，可以请求法院调整吗？

【情景案例】

甲公司向乙公司采购60万元的水泥，约定：货到付款，迟延履行违约金为总价款的30%。之后，因甲公司资金周转困难，逾期10天支付货款，因此乙公司诉至法院，要求甲公司支付违约金18万元。甲公司认为，其仅逾期付款10天，并没有给甲公司造成重大损失，支付18万元违约金不合理。

请问：甲公司的说法符合我国法律规定吗？

【律师解答】

我国《民法典》规定，当事人可以约定一方违约时应当根据违约情况向对方支付一定数额的违约金，也可以约定因违约产生的损失赔偿额的计算方法。约定的违约金低于造成的损失的，人民法院或者仲裁机构可以根据当事人的请求予以增加；约定的违约金过分高于造成的损失的，人民法院或者仲裁机构可以根据当事人的请求予以适当减少。司法实践中，违约金过高的调整标准是实际损失的1.3倍，尽管法官在实际损失1～1.3倍范围内可以自由裁量，然而法院大多选择1.3倍作为调整的界限。

本案中，甲公司仅逾期10天支付货款，双方约定的18万元违约金明显高于造成的损失，因此甲公司可以请求人民法院予以减少。

【法条链接】

《民法典》第五百八十五条　当事人可以约定一方违约时应当根据违约情况向对

方支付一定数额的违约金，也可以约定因违约产生的损失赔偿额的计算方法。

约定的违约金低于造成的损失的，人民法院或者仲裁机构可以根据当事人的请求予以增加；约定的违约金过分高于造成的损失的，人民法院或者仲裁机构可以根据当事人的请求予以适当减少。

当事人就迟延履行约定违约金的，违约方支付违约金后，还应当履行债务。

116. 定金与订金有什么不同？

【情景案例】

梁某向某钟表店预订一只价款为10万元限量版金表，并按要求支付2万元订金。双方约定1个月内交货，但1个月后，某钟表店告知该款手表产量少，要等待厂家生产，还需要等待1年。梁某认为等待时间太长，于是要求某钟表店双倍退还订金，但遭到拒绝。

请问：梁某可以主张双倍返还订金吗？

【律师解答】

定金，是指合同当事人于合同订立时或合同履行前，由一方向另一方交付的具有担保性质的资金。我国《民法典》规定，交付定金的一方不履行义务的，丧失定金；收受定金一方不履行义务的，双倍返还定金。订金属于预付款性质，不具备定金的担保作用。卖方违约时，应无条件退还订金，买方无权要求其双倍返还；买方违约时，可以与卖方协商解决并要求对方退还订金，但如果双方当事人另有约定，则按照约定执行。需要说明的是，订金不属于法律概念，但在日常生活中经常使用。

本案中，虽然某钟表店不能按约定时间给梁某交货，但双方约定的是订金，不是定金，因此梁某不能主张双倍返还订金，只能要求退回订金。

【法条链接】

《民法典》第五百八十六条　当事人可以约定一方向对方给付定金作为债权的担保。定金合同自实际交付定金时成立。

定金的数额由当事人约定；但是，不得超过主合同标的额的百分之二十，超过部分不产生定金的效力。实际交付的定金数额多于或者少于约定数额的，视为变更约定的定金数额。

第五百八十七条　债务人履行债务的，定金应当抵作价款或者收回。给付定金的一方不履行债务或者履行债务不符合约定，致使不能实现合同目的的，无权请求返还定金；收受定金的一方不履行债务或者履行债务不符合约定，致使不能实现合同目的的，应当双倍返还定金。

117.合同中约定违约金与定金的，可同时主张吗？

【情景案例】

郑某与谢某签订一份《二手房买卖合同》，约定：郑某向谢某购买某房屋，价款为50万元，双方在签约后不得中途悔约，否则悔约方向守约方支付总房款20%的违约金。合同签订后，郑某向谢某支付购房定金5万元。之后，谢某因妻子反对，决定不将房屋出售给郑某。为此，郑某诉至法院，要求谢某双倍返还定金并支付违约金10万元。

请问：郑某的请求能得到法院支持吗？

【律师解答】

我国《民法典》规定，当事人既约定违约金，又约定定金的，一方违约时，对方可以选择适用违约金或者定金条款。定金不足以弥补一方违约造成的损失的，对方可以请求赔偿超过定金数额的损失。

本案中，双方在合同中既约定违约金，又约定定金，但是郑某只能在双倍返还定金与违约金中选择一种，二者不能并存，故郑某的请求不能全部得到法院支持。

【法条链接】

《民法典》第五百八十八条　当事人既约定违约金，又约定定金的，一方违约时，对方可以选择适用违约金或者定金条款。

定金不足以弥补一方违约造成的损失的，对方可以请求赔偿超过定金数额的损失。

118.因不可抗力导致违约，需要承担违约责任吗？

【情景案例】

唐某与韩某签订一份买卖合同，约定：韩某将自己承包的50亩鱼塘的罗非鱼全部售给唐某，价款按照市场价格确定，如一方违约，需支付违约金3万元。但在交货期前，该地遭遇百年不遇的特大台风，导致鱼塘里的鱼全部游走。韩某及时告知唐某自己无法履行合同。之后，唐某要求韩某支付违约金3万元。

请问：韩某需要承担违约责任吗？

【律师解答】

我国《民法典》规定,当事人一方因不可抗力不能履行合同的,根据不可抗力的影响,部分或者全部免除责任,但是法律另有规定的除外。因不可抗力不能履行合同的,应当及时通知对方,以减轻可能给对方造成的损失,并应当在合理期限内提供证明。

不可抗力,是指不能预见、不能避免、不能克服的客观情况,主要包括三种情形:一是自然灾害,如台风、洪水、泥石流;二是政府行为,如征收、征用;三是社会异常事件,如罢工。

本案中,韩某不能交货的原因是遭遇特大台风导致鱼塘里的鱼全部游走,台风属于不可抗力。韩某得知无法履行合同后,已及时履行通知唐某的义务,故韩某不需要承担违约责任。

【法条链接】

《民法典》第五百九十条 当事人一方因不可抗力不能履行合同的,根据不可抗力的影响,部分或者全部免除责任,但是法律另有规定的除外。因不可抗力不能履行合同的,应当及时通知对方,以减轻可能给对方造成的损失,并应当在合理期限内提供证明。

当事人迟延履行后发生不可抗力的,不免除其违约责任。

本法所称不可抗力,是指不能预见、不能避免并不能克服的客观情况。

119. 因第三人原因导致违约的,应由谁承担违约责任?

【情景案例】

甲公司与乙公司签订一份《买卖合同》,约定:甲公司向乙公司采购1000箱苹果,货到付款;乙公司要在5天内交货,否则要支付3万元违约金。合同签订后,乙公司在送货途中被冯某的货车撞翻,导致全部苹果受损。由于乙公司不能按时交货,甲公司要求乙公司支付违约金,但乙公司认为违约是冯某造成的,应当由冯某承担违约责任。

请问:乙公司要向甲公司承担违约责任吗?

【律师解答】

我国《民法典》规定,当事人一方因第三人的原因造成违约的,应当依法向对方承担违约责任。当事人一方和第三人之间的纠纷,依照法律规定或者按照约定处理。

也就是说,依据合同相对性原则,合同关系只能发生在合同当事人之间,合同的违约责任只能在合同关系的当事人之间发生,合同关系以外的第三人,不负违约责任。

本案中,甲公司与乙公司之间存在合同关系,甲公司与冯某之间不存在合同关系,乙公司因第三人冯某的原因造成违约,应当向甲公司承担违约责任。乙公司在向甲公司承担责任后,可以依法向冯某追偿。

【法条链接】

《民法典》第五百九十三条 当事人一方因第三人的原因造成违约的,应当依法向对方承担违约责任。当事人一方和第三人之间的纠纷,依照法律规定或者按照约定处理。

120.开发商宣传广告时作出的承诺没有兑现,构成违约吗?

【情景案例】

甲房地产公司为销售某楼盘,在报纸刊登广告称小区会配套一所幼儿园。萧某考虑到该小区将来有一所幼儿园,可方便孩子上学,于是购买了一套房屋。收楼后,萧某发现该楼盘并没有幼儿园,于是要求甲房地产公司承担违约责任,但遭到拒绝。甲房地产公司认为,广告宣传内容只是要约邀请,不是实际购房合同中的条款。

请问:甲房地产公司说法符合我国法律规定吗?

【律师解答】

我国《民法典》规定,要约邀请是希望他人向自己发出要约的表示。拍卖公告、招标公告、招股说明书、债券募集办法、基金招募说明书、商业广告和宣传、寄送的价目表等为要约邀请。商业广告和宣传的内容符合要约条件的,构成要约。

要约是希望与他人订立合同的意思表示,该意思表示应当符合以下条件:一是内容具体确定;二是表明经受要约人承诺,要约人即受该意思表示约束。

实务中,开发商在商品房销售广告和宣传资料上所做的承诺,原则上属于要约邀请,是希望买房人向自己发出购房的意思表示,但如果开发商就商品房开发规划范围内的房屋及相关设施所做的允诺具体确定,并对商品房买卖合同的订立以及房屋价格的确定有重大影响的,应当视为要约。此时,如果开发商未依照商品房销售广告和宣传资料的承诺履约,应当向购房人承担违约责任。

本案中,甲房地产公司在报纸刊登广告称小区会配套一所幼儿园,属于对商品房开发规划范围内的相关设施所做的允诺具体确定,应当视为要约。甲房地产公司未依照商品房销售广告和宣传资料的承诺履行合同,其应当向萧某承担违约责任。

【法条链接】

《民法典》第四百七十三条　要约邀请是希望他人向自己发出要约的表示。拍卖公告、招标公告、招股说明书、债券募集办法、基金招募说明书、商业广告和宣传、寄送的价目表等为要约邀请。

商业广告和宣传的内容符合要约条件的，构成要约。

121. 可以同时主张违约责任与侵权责任吗？

【情景案例】

2021年5月4日，程某到某超市购买一台热水器，价款为1500元，包安装。5月20日，程某在使用热水器过程中发生爆炸致身体受伤，共花医疗费3万元。经鉴定，造成事故的原因是热水器的产品质量不合格。为此，程某诉至法院，要求某超市承担违约责任与侵权责任。

请问：程某可以同时主张违约责任与侵权责任吗？

【律师解答】

我国《民法典》规定，因当事人一方的违约行为，损害对方人身权益、财产权益的，受损害方有权选择请求其承担违约责任或者侵权责任。由此可见，受损害方只能在两种请求权中择一行使。

本案中，热水器发生爆炸致程某受伤后，某超市和程某之间产生两个损害赔偿法律关系：一是侵权损害赔偿法律关系，二是违约损害赔偿法律关系。前者依据法律产生，后者依据合同约定的给付义务、附随义务、保护义务而发生，形成侵权责任与违约责任的竞合。就受害人程某而言，只能要求某超市承担违约责任或者侵权责任，两者不能同时主张。

【法条链接】

《民法典》第一百八十六条　因当事人一方的违约行为，损害对方人身权益、财产权益的，受损害方有权选择请求其承担违约责任或者侵权责任。

八、买卖合同

122. 标的物损毁、灭失的风险由谁承担?

【情景案例】

甲公司向乙公司采购一批蔬菜,双方签订一份《买卖合同》,约定由乙公司负责送货上门,货到付款。因运输途中发生交通事故,蔬菜全部损毁。之后,双方因此发生纠纷。

请问:蔬菜损毁的风险应由谁承担?

【律师解答】

标的物损毁、灭失的风险负担,是指买卖合同订立后,标的物因不可归责于双方当事人的事由而发生毁损、灭失的损失,由谁承担责任的问题。我国《民法典》规定,标的物毁损、灭失的风险,在标的物交付之前由出卖人承担,交付之后由买受人承担,但是法律另有规定或者当事人另有约定的除外。

本案中,蔬菜在运输途中因交通事故全部损毁,由于蔬菜未交付给甲公司,因此风险应当由出卖人乙公司承担。

【法条链接】

《民法典》第六百零四条 标的物毁损、灭失的风险,在标的物交付之前由出卖人承担,交付之后由买受人承担,但是法律另有规定或者当事人另有约定的除外。

123. 标的物为数物的,其中一物不符合约定,怎么办?

【情景案例】

甲公司向乙公司采购5吨大米与10吨玉米,双方签订了一份《买卖合同》。甲公司在收货时发现5吨大米已变质不能食用,于是通知乙公司解除合同,并要求将大米与玉米全部退回。乙公司认为,大米质量有问题可以退换货,但玉米质量没有问题,不同意退货。

请问:乙公司的说法符合我国法律规定吗?

【律师解答】

我国《民法典》规定，标的物为数物，其中一物不符合约定的，买受人可以就该物解除。但是，该物与他物分离使标的物的价值显受损害的，买受人可以就数物解除合同。

本案中，大米的变质并不会使玉米的价值受到损害，因此对于甲公司来说，不能因大米变质而解除整份合同，而是可以单独解除大米部分的合同。

【法条链接】

《民法典》第六百三十二条 标的物为数物，其中一物不符合约定的，买受人可以就该物解除。但是，该物与他物分离使标的物的价值显受损害的，买受人可以就数物解除合同。

124. 卖方什么时候可以请求解除分期付款买卖合同？

【情景案例】

袁某到某4S店购买一台汽车，总价款为10万元，合同约定分10期支付购车款，每期还款1万元。因资金紧张，袁某于2021年6月30日已欠款3期，某4S店多次催收未果，引起纠纷。

请问：某4S店可以主张解除合同吗？

【律师解答】

我国《民法典》规定，分期付款的买受人未支付到期价款的数额达到全部价款的1/5，经催告后在合理期限内仍未支付到期价款的，出卖人可以请求买受人支付全部价款或者解除合同。出卖人解除合同的，可以向买受人请求支付该标的物的使用费。

本案中，汽车总价款为10万元，袁某已欠款3万元，即未支付到期价款的数额已经超过了汽车总价的1/5。袁某经某4S店多次催告后仍不还款，故某4S店可以解除与袁某的合同，并可以要求袁某支付使用费。

【法条链接】

《民法典》第六百三十四条 分期付款的买受人未支付到期价款的数额达到全部价款的五分之一，经催告后在合理期限内仍未支付到期价款的，出卖人可以请求买受人支付全部价款或者解除合同。

出卖人解除合同的，可以向买受人请求支付该标的物的使用费。

125. 交付货物与样品不一样，怎么办？

【情景案例】

李某是甲公司的业务员。2021 年 4 月 1 日，李某到乙公司推销布料，对于李某带来的样品，乙公司十分满意，于是向李某采购 5 万元布料，并对样品进行了封存。之后，乙公司收到李某送来的布料，发现货不对版，与所封存样品不一致，质量相差很大。

请问：乙公司可以退货吗？

【律师解答】

凭样品买卖合同，是指买卖双方按照样品确定买卖标的物的品质，出卖人交付的标的物应与样品具有相同品质的买卖合同。我国《民法典》规定，凭样品买卖的当事人应当封存样品，并可以对样品质量予以说明。出卖人交付的标的物应当与样品及其说明的质量相同。

本案中，乙公司将已确认的样品作为采购甲公司布料的标准，则甲公司应根据样品的质量向乙公司提供全部布料。但甲公司实际提供的布料却与乙公司确认的样品质量相差很大，甲公司根本性违反合同约定，乙公司不能达到本次购买的目的，可以依法退还全部布料，并要求甲公司按照合同约定提供与样品质量一致的布料；也可以依法退还全部布料同时解除合同。若因甲公司未按照合同约定提供货物而给乙公司造成损失，乙公司有权要求甲公司赔偿。

【法条链接】

《民法典》第五百六十三条第一款　有下列情形之一的，当事人可以解除合同：

（一）因不可抗力致使不能实现合同目的；

（二）在履行期限届满前，当事人一方明确表示或者以自己的行为表明不履行主要债务；

（三）当事人一方迟延履行主要债务，经催告后在合理期限内仍未履行；

（四）当事人一方迟延履行债务或者有其他违约行为致使不能实现合同目的；

（五）法律规定的其他情形。

第六百三十五条　凭样品买卖的当事人应当封存样品，并可以对样品质量予以说明。出卖人交付的标的物应当与样品及其说明的质量相同。

第六百三十六条　凭样品买卖的买受人不知道样品有隐蔽瑕疵的，即使交付的标的物与样品相同，出卖人交付的标的物的质量仍然应当符合同种物的通常标准。

126. 试用买卖合同，风险什么时候转移？

【情景案例】

2021年6月1日，许某与甲公司签订一份《汽车试用买卖合同》，约定：许某可试用汽车7天，试用满意再付价款。次日，由于受台风影响，许某所在小区地下停车场被水淹没，汽车因被水淹而损毁。双方就汽车损毁的赔偿事宜产生纠纷。

请问：汽车损毁的风险由谁承担？

【律师解答】

试用买卖合同，是指当事人双方约定，于合同成立时，出卖人将标的物交付买受人试用，并以买受人在约定期限内对标的物的认可为生效要件的买卖合同。我国《民法典》规定，标的物在试用期内毁损、灭失的风险由出卖人承担。

本案中，许某试用的汽车因受台风影响，在地下停车场被水淹没而损毁，损失应当由甲公司承担，许某无须赔偿。需要说明的是，试用人在试用期内应当合理地使用试用产品，若试用人不当使用，如许某醉酒驾驶导致汽车损坏，应对汽车的损坏承担赔偿责任。

【法条链接】

《民法典》第六百三十七条 试用买卖的当事人可以约定标的物的试用期限。对试用期限没有约定或者约定不明确，依据本法第五百一十条的规定仍不能确定的，由出卖人确定。

第六百三十八条 试用买卖的买受人在试用期内可以购买标的物，也可以拒绝购买。试用期限届满，买受人对是否购买标的物未作表示的，视为购买。

试用买卖的买受人在试用期内已经支付部分价款或者对标的物实施出卖、出租、设立担保物权等行为的，视为同意购买。

第六百三十九条 试用买卖的当事人对标的物使用费没有约定或者约定不明确的，出卖人无权请求买受人支付。

第六百四十条 标的物在试用期内毁损、灭失的风险由出卖人承担。

127. 当事人可以在买卖合同中约定所有权保留吗？

【情景案例】

傅某到某4S店咨询按揭购买汽车事宜，双方商定：傅某以35万元的价款购买宝马 X3 汽车一辆，首付 30%，余款分 24 期支付。令傅某不解的是，某 4S 店提出在款项付清之前不办理汽车过户手续，即汽车所有权仍在某 4S 店名下。

请问：某 4S 店可以在买卖合同中约定所有权保留吗？

【律师解答】

我国《民法典》规定，当事人可以在买卖合同中约定买受人未履行支付价款或者其他义务的，标的物的所有权属于出卖人。出卖人对标的物保留的所有权，未经登记，不得对抗善意第三人。

所有权保留，是指标的物虽然已交付，但其所有权仍保留在出卖人之手，待一定的条件成就时该所有权才转移给买受人的制度。所有权保留是买受人于价款或者其他义务未履行前可以先占有、使用标的物，同时能保障出卖人的价款或其他债权得以实现的较为理想的担保方式。实务中，它在分期付款买卖合同中运用最为广泛。

本案中，由于傅某是通过分期付款方式购买汽车，某 4S 店为保障债权得以实现，可以在买卖合同中约定汽车登记在某 4S 店名下，即保留汽车的所有权。

【法条链接】

《民法典》第六百四十一条　当事人可以在买卖合同中约定买受人未履行支付价款或者其他义务的，标的物的所有权属于出卖人。

出卖人对标的物保留的所有权，未经登记，不得对抗善意第三人。

第六百四十二条　当事人约定出卖人保留合同标的物的所有权，在标的物所有权转移前，买受人有下列情形之一，造成出卖人损害的，除当事人另有约定外，出卖人有权取回标的物：

（一）未按照约定支付价款，经催告后在合理期限内仍未支付；

（二）未按照约定完成特定条件；

（三）将标的物出卖、出质或者作出其他不当处分。

出卖人可以与买受人协商取回标的物；协商不成的，可以参照适用担保物权的实现程序。

第六百四十三条　出卖人依据前条第一款的规定取回标的物后，买受人在双方约定或者出卖人指定的合理回赎期限内，消除出卖人取回标的物的事由的，可以请求回赎标的物。

买受人在回赎期限内没有回赎标的物，出卖人可以以合理价格将标的物出卖给第三人，出卖所得价款扣除买受人未支付的价款以及必要费用后仍有剩余的，应当返还买受人；不足部分由买受人清偿。

128. 业主“一房二卖”，房屋所有权归谁？

【情景案例】

沈某与曾某签订一份《房屋买卖合同》，约定：沈某将一间四室两厅的房屋出售给曾某，价款为150万元。合同签订之日，曾某通过银行转账方式给沈某支付5万元定金。2天后，由于政府发布限购政策，房屋所在地段房价普遍每平方米上涨5000元。1周后，沈某以200万元出售给彭某并办理了过户登记手续。

请问：房屋所有权归谁所有？

【律师解答】

我国《民法典》规定，当事人之间订立有关设立、变更、转让和消灭不动产物权的合同，除法律另有规定或者当事人另有约定外，自合同成立时生效；未办理物权登记的，不影响合同效力。不动产物权的设立、变更、转让和消灭，依照法律规定应当登记的，自记载于不动产登记簿时发生效力。

本案中，沈某与曾某、彭某签订的《房屋买卖合同》均系双方真实的意思表示，内容不违反法律、行政法规的禁止性规定，应属合法、有效。因沈某与彭某办理了房屋过户手续，房屋所有权应当归彭某所有。由于沈某与曾某未办理房屋过户手续，即未发生物权效力，曾某只能根据合同的约定要求沈某承担违约责任或双倍返还定金，而不能根据合同取得房屋的所有权。

为防范“一房二卖”的法律风险，建议房屋买受人在签订协议后尽快到房产登记机构办理预告登记，以保障将来实现物权。因为预告登记后，未经预告登记的权利人同意，处分该不动产的，不发生物权效力。需要提醒的是，预告登记后，自能够进行不动产登记之日起90日内未申请登记的，预告登记失效。

【法条链接】

《民法典》第二百一十四条 不动产物权的设立、变更、转让和消灭，依照法律规定应当登记的，自记载于不动产登记簿时发生效力。

第二百一十五条 当事人之间订立有关设立、变更、转让和消灭不动产物权的合同，除法律另有规定或者当事人另有约定外，自合同成立时生效；未办理物权登记的，不影响合同效力。

第二百二十一条 当事人签订买卖房屋的协议或者签订其他不动产物权的协议，为保障将来实现物权，按照约定可以向登记机构申请预告登记。预告登记后，未经预告登记的权利人同意，处分该不动产的，不发生物权效力。

预告登记后，债权消灭或者自能够进行不动产登记之日起九十日内未申请登记的，预告登记失效。

九、供用电、水、气、热力合同

129. 供电局可以拒绝用电人订立合同的要求吗？

【情景案例】

甲公司是一家有色金属冶炼公司，成立于2021年6月1日。厂房建设完成后，甲公司向某县供电局提出签订《供用电合同》的申请，但某县供电局以甲公司用电量过大为由拒绝签订合同。

请问：某县供电局有权拒绝签订供电合同吗？

【律师解答】

供用电合同具有公共利用性质，是一种提供基础设施性质的合同，它对整个社会的发展和人民生活水平的提高，有十分重要的作用。因此，我国《民法典》规定，向社会公众供电的供电人，不得拒绝用电人合理的订立合同要求。

本案中，某县供电局作为向社会公众供电的供电人，不得以甲公司用电量过大为由拒绝签订合同。

【法条链接】

《民法典》第六百四十八条　供用电合同是供电人向用电人供电，用电人支付电费的合同。

向社会公众供电的供电人，不得拒绝用电人合理的订立合同要求。

第六百四十九条　供用电合同的内容一般包括供电的方式、质量、时间，用电容量、地址、性质，计量方式，电价、电费的结算方式，供用电设施的维护责任等条款。

130. 逾期不支付电费，供电人可以中止供电吗？

【情景案例】

吕某因长期欠缴电费被供电公司上门催缴过一次，由于没有断电，吕某对此置之不理。2021年5月10日，供电公司给吕某寄送了催款函，限其在7天内支付电费，否则中止供电。吕某认为上次催缴没有断电，这次应该也不会断电。5 月 20 日，吕某在家看电视突然断电。

请问：供电公司可以中止给吕某供电吗？

【律师解答】

我国《民法典》规定，用电人应当按照国家有关规定和当事人的约定及时支付电费。用电人逾期不支付电费的，应当按照约定支付违约金。经催告用电人在合理期限内仍不支付电费和违约金的，供电人可以按照国家规定的程序中止供电。供电人依据前款规定中止供电的，应当事先通知用电人。

本案中，供电公司在提前通知吕某的情况下，可以中止供电。

【法条链接】

《民法典》第六百五十四条　用电人应当按照国家有关规定和当事人的约定及时支付电费。用电人逾期不支付电费的，应当按照约定支付违约金。经催告用电人在合理期限内仍不支付电费和违约金的，供电人可以按照国家规定的程序中止供电。

供电人依据前款规定中止供电的，应当事先通知用电人。

十、赠与合同

131. 赠与人可以随时撤销赠与吗？

【情景案例】

蒋某与张某（女）于 2021 年 3 月 8 日结婚。由于婚前没有购房，蒋某与张某一直租房居住，因此张某的父亲决定将某房屋赠与女儿与女婿。在与女儿与女婿签订《赠与合同》后的第二天，由于炒股亏损 50 万元，张某的父亲反悔了，决定撤销赠与。对此，蒋某表示反对，双方因此发生争议。

请问：张某的父亲可以撤销赠与吗？

【律师解答】

我国《民法典》规定，赠与人在赠与财产的权利转移之前可以撤销赠与。经过公证的赠与合同或者依法不得撤销的具有救灾、扶贫、助残等公益、道德义务性质的赠与合同，不适用前款规定。

本案中，张某父亲与张某、蒋某订立的《赠与合同》不属于公益、道德义务性质赠与合同且未经过公证机关公证，故在房屋办理过户登记手续之前，张某的父亲可以撤销赠与。

【法条链接】

《民法典》第六百五十八条　赠与人在赠与财产的权利转移之前可以撤销赠与。

经过公证的赠与合同或者依法不得撤销的具有救灾、扶贫、助残等公益、道德义务性质的赠与合同，不适用前款规定。

第六百六十三条　受赠人有下列情形之一的，赠与人可以撤销赠与：

（一）严重侵害赠与人或者赠与人近亲属的合法权益；

（二）对赠与人有扶养义务而不履行；

（三）不履行赠与合同约定的义务。

赠与人的撤销权，自知道或者应当知道撤销事由之日起一年内行使。

第六百六十六条　赠与人的经济状况显著恶化，严重影响其生产经营或者家庭生活的，可以不再履行赠与义务。

132. 赠与财产造成他人损害需要承担责任吗？

【情景案例】

蔡某买了一个新的微波炉，但觉得旧的微波炉扔掉可惜，于是赠与邻居贾某。蔡某告诉贾某，这个微波炉已经使用3年时间，要他使用时注意安全，并将该微波炉的说明书交付给贾某。之后，微波炉在贾某使用过程中突然发生爆炸，贾某因此受伤并花费医疗费8000元。

请问：贾某可以要求蔡某赔偿医疗费吗？

【律师解答】

我国《民法典》规定，赠与的财产有瑕疵的，赠与人不承担责任。附义务的赠与，赠与的财产有瑕疵的，赠与人在附义务的限度内承担与出卖人相同的责任。赠与人故意不告知瑕疵或者保证无瑕疵，造成受赠人损失的，应当承担赔偿责任。

本案中，蔡某在作出赠与意思表示时已明确告知贾某，赠与的微波炉已经使用了3年，贾某在接受赠与时对微波炉的品质状况应当是知悉的。另外，该赠与并非附义务的赠与，蔡某也未故意隐瞒微波炉的瑕疵，因此其不必承担赠与财产的瑕疵担保责任，无须对贾某进行赔偿。

【法条链接】

《民法典》第六百六十二条 赠与的财产有瑕疵的，赠与人不承担责任。附义务的赠与，赠与的财产有瑕疵的，赠与人在附义务的限度内承担与出卖人相同的责任。

赠与人故意不告知瑕疵或者保证无瑕疵，造成受赠人损失的，应当承担赔偿责任。

133. 赠与可以附义务吗？

【情景案例】

80岁的丁某与女婿魏某签订《赠与合同》并办理公证。合同约定：丁某将自家房屋赠与魏某，魏某承诺房屋中一间房由丁某终生使用，且每月支付丁某1200元生活费，直至其百年归老。在办理过户登记手续后，魏某以各种理由拒付1200元生活费。无奈之下，丁某诉至法院，要求撤销赠与合同。

请问：丁某有权撤销赠与合同吗？

【律师解答】

我国《民法典》规定，赠与可以附义务；赠与附义务的，受赠人应当按照约定履行义务。受赠人未按照约定履行附随义务的，赠与人有权自知道或者应当知道之日起1年内撤销赠与合同。

本案中，虽然丁某与魏某签订《赠与合同》，但该合同是附义务的赠与合同，由于魏某不履行支付1200元生活费的约定义务，丁某有权撤销赠与合同。

【法条链接】

《民法典》第六百六十一条 赠与可以附义务。

赠与附义务的，受赠人应当按照约定履行义务。

第六百六十三条 受赠人有下列情形之一的，赠与人可以撤销赠与：

（一）严重侵害赠与人或者赠与人近亲属的合法权益；

（二）对赠与人有扶养义务而不履行；

（三）不履行赠与合同约定的义务。

赠与人的撤销权，自知道或者应当知道撤销事由之日起一年内行使。

134. 赠与人的企业破产，是否可以不再履行赠与义务？

【情景案例】

叶某从事服装外贸生意，家境富裕。余某是叶某的恩人。其想开一家餐馆，但手头资金不够。为帮助余某，叶某与余某签订了一份《赠与协议》，约定：叶某资助余某10万元开餐馆，2021年4月前支付。协议签订1个月后，叶某因三角债问题被迫破产，生活也陷入困境，无力支付余某10万元。

请问：叶某可以不再履行赠与义务吗？

【律师解答】

我国《民法典》规定，赠与人的经济状况显著恶化，严重影响其生产经营或者家庭生活的，可以不再履行赠与义务。

本案中，虽然叶某承诺赠与余某10万元，但由于叶某企业破产导致生活陷入困境，其可以不再履行赠与义务。

【法条链接】

《民法典》第六百六十六条 赠与人的经济状况显著恶化，严重影响其生产经营或者家庭生活的，可以不再履行赠与义务。

135. 父母想将房屋过户给小孩，有哪些方法？

【情景案例】

潘某与杜某于2010年结婚，婚后生育一子。2021年1月，两人因感情不和自愿离婚，双方在离婚协议中约定：孩子由潘某抚养，杜某支付抚养费，婚后以两人名义所购买房屋过户给儿子阿贵。两人办理离婚手续后，不知道如何将房屋过户给儿子。

请问：潘某与杜某如何将房屋过户给阿贵？

【律师解答】

我国《民法典》规定，赠与合同是赠与人将自己的财产无偿给予受赠人，受赠人表示接受赠与的合同。买卖合同是出卖人转移标的物的所有权于买受人，买受人支付价款的合同。

本案中，潘某与杜某将房屋过户给阿贵主要有两种方法：第一种方法是以赠与的方式办理过户；第二种是以买卖的方式办理过户。

关于赠与方式办理过户的手续如下：潘某、杜某需要与儿子签订赠与合同，然后办理房屋评估作价和房屋鉴定，最后携带户口簿、身份证、评估材料、鉴定材料、房产证等有关证件，到房屋管理部门办理过户手续。

关于买卖方式办理过户的手续与普通的二手房买卖方式一样，带齐身份证件、户口簿、结婚证、房产证、买卖合同等有关证件，到房屋管理部门办理过户手续。

实务中，由于房产过户给孩子要交各种税费，如何以最低成本将房屋过户给孩子是父母最关心的问题。由于每个地区的房屋限购政策不同，进而导致税收缴纳情况不一样，因此在决定采取哪种方式将房产过户给孩子前，建议了解当地相关政策后再做决定。

【法条链接】

《民法典》第五百九十五条　买卖合同是出卖人转移标的物的所有权于买受人，买受人支付价款的合同。

第六百五十七条　赠与合同是赠与人将自己的财产无偿给予受赠人，受赠人表示接受赠与的合同。

十一、借款合同

136. 借款利息预先扣除，合法吗？

【情景案例】

2021年3月8日，薛某与叶某签订一份《借款合同》，约定：薛某向叶某借款50万元，借款期限为1年，年利率为10%。在支付借款时，叶某提出借款利息要预先扣除，即要求扣除5万元利息，只支付45万元。对此，薛某提出异议。叶某认为，为保证能够收回利息，不得不提前扣除。

请问：叶某的做法符合我国法律规定吗？

【律师解答】

我国《民法典》规定，借款的利息不得预先在本金中扣除。利息预先在本金中扣除的，应当按照实际借款数额返还借款并计算利息。

本案中，叶某将借款利息预先扣除的做法不符合我国法律规定。如果薛某同意叶某的做法，借款到期后，薛某仅需返还叶某45万元本金及按照45万元本金为基数计算的利息。

【法条链接】

《民法典》第六百七十条　借款的利息不得预先在本金中扣除。利息预先在本金中扣除的，应当按照实际借款数额返还借款并计算利息。

137. 借款人未按约定的借款用途使用借款，怎么办？

【情景案例】

2021 年 1 月 10 日，甲公司向某银行借款 100 万元，借款合同约定：借款期限 1 年，借款用于企业生产经营。3 月 22 日，某银行得知甲公司将所有借款用于转贷给乙公司赚取利息。为此，某银行将甲公司诉至法院，要求其提前还款。

请问：某银行可以提前收回借款吗？

【律师解答】

我国《民法典》规定，借款人未按照约定的借款用途使用借款的，贷款人可以停止发放借款、提前收回借款或者解除合同。

本案中，甲公司将借款用于转贷给乙公司赚取利息，并非按照约定将借款用于企业生产经营，虽然借款期限未到，但某银行可以提前收回借款。

【法条链接】

《民法典》第六百七十三条　借款人未按照约定的借款用途使用借款的，贷款人可以停止发放借款、提前收回借款或者解除合同。

138. 借款合同没有约定还款期限，怎么办？

【情景案例】

为购买一套商品房，潘某向其表弟杜某借款 8 万元，潘某写了借条，但借条没有明确还款期限。10 个月后，杜某因生意周转急需用钱，于是要求潘某在 1 个月内还款，但遭到潘某拒绝。潘某认为，借条没有写明还款日期，其想什么时候还就什么时候还。

请问：杜某可以要求潘某在 1 个月内还款吗？

【律师解答】

我国《民法典》规定,借款人应当按照约定的期限返还借款。对借款期限没有约定或者约定不明确,依据该法第五百一十条的规定仍不能确定的,借款人可以随时返还;贷款人可以催告借款人在合理期限内返还。

本案中,潘某写的借条无借款期限,杜某有权要求潘某在1个月内返还,潘某应当在1个月内履行自己的还款义务。

【法条链接】

《民法典》第五百一十条 合同生效后,当事人就质量、价款或者报酬、履行地点等内容没有约定或者约定不明确的,可以协议补充;不能达成补充协议的,按照合同相关条款或者交易习惯确定。

第六百七十五条 借款人应当按照约定的期限返还借款。对借款期限没有约定或者约定不明确,依据本法第五百一十条的规定仍不能确定的,借款人可以随时返还;贷款人可以催告借款人在合理期限内返还。

139. 贷款人未按期提供借款造成借款人损失,怎么办?

【情景案例】

2021年3月1日,甲公司与乙公司签订《借款合同》,约定:甲公司向乙公司借款30万元用于采购大蒜,年利率12%,借款期限1年;乙公司应于合同签订后7天内将30万元转入甲公司银行账户。次日,甲公司与丙公司订立一份《购销合同》,约定:甲公司向丙公司采购30万元大蒜,3月7日前交货,货到付款,违约方要向守约方支付违约金2万元。由于乙公司于3月20日才提供借款,导致甲公司支付丙公司2万元违约金。

请问:甲公司可以要求乙公司赔偿责任吗?

【律师解答】

我国《民法典》规定,贷款人未按照约定的日期、数额提供借款,造成借款人损失的,应当赔偿损失。借款人未按照约定的日期、数额收取借款的,应当按照约定的日期、数额支付利息。

本案中,甲公司支付丙公司2万元违约金的损失是由于乙公司迟延提供借款造成的,因此乙公司应当赔偿甲公司的损失。

【法条链接】

《民法典》第六百七十一条 贷款人未按照约定的日期、数额提供借款，造成借款人损失的，应当赔偿损失。

借款人未按照约定的日期、数额收取借款的，应当按照约定的日期、数额支付利息。

140. 借款人提前返还借款还要按照约定的借款期限计算利息吗？

【情景案例】

因资金周转需要，戴某向夏某借款10万元，合同约定借款期限为2年，借款年利率为12%。在戴某岳父的帮助下，戴某1年后就将10万元及1.2万元利息还给夏某。夏某收款后，提出戴某应当支付2年的利息即2.4万元，因此并没有将借条还给戴某，双方因此产生纠纷。

请问：夏某要求支付2年的利息符合我国法律规定吗？

【律师解答】

我国《民法典》规定，借款人提前返还借款的，除当事人另有约定外，应当按照实际借款的期间计算利息。由此可见，当事人可以在借款合同中对提前还款问题作出约定，当实际履行中发生提前还款的，按照约定执行即可。如果没有约定，提前还款的利息按照实际借款期间计算。

本案中，戴某与夏某在借款合同中对提前还款的问题并未作出约定，戴某提前还款的利息应当按照实际借款期间即1年计算，夏某要求支付2年的利息不符合我国法律规定。

【法条链接】

《民法典》第六百七十七条 借款人提前返还借款的，除当事人另有约定外，应当按照实际借款的期间计算利息。

141. 高利放贷行为合法吗？

【情景案例】

钟某与汪某是私营企业主。由于近年生意不好做，钟某与汪某商量企业转型时，钟某提出可考虑一起做高利放贷的生意。钟某认为，高利放贷本质是民间借贷，只要不进行暴力催债，是合法的。汪某认为，高利放贷行为是非法的，情况严重的构成犯罪。

请问：钟某的说法符合我国法律规定吗？

【律师解答】

根据我国《民法典》第六百八十条的规定，禁止高利放贷，借款的利率不得违反国家有关规定。《最高人民法院、最高人民检察院、公安部、司法部关于办理非法放贷刑事案件若干问题的意见》第一条规定，违反国家规定，未经监管部门批准，或者超越经营范围，以营利为目的，经常性地向社会不特定对象发放贷款，扰乱金融市场秩序，情节严重的，依照《刑法》第二百二十五条第（四）项的规定，以非法经营罪定罪处罚。

本案中，钟某的说法不符合我国法律规定。高利放贷违反我国法律规定，重点不在于使用何种方式催款，而是高额的利息破坏了正常的金融秩序，因此产生社会危害，而被认定违反民事法律规定，甚至触犯刑事法律规定。钟某与汪某如果只是对朋友进行支助性的借款，利息约定符合我国法律规定，催收方式恰当合法，不存在违反法律规定的行为。我国法律针对日益繁荣的民间借贷，就利息合法性问题作出多次规定，从不干预按年利率36%已支付的利息、法律认定不超过年利率24%计算利息的合法性到不超过贷款市场报价利率的4倍，逐步降低民间借贷的利息自由约定额度，并出台对于多次借款、借款金额巨大的非金融主体予以入刑的规定。

《民法典》明确规定，禁止高利放贷，尤其强调利率不得超过国家的规定，意在建立和谐的社会金融秩序，遏制通过高利息获取暴利的不法分子。若企图以营利为目的，2年内向不特定多人（包括单位和个人）以借款或其他名义出借资金10次以上等情况，我国法律已明确将这种情况列入刑事犯罪的类型，因放贷主体不具备金融机构的资质，且利息高于我国法律规定，扰乱金融秩序，将被认定为“非法经营罪”。自然人之间偶然、正常的借款帮助、适当的利息约定，属于正常的民事法律关系，受到法律保护。

【法条链接】

《民法典》第六百八十条　禁止高利放贷，借款的利率不得违反国家有关规定。

借款合同对支付利息没有约定的，视为没有利息。

借款合同对支付利息约定不明确，当事人不能达成补充协议的，按照当地或者当事人的交易方式、交易习惯、市场利率等因素确定利息；自然人之间借款的，视为没有利息。

《最高人民法院关于审理民间借贷案件适用法律若干问题的规定》第二十五条　出借人请求借款人按照合同约定利率支付利息的，人民法院应予支持，但是双方约定的利率超过合同成立时一年期贷款市场报价利率四倍的除外。

前款所称"一年期贷款市场报价利率"，是指中国人民银行授权全国银行间同业拆借中心自2019年8月20日起每月发布的一年期贷款市场报价利率。

《最高人民法院、最高人民检察院、公安部、司法部关于办理非法放贷刑事案件若干问题的意见》第一条 违反国家规定，未经监管部门批准，或者超越经营范围，以营利为目的，经常性地向社会不特定对象发放贷款，扰乱金融市场秩序，情节严重的，依照刑法第二百二十五条第（四）项的规定，以非法经营罪定罪处罚。

前款规定中的"经常性地向社会不特定对象发放贷款"，是指2年内向不特定多人（包括单位和个人）以借款或其他名义出借资金10次以上。

贷款到期后延长还款期限的，发放贷款次数按照1次计算。

142. 借款合同对利息没有约定，如何处理?

【情景案例】

方某与石某是高中同学，两人关系甚好。因房屋装修急需用钱，方某向石某借款5万元。方某给石某写了一张借条，写明借款5万元，借款期限1年，期满返还。1年后，方某提出将5万元还给石某，但石某要求方某连同利息一并返还。

请问：方某需要向石某支付借款利息吗?

【律师解答】

我国《民法典》规定，借款合同对支付利息没有约定的，视为没有利息。《最高人民法院关于审理民间借贷案件适用法律若干问题的规定》规定，借贷双方没有约定利息，出借人主张支付利息的，人民法院不予支持。

本案中，由于方某与石某之间在借条中没有约定利息，因此方某不需要向石某支付借款利息。

【法条链接】

《民法典》第六百八十条第二、三款 借款合同对支付利息没有约定的，视为没有利息。

借款合同对支付利息约定不明确，当事人不能达成补充协议的，按照当地或者当事人的交易方式、交易习惯、市场利率等因素确定利息；自然人之间借款的，视为没有利息。

《最高人民法院关于审理民间借贷案件适用法律若干问题的规定》第二十四条 借贷双方没有约定利息，出借人主张支付利息的，人民法院不予支持。

自然人之间借贷对利息约定不明，出借人主张支付利息的，人民法院不予支持。除自然人之间借贷的外，借贷双方对借贷利息约定不明，出借人主张利息的，人民法院应当结合民间借贷合同的内容，并根据当地或者当事人的交易方式、交易习惯、市场报价利率等因素确定利息。

143. 欠款不还又无借条，偷偷录音合法吗？

【情景案例】

2021年2月，姜某向范某借款3万元用于购车，姜某承诺半年后偿还。由于两人关系甚好，范某没有要求姜某写借条。2021年10月，因资金周转困难，范某多次向姜某催款，但姜某以各种理由推迟。由于没有借条，于是范某在一次与姜某通话中进行偷偷录音，姜某在电话中承认了借款3万元的事。

请问：范某通过录音取得证据合法吗？

【律师解答】

《最高人民法院关于适用〈中华人民共和国民事诉讼法〉的解释》第一百零六条规定，对以严重侵害他人合法权益、违反法律禁止性规定或者严重违背公序良俗的方法形成或者获取的证据，不得作为认定案件事实的根据。

本案中，姜某确实向范某借款3万元，借贷关系真实。碍于朋友关系，姜某未向范某出具借条，导致姜某与范某之间的借贷关系无直接证据证明，范某为维护自身合法权益，采取在聊天过程中录音的方式，确认姜某向范某借款的事实。虽然范某未经姜某的同意对二人的谈话进行录音，但录音是与对方电话沟通过程中录制的，且录音系针对姜某借钱一事而并非对姜某的其他隐私等内容进行的，因此范某对姜某关于借款一事的录音未侵犯姜某的合法权益，也不属于违背公序良俗的方式，不属于应当被排除的非法证据，可以认定其合法性。

但根据我国法律，人民法院能否认定借款的事实，除有合法方式取得的关于"借款"事实的录音之外，还应当提供其他与借款事实相关的证据，如银行流水凭证、聊天记录等，形成证据链，完全、充分地证明借款的事实。

【法条链接】

《民事诉讼法》第六十七条第一款　当事人对自己提出的主张，有责任提供证据。

《最高人民法院关于适用〈中华人民共和国民事诉讼法〉的解释》第一百零六条　对以严重侵害他人合法权益、违反法律禁止性规定或者严重违背公序良俗的方法形成或者获取的证据，不得作为认定案件事实的根据。

144. 借条不见了，复印件可以作为证据吗？

【情景案例】

姚某向谭某借款2万元，借款期限1年。在谭某的要求下，姚某写了一张借条。1年后，由于姚某拒绝还款，于是谭某打算将姚某诉至法院。但谭某在准备起诉资料时，发现借条不见了，只有一张复印件。

请问：谭某所持的借条复印件可以作为证据吗？

【律师解答】

我国《民事诉讼法》第七十三条规定，书证应当提交原件，提交原件或者原物确有困难的，可以提交复制品、照片、副本、节录本。《最高人民法院关于民事诉讼证据的若干规定》第九十条规定，无法与原件、原物核对的复制件、复制品不能单独作为认定案件事实的根据。《最高人民法院关于适用〈中华人民共和国民事诉讼法〉的解释》第一百一十一条规定，书证因原件遗失、灭失或者毁损而导致提交书证原件确有困难，人民法院应当结合其他证据和案件具体情况，审查判断书证复制品等能否作为认定案件事实的根据。

本案中，谭某向法院提起诉讼，要求姚某归还借款，但谭某要求姚某书写的借条原件遗失，只能将借条的复印件作为证据提交法庭。司法实践中，审查复印件的证据较为严格，因复印件变造的可能性较大，若无原件核对，很难直接判断复印件的真实性。若仅向法庭提交一张复印件而无其他相应的证据，那么法庭将无法单独认定一张复印件证据的合法性及真实性，且根据我国法律的规定，无法与原件核对的复印件证据，可以提交给法庭，但因无法还原全部案件事实，不能单独作为判案的依据。

也就是说，诉讼时可以提交复印件作为证据；但若原件遗失，也无其他证据辅助证明待证事实，则该复印件证据无法起到完全证明的效果，诉讼请求也可能无法得到法院的支持。

【法条链接】

《民事诉讼法》第七十三条　书证应当提交原件。物证应当提交原物。提交原件或者原物确有困难的，可以提交复制品、照片、副本、节录本。

提交外文书证，必须附有中文译本。

《最高人民法院关于民事诉讼证据的若干规定》第九十条　下列证据不能单独作为认定案件事实的根据：

（一）当事人的陈述；

（二）无民事行为能力人或者限制民事行为能力人所作的与其年龄、智力状况或者精神健康状况不相当的证言；

（三）与一方当事人或者其代理人有利害关系的证人陈述的证言；

（四）存有疑点的视听资料、电子数据；

（五）无法与原件、原物核对的复制件、复制品。

《最高人民法院关于适用〈中华人民共和国民事诉讼法〉的解释》第一百一十一条　民事诉讼法第七十三条规定的提交书证原件确有困难，包括下列情形：

（一）书证原件遗失、灭失或者毁损的；

（二）原件在对方当事人控制之下，经合法通知提交而拒不提交的；

（三）原件在他人控制之下，而其有权不提交的；

（四）原件因篇幅或者体积过大而不便提交的；

（五）承担举证证明责任的当事人通过申请人民法院调查收集或者其他方式无法获得书证原件的。

前款规定情形，人民法院应当结合其他证据和案件具体情况，审查判断书证复制品等能否作为认定案件事实的根据。

145. 只有转账凭证，能要回借款吗？

【情景案例】

钟某与汪某是同事，两人关系甚好。2019 年 3 月 1 日，钟某提出向汪某借款 1 万元。当日，汪某向钟某的银行账户转账 1 万元。由于两人当时关系较好，汪某未要求钟某出具借条。2021 年 1 月，汪某因急需资金，于是要求钟某还款，但钟某不承认曾向汪某借款。

请问：汪某能要回借款吗？

【律师解答】

《最高人民法院关于审理民间借贷案件适用法律若干问题的规定》第十六条规定，原告仅依据金融机构的转账凭证提起民间借贷诉讼，被告抗辩转账系偿还双方之前借款或其他债务的，被告应当对其主张提供证据证明。被告提供相应证据证明其主张后，原告仍应就借贷关系的成立承担举证责任。

本案中，钟某向汪某借款仅以口头方式提出，那么汪某将借款汇入钟某的银行账户就无书面资料直接证明双方之间存在借贷关系。依据我国法律规定，汪某将向钟某转账的银行凭证作为证据，若钟某无其他抗辩理由，则可以认定汪某与钟某之间的借贷关系，属于依法推论认定事实的一种方式。但孤证始终难以还原全部事实，所以如果仅以金融机构的转账凭证作为民间借贷的唯一证据，存在较大风险，只要收款方能举证说明还存在其他情况，那么汇款方就可能无法证明该笔汇款是借款，最终无法维护自己的合法权益。

故在此提示，涉及款项等问题，尽可能以书面方式确定双方关于借款的具体内容，以免事后出现仅有金融凭证而无其他关联证据，最终无法证明真实法律关系的情况。

【法条链接】

《最高人民法院关于审理民间借贷案件适用法律若干问题的规定》第十六条 原告仅依据金融机构的转账凭证提起民间借贷诉讼，被告抗辩转账系偿还双方之前借款或者其他债务的，被告应当对其主张提供证据证明。被告提供相应证据证明其主张后，原告仍应就借贷关系的成立承担举证责任。

146.未按约定还款，债权人可以要求支付逾期利息吗？

【情景案例】

2020年3月1日，钟某向汪某借款10万元，双方约定借款月息1分，利息随本付清，借期1年，借款逾期则按照应还本息金额的0.3%/天计收逾期罚息。借款到期后，钟某没有按期还款。汪某多次催款无果后，于2021年5月20日诉至法院，要求钟某归还借款本金、利息及逾期利息。钟某辩称，我国法律没有逾期利息的规定，不同意支付逾期利息。

请问：汪某可以要求钟某支付逾期利息吗？

【律师解答】

我国《民法典》规定，借款人未按照约定的期限返还借款的，应当按照约定或者国家有关规定支付逾期利息。《最高人民法院关于审理民间借贷案件适用法律若干问题的规定》第二十八条规定，借贷双方对逾期利率有约定的，从其约定，但是以不超过合同成立时一年期贷款市场报价利率4倍为限。

本案中，钟某与汪某之间约定了逾期利息，系双方意思自治约定的内容，汪某可以要求钟某支付逾期利息，但逾期利息不可超过合同成立时全国银行间同业拆借中心公布的一年期贷款市场报价利率（LPR）4倍，超过部分人民法院将不予支持。逾期利息，是指由逾期贷款造成的罚利息，具体是指借款人不按照合同的约定归还借款的超期罚息。既然双方自由约定了逾期的利息，且在法律规定的合理范围内，故可以在诉讼中得到支持。若超额提出，在司法实践中，法院可依职权减少相应的金额。

【法条链接】

《民法典》第六百七十六条　借款人未按照约定的期限返还借款的，应当按照约定或者国家有关规定支付逾期利息。

《最高人民法院关于审理民间借贷案件适用法律若干问题的规定》第二十八条　借贷双方对逾期利率有约定的，从其约定，但是以不超过合同成立时一年期贷款市场报价利率四倍为限。

未约定逾期利率或者约定不明的，人民法院可以区分不同情况处理：

（一）既未约定借期内利率，也未约定逾期利率，出借人主张借款人自逾期还款之日起参照当时一年期贷款市场报价利率标准计算的利息承担逾期还款违约责任的，人民法院应予支持；

（二）约定了借期内利率但是未约定逾期利率，出借人主张借款人自逾期还款之日起按照借期内利率支付资金占用期间利息的，人民法院应予支持。

第二十九条　出借人与借款人既约定了逾期利率，又约定了违约金或者其他费用，出借人可以选择主张逾期利息、违约金或者其他费用，也可以一并主张，但是总计超过合同成立时一年期贷款市场报价利率四倍的部分，人民法院不予支持。

147. 自然人之间借款，借款合同什么时候成立？

【情景案例】

2021年3月1日，田某与任某签订借款合同，约定：年利率10%，借款期限为1年，任某应于2021年3月31日将5万元借款交给田某。合同签订后，由于任某有一笔货款未收回来，故于2021年5月31日才将5万元交付给田某。2021年6月1日，任某请求田某归还借款，但遭到田某拒绝。田某认为，借款合同于2021年5月31日才成立，因此借款期限未到。

请问：田某与任某签订的借款合同什么时候成立？

【律师解答】

我国《民法典》规定，自然人之间的借款合同，自贷款人提供借款时成立。

本案中，虽然田某与任某于2021年3月1日签订借款合同，但任某于2021年5月31日才将借款交付给田某，故借款合同成立之日为2021年5月31日。

【法条链接】

《民法典》第六百七十九条　自然人之间的借款合同，自贷款人提供借款时成立。

148. 向保证人追款，受诉讼时效限制吗？

【情景案例】

2021年1月8日，姜某向范某借款6万元，并出具借条一张，借条上写明月息1分，2个月内还清。在范某的要求下，陈某在借条保证人处签名。借款到期后，范某多次尝试联系姜某还款无果。无奈之下，范某于2021年9月15日诉至法院，要求陈某还款。陈某辩称，保证期间已过，其无须承担保证责任。

请问：陈某需要承担保证责任吗？

【律师解答】

我国《民法典》规定，债权人与保证人可以约定保证期间，但是约定的保证期间早于主债务履行期限或者与主债务履行期限同时届满的，视为没有约定；没有约定或者约定不明确的，保证期间为主债务履行期限届满之日起6个月。由此可见，保证期间系债权人必须在法律规定或者合同约定的期间内请求保证人承担保证责任的期限，超过此期限，债权人请求保证人承担保证责任的，保证人免除保证责任，法律将不予保护。

本案中，由于借条上没有约定保证期间，故保证期间为主债务履行期限届满之日即2021年3月8日起6个月。范某在2021年9月15日起诉时已过6个月的保证期间，故陈某无须承担保证责任。

【法条链接】

《民法典》第六百九十二条　保证期间是确定保证人承担保证责任的期间，不发生中止、中断和延长。

债权人与保证人可以约定保证期间，但是约定的保证期间早于主债务履行期限或者与主债务履行期限同时届满的，视为没有约定；没有约定或者约定不明确的，保证期间为主债务履行期限届满之日起六个月。

债权人与债务人对主债务履行期限没有约定或者约定不明确的，保证期间自债权人请求债务人履行债务的宽限期届满之日起计算。

第六百九十四条　一般保证的债权人在保证期间届满前对债务人提起诉讼或者申请仲裁的，从保证人拒绝承担保证责任的权利消灭之日起，开始计算保证债务的诉讼时效。

连带责任保证的债权人在保证期间届满前请求保证人承担保证责任的，从债权人请求保证人承担保证责任之日起，开始计算保证债务的诉讼时效。

十二、保证合同

149. 主合同无效会影响保证合同的效力吗?

【情景案例】

甲公司向乙公司借款100万元,双方签订一份《借款合同》。为保证债权能够实现,在乙公司的要求下,丙公司同意为甲公司的借款提供担保,并与乙公司签订了一份《保证合同》。之后,甲公司、乙公司之间的借款合同被法院认定为无效。

请问:乙公司与丙公司签订的《保证合同》有效吗?

【律师解答】

我国《民法典》规定,保证合同是主债权债务合同的从合同。主债权债务合同无效的,保证合同无效,但是法律另有规定的除外。由此可见,保证合同具有附从性,保证债务以主合同的存在或将来可能存在为前提,随主合同的消灭而消灭。

本案中,由于甲公司、乙公司之间的借款合同被法院认定为无效,作为从合同的保证合同应当也无效,因此乙公司与丙公司签订的《保证合同》无效。需要注意的是,保证合同被确认无效后,债务人、保证人、债权人有过错的,应当根据其过错各自承担相应的民事责任。

【法条链接】

《民法典》第六百八十二条 保证合同是主债权债务合同的从合同。主债权债务合同无效的,保证合同无效,但是法律另有规定的除外。

保证合同被确认无效后,债务人、保证人、债权人有过错的,应当根据其过错各自承担相应的民事责任。

150. 合同对保证方式没有约定,如何确定?

【情景案例】

因生产经营需要,甲公司以其办公用房作抵押向乙银行贷款300万元,并办理了抵押登记手续。由于办公用房的价值仅为200万元,甲公司又请求丙公司为该笔借款提供保证担保。乙银行与丙公司签订的《保证合同》没有约定保证方式，但约定保证人承担保证责任的期限至借款本息还清时止。

请问：丙公司的保证方式如何确定？

【律师解答】

我国《民法典》规定，保证的方式包括一般保证和连带责任保证。当事人在保证合同中对保证方式没有约定或者约定不明确的，按照一般保证承担保证责任。

一般保证，是指当事人在保证合同中约定，债务人不能履行债务时，由保证人承担保证责任的保证。一般保证的保证人享有先诉抗辩权，即在主合同纠纷未经审判或者仲裁，并就债务人财产依法强制执行仍不能履行债务前，对债权人可以拒绝承担保证责任。连带责任保证，是指当事人在保证合同中约定保证人与债务人对债务承担连带责任的，为连带责任保证。即连带责任保证的债务人在主合同规定的履行期届满没有履行债务的，债权人既可以要求债务人履行债务，也可以要求保证人在其保证范围内承担保证责任，保证人没有先诉抗辩权。

本案中，由于乙银行与丙公司签订的保证合同没有约定保证方式，丙公司应当按照一般保证承担保证责任。

【法条链接】

《民法典》第六百八十六条　保证的方式包括一般保证和连带责任保证。

当事人在保证合同中对保证方式没有约定或者约定不明确的，按照一般保证承担保证责任。

151. 债务人财产未被依法强制执行前，一般保证人可拒绝承担保证责任吗？

【情景案例】

廖某向邹某借款10万元，借款期限为1年。在邹某的要求下，熊某同意在廖某不能履行债务时，由其承担保证责任，并在《借款合同》上签字。借款到期后，廖某未还钱，邹某直接要求熊某承担保证责任。

请问：熊某可以拒绝承担保证责任吗？

【律师解答】

我国《民法典》规定，当事人在保证合同中约定，债务人不能履行债务时，由保证人承担保证责任的，为一般保证。一般保证的保证人在主合同纠纷未经审判或者仲裁，并就债务人财产依法强制执行仍不能履行债务前，有权拒绝向债权人承担保证责任，但以下情况除外：债务人下落不明，且无财产可供执行；人民法院已经受理债务人破产案件；债权人有证据证明债务人的财产不足以履行全部债务或者丧失履行债务能力；保证人书面表示放弃本款规定的权利。

本案中，熊某所提供的保证为一般保证，且本案没有上述法律规定的例外情况，因此在廖某财产被依法强制执行仍不能履行债务前，熊某作为一般保证人可以拒绝承担保证责任。

【法条链接】

《民法典》第六百八十七条 当事人在保证合同中约定，债务人不能履行债务时，由保证人承担保证责任的，为一般保证。

一般保证的保证人在主合同纠纷未经审判或者仲裁，并就债务人财产依法强制执行仍不能履行债务前，有权拒绝向债权人承担保证责任，但是有下列情形之一的除外：

（一）债务人下落不明，且无财产可供执行；

（二）人民法院已经受理债务人破产案件；

（三）债权人有证据证明债务人的财产不足以履行全部债务或者丧失履行债务能力；

（四）保证人书面表示放弃本款规定的权利。

152. 债权转让后，保证人还需要承担保证责任吗？

【情景案例】

甲公司欠乙公司货款100万元，在乙公司的要求下，甲公司法定代表人金某于2021年3月1日出具《担保书》，同意为甲公司所欠的上述货款提供保证担保。2021年6月30日，乙公司与丙公司签订一份《债权转让协议》，约定乙公司将对甲公司的全部债权转让给丙公司。当天，乙公司向甲公司及金某发出《债权转让通知》。金某认为，债权转让后其无须承担保证责任。

请问：金某的说法符合我国法律规定吗？

【律师解答】

我国《民法典》规定，债权人转让全部或者部分债权，未通知保证人的，该转让对保证人不发生效力。保证人与债权人约定禁止债权转让，债权人未经保证人书面同意转让债权的，保证人对受让人不再承担保证责任。《民法典》还规定，债权人和债务人未经保证人书面同意，协商变更主债权债务合同内容，减轻债务的，保证人仍对变更后的债务承担保证责任；加重债务的，保证人对加重的部分不承担保证责任。

本案中，金某出具《担保书》后，即为甲公司拖欠乙公司的货款提供担保，保证乙公司能够取得欠款，属于从义务，随主债务的存在而存在。因此，金某是为该笔欠款提供人担保，而非为甲公司这个主体提供人担保，若乙公司将对甲公司的债权转让给丙公司，意味着甲公司的债务并未消失，只是债权主体变更，金某的担保从义务亦未消失。加之乙公司在将债权转让给丙公司的当日已依法通知了甲公司与金某，亦未加重金某的保证责任，故金某仍需要在原担保范围内承担保证责任。

需要特别说明的是：担保的主债务发生变更，若涉及担保债务金额的变化，债务人或债权人应征得担保人的书面同意。未征得书面同意而减轻保证责任的，则保证人应在减轻后的债务范围内承担保证责任；未征得书面同意而加重保证责任的，对于加重部分的债务，保证人可以拒绝承担保证责任。

【法条链接】

《民法典》第六百九十五条　债权人和债务人未经保证人书面同意，协商变更主债权债务合同内容，减轻债务的，保证人仍对变更后的债务承担保证责任；加重债务的，保证人对加重的部分不承担保证责任。

债权人和债务人变更主债权债务合同的履行期限，未经保证人书面同意的，保证期间不受影响。

第六百九十六条　债权人转让全部或者部分债权，未通知保证人的，该转让对保证人不发生效力。

保证人与债权人约定禁止债权转让，债权人未经保证人书面同意转让债权的，保证人对受让人不再承担保证责任。

153. 债务转让未经保证人同意，保证人还需要承担保证责任吗？

【情景案例】

陆某向孔某借款 30 万元，由崔某提供保证担保。2021 年 5 月 8 日，在孔某的同意下，陆某将该债务转让给康某，并签订了一份《债务转让协议》。由于崔某怀疑康某没有还款能力，因此表示强烈反对。

请问：崔某还需要承担保证责任吗？

【律师解答】

我国《民法典》规定，债权人未经保证人书面同意，允许债务人转移全部或者部分债务，保证人对未经其同意转移的债务不再承担保证责任，但是债权人和保证人另有约定的除外。由此可见，债权人允许债务人转移债务必须要经保证人的书面同意才不影响保证人承担保证责任。

本案中，孔某未经崔某书面同意，允许陆某将30万元债务转移给康某，崔某不需要承担保证责任。

【法条链接】

《民法典》第六百九十七条　债权人未经保证人书面同意，允许债务人转移全部或者部分债务，保证人对未经其同意转移的债务不再承担保证责任，但是债权人和保证人另有约定的除外。

第三人加入债务的，保证人的保证责任不受影响。

154. 有两个以上保证人，如何确定保证份额？

【情景案例】

2021年4月1日，甲公司向乙公司借款100万元，并由毛某、邱某担任保证人。乙公司与甲公司签订《借款合同》，并与毛某、邱某签订保证合同，但保证合同中并没有关于保证人承担保证份额的约定。之后，甲公司因经营不善无力偿还债务。

请问：毛某、邱某如何承担保证责任？

【律师解答】

我国《民法典》规定，同一债务有两个以上保证人的，保证人应当按照保证合同约定的保证份额，承担保证责任；没有约定保证份额的，债权人可以请求任何一个保证人在其保证范围内承担保证责任。

本案中，毛某、邱某为甲公司向乙公司的借款承担担保责任，但并未约定两个保证人的保证份额。甲公司经营不善而无力偿还该笔借款，乙公司可以向毛某、邱某两位保证人要求承担全部保证责任，若多个保证人未约定担保债务的范围，则依据《民法典》的规定，作为债权人的乙公司可以向毛某、邱某两位保证人中的任一方主张全部的担保责任，也可以向毛某、邱某要求各自承担一定比例的担保责任。故在甲公司经营不善无力承担还款责任时，毛某、邱某任何一方都有可能就全部债务承担还款责任，也可以由债权人选择双方各自承担一定比例的债务。

【法条链接】

《民法典》第六百九十九条　同一债务有两个以上保证人的，保证人应当按照保证合同约定的保证份额，承担保证责任；没有约定保证份额的，债权人可以请求任何一个保证人在其保证范围内承担保证责任。

155. 未成年人为他人提供保证，有效吗？

【情景案例】

为购买一台汽车，秦某向江某借款5万元，双方签订一份《借款合同》，约定借款期限为6个月，借款年利率为12%。在江某的要求下，由15岁的小刘担任该笔借款的连带保证人，并签订了《保证合同》。借款到期后，秦某无力偿还借款，江某遂将秦某与小刘诉至法院。小刘的父母知道后，对小刘提供保证的行为表示强烈反对。

请问：小刘需要承担保证责任吗？

【律师解答】

我国《民法典》规定，8周岁以上的未成年人为限制民事行为能力人，实施民事法律行为由其法定代理人代理或者经其法定代理人同意、追认；但是，可以独立实施纯获利益的民事法律行为或者与其年龄、智力相适应的民事法律行为。

效力待定合同，是指已成立的合同因欠缺一定的生效要件，其生效与否尚未确定，须经过补正方可生效，在一定的期限内不予补正则视为无效的合同。

本案中，小刘在签订保证合同时只有15岁，属于限制民事行为能力人，其为他人借款合同所作的担保与自己的年龄、智力不相适应，效力待定。由于小刘的父母对小刘的行为不予追认，该保证合同为无效合同，小刘不需要承担保证责任。

【法条链接】

《民法典》第十八条 成年人为完全民事行为能力人，可以独立实施民事法律行为。

十六周岁以上的未成年人，以自己的劳动收入为主要生活来源的，视为完全民事行为能力人。

第十九条 八周岁以上的未成年人为限制民事行为能力人，实施民事法律行为由其法定代理人代理或者经其法定代理人同意、追认；但是，可以独立实施纯获利益的民事法律行为或者与其年龄、智力相适应的民事法律行为。

十三、租赁合同

156. 租赁合同最长的期限是多久?

【情景案例】

2021 年 3 月 1 日,某村民委员会与甲公司签订一份《土地租赁合同》,约定:某村民委员会将 100 亩土地出租给甲公司,租金为 30 万元/年,租赁期限为 45 年。

请问:租期为 45 年的租赁合同有效吗?

【律师解答】

我国《民法典》规定,租赁期限不得超过 20 年。超过 20 年的,超过部分无效。租赁期限届满,当事人可以续订租赁合同;但是,约定的租赁期限自续订之日起不得超过 20 年。

本案中,某村民委员会只能与甲公司签订 20 年租期的《土地租赁合同》,超过 20 年的部分不受法律保护。如果某村民委员会想长期租赁,也只能在 20 年租期届满时再与甲公司续订《土地租赁合同》,但续订的《土地租赁合同》同样不得超过 20 年。

【法条链接】

《民法典》第七百零五条 租赁期限不得超过二十年。超过二十年的,超过部分无效。

租赁期限届满,当事人可以续订租赁合同;但是,约定的租赁期限自续订之日起不得超过二十年。

157. 非因承租人原因导致租赁物无法使用的,承租人可以解除合同吗?

【情景案例】

2021 年 1 月 8 日,顾某与侯某签订一份《店铺租赁合同》,约定:顾某将某店铺租赁给侯某,租金为 2 万元/月,租赁期限为 3 年。在侯某准备进行装修时,该店铺因顾某无力偿还银行借款被法院依法查封。

请问:侯某可以解除租赁合同吗?

【律师解答】

我国《民法典》规定，租赁物被司法机关或者行政机关依法查封、扣押致使租赁物无法使用的，承租人可以解除合同。

本案中，店铺因顾某无力偿还银行借款被法院依法查封，导致侯某无法使用店铺，故侯某可以解除租赁合同。

【法条链接】

《民法典》第七百二十四条　有下列情形之一，非因承租人原因致使租赁物无法使用的，承租人可以解除合同：

（一）租赁物被司法机关或者行政机关依法查封、扣押；

（二）租赁物权属有争议；

（三）租赁物具有违反法律、行政法规关于使用条件的强制性规定情形。

158. 什么叫"买卖不破租赁"？

【情景案例】

2021 年 3 月 1 日，邵某与孟某签订一份《房屋租赁合同》，约定：邵某将一套三室一厅的房屋出租给孟某，租金为 3000 元/月，租期为 2 年。因资金周转需要，邵某于 6 月 10 日将房屋出售给刘某并办理过户手续。之后，刘某以房屋所有人的身份要求孟某在 10 日内搬走，但遭到孟某的拒绝。

请问：刘某可以要求孟某搬走吗？

【律师解答】

我国《民法典》规定，租赁物在承租人按照租赁合同占有期限内发生所有权变动的，不影响租赁合同的效力。这就是法律上俗称的"买卖不破租赁"，具体是指当出租人在租赁合同有效期内将租赁物的所有权转让给第三人时，租赁合同对新所有权人有效。

本案中，刘某虽然是新的房屋所有权人，但无权要求孟某搬走。

【法条链接】

《民法典》第七百二十五条　租赁物在承租人按照租赁合同占有期限内发生所有权变动的，不影响租赁合同的效力。

159. 房屋承租人可以行使优先购买权吗？

【情景案例】

2021年1月20日，段某将自家房屋出租给雷某，租赁为1年，租金为2000元/月。6月30日，段某打算将房屋以60万元出售给好友钱某，雷某得知后，向段某提出愿意以同等价格购买该房屋。

请问：段某对该房屋享有优先购买权吗？

【律师解答】

房屋承租人的优先购买权，是指房屋承租人在出租人出卖房屋时，在同等条件下优先购买该房屋的权利。我国《民法典》规定，出租人出卖租赁房屋的，应当在出卖之前的合理期限内通知承租人，承租人享有以同等条件优先购买的权利；但是，房屋按份共有人行使优先购买权或者出租人将房屋出卖给近亲属的除外。

本案中，钱某既不是段某的房屋按份共有人，也不是段某的近亲属，因此雷某对所租房屋享有优先购买权，段某向钱某出售房屋之前应当先通知雷某。

【法条链接】

《民法典》第七百二十六条 出租人出卖租赁房屋的，应当在出卖之前的合理期限内通知承租人，承租人享有以同等条件优先购买的权利；但是，房屋按份共有人行使优先购买权或者出租人将房屋出卖给近亲属的除外。

出租人履行通知义务后，承租人在十五日内未明确表示购买的，视为承租人放弃优先购买权。

160. 没有约定租赁期限，承租人可以随时解除合同吗？

【情景案例】

汤某与尹某是多年好友，两人关系甚好。2021年1月10日，两人签订一份《房屋租赁合同》，未约定租期，仅约定：汤某将一套空置的房屋出租给尹某，租金为3000元/月，水电费、物业费等费用由尹某缴纳。5月10日，汤某因欠银行贷款无力偿还，故将自住的别墅出售还债。之后，汤某向尹某提出收回房屋自住，但遭到尹某拒绝。

请问：汤某可以随时解除租赁合同吗？

【律师解答】

我国《民法典》规定，当事人对租赁期限没有约定或者约定不明确，依据该法第五百一十条的规定仍不能确定的，视为不定期租赁；当事人可以随时解除合同，但是应当在合理期限之前通知对方。

本案中，若汤某与尹某不能就租期达成补充协议，则汤某有权解除合同，但应当在合理期限内通知对方。

【法条链接】

《民法典》第五百一十条 合同生效后，当事人就质量、价款或者报酬、履行地点等内容没有约定或者约定不明确的，可以协议补充；不能达成补充协议的，按照合同相关条款或者交易习惯确定。

第七百三十条 当事人对租赁期限没有约定或者约定不明确，依据本法第五百一十条的规定仍不能确定的，视为不定期租赁；当事人可以随时解除合同，但是应当在合理期限之前通知对方。

161. 房屋承租人死亡，租赁关系如何处理？

【情景案例】

2021年2月，黎某与易某签订一份《房屋租赁合同》，约定：黎某将一套三室一厅房屋出租给易某一家居住，每月租金2000元，租赁为2年。2021年5月，易某因交通事故去世。之后，黎某找到易某的妻子常某，要求其1个月内搬走，但遭到常某拒绝。

请问：常某有权继续租赁该房屋吗？

【律师解答】

在房屋租赁中，承租人取得的只是房屋使用权，原则上其承租权不得继承。但考虑承租人死亡后其他共同居住人的居住权益，我国《民法典》规定，承租人在房屋租赁期限内死亡的，与其生前共同居住人或者共同经营人可以按照原租赁合同租赁该房屋。

本案中，常某是易某的生前共同居住人，可以按照原房屋租赁合同继续租赁该房屋，黎某没有权利以易某已经去世为由要求常某搬走。

【法条链接】

《民法典》第七百三十二条 承租人在房屋租赁期限内死亡的，与其生前共同居住的人或者共同经营人可以按照原租赁合同租赁该房屋。

162. 承租人可以转租吗？

【情景案例】

2021 年 4 月，武某将所有的一室一厅房屋租给乔某，租期为 3 年，租金为 1200 元/月，押金为 2400 元。1 年后，乔某因被公司调到外地上班，故私下将房屋转租给贺某，租金为 1500 元/月，租期为 2 年。武某得知后，向贺某提出解除租赁合同，但遭到贺某拒绝。

请问：武某有权解除租赁合同吗？

【律师解答】

我国《民法典》规定，承租人经出租人同意，可以将租赁物转租给第三人。承租人转租的，承租人与出租人之间的租赁合同继续有效；第三人造成租赁物损失的，承租人应当赔偿损失。承租人未经出租人同意转租的，出租人可以解除合同。

本案中，乔某未经武某同意擅自将房屋转租，武某有权解除租赁合同。

【法条链接】

《民法典》第七百一十六条　承租人经出租人同意，可以将租赁物转租给第三人。承租人转租的，承租人与出租人之间的租赁合同继续有效；第三人造成租赁物损失的，承租人应当赔偿损失。

承租人未经出租人同意转租的，出租人可以解除合同。

163. 未依法登记的租赁合同有效吗？

【情景案例】

2021 年 3 月 1 日，姚某与谭某签订一份《房屋租赁合同》，约定：租金每月 3000 元，押二付一提前退房的情况下还退还已交押金。合同签订后，谭某给姚某支付了首月租金 3000 元与押金 6000 元。由于工作调动，谭某将于 2021 年 6 月调到其他城市工作。由于租赁合同未办理备案手续，故谭某以合同无效为由要求姚某退回押金，但遭到拒绝。

请问：姚某与谭某签订的租赁合同有效吗？

【律师解答】

我国《民法典》规定，当事人未依照法律、行政法规规定办理租赁合同登记备案手续的,不影响合同的效力。

本案中,姚某与谭某签订的租赁合同没有违反法律、行政性法规强制性规定与公序良俗,合法有效。姚某与谭某未办理租赁合同备案手续,不影响合同效力。

【法条链接】

《民法典》第七百零六条 当事人未依照法律、行政法规规定办理租赁合同登记备案手续的,不影响合同的效力。

十四、融资租赁合同

164. 租赁物损毁,出租人需要继续支付租金吗?

【情景案例】

2021年1月,甲融资租赁公司与乙公司签订一份《融资租赁合同》,约定:甲融资租赁应按照承租人乙公司的要求,从丙公司购买一台电子机械设备租赁给乙公司,租金总额为360万元,租期为36个月。双方对电子机械设备在租赁期间的毁损、灭失问题没有作出特别约定。2021年6月,由于乙公司的厂房发生火灾,乙公司所租赁的电子机械设备被烧毁。之后,由于机械设备不能使用,融资租赁与乙公司因租金支付问题产生争议。

请问:乙公司需要继续支付租金吗?

【律师解答】

关于融资租赁合同的租赁物损毁的租金支付问题,我国《民法典》规定,承租人占有租赁物期间,租赁物毁损、灭失的,出租人有权请求承租人继续支付租金,但是法律另有规定或者当事人另有约定的除外。

本案中,电子机械设备在乙公司占有期间被烧毁,由于双方对电子机械设备毁损、灭失在合同中没有特别约定,故甲融资租赁公司有权请求乙公司继续支付租金。

【法条链接】

《民法典》第七百五十一条 承租人占有租赁物期间,租赁物毁损、灭失的,出租人有权请求承租人继续支付租金,但是法律另有规定或者当事人另有约定的除外。

第七百五十六条 融资租赁合同因租赁物交付承租人后意外毁损、灭失等不可归责于当事人的原因解除的，出租人可以请求承租人按照租赁物折旧情况给予补偿。

165. 承租人私下将租赁物抵押，出租人可以解除融资租赁合同吗？

【情景案例】

2021 年 2 月，甲融资租赁公司与乙公司签订一份《融资租赁合同》，约定：甲融资租赁公司向丙公司购买一批设备租赁给乙公司，租赁期间为 3 年，租金为 5 万元/月。2021 年 5 月，乙公司为向银行借款 200 万元，私下将该批设备抵押给银行。

请问：甲融资租赁公司可以解除合同吗？

【律师解答】

我国《民法典》规定，承租人未经出租人同意，将租赁物转让、抵押、质押、投资入股或者以其他方式处分的，出租人可以解除融资租赁合同。

本案中，乙公司未经甲融资租赁公司同意，将租赁设备抵押给银行，甲融资租赁公司可以解除融资租赁合同。

【法条链接】

《民法典》第七百五十三条 承租人未经出租人同意，将租赁物转让、抵押、质押、投资入股或者以其他方式处分的，出租人可以解除融资租赁合同。

第七百五十四条 有下列情形之一的，出租人或者承租人可以解除融资租赁合同：

（一）出租人与出卖人订立的买卖合同解除、被确认无效或者被撤销，且未能重新订立买卖合同；

（二）租赁物因不可归责于当事人的原因毁损、灭失，且不能修复或者确定替代物；

（三）因出卖人的原因致使融资租赁合同的目的不能实现。

第七百五十五条第一款 融资租赁合同因买卖合同解除、被确认无效或者被撤销而解除，出卖人、租赁物系由承租人选择的，出租人有权请求承租人赔偿相应损失；但是，因出租人原因致使买卖合同解除、被确认无效或者被撤销的除外。

166. 融资租赁合同中的租赁物损坏，应当由谁负责维修？

【情景案例】

2021 年 1 月，甲公司与乙融资租赁公司签订一份《融资租赁合同》，租赁期间为 3

年，租金按月支付。合同签订后，乙融资租赁公司按甲公司的要求购买了租赁物。2021年6月，由于租赁物出现质量问题无法使用，双方因维修责任问题产生争议。甲公司认为，租赁物出现质量问题应当由出租人负责维修，否则拒付租金。

请问：乙融资租赁公司要承担维修责任吗？

【律师解答】

我国《民法典》规定，租赁物不符合约定或者不符合使用目的的，出租人不承担责任。但是，承租人依赖出租人的技能确定租赁物或者出租人干预选择租赁物的除外。

本案中，由于甲公司没有依赖乙融资租赁公司的技能确定租赁物，乙融资租赁公司也没有干预甲公司选择租赁物，因此租赁物在使用过程中出现质量问题，乙融资租赁公司不承担维修责任。

【法条链接】

《民法典》第七百四十七条 租赁物不符合约定或者不符合使用目的的，出租人不承担责任。但是，承租人依赖出租人的技能确定租赁物或者出租人干预选择租赁物的除外。

167. 融资租赁期满后，如何确定租赁物的归属？

【情景案例】

甲公司与乙融资租赁公司签订一份《融资租赁合同》，约定：甲公司向乙融资租赁公司租赁机械设备一台，约定租金总额为200万元，租期以1个月为1期，共24期，逾期利息为每天万分之五。由于双方未对租赁物归属做约定，租赁到期后，双方为此产生争议。

请问：租赁期满后，机械设备归谁所有？

【律师解答】

我国《民法典》规定，出租人和承租人可以约定租赁期限届满租赁物的归属；对租赁物的归属没有约定或者约定不明确，依据该法第五百一十条的规定仍不能确定的，租赁物的所有权归出租人。

本案中，由于甲公司与乙融资租赁公司对机械设备的归属没有做约定，如果双方不能达成补充协议，机械设备应当归乙融资租赁公司所有。

【法条链接】

《民法典》第五百一十条 合同生效后,当事人就质量、价款或者报酬、履行地点等内容没有约定或者约定不明确的,可以协议补充;不能达成补充协议的,按照合同相关条款或者交易习惯确定。

第七百五十七条 出租人和承租人可以约定租赁期限届满租赁物的归属;对租赁物的归属没有约定或者约定不明确,依据本法第五百一十条的规定仍不能确定的,租赁物的所有权归出租人。

十五、保理合同

168. 保理合同是什么?

【情景案例】

甲公司与乙公司订立买卖合同,约定甲公司将一批货物出卖给乙公司,乙公司3个月后付款100万元。合同订立后,甲公司向乙公司交付了货物。因甲公司急需用钱,对乙公司的债权3个月后才到期,“远水不解近渴”。故此,经乙公司确认,甲公司与丙银行订立合同,约定甲公司将其对乙公司的100万元债权,转让给丙银行,丙银行支付受让款80万元。甲公司与丙银行签订合同后,甲公司向乙公司通知了此事。

请问:丙银行在3个月后有权请求乙公司支付价款吗?

【律师解答】

我国《民法典》规定,保理合同是应收账款债权人将现有的或者将有的应收账款转让给保理人,保理人提供资金融通、应收账款管理或者催收、应收账款债务人付款担保等服务的合同。

本案中,甲公司与乙公司系商业合作伙伴,甲公司将货物出售给乙公司,乙公司按约定支付货款,仅因甲公司、乙公司约定的付款时间较长,甲公司在急需现金时,将对乙公司的债权以一定的折扣价格转让给金融机构丙银行,而债权转让仅需通知债务人即可。甲公司、乙公司与丙银行之间的这种债权让与合同,在有名合同体系中叫保理合同。丙银行支付一定的价款给甲公司后,取得甲公司对乙公司的债权,甲公司已经将对乙公司的价金债权转让给了丙银行。3个月后,丙银行有权请求乙公司支付价款,有效促进商业主体的金融经营良性发展。

【法条链接】

《民法典》第七百六十一条 保理合同是应收账款债权人将现有的或者将有的应收账款转让给保理人,保理人提供资金融通、应收账款管理或者催收、应收账款债务人付款担保等服务的合同。

169. 多个保理人主张权利时,如何确定其取得应收账款的顺序?

【情景案例】

甲公司和乙公司签订《买卖合同》,约定甲公司向乙公司购买货物,甲公司应于3个月内付清货款100万元。随后,甲公司、乙公司分别与A银行、B银行、C银行签订《应收账款保理业务确认书》,确认将甲公司与乙公司前述《买卖合同》中的应收账款转让给三家银行作保理业务。乙公司分别与A银行、B银行、C银行签订《国内保理业务合同》,约定乙公司向A银行、B银行、C银行申请办理有追索权的保理业务。已知A银行、B银行已在人民银行的征信中心登记,但B银行早于A银行登记。后乙公司和A银行、B银行、C银行向甲公司发出《应收账款转让通知》。发出通知的次日,A银行、B银行、C银行分别向乙公司提供30万元、40万元、10万元的融资款。

请问:A银行、B银行、C银行向甲公司请求支付应收款的顺序如何确定?

【律师解答】

根据我国《民法典》的规定,存在多个保理合同,多个保理人主张权利的顺序是:已经登记的先于未登记的取得应收账款;均已经登记的,按照登记时间的先后顺序取得应收账款;均未登记的,由最先到达应收账款债务人的转让通知中载明的保理人取得应收账款;既未登记也未通知的,按照保理融资款或者服务报酬的比例取得应收账款。

本案中,乙公司与A银行、B银行、C银行签署《应收账款保理业务确认书》,确定保理法律关系,也即多个保理人为乙公司提供保理服务。保理义务人提供保理服务,向债务人追偿债权时的顺序,按照登记优先原则;未登记的,按照应收款转让通知到达原则;既没登记且通知还没到达的,各保理人按照保理融资额度或保理报酬比例取得应收款的比例。

本案中,因A银行、B银行已登记(保理登记机关为人民银行的征信中心),则A银行、B银行的保理业务优先级最高,且B银行登记时间早于A银行,故B银行最开始享有保理合同中的追偿义务,其次是A银行。C银行因为未作登记,故不享有优先级。所以,本案中的保理追偿权,先由B行向甲公司提出,之后再是A银行、C银行。

若本案中三家银行均未作备案登记,也未向债务人发送应收款书面通知,则将按照三家银行融资款的比例或报酬的比例,要求甲方履行还款义务。

【法条链接】

《民法典》第七百六十八条　应收账款债权人就同一应收账款订立多个保理合同,致使多个保理人主张权利的,已经登记的先于未登记的取得应收账款;均已经登记的,按照登记时间的先后顺序取得应收账款;均未登记的,由最先到达应收账款债务人的转让通知中载明的保理人取得应收账款;既未登记也未通知的,按照保理融资款或者服务报酬的比例取得应收账款。

十六、承揽合同

170. 未经定作人同意,承揽人可将工作交给第三人完成吗?

【情景案例】

赖某与龚某签订一份《装修承揽合同》,约定:赖某将一间 100 平方米的毛坯房交给龚某装修,包工包料的价格为 15 万元。合同签订后,龚某因业务太多忙不过来,故将该装修工程以 12 万元的价格交给包工头庞某完成。赖某得知后表示强烈反对,双方因此发生争执。

请问:赖某可以解除该合同吗?

【律师解答】

我国《民法典》规定,承揽人应当以自己的设备、技术和劳力,完成主要工作,但是当事人另有约定的除外。承揽人将其承揽的主要工作交由第三人完成的,应当就该第三人完成的工作成果向定作人负责;未经定作人同意的,定作人也可以解除合同。

按照工作成果最终质量起作用的程度不同,可以将承揽工作分为主要工作和辅助工作。主要工作,是指对工作成果的质量起决定性作用的工作。对主要工作,除当事人另有约定外,承揽人应当亲自完成。辅助工作,是指对工作成果的整体质量没有太大的影响的工作。对于辅助工作,承揽人可以交由第三人完成,且无须经定作人同意。

本案中,龚某未经赖某同意将整个装修工程交给庞某完成,赖某有权解除承揽合同。

【法条链接】

《民法典》第七百七十二条　承揽人应当以自己的设备、技术和劳力，完成主要工作，但是当事人另有约定的除外。

承揽人将其承揽的主要工作交由第三人完成的，应当就该第三人完成的工作成果向定作人负责；未经定作人同意的，定作人也可以解除合同。

第七百七十三条　承揽人可以将其承揽的辅助工作交由第三人完成。承揽人将其承揽的辅助工作交由第三人完成的，应当就该第三人完成的工作成果向定作人负责。

171. 承揽人发现定作人提供的施工图纸不合理，怎么办？

【情景案例】

甲公司与乙公司签订一份《承揽合同》，约定：甲公司为乙公司定制一套模具，由乙公司提供施工图纸，交货期为15天，合同价款为10万元。甲公司开始制作时，发现按乙公司提供的施工图纸无法制作其想要的模具，于是要求乙公司尽快更换图纸。因乙公司提供新的图纸太慢，导致甲公司为赶工额外增加了1万元的费用。

请问：为赶工额外增加的费用由谁承担？

【律师解答】

我国《民法典》规定，承揽人发现定作人提供的图纸或者技术要求不合理的，应当及时通知定作人。因定作人怠于答复等原因造成承揽人损失的，应当赔偿损失。

本案中，甲公司为赶工额外增加的费用是因乙公司提供新的图纸太慢造成的，故该费用应当由乙公司承担。

【法条链接】

《民法典》第七百七十六条　承揽人发现定作人提供的图纸或者技术要求不合理的，应当及时通知定作人。因定作人怠于答复等原因造成承揽人损失的，应当赔偿损失。

172. 定作人可以中途变更承揽工作的要求吗？

【情景案例】

2021年3月，樊某将新购房屋交给包工头殷某装修，包工包料的价格为10万元。

在装修过程中，樊某发现自己不喜欢目前的装修风格，提出变更装修方案。由于变更装修方案会导致成本增加，因此殷某表示反对。

请问：樊某可以中途变更装修方案吗？

【律师解答】

我国《民法典》规定，定作人中途变更承揽工作的要求，造成承揽人损失的，应当赔偿损失。由此可见，定作人可以中途变更承揽工作的要求，但根据公平原则，定作人中途变更对承揽工作的要求，造成承揽人损失的，应当赔偿承揽人的损失。

本案中，樊某可以中途变更装修方案，殷某无权反对，但由此给殷某造成的损失，应由樊某赔偿。

【法条链接】

《民法典》第七百七十七条　定作人中途变更承揽工作的要求，造成承揽人损失的，应当赔偿损失。

173. 工作成果不符合质量要求的，定作人怎么办？

【情景案例】

2021年3月，甲公司因需要加工储存容器罐，于是找到刘某为其加工，费用为1.5万元。加工完后，因罐体发生渗漏，刘某为甲公司进行了维修，但维修后再次发生渗漏，仍不能正常使用。因刘某加工的罐体发生渗漏，致使甲公司将罐中存放的氨水倒至别的罐，导致别的罐也发生渗漏，造成经济损失1万元。

请问：甲公司怎么办？

【律师解答】

我国《民法典》规定，承揽人交付的工作成果不符合质量要求的，定作人可以合理选择请求承揽人承担修理、重作、减少报酬、赔偿损失等违约责任。

本案中，刘某为甲公司进行加工储存容器罐，甲公司支付刘某加工费，在加工的罐体发生渗漏问题时，刘某为其进行了维修，故刘某与甲公司形成承揽合同关系。因刘某加工的罐体发生渗漏，造成甲公司经济损失1万元，刘某应予赔偿。另外，因罐体发生渗漏不能正常使用，甲公司可要求刘某进行修理、重作。

【法条链接】

《民法典》第七百八十一条　承揽人交付的工作成果不符合质量要求的，定作人可以合理选择请求承揽人承担修理、重作、减少报酬、赔偿损失等违约责任。

174. 定作人在承揽人完成工作前，可以随时解除合同吗？

【情景案例】

温某与某家具厂签订一份《承揽合同》，约定：某家具厂为温某定制一个衣柜，包工包料，价款为 8000 元，工期为 10 天。5 天后，温某的同事给其赠送了一个价值 2 万元的衣柜。为此，温某向某家具厂提出取消订单，但遭到某家具厂拒绝。某家具厂表示，家具已在制作中，温某无权中途取消订单。

请问：温某有权中途取消订单吗？

【律师解答】

我国《民法典》规定，定作人在承揽人完成工作前可以随时解除合同，造成承揽人损失的，应当赔偿损失。由此可见，定作人虽然享有对承揽合同的随时解除权，但并不代表定作人无须承担任何责任。

本案中，温某可以解除承揽合同，即有权中途取消订单，但应赔偿某家具厂的相应损失。

【法条链接】

《民法典》第七百八十七条　定作人在承揽人完成工作前可以随时解除合同，造成承揽人损失的，应当赔偿损失。

175. 承揽人在完成工作中受伤，定作人要承担责任吗？

【情景案例】

2021 年 4 月 1 日，廖某与包工头邹某签订一份《承揽合同》，约定由邹某为其翻新房屋。2021 年 4 月 20 日上午 10 时许，邹某在施工过程中不慎摔倒受伤，共花医疗费 8000 元。邹某出院后要求廖某赔偿医疗费，但遭到拒绝。

请问：廖某要承担赔偿责任吗？

【律师解答】

我国《民法典》规定，承揽人在完成工作过程中造成第三人损害或者自己损害的，定作人不承担侵权责任。但是，定作人对定作、指示或者选任有过错的，应当承担相应的责任。由此可见,在完成承揽任务过程中导致的损害,原则上由承揽人承担责任,除非定作人存在定作过失、指示过失和选任过失。定作过失,是指定作人确定的定作任务本身存在过失;这种定作有可能因为他人或定作人未告知承揽人注意事项。指示过失,是指定作人指示承揽人的定作方法存在过失。选任过失,是指定作人选任承揽人有过失,如承揽人没有承担特种加工活动的资质而予以选任。

本案中,廖某与邹某之间的关系为承揽合同关系,邹某在完成工作过程中不慎摔倒受伤,由于廖某没有过错,故不用承担赔偿责任。

【法条链接】

《民法典》第一千一百九十三条 承揽人在完成工作过程中造成第三人损害或者自己损害的,定作人不承担侵权责任。但是,定作人对定作、指示或者选任有过错的,应当承担相应的责任。

十七、建设工程合同

176. 因施工人原因导致建设工程不合格的,如何处理?

【情景案例】

2021年5月,甲公司与乙建筑公司签订一份《建筑工程承包合同》,合同约定:由乙建筑公司为甲公司建一座厂房,甲公司提供建筑材料指标,厂房的主体工程内、外承重墙一律使用国家标准红砖。为节省成本,乙建筑公司没有按合同约定使用国家标准红砖,而是使用价格相对便宜的红砖。之后,甲公司发现厂房的承重墙墙体裂缝较多,于是找专业机构进行鉴定,发现出现裂缝的原因是红砖有质量问题,即因乙建筑公司没有按约定使用国家标准红砖所致。

请问:乙建筑公司应当承担什么责任?

【律师解答】

我国《民法典》规定,因施工人的原因致使建设工程质量不符合约定的,发包人有权请求施工人在合理期限内无偿修理或者返工、改建。经过修理或者返工、改建后,造成逾期交付的,施工人应当承担违约责任。

本案中,因乙建筑公司没有按约定使用国家标准红砖,导致厂房的承重墙墙体裂缝较多,甲公司有权请求乙建筑公司在合理期限内无偿修理或者返工、改建。需要说明的是,因修理或者返工、改建,造成厂房逾期交付的,乙建筑公司应当承担违约责任。

【法条链接】

《民法典》第八百零一条 因施工人的原因致使建设工程质量不符合约定的,发包人有权请求施工人在合理期限内无偿修理或者返工、改建。经过修理或者返工、改建后,造成逾期交付的,施工人应当承担违约责任。

177. 因承包人原因致使建设工程在合理使用期限内致人伤害的,责任由谁承担?

【情景案例】

甲建筑公司与乙公司就某小区外墙保温板的施工签订一份《建设工程施工合同》。工程竣工交付时,乙公司已按约定向甲建筑公司支付全部工程款。之后,因保温板脱落砸中小区业主吴某,导致其付出医疗费5000元。事后查明,保温板脱落是由于甲建筑公司在保修期内未能及时维修所致。

请问:吴某的医疗费应当由谁承担?

【律师解答】

我国《民法典》规定,因承包人的原因致使建设工程在合理使用期限内造成人身损害和财产损失的,承包人应当承担赔偿责任。《建设工程质量管理条例》第四十一条规定,建设工程在保修范围和保修期限内发生质量问题的,施工单位应当履行保修义务,并对造成的损失承担赔偿责任。

本案中,外墙保温板发生脱落致吴某受伤发生在该工程保修期间内,由于甲建筑公司不履行保修义务,应当承担赔偿责任,故吴某的医疗费5000元应当由甲建筑公司承担。

【法条链接】

《民法典》第八百零二条 因承包人的原因致使建设工程在合理使用期限内造成人身损害和财产损失的,承包人应当承担赔偿责任。

《建设工程质量管理条例》第四十一条 建设工程在保修范围和保修期限内发生质量问题的,施工单位应当履行保修义务,并对造成的损失承担赔偿责任。

178. 发包人不按约定支付进度款，承包人应当如何救济？

【情景案例】

2021年1月，甲公司与乙建筑公司签订一份《建设工程施工合同》，约定：乙建筑公司为甲公司建设一处厂房，工程价款按工程进度分期支付。2021年6月，在厂房建设过程中，甲公司突然不按约定支付第三期工程进度款。经过多次催告，甲公司仍不支付工程款。

请问：乙建筑公司应当如何救济？

【律师解答】

我国《民法典》第八百零三条规定，发包人未按照约定的时间和要求提供原材料、设备、场地、资金、技术资料的，承包人可以顺延工程日期，并有权请求赔偿停工、窝工等损失。第八百零七条规定，发包人未按照约定支付价款的，承包人可以催告发包人在合理期限内支付价款。发包人逾期不支付的，除根据建设工程的性质不宜折价、拍卖外，承包人可以与发包人协议将该工程折价，也可以请求人民法院将该工程依法拍卖。建设工程的价款就该工程折价或者拍卖的价款优先受偿。

本案中，甲公司不按约定支付工程进度款，乙建筑公司可以顺延工程日期，并有权请求赔偿停工、窝工等损失。如果经多次催告，乙建筑公司在合理期限内仍不支付第三期工程款，乙建筑公司可以与甲公司协议将该工程折价，也可以请求人民法院将该工程依法拍卖。建设工程的价款就该工程折价或者拍卖的价款优先受偿。

【法条链接】

《民法典》第八百零三条 发包人未按照约定的时间和要求提供原材料、设备、场地、资金、技术资料的，承包人可以顺延工程日期，并有权请求赔偿停工、窝工等损失。

第八百零七条 发包人未按照约定支付价款的，承包人可以催告发包人在合理期限内支付价款。发包人逾期不支付的，除根据建设工程的性质不宜折价、拍卖外，承包人可以与发包人协议将该工程折价，也可以请求人民法院将该工程依法拍卖。建设工程的价款就该工程折价或者拍卖的价款优先受偿。

179. 承包人将建设工程非法转包，发包人可以解除合同吗？

【情景案例】

2021年3月1日，甲公司与乙建筑公司签订一份《建设工程施工合同》，约定：乙建筑公司为甲公司建造厂房，工程款为1000万元，工期为3个月。之后，在没有经甲公司同意的情况下，乙建筑公司私下将全部工程非法转包给没有相应施工资质的丙建筑公司。之后，甲房公司经暗访发现，实际施工人是没有施工资质的丙建筑公司，并非乙建筑公司。

请问：甲公司可以解除合同吗？

【律师解答】

我国《建筑法》第二十八条规定，禁止承包单位将其承包的全部建筑工程转包给他人，禁止承包单位将其承包的全部建筑工程肢解以后以分包的名义分别转包给他人。《民法典》第七百九十一条规定，承包人不得将其承包的全部建设工程转包给第三人或者将其承包的全部建设工程支解以后以分包的名义分别转包给第三人。第八百零六条第一款规定，承包人将建设工程转包、违法分包的，发包人可以解除合同。

本案中，乙建筑公司私下将工程非法转包给没有相应施工资质的丙建筑公司，严重违反法律规定，符合法律规定的解除合同条件，甲公司可以解除合同。

【法条链接】

《民法典》第七百九十一条第二款 总承包人或者勘察、设计、施工承包人经发包人同意，可以将自己承包的部分工作交由第三人完成。第三人就其完成的工作成果与总承包人或者勘察、设计、施工承包人向发包人承担连带责任。承包人不得将其承包的全部建设工程转包给第三人或者将其承包的全部建设工程支解以后以分包的名义分别转包给第三人。

第八百零六条第一款 承包人将建设工程转包、违法分包的，发包人可以解除合同。

《建筑法》第二十八条 禁止承包单位将其承包的全部建筑工程转包给他人，禁止承包单位将其承包的全部建筑工程肢解以后以分包的名义分别转包给他人。

十八、运输合同

180. 乘客不按照座位号抢座、霸座，合法吗？

【情景案例】

季某上高铁后发现自己的座位被购买无座票的章某占据，于是拿出车票礼貌地提醒章某坐了自己的车位，但章某以自己先占座位为由，怎么说也不肯离开。无奈之下，季某找来乘务员劝说，但章某仍继续霸座不起。

请问：章某的霸座行为合法吗？

【律师解答】

近年来，旅客霸座问题频频在各种媒体上曝光，引发社会各界的广泛关注。针对这一热点问题，我国《民法典》规定，旅客应当按照有效客票记载的时间、班次和座位号乘坐。

本案中，季某购买了合法的车票，应当有权按照票面指定的座位就座，章某的霸座行为不合法，季某可请求高铁乘警强制要求章某让位。

【法条链接】

《民法典》第八百一十五条　旅客应当按照有效客票记载的时间、班次和座位号乘坐。旅客无票乘坐、超程乘坐、越级乘坐或者持不符合减价条件的优惠客票乘坐的，应当补交票款，承运人可以按照规定加收票款；旅客不支付票款的，承运人可以拒绝运输。

实名制客运合同的旅客丢失客票的，可以请求承运人挂失补办，承运人不得再次收取票款和其他不合理费用。

181. 运输过程中发生交通事故致乘客受伤，承运人要承担责任吗？

【情景案例】

2021年3月8日早上，鲁某从深圳乘坐某客运公司开往广州的客车。在途中，该客车与刘某驾驶的汽车发生碰撞导致鲁某受伤，共花医疗费3万元。经鉴定，此次事故全部责任由刘某承担。之后，鲁某要求某客运公司赔偿医疗费等相关费用，但遭到拒绝。某客运公司认为，刘某承担本次交通事故的全部责任，应当由刘某赔偿鲁某的损失。

请问：某客运公司对鲁某的受伤需要担责吗？

【律师解答】

我国《民法典》规定，承运人应当对运输过程中旅客的伤亡承担赔偿责任；但是，伤亡是旅客自身健康原因造成的或者承运人证明伤亡是旅客故意、重大过失造成的除外。由此可见，承运人在旅客运输活动中承担无过错责任。也就是说，承运人即使在没有过错的情况下，也应当承担损害赔偿责任。

本案中，虽然某客运公司对交通事故的发生没有过错，但也应当对鲁某的受伤承担赔偿责任。需要说明的是，某客运公司向鲁某赔偿后，可向刘某进行追偿。

【法条链接】

《民法典》第八百二十三条 承运人应当对运输过程中旅客的伤亡承担赔偿责任；但是，伤亡是旅客自身健康原因造成的或者承运人证明伤亡是旅客故意、重大过失造成的除外。

前款规定适用于按照规定免票、持优待票或者经承运人许可搭乘的无票旅客。

182. 运输途中，托运人可以要求变更到达地吗？

【情景案例】

2021年4月1日，甲公司委托乙物流公司从南京运输一批货物到苏州。货物运送途中，甲公司突然提出要求将货物运送至上海，但遭到乙物流公司拒绝。乙物流公司认为，根据合同约定，甲公司无权变更到达地。

请问：甲公司可以要求变更到达地吗？

【律师解答】

我国《民法典》规定，在承运人将货物交付收货人之前，托运人可以要求承运人中止运输、返还货物、变更到达地或者将货物交给其他收货人，但是应当赔偿承运人因此受到的损失。由此可见，托运人在货物交付给收货人之前改变原来约定的到达地，承运人不得拒绝变更。

本案中，货物运送途中，甲公司有权要求变更到达地，乙物流公司无权拒绝，但可要求甲公司赔偿因此受到的损失。

【法条链接】

《民法典》第八百二十九条 在承运人将货物交付收货人之前，托运人可以要求承运人中止运输、返还货物、变更到达地或者将货物交给其他收货人，但是应当赔偿承运人因此受到的损失。

183. 承运人在什么情况下可以行使留置权？

【情景案例】

2021年5月6日，葛某委托某物流公司将货物从广州运送到珠海，收货人为伍某，货到付款。由于葛某与伍某没有协商好运费由谁支付，因此在货物送达时，伍某拒绝支付运费，于是某物流公司将货物扣下。

请问：某物流公司有权留置运输货物吗？

【律师解答】

我国《民法典》规定，托运人或者收货人不支付运费、保管费或者其他费用的，承运人对相应的运输货物享有留置权，但是当事人另有约定的除外。留置权，是指债权人因合法手段占有债务人的财物，在由此产生的债权未得到清偿以前留置该项财物并在超过一定期限仍未得到清偿时依法变卖留置财物，从价款中优先受偿的权利。

本案中，因葛某与伍某没有支付运费，某物流公司有权留置运输货物，以保护自己的合法权益。

【法条链接】

《民法典》第八百三十六条　托运人或者收货人不支付运费、保管费或者其他费用的，承运人对相应的运输货物享有留置权，但是当事人另有约定的除外。

十九、技术合同

184. 对于委托开发完成的发明，谁有权申请专利？

【情景案例】

2021 年 3 月 1 日，甲公司与韦某签订一份《委托开发合同》，约定：甲公司委托韦某研发某新型机械设备，并提供研发经费 200 万元。由于疏忽大意，双方在合同中未约定研发完成的发明创造的专利申请权归谁所有。之后，韦某如期完成了该新型机械设备的研发并准备申请专利，但在该享有专利申请权的问题上与甲公司产生了纠纷。

请问：申请专利的权利应当归谁所有？

【律师解答】

我国《民法典》规定，委托开发完成的发明创造，除法律另有规定或者当事人另有约定外，申请专利的权利属于研究开发人。研究开发人取得专利权的，委托人可以依法实施该专利。研究开发人转让专利申请权的,委托人享有以同等条件优先受让的权利。

本案中,由于甲公司与韦某没约定专利申请权归属,因此申请专利的权利应当归韦某所有。需要说明的是,在韦某取得专利权后,甲公司可以依法实施该专利。

【法条链接】

《民法典》第八百五十九条　委托开发完成的发明创造,除法律另有规定或者当事人另有约定外,申请专利的权利属于研究开发人。研究开发人取得专利权的,委托人可以依法实施该专利。

研究开发人转让专利申请权的,委托人享有以同等条件优先受让的权利。

185. 后续改进的技术成果应当归谁所有?

【情景案例】

2021年3月1日,甲公司和申某签订一份《技术许可使用合同》,约定:申某将某"节能热水器"的技术许可给甲公司使用,使用期限为10年,价款为80万元。双方对该技术的后续改进成果归属没有做约定。之后,甲公司在原有技术上进行改进,发明了性能更好的"节能热水器2号"。申某得知后,认为甲公司研究的"节能热水器2号"技术成果应当归自己所有,要求其提交所有技术资料,但遭到甲公司拒绝。

请问:甲公司后续改进的技术成果应当归谁所有?

【律师解答】

我国《民法典》第五百一十条规定,合同生效后,当事人就质量、价款或者报酬、履行地点等内容没有约定或者约定不明确的,可以协议补充;不能达成补充协议的,按照合同相关条款或者交易习惯确定。第八百七十五条规定,当事人可以按照互利的原则,在合同中约定实施专利、使用技术秘密后续改进的技术成果的分享办法;没有约定或者约定不明确,依据该法第五百一十条的规定仍不能确定的,一方后续改进的技术成果,其他各方无权分享。

本案中,甲公司与申某签订《技术许可使用合同》,合法取得申某的技术使用权,且未对该技术的后续改进成果归属做约定。而甲公司却在原有技术上进行改进,发明性能更优的技术。根据我国法律的规定,甲公司在合法使用的技术基础上进行改进,获得的新技术成果,若没有特别约定或者有约定但约定不明,则该智力成果可以归甲公司所有,其他各方无权要求享有甲公司改进的新技术。

故在知识产权的许可合同中,对于技术的许可使用细节,以及技术后续发展的问题应明确约定，以免在先的技术做好铺垫后就无法享有后续的成果。

【法条链接】

《民法典》第五百一十条　合同生效后，当事人就质量、价款或者报酬、履行地点等内容没有约定或者约定不明确的，可以协议补充；不能达成补充协议的，按照合同相关条款或者交易习惯确定。

第八百七十五条　当事人可以按照互利的原则，在合同中约定实施专利、使用技术秘密后续改进的技术成果的分享办法；没有约定或者约定不明确，依据本法第五百一十条的规定仍不能确定的，一方后续改进的技术成果，其他各方无权分享。

二十、保管合同

186. 保管人可将保管物转交第三人保管吗？

【情景案例】

2021年3月20日，甲公司与乙公司签订一份《保管合同》，约定：甲公司将一批服装交付给乙公司保管，保管费用为1200元，保管期限为7天。由于乙公司仓库已满，于是乙公司将货物转交丙公司保管，给其保管费800元。之后，该批货物在丙公司被盗。为此，甲公司要求乙公司赔偿该批货物损失5万元，但遭到乙公司拒绝。乙公司认为，货物是在丙公司处丢失的，应当由丙公司承担责任。

请问：甲公司的损失应当由谁来赔偿？

【律师解答】

我国《民法典》规定，保管人不得将保管物转交第三人保管，但是当事人另有约定的除外。保管人违反前款规定，将保管物转交第三人保管，造成保管物损失的，应当承担赔偿责任。

本案中，在未经甲公司同意的情况下，乙公司不得将保管物转交丙公司保管。对于甲公司货物被盗的损失，应当由乙公司承担赔偿责任。

【法条链接】

《民法典》第八百九十四条　保管人不得将保管物转交第三人保管，但是当事人另有约定的除外。

保管人违反前款规定，将保管物转交第三人保管，造成保管物损失的，应当承担赔偿责任。

187. 第三人对保管物主张权利的，保管人该如何处理？

【情景案例】

2021年5月10日，因临时有事出差，尤某将从焦某借来的一部电动车交给某修车店保管，并支付100元保管费，保管期限为3天。次日，焦某以该电动车系自己借给尤某的为由，要求某修车店返还电动车，但遭到某修车店拒绝。

请问：某修车店的做法符合我国法律规定吗？

【律师解答】

第三人对保管物主张权利，是指第三人主张保管物并非属于寄存人所有等可能引发保管物的权属争议的情形。我国《民法典》规定，第三人对保管物主张权利的，除依法对保管物采取保全或者执行措施外，保管人应当履行向寄存人返还保管物的义务。

本案中，某修车店应当向尤某返还电动车，其拒绝将电动车交给焦某的做法符合我国法律规定。

【法条链接】

《民法典》第八百九十六条 第三人对保管物主张权利的，除依法对保管物采取保全或者执行措施外，保管人应当履行向寄存人返还保管物的义务。

第三人对保管人提起诉讼或者对保管物申请扣押的，保管人应当及时通知寄存人。

188. 无偿保管中保管物灭失的，如何处理？

【情景案例】

向某因外出旅游1个月，于是将自己所养一只宠物狗（市场价1万元）委托邻居柳某看管，未约定任何保管费。由于柳某十分喜欢狗，因此对狗照顾得非常细心周到。1周后，柳某早上起床发现狗被盗了。向某旅游回来后要求柳某赔偿损失，但遭到柳某拒绝。柳某认为，狗是用绳子拴好放在院子内的，其没有重大过失。

请问：柳某应当承担赔偿责任吗？

【律师解答】

我国《民法典》规定，保管期内，因保管人保管不善造成保管物毁损、灭失的，保管人应当承担赔偿责任。但是，无偿保管人证明自己没有故意或者重大过失的，不承担赔偿责任。

本案中，柳某作为无偿保管人替向某保管狗，而狗被盗并非柳某故意或者重大过失造成的，故柳某无须承担赔偿责任。

【法条链接】

《民法典》第八百九十七条　保管期内，因保管人保管不善造成保管物毁损、灭失的，保管人应当承担赔偿责任。但是，无偿保管人证明自己没有故意或者重大过失的，不承担赔偿责任。

189. 寄存人可以随时领取保管物吗？

【情景案例】

2021年3月1日，甲公司与乙公司签订一份《保管合同》，约定：甲公司将一批服装交给乙公司保管，保管期限为1个月，保管费2000元。3月10日，由于有客户要订购这批服装，于是甲公司通知乙公司次日提货，但遭到乙公司拒绝。乙公司认为，合同期限未到，甲公司无权提前提货。

请问：甲公司可以随时领取保管物吗？

【律师解答】

我国《民法典》规定，寄存人可以随时领取保管物。由此可见，无论保管合同是否约定保管期限的，寄存人都可以随时领取保管物，这是寄存人的权利，同时又是保管人的义务，即保管人得应寄存人的请求，随时返还保管物。

本案中，虽然合同期限未到，甲公司作为寄存人，仍可以随时领取保管物。

【法条链接】

《民法典》第八百九十九条　寄存人可以随时领取保管物。

当事人对保管期限没有约定或者约定不明确的，保管人可以随时请求寄存人领取保管物；约定保管期限的，保管人无特别事由，不得请求寄存人提前领取保管物。

二十一、仓储合同

190. 仓单可以转让吗?

【情景案例】

2021 年 3 月 9 日,甲公司与乙公司签订一份《仓储保管合同》,约定:由乙公司为甲公司储存保管大米 10 万斤,保管期限 2 个月,保管费用 3000 元。合同签订后,乙公司给甲公司出具了一张仓单。4 月 1 日,甲公司将大米全部出售给丙公司,于是打算将仓单转让给丙公司,让丙公司直接去提货,但遭到乙公司拒绝。乙公司认为,仓单是不能转让的,根据合同约定,只有甲公司才能提货。

请问:甲公司可将仓单转让给丙公司吗?

【律师解答】

我国《民法典》规定,仓单是提取仓储物的凭证。存货人或者仓单持有人在仓单上背书并经保管人签名或者盖章的,可以转让提取仓储物的权利。

本案中,甲公司作为仓储权利人,与乙公司建立仓储合同关系,乙公司对甲公司储存的货物负有保管的义务,甲公司可以凭借乙公司出具的仓单提取全部货物。仓储期间,甲公司将储存在乙公司的大米全部出售给丙公司,丙公司直接使用仓单提货的前提是乙公司对甲公司转让仓单行为的确认,也即乙公司必须在甲公司背书过的仓单上盖章确认,丙公司才能以此仓单提货,否则甲公司转让全部货物,只是单方更改与乙公司的仓储合同,乙公司若未确认仓单的背书转让,则有权拒绝丙公司的要求,以免对仓储货物的保管义务出现履行瑕疵。所谓“背书”,是指存货人或者仓单持有人在仓单的背面或者粘单上记载被背书人(受让人)的名称或姓名、住所等有关事项的行为。多次转让仓单的,背书还要有连续性。背书的连续性主要是为了保证每个背书人都是有权转让仓单项下权利的人。有权利提取仓储物的权利人是最后一个被背书人,即最终的受让人或者质权人。

故本案中,若甲公司仅将仓储的货物全部转让,甲公司未背书仓单并让乙公司确认,则丙公司无法直接使用仓单提货。但乙公司关于仓单是不能转让的认知也是错误的,根据我国法律规定,仓单经过持有人背书,并经保管人签名或盖章后,可以转让提取仓储物的权利。

【法条链接】

《民法典》第九百一十条　仓单是提取仓储物的凭证。存货人或者仓单持有人在仓单上背书并经保管人签名或者盖章的,可以转让提取仓储物的权利。

191. 保管人发现仓储物质变质时,应当如何处理?

【情景案例】

2021年1月6日,李某将一批大蒜存放在甲公司的冷库中保存,双方约定3月31日前将大蒜提走。1月30日,甲公司发现大蒜出现变质情况,但由于工作人员疏忽,忘记通知李某。3月15日,李某带客户去验货时发现大蒜已经全部腐烂,无法销售。

请问:李某可要求甲公司赔偿损失吗?

【律师解答】

我国《民法典》规定,保管人发现入库仓储物有变质或者其他损坏的,应当及时通知存货人或者仓单持有人。当事人一方不履行合同义务或者履行合同义务不符合约定的,应当承担继续履行、采取补救措施或者赔偿损失等违约责任。

本案中,甲公司在保管期间发现大蒜有变质后,应及时告知李某,以便李某能及时采取措施进行处理。但甲公司未履行告知义务,所以其对货物的最终全损负有责任,李某可要求甲公司赔偿损失。需要说明的是,损失赔偿额应当相当于违约造成的损失,包括李某的预期利润损失。

【法条链接】

《民法典》第五百七十七条　当事人一方不履行合同义务或者履行合同义务不符合约定的,应当承担继续履行、采取补救措施或者赔偿损失等违约责任。

第五百八十四条　当事人一方不履行合同义务或者履行合同义务不符合约定,造成对方损失的,损失赔偿额应当相当于因违约所造成的损失,包括合同履行后可以获得的利益;但是,不得超过违约一方订立合同时预见到或者应当预见到的因违约可能造成的损失。

第九百一十二条　保管人发现入库仓储物有变质或者其他损坏的,应当及时通知存货人或者仓单持有人。

192. 储存期间约定不明，保管人可随时要求存货人提货吗？

【情景案例】

2021年4月3日，张某与乙储运公司签订一份《仓储合同》，约定：张某将100吨花生保存在乙储运公司的仓库，仓储费用为3000元/月，没有约定储存时间。5月10日，乙储运公司接到新的大订单，由于仓库储存空间不够，于是通知张某当天要将所有花生搬走，双方因此发生争执。张某认为，双方已签订仓储合同，其只要按时交费，乙储运公司无权要求其搬走货物。

请问：乙储运公司可随时要求张某提货吗？

【律师解答】

我国《民法典》规定，当事人对储存期限没有约定或者约定不明确的，存货人或者仓单持有人可以随时提取仓储物，保管人也可以随时请求存货人或者仓单持有人提取仓储物，但是应当给予其必要的准备时间。

本案中，由于双方没有约定储存时间，因此乙储运公司有权随时要求张某提取100吨花生。但是，乙储运公司要求李某当天提取货物显然不妥，应当给予其必要的准备时间。

【法条链接】

《民法典》第九百一十四条　当事人对储存期限没有约定或者约定不明确的，存货人或者仓单持有人可以随时提取仓储物，保管人也可以随时请求存货人或者仓单持有人提取仓储物，但是应当给予必要的准备时间。

193. 存货人提前提走了仓储物，可以减少仓储费吗？

【情景案例】

甲公司与乙储运公司签订一份《仓储保管合同》，约定：由乙储运公司为甲公司储存一批图书，期限为6个月，每月费用为1000元。合同签订后，甲公司一次性支付仓储费6000元。3个月后，甲公司找到买家，于是提前到乙储运公司提货。提货时，甲公司要求乙储运公司退还3000元仓储费，但遭到拒绝。

请问：甲公司可以要求退还仓储费吗？

【律师解答】

我国《民法典》规定，储存期限届满，存货人或者仓单持有人应当凭仓单、入库单等提取仓储物。存货人或者仓单持有人逾期提取的,应当加收仓储费;提前提取的,不减收仓储费。

本案中,甲公司与乙储运公司约定的储存期限为6个月,虽然甲公司可以提前提取图书,但依然需要支付6个月的仓储费。

【法条链接】

《民法典》第九百一十五条　储存期限届满,存货人或者仓单持有人应当凭仓单、入库单等提取仓储物。存货人或者仓单持有人逾期提取的,应当加收仓储费;提前提取的,不减收仓储费。

二十二、委托合同

194. 受托人可以转委托吗?

【情景案例】

甲公司与陈某签订一份《委托合同》,约定:甲公司委托陈某处置一批库存服装,出售后陈某可获得10%的佣金。接受委托后,陈某又将甲公司的委托事务转委托给没有任何销售经验的刘某。甲公司知道后表示强烈反对,双方因此发生争议。

请问:陈某可以转委托吗?

【律师解答】

我国《民法典》规定,受托人应当亲自处理委托事务。经委托人同意,受托人可以转委托。转委托未经同意或者追认的,受托人应当对转委托的第三人的行为承担责任;但是,在紧急情况下受托人为了维护委托人的利益需要转委托第三人的除外。

本案中,甲公司基于对陈某能力的认可,委托其处理库存的服装,但陈某擅自将委托事项转让给没有任何销售经验的刘某,违背了甲公司基于信任将处置衣服的工作委托给陈某的初衷,对于陈某擅自转委托的行为可以不予认可,还可以基于双方签订的《委托合同》要求陈某承担相应的违约责任。

事实上,委托的前提就是高度的信任,故一般情况下,基于基础信任的委托若被擅自转让,则委托人的利益可能无法保障,委托的目的不能达到,所以我国法律规定转委托需经委托人同意或追认。

【法条链接】

《民法典》第九百二十三条　受托人应当亲自处理委托事务。经委托人同意，受托人可以转委托。转委托经同意或者追认的，委托人可以就委托事务直接指示转委托的第三人，受托人仅就第三人的选任及其对第三人的指示承担责任。转委托未经同意或者追认的，受托人应当对转委托的第三人的行为承担责任；但是，在紧急情况下受托人为了维护委托人的利益需要转委托第三人的除外。

195. 因受托人过错给委托人造成损失，受托人需要承担责任吗？

【情景案例】

甲公司与杨某签订一份《委托合同》，约定：甲公司委托杨某与乙皮鞋厂订立《加工合同》，并由杨某负责监工，保证乙服装厂生产的服装符合质量标准；事成后，杨某可获得3万元报酬。签订合同时，杨某因粗心大意将皮鞋颜色由黄色写成黑色。之后，杨某并没按约定进行监工，在验货时方知颜色出错，给甲公司造成30万元的经济损失。

请问：杨某需要给甲公司赔偿损失吗？

【律师解答】

我国《民法典》规定，有偿的委托合同，因受托人的过错造成委托人损失的，委托人可以请求赔偿损失。由此可见，在有偿委托合同中，受托人负有较高的注意义务，其在处理委托事务时只要有过错，即存在故意、重大过失或者一般过失，并给委托人造成损失的，就要承担赔偿责任。

本案中，杨某因粗心大意将皮鞋颜色由黄色写成黑色，且没按约定进行监工，这表明杨某在处理委托事务时存在过错，故应当给甲公司赔偿30万元的经济损失。

【法条链接】

《民法典》第九百二十九条　有偿的委托合同，因受托人的过错造成委托人损失的，委托人可以请求赔偿损失。无偿的委托合同，因受托人的故意或者重大过失造成委托人损失的，委托人可以请求赔偿损失。

受托人超越权限造成委托人损失的，应当赔偿损失。

196. 受托人在处理委托事务时受到损失，怎么办？

【情景案例】

金某在东莞有一幢旧厂房，因出差在外，便委托好友熊某按其说的价格将厂房变卖。在办理厂房变卖事宜时，熊某不幸路遇车祸，手被撞断，共花医疗费2万元。经交警认定，肇事者承担全部责任。由于肇事者下落不明，熊某要求金某支付所有医疗费。

请问：熊某可以向金某请求赔偿吗？

【律师解答】

委托合同，是指双方当事人约定一方以他方的名义和费用为他方处理事务的合同。我国《民法典》规定，受托人处理委托事务时，因不可归责于自己的事由受到损失的，可以向委托人请求赔偿损失。

本案中，金某与熊某的行为构成民法上的委托合同关系。熊某在办理厂房变卖事宜时不幸受伤，所受到的损失系由“第三人”加害行为造成的，由于该加害的第三人下落不明，熊某可以向金某请求赔偿。

【法条链接】

《民法典》第九百三十条　受托人处理委托事务时，因不可归责于自己的事由受到损失的，可以向委托人请求赔偿损失。

197. 两个以上的受托人共同处理委托事务的，如何承担责任？

【情景案例】

甲公司委托赵某和黄某共同处理其与乙公司之间的贸易往来。接受委托后，赵某和黄某二人内部进行了分工。之后，由于赵某的过错，造成委托事务没有处理好，给甲公司造成20万元的经济损失。为此，甲公司诉至法院，要求赵某和黄某赔偿损失。

请问：黄某需要承担连带责任吗？

【律师解答】

我国《民法典》规定，两个以上的受托人共同处理委托事务的，对委托人承担连带责任。由此可见，无论委托人的损失是出于哪个受托人的过错，也无论各个受托人内部是否约定了对委托事务的处理权限和责任承担，所有受托人都应当对委托人承担连带责任。连带责任指债权人可对债务人中的一人、数人或全体，同时或先后请求全部或部分给付的一种债务承担形式。

本案中，赵某和黄某共同接受甲公司的委托，应当共同处理委托事务，两人对甲公司应当承担连带责任。黄某虽然无过错，但也要承担连带责任。

【法条链接】

《民法典》第九百三十二条 两个以上的受托人共同处理委托事务的，对委托人承担连带责任。

198. 当事人可以随时解除委托合同吗？

【情景案例】

甲公司与黄某签订一份《委托合同》，约定：甲公司委托黄某招募一位技术总监，委托费用为1万元，合同订立时支付3000元预付款，余款在技术总监正式入职时支付。签约后第二天，经内部员工推荐，甲公司招到合适的人选。为此，甲公司通知黄某解除委托合同，并要求返还3000元预付款，但遭到黄某的拒绝。

请问：甲公司可以解除委托合同吗？

【律师解答】

我国《民法典》规定，委托人或者受托人可以随时解除委托合同。因解除合同造成对方损失的，除不可归责于该当事人的事由外，有偿委托合同的解除方应当赔偿对方的直接损失和合同履行后可以获得的利益。

本案中，甲公司与黄某签订招聘工作相关的《委托合同》。其基于对黄某的信任，委托黄某通过个人的资源和能力完成招聘工作。委托合同正是基于双方当事人存在人身信赖关系的前提，确定委托事项，但如果这种信赖关系消失或该信赖对委托事项已经不具有作用，那么委托合同便没有存续的必要，当事人可依法行使任意解除权，即随时解除委托合同。但对于解除的后果，解除方应根据法律规定或合同约定承担。《民法典》对于解除委托合同造成损失后果的责任承担，区分了有偿委托和无偿委托，对于有偿委托的赔偿不限于直接损失，还包括履行合同可以获得的利益；对无偿合同则只能赔偿直接损失。

故本案中，甲公司可以解除与黄某的《委托合同》，但若给黄某造成损失，应依法予以赔偿；若解除委托合同还存在违约金，可以比较赔偿损失与违约金的金额并作出选择。

【法条链接】

《民法典》第九百三十三条 委托人或者受托人可以随时解除委托合同。因解除合同造成对方损失的,除不可归责于该当事人的事由外,无偿委托合同的解除方应当赔偿因解除时间不当造成的直接损失,有偿委托合同的解除方应当赔偿对方的直接损失和合同履行后可以获得的利益。

二十三、物业服务合同

199. 物业服务承诺是物业合同的组成部分吗?

【情景案例】

在物业服务合同即将届满时,甲物业公司在小区公示栏张贴公告,内容为:"即日起,我司长期为全体业主免费提供安装客厅挂画服务。"在与业主委员会续签物业服务合同后,业主周某向甲物业公司提出安装挂画的请求,但遭到甲物业公司的拒绝。甲物业公司认为,物业服务合同没有安装挂画的约定,之前的承诺对其没有约束力。

请问:甲物业公司的服务承诺是物业合同的组成部分吗?

【律师解答】

物业服务承诺,是指物业服务人为保证物业服务的质量和效益,向全体业主公开作出的有关物业服务内容和标准的单方意思表示。实践中,物业服务人会在其宣传中公开作出某种服务承诺,以吸引业主选聘其作为物业服务人,或者在提供物业服务的过程中作出某种承诺,以提高服务质量和业主满意度,这事实上经常成为业主选聘物业服务人的重要依据。据此,我国《民法典》规定,物业服务人公开作出的有利于业主的服务承诺,为物业服务合同的组成部分。

本案中,甲物业公司公开作出长期为业主免费提供安装客厅挂画的服务承诺,已成为物业服务合同的一部分,应当按约履行。

【法条链接】

《民法典》第九百三十八条 物业服务合同的内容一般包括服务事项、服务质量、服务费用的标准和收取办法、维修资金的使用、服务用房的管理和使用、服务期限、服务交接等条款。

物业服务人公开作出的有利于业主的服务承诺，为物业服务合同的组成部分。

物业服务合同应当采用书面形式。

200. 前期物业服务合同对业主具有法律约束力吗？

【情景案例】

2020年3月，徐某向某房地产公司购买一套商品房。2021年1月8日，某房地产公司与某物业公司签订一份《前期物业服务合同》，约定：某物业公司对某房地产公司开发的某小区实行物业管理，服务期限至小区业委会成立并依法选聘物业公司之日止，物业服务费收取标准为2.5元/平方米。由于附近同档次小区的物业服务费为2元/平方米，现某物业公司收取物业管理费用明显过高，徐某等业主对此表示强烈反对。徐某认为，《前期物业服务合同》是某房地产公司与某物业公司签订的，不能约束业主。

请问：徐某的说法符合我国法律规定吗？

【律师解答】

我国《民法典》规定，建设单位依法与物业服务人订立的前期物业服务合同，以及业主委员会与业主大会依法选聘的物业服务人订立的物业服务合同，对业主具有法律约束力。

本案中，《前期物业服务合同》是某房地产公司与某物业公司签订的，对业主具有法律约束力，故徐某的说法不符合我国法律规定。

【法条链接】

《民法典》第九百三十九条 建设单位依法与物业服务人订立的前期物业服务合同，以及业主委员会与业主大会依法选聘的物业服务人订立的物业服务合同，对业主具有法律约束力。

二十四、行纪合同

201. 行纪人处理委托事务支付的费用，由谁承担？

【情景案例】

2021 年 4 月 2 日，徐某与宋某签订一份《行纪合同》，约定由宋某为徐某在美国代购一台医疗器械设备。双方在合同中就医疗器械设备的品牌、价格、交货时间以及报酬进行了约定。4 月 25 日，宋某向徐某交货时，要求支付关税费用，但遭到徐某拒绝。徐某认为，双方在合同中就报酬已进行约定，该报酬包含了宋某为完成任务而支出的各项费用。

请问：徐某的说法符合我国法律规定吗？

【律师解答】

我国《民法典》规定，行纪人处理委托事务支出的费用，由行纪人负担，但是当事人另有约定的除外。

本案中，徐某与宋某签订《行纪合同》，由宋某为徐某代购医疗器械设备，双方确定行纪法律关系，约定了行纪事务以及报酬。宋某在办理行纪事务中支付的相关费用，是以办妥行纪事务为目的而支付的费用，属于宋某的行纪义务范畴。故宋某在向徐某交货的时候，提出要求支付关税费用，除非双方在《行纪合同》中特别约定，否则徐某无须向宋某另行支付费用，仅依据《行纪合同》支付报酬即可。在行纪合同签订时，双方应对需要办理的行纪事务进行充分评估，对于办理过程中可能发生的费用核算和计划，可以提高行纪报酬或约定支付报酬并根据实际情况另行结算办理过程中实际发生的费用的方式。

徐某与宋某签订的《行纪合同》若已经明确徐某向宋某支付的报酬里已经包含所有费用，那么宋某在交付货物的时候，提出要求徐某另行支付关税费用不符合合同约定，也没有法律依据，不符合我国法律规定。如果《行纪合同》没有对此进行约定，那么只要是在从事行纪事务中发生的所有成本和费用，都应当由行纪人自行承担。司法实务有的案例中，行纪人请求委托人支付采购货物的采购款，且请求委托人支付相关的税费，都被法院以此规定为依据驳回了。

【法条链接】

《民法典》第九百五十二条　行纪人处理委托事务支出的费用，由行纪人负担，但是当事人另有约定的除外。

202. 行纪人自己购买委托物，可以要求支付酬金吗？

【情景案例】

甲公司与胡某签订一份《行纪合同》，约定：甲公司委托胡某销售一批库存玩具产品，货值 30 万元；酬金为出售库存产品款项的 10%。之后，胡某通知甲公司库存产品已售完，并要求甲公司按约定支付酬金。经甲公司了解，原来胡某看好这批库存产品的价值，故其自己买入这批产品。甲公司认为，胡某不是将库存产品卖给他人，无权索要酬金。

请问：甲公司的说法符合我国法律规定吗？

【律师解答】

我国《民法典》规定，行纪人卖出或者买入具有市场定价的商品，除委托人有相反的意思表示外，行纪人自己可以作为买受人或者出卖人。行纪人有前款规定情形的，仍然可以请求委托人支付报酬。

本案中，甲公司与胡某签订《行纪合同》，甲公司委托胡某出售库存玩具产品，并约定了相应的酬金。胡某按约出售完毕玩具产品，但甲公司却因卖家是胡某本人而拒绝支付酬金，若双方签订的《行纪合同》对此并没有特别约定，则甲公司的说法不符合我国法律规定。根据我国法律规定，行纪人按照委托人的指示，实施行纪行为时，有权以自己作为买受人或者出卖人与委托人进行交易活动，这是我国法律对商业习惯的法律确认。但行纪人行使这样的介入权，须具备两个前提条件：(1)商品具有市场定价，可以确保行纪人不存在低于市场价购买的情况；(2)委托人没有相反的意思表示，也就是在行纪合同中，没有明确约定行纪人不得成为买受人或出卖人。

本案中，因甲公司没有特别约定胡某不能自行购入该批玩具产品，那么胡某按照预先确定的价格购入全部玩具产品，并不违反我国法律规定，胡某顺利完成行纪委托事务，甲公司应该按照《行纪合同》约定支付相应的报酬。

【法条链接】

《民法典》第九百五十六条　行纪人卖出或者买入具有市场定价的商品，除委托人有相反的意思表示外，行纪人自己可以作为买受人或者出卖人。

行纪人有前款规定情形的，仍然可以请求委托人支付报酬。

二十五、中介合同

203. 中介人违反如实报告义务，有什么法律后果？

【情景案例】

杨某想购买一套房屋用于自住，委托某房产中介寻找合适的房屋；该房产中介向杨某提供了房屋的具体位置等相关信息。卖家明确告知某房产中介该房屋为“凶宅”，可以低于市场价格出售。但在杨某询问该房屋是否为“凶宅”时，某房产中介告知杨某该房屋不是“凶宅”。后来，如果杨某知晓该房屋为“凶宅”，要求某房产中介赔偿。

请问：杨某可以要求某房产中介赔偿损失吗？

【律师解答】

我国《民法典》规定，中介人应当就有关订立合同的事项向委托人如实报告。中介人故意隐瞒与订立合同有关的重要事实或者提供虚假情况，损害委托人利益的，不得请求支付报酬并应当承担赔偿责任。

本案中，房屋中介在房屋所有权人明确告知房屋系“凶宅”后，未将该实际情况告知杨某，属于故意隐瞒与订立买卖合同有关的重要事实，导致杨某作出错误判断，损害杨某的合法权益。依据法律规定，中介人未如实告知委托人相关真实情况，应无权要求支付报酬，并就委托人产生的损失承担赔偿责任。故若杨某因某房产中介隐瞒房屋系凶宅的事实而受到损失，其可以要求某房产中介赔偿损失。

同时提示，中介人故意隐瞒与订立合同有关的重要事实或者提供虚假情况，损害委托人利益的，不得要求支付报酬并应当承担相应的赔偿责任的条件如下：第一，中介人主观上具有故意。即中介人明知与订立合同有关的重要事实或者其他真实情况，但是有意进行隐瞒或者提供虚假情况。第二，中介人客观上没有将与订立合同有关的重要事实向委托人报告，或者提供了虚假的情况。并非与订立合同有关的所有事项都是重要的，所谓“重要事实”，就是能够直接影响委托人作出是否订立合同之决定的事实，这种事实因订立合同类型的不同而不同。第三，中介人隐瞒重要事实或者提供虚假情况的行为，损害了委托人的利益，给委托人造成了损失。第四，中介人违反如实报告义务，损害委托人利益的，会产生两种法律后果：一种是中介人丧失中介的报酬请求权，另一种是中介人应当就委托人的损失承担相应的赔偿责任。

【法条链接】

《民法典》第九百六十二条　中介人应当就有关订立合同的事项向委托人如实报告。

中介人故意隐瞒与订立合同有关的重要事实或者提供虚假情况，损害委托人利益的，不得请求支付报酬并应当承担赔偿责任。

204. 中介人未促成合同成立的，中介人可以请求委托人支付必要费用吗？

【情景案例】

章某因工作原因，前往深圳居住，因长期居住的需求，章某看中一套李某所有的房屋，故章某委托马某协助，说服李某将房屋租给自己，并与马某签订中介合同，同时约定，若马某成功促成该事项的，则章某向马某支付3万元的报酬。中介合同签订后，马某找李某进行协商，虽然经过几番努力，但仍未能促成此事。马某为办理此事已花费5000元差旅费。

请问：马某是否有权请求章某支付5000元的差旅费？

【律师解答】

我国《民法典》规定，中介人未促成合同成立的，可以按照约定请求委托人支付从事中介活动支出的必要费用但不能索要报酬。

本案中，章某与马某签订中介合同后，虽然经过努力，但未能成功帮助章某和李某签订房屋租赁合同。按照《民法典》第九百六十四条的规定，中介人未促成合同成立的，不得请求支付报酬。因此，章某无须向马某支付3万元报酬。但马某接受委托后，为促成租赁合同签订特自费到李某居住的地方，与李某进行协商，为此共计支出5000元差旅费。马某的差旅费是为促成章某与李某的租赁事宜花费的，章某应承担马某为此付出的差旅费用。故马某虽未能促成章某与李某签订房屋租赁合同，但是有权请求章某承担本次中介活动支出的必要费即5000元差旅费。

【法条链接】

《民法典》第九百六十四条　中介人未促成合同成立的，不得请求支付报酬；但是，可以按照约定请求委托人支付从事中介活动支出的必要费用。

205. 买方与卖方绕过中介直接签订合同,中介还能索取报酬吗?

【情景案例】

林某委托某中介公司出售房屋。之后,某中介公司为林某找到意向买家何某。林某与何某在看楼后互加微信。为节省中介费,两人决定绕开中介私下交易。某中介公司知道后,将两人诉至法院。

请问:林某与何某需要支付中介费吗?

【律师解答】

“跳单”,是指在中介合同中,委托人在接受中介服务时,利用中介人提供的交易机会或媒介服务,绕开中介人,与相对方直接订立合同。实务中,“跳单”现象经常发生,已经成为中介合同纠纷的一种常见纠纷类型。“跳单”行为违背诚信和公平原则,严重损害中介人的利益,扰乱市场秩序。对此,我国《民法典》规定,委托人在接受中介人的服务后,利用中介人提供的交易机会或者媒介服务,绕开中介人直接订立合同的,应当向中介人支付报酬。

本案中,林某与何某的交易机会是某中介公司提供的,因此他们不能绕开某中介公司直接签订合同。两人绕开某中介公司私下交易,应当向某中介公司支付报酬。

实务中,房东为增加交易机会,往往会委托多家中介公司。需要注意的是,如果同一客户先后通过数家中介公司看了同一房屋,但中介费报价不一,委托人选择了报价最低的中介公司成交,这种情况下不构成“跳单”,未成交的中介公司不能向委托人主张报酬请求权。

【法条链接】

《民法典》第九百六十五条 委托人在接受中介人的服务后,利用中介人提供的交易机会或者媒介服务,绕开中介人直接订立合同的,应当向中介人支付报酬。

二十六、合伙合同

206. 合伙人对合伙债务承担连带责任吗?

【情景案例】

郭某、马某两人成立一间合伙企业,合伙协议约定:郭某出资60万元占合伙份额的60%,马某出资40万元占合伙份额的40%。之后,因经营不善,该合伙企业欠罗某200万元货款无力偿还。为此,罗某将郭某、马某诉至法院,要求两人对合伙企业的债务承担连带责任。

请问:罗某的请求能得到法院支持吗?

【律师解答】

我国《民法典》规定,合伙人对合伙债务承担连带责任。清偿合伙债务超过自己应当承担份额的合伙人,有权向其他合伙人追偿。

本案中,郭某、马某成立合伙企业后,该合伙企业成为一个独立的民事主体,以合伙企业名义对外形成的债务应认定为合伙企业的债务。对与合伙企业自身的债务,承担方式分为两个层次:第一层次的债务承担人是合伙企业自身,应先以其全部财产进行清偿。第二层次的债务承担人是全体合伙人,对于合伙企业无力承担的对外债务,合伙人负有连带责任。需要注意的是,合伙人承担责任也与合伙人的身份相关,普通合伙人对合伙企业对外的债务承担无限连带责任,但如果合伙企业是有限合伙企业的性质,合伙人身份除了普通合伙人之外,还有有限合伙人,有限合伙人仅以其出资为限承担责任。

本案中,合伙企业已无力偿还欠款,无力偿还的货款应由合伙人郭某、马某承担连带责任,郭某、马某内部可以按照出资份额比例分担该部分的债务。若郭某、马某承担部分超过自身应承担的份额比例,则对于超过部分可以向另一方追偿。

【法条链接】

《民法典》第九百七十三条 合伙人对合伙债务承担连带责任。清偿合伙债务超过自己应当承担份额的合伙人,有权向其他合伙人追偿。

《合伙企业法》第三十九条 合伙企业不能清偿到期债务的,合伙人承担无限连带责任。

207. 向合伙人以外的人转让其份额，须经其他合伙人一致同意吗？

【情景案例】

甲合伙企业由梁某、郑某与谢某共同创办。合伙协议约定：梁某、郑某、谢某分别出资40万元、30万元、30万元，各占合伙份额的40%、30%、30%。之后，由于谢某要移民，于是打算将合伙份额转让给其表弟韩某。对此，郑某表示同意，但遭到梁某反对。梁某认为，合伙协议对于合伙财产份额转让没有约定，谢某对外转让其合伙份额，必须经其他合伙人一致同意才行。

请问：梁某的说法符合我国法律规定吗？

【律师解答】

我国《民法典》规定，除合伙合同另有约定外，合伙人向合伙人以外的人转让其全部或者部分财产份额的，须经其他合伙人一致同意。

本案中，谢某将其合伙份额转让给其表弟韩某，属于合伙人向合伙人以外的第三人转让合伙企业财产份额的情形，由于合伙协议没有特别约定，则依据法律规定，该份额转让行为应当经过其他合伙人一致同意。因此，梁某的说法符合我国法律规定。需要注意的是，若合伙协议中无特别约定，在同等的转让条件下，与韩某相比，梁某作为该企业的合伙人具有优先购买权。

【法条链接】

《民法典》第九百七十四条 除合伙合同另有约定外，合伙人向合伙人以外的人转让其全部或者部分财产份额的，须经其他合伙人一致同意。

《合伙企业法》第二十二条 除合伙协议另有约定外，合伙人向合伙人以外的人转让其在合伙企业中的全部或者部分财产份额时，须经其他合伙人一致同意。

合伙人之间转让在合伙企业中的全部或者部分财产份额时，应当通知其他合伙人。

第二十三条 合伙人向合伙人以外的人转让其在合伙企业中的财产份额的，在同等条件下，其他合伙人有优先购买权；但是，合伙协议另有约定的除外。

二十七、准 合 同

208. 为避免他人利益受损管理他人事务，可以要求报酬吗？

【情景案例】

梁某承包 20 亩地种植砂糖橘。其在收获季节突然病故。邻居郑某因联系不上梁某的家人，于是主动雇人采摘砂糖橘并其出售，获益 15 万元。梁某家人回来时，郑某要求其支付雇工以及其他必要费用 7000 元及劳务报酬 3000 元。

请问：郑某有权要求梁某家人支付劳务报酬吗？

【律师解答】

我国《民法典》规定，管理人没有法定的或者约定的义务，为避免他人利益受损失而管理他人事务的，可以请求受益人偿还因管理事务而支出的必要费用；管理人因管理事务受到损失的，可以请求受益人给予适当补偿。

本案中，郑某没有法定的或者约定的义务，为避免梁某家人利益受损而帮助其出售砂糖橘。郑某可以请求梁某家人支付雇工以及其他必要费用 7000 元。但要求支付 3000 元劳务报酬于法无据，梁某家人可以拒绝。

【法条链接】

《民法典》第九百七十九条 管理人没有法定的或者约定的义务，为避免他人利益受损失而管理他人事务的，可以请求受益人偿还因管理事务而支出的必要费用；管理人因管理事务受到损失的，可以请求受益人给予适当补偿。

管理事务不符合受益人真实意思的，管理人不享有前款规定的权利；但是，受益人的真实意思违反法律或者违背公序良俗的除外。

209. 转错钱可以要回来吗？

【情景案例】

唐某在给读大学的儿子转账时，由于输错，将 5000 元转到冯某账户上。唐某发现转错后，马上向某银行反馈情况，希望某银行能将款退回来，但某银行称按规定不能退款，建议唐某找冯某协商解决，如果协商不成，可通过诉讼程序解决。之后，唐某联系到冯某，但冯某拒不返还。

请问：冯某应当将5000元返还唐某吗？

【律师解答】

不当得利，是指没有法律根据，取得不当利益，造成他人损失的情形。不当得利制度对民事主体之间的财产流转关系有调节作用，目的在于恢复民事主体之间在特定情形下所发生的非正常的利益变动。我国《民法典》规定，得利人没有法律根据取得不当利益的，受损失的人可以请求得利人返还取得的利益。

本案中，冯某获得5000元额外利益，唐某受损，唐某损失与冯某获利之间有因果关系，而且冯某与唐某之间并不存在债权债务关系，冯某获得5000元并没有法律依据。因此，冯某获得的5000元构成不当得利，应当返还给唐某。需要说明的是，冯某如果拒不返还，唐某可到冯某所在地法院提起民事诉讼。

【法条链接】

《民法典》第九百八十五条　得利人没有法律根据取得不当利益的，受损失的人可以请求得利人返还取得的利益，但是有下列情形之一的除外：

（一）为履行道德义务进行的给付；

（二）债务到期之前的清偿；

（三）明知无给付义务而进行的债务清偿。

第九百八十七条　得利人知道或者应当知道取得的利益没有法律根据的，受损失的人可以请求得利人返还其取得的利益并依法赔偿损失。

第四章
人格权法律问题

一、一 般 规 定

210. 死者的人格利益受法律保护吗?

【情景案例】

王某的丈夫刘某因车祸去世。1个月后,王某在网络上看到诽谤自己的丈夫有婚外情的文章,因深受这些不实言论的困扰,王某精神上遭受巨大刺激。经查,该文章由张某发布,目的是丑化刘某的形象。

请问:王某可以请求张某承担民事责任吗?

【律师解答】

我国《民法典》规定,死者的姓名、肖像、名誉、荣誉、隐私、遗体等受到侵害的,其配偶、子女、父母有权依法请求行为人承担民事责任。由此可见,一个人的名誉是不会因其死亡而消失,法律对死者的名誉也进行保护。

本案中,虽然刘某已去世,但其名誉权受到侵害,王某可以请求张某承担停止侵权、恢复名誉、赔礼道歉与支付精神抚慰金等民事责任。

【法条链接】

《民法典》第九百九十四条 死者的姓名、肖像、名誉、荣誉、隐私、遗体等受到侵害的,其配偶、子女、父母有权依法请求行为人承担民事责任;死者没有配偶、子女且父母已经死亡的,其他近亲属有权依法请求行为人承担民事责任。

211. 人格权受侵害，维权是否受诉讼时效限制？

【情景案例】

李某被公司调派到国外工作。出国后不久，与李某素有矛盾的陈某趁机捏造事实污蔑李某，给李某的名誉造成损害。李某从同事口中得知后，十分生气，但由于每次回国时间短暂，故一直没有起诉陈某。4 年后，李某被调回国内工作，遂向法院提起诉讼，要求陈某承担消除影响、恢复名誉、赔礼道歉、赔偿损失等民事责任。

请问：李某的请求能得到法院支持吗？

【律师解答】

我国《民法典》规定，人格权受到侵害的，受害人有权依照本法和其他法律的规定请求行为人承担民事责任。受害人的停止侵害、排除妨碍、消除危险、消除影响、恢复名誉、赔礼道歉请求权，不适用诉讼时效的规定。

本案中，关于李某提出的消除影响、恢复名誉、赔礼道歉请求权关系人格存续、生存利益和伦理道德，均不带有直接的财产利益，故不适用诉讼时效规定。但李某要求陈某赔偿损失，由于该请求权涉及财产利益，一旦陈某以该项请求权已经超过 3 年诉讼时效进行抗辩，则李某的该项主张不会获得法院支持。

【法条链接】

《民法典》第九百九十五条　人格权受到侵害的，受害人有权依照本法和其他法律的规定请求行为人承担民事责任。受害人的停止侵害、排除妨碍、消除危险、消除影响、恢复名誉、赔礼道歉请求权，不适用诉讼时效的规定。

212. 在人格权侵权案件中，请求违约责任与精神损害赔偿有冲突吗？

【情景案例】

赵女士是一名婚礼主持人。2021 年 3 月 8 日，赵女士到某医院做整形手术，因医务人员的过错致赵女士毁容，赵女士因此遭受了严重的精神损害。之后，赵女士将某医院诉至法院，要求违约责任与精神损害赔偿。

请问：赵女士的请求能得到法院支持吗？

【律师解答】

我国《民法典》规定，因当事人一方的违约行为，损害对方人格权并造成严重精神损害,受损害方选择请求其承担违约责任的,不影响受损害方请求精神损害赔偿。由此可见,因违约而侵害他人人格权时,如果行为给受害人造成了严重的精神损害,受害人可以在主张违约责任的同时主张精神损害赔偿。

本案中,医院在医疗合同的履行过程中,因医务人员的过错致赵女士毁容,故赵女士除可以主张违约责任外,还可以因身体受侵害而遭受人严重精神损害主张精神损害赔偿。

【法条链接】

《民法典》第九百九十六条　因当事人一方的违约行为,损害对方人格权并造成严重精神损害,受损害方选择请求其承担违约责任的,不影响受损害方请求精神损害赔偿。

二、生命权、身体权和健康权

213. 自然人死亡后,近亲属可以决定捐献其遗体吗?

【情景案例】

黄某在一次交通事故中死亡。黄某是一位义工,生前经常帮助他人。为帮助社会上更多的人,其父母与妻子决定捐献其遗体,但村民委员会主任周某表示反对。周某认为,黄某生前未表示过要捐献遗体,因此任何人无权决定捐献黄某的遗体。

请问:黄某的父母与妻子可以决定捐献其遗体吗?

【律师解答】

我国《民法典》规定,完全民事行为能力人有权依法自主决定无偿捐献其人体细胞、人体组织、人体器官、遗体。任何组织或者个人不得强迫、欺骗、利诱其捐献。自然人生前未表示不同意捐献的,该自然人死亡后,其配偶、成年子女、父母可以共同决定捐献,决定捐献应当采用书面形式。

本案中,黄某在生前并未表示不同意捐献遗体,故在其死亡后,其父母与妻子可以共同决定捐献,但决定捐献应当采用书面形式。

【法条链接】

《民法典》第一千零六条　完全民事行为能力人有权依法自主决定无偿捐献其人

体细胞、人体组织、人体器官、遗体。任何组织或者个人不得强迫、欺骗、利诱其捐献。

完全民事行为能力人依据前款规定同意捐献的,应当采用书面形式,也可以订立遗嘱。

自然人生前未表示不同意捐献的,该自然人死亡后,其配偶、成年子女、父母可以共同决定捐献,决定捐献应当采用书面形式。

214. 医院误将甲状腺摘除,是否侵犯病人的健康权与生命权?

【情景案例】

吴某因病住院,医生手术时误将其甲状腺摘除。住院期间,吴某因术后感染医治无效死亡。经鉴定,吴某的死亡是医生手术过失造成的。之后,吴某的妻子诉至法院,要求医院承担相应责任。

请问:医院是否侵犯了吴某的健康权与生命权?

【律师解答】

我国《民法典》规定,自然人享有健康权,身心健康受法律保护,任何组织或者个人不得侵害他人的健康权。自然人享有生命权,生命安全和生命尊严受法律保护,任何组织或者个人不得侵害他人的生命权。患者在诊疗活动中受到损害,医疗机构或者其医务人员有过错的,由医疗机构承担赔偿责任。

本案中,医生手术时误将吴某的甲状腺摘除,侵害了吴某的健康权。吴某因术后感染医治无效死亡,医院侵害了吴某的生命权。吴某在诊疗活动中受到的损害,是由于医生存在过错,故损害赔偿责任应当由医院承担。

【法条链接】

《民法典》第一千零二条 自然人享有生命权。自然人的生命安全和生命尊严受法律保护。任何组织或者个人不得侵害他人的生命权。

第一千零四条 自然人享有健康权。自然人的身心健康受法律保护。任何组织或者个人不得侵害他人的健康权。

第一千二百一十八条 患者在诊疗活动中受到损害,医疗机构或者其医务人员有过错的,由医疗机构承担赔偿责任。

215. 遇到性骚扰时，如何维权？

【情景案例】

小吴长相俊俏，毕业后进入甲公司担任总经理助理。上班后，上司徐某经常趁工作之机对小吴进行身体接触，包括摸手、摸屁股等。对此，小吴十分反感，但不知如何是好。

请问：小吴应当如何维权？

【律师解答】

性骚扰指以带性暗示的言语或动作针对被骚扰对象，强迫受害者配合，使对方感到不悦的行为。我国《民法典》规定，违背他人意愿，以言语、文字、图像、肢体行为等方式对他人实施性骚扰的，受害人有权依法请求行为人承担民事责任。机关、企业、学校等单位应当采取合理的预防、受理投诉、调查处置等措施，防止和制止利用职权、从属关系等实施性骚扰。

本案中，徐某违背小吴的意愿，以肢体行为对小吴实施性骚扰，侵犯了小吴的人格权，小吴可诉至法院，请求徐某承担民事责任。此外，小吴也可以向甲公司反映情况，请求帮助。甲公司接到投诉后，应当立即对徐某进行调查，并在查证属实后给予徐某相应的处罚。

【法条链接】

《民法典》第一千零一十条 违背他人意愿，以言语、文字、图像、肢体行为等方式对他人实施性骚扰的，受害人有权依法请求行为人承担民事责任。

机关、企业、学校等单位应当采取合理的预防、受理投诉、调查处置等措施，防止和制止利用职权、从属关系等实施性骚扰。

三、姓名权和名称权

216. 公民可以修改姓名吗？

【情景案例】

李达自出生起就使用这个姓名，长达30多年。在换发第二代身份证时，李达向派出所提出将自己的姓名改为李鑫达，但遭到拒绝。李达对此表示不解，他认为公民既然拥有姓名权，就应当能修改自己的姓名。

请问：李达可以修改姓名吗？

【律师解答】

姓名是自然人的外在标志，是将其与他人进行区分的关键，因此，姓名权是重要的标表性人格权。我国《民法典》规定，自然人享有姓名权，有权依法变更自己的姓名，但是不得违背公序良俗。

本案中，李达作为完全民事行为能力人，有权依法修改自己的姓名。需要说明的是，虽然李达可以变更姓名，但变更前实施的民事法律行为对其有法律约束力。

【法条链接】

《民法典》第一千零一十二条　自然人享有姓名权，有权依法决定、使用、变更或者许可他人使用自己的姓名，但是不得违背公序良俗。

217. 小孩可以在父姓与母姓之外选取姓氏吗？

【情景案例】

徐某和胡某（女）生了一个孩子，因为朱某是徐某的恩师，所以两人决定让孩子姓朱。在办理户口时，当地派出所拒绝了徐某和胡某的请求。

请问：派出所的做法合法吗？

【律师解答】

在我国，自然人的姓名一般包括姓和名两部分，姓是一定血缘遗传关系的记号，标志着个体自然人从属于哪个家族血缘系统；名则主要起到区别不同个体的作用。我国《民法典》规定，自然人应当随父姓或者母姓，但是有下列情形之一的，可以在父姓和母姓之外选取姓氏：选取其他直系长辈血亲的姓氏；因由法定扶养人以外的人扶养而选取扶养人姓氏；有不违背公序良俗的其他正当理由。由此可见，我国法律对自然人选择姓氏作出一定的限制，姓氏不能随便选取。

本案中，朱某只是徐某的恩师，并不是徐某或胡某的直系长辈血亲，也不是孩子的扶养人，因此派出所的做法合法。

【法条链接】

《民法典》第一千零一十五条　自然人应当随父姓或者母姓，但是有下列情形之一的，可以在父姓和母姓之外选取姓氏：

（一）选取其他直系长辈血亲的姓氏；

（二）因由法定扶养人以外的人扶养而选取扶养人姓氏；

（三）有不违背公序良俗的其他正当理由。

少数民族自然人的姓氏可以遵从本民族的文化传统和风俗习惯。

218. 他人冒用自己的姓名，构成侵权吗？

【情景案例】

朱某与高某是邻居，由于楼上林某经常晚上进行网络直播，严重影响了朱某与高某的生活作息。2021 年 4 月 1 日，朱某冒用高某的名字到物业管理处投诉。之后，林某经常找高某及家人的麻烦。经了解，高某得知是朱某冒用其姓名举报了林某。

请问：朱某的行为构成对高某姓名权的侵害吗？

【律师解答】

我国《民法典》规定，任何组织或者个人不得以干涉、盗用、假冒等方式侵害他人的姓名权或者名称权。由此可见，任何人假冒公民姓名的行为，都构成对公民姓名权的侵害。

本案中，朱某为达到举报林某的目的，冒用了高某的姓名，属于侵犯高某姓名权的违法行为。高某可诉至法院，要求朱某承担消除影响、赔礼道歉、赔偿损失等民事责任。

姓名有广义、狭义之分，狭义的姓名即为本名，广义的姓名包括本名以及字、号、网名、笔名、艺名等可以标识自然人人身特征的文字符号。当下，网名、笔名、艺名的使用十分普遍，有时其起到的人身标识功能比本名还要大。我国《民法典》第一千零一十七条规定，具有一定社会知名度，被他人使用足以造成公众混淆的笔名、艺名、网名、译名、字号、姓名和名称的简称等，参照适用姓名权和名称权保护的有关规定。由此可见，未经允许擅自使用具有一定社会知名度的网名、笔名、艺名，足以造成公众混淆的，也构成侵权。

【法条链接】

《民法典》第一千零一十四条　任何组织或者个人不得以干涉、盗用、假冒等方式侵害他人的姓名权或者名称权。

第一千零一十七条　具有一定社会知名度，被他人使用足以造成公众混淆的笔名、艺名、网名、译名、字号、姓名和名称的简称等，参照适用姓名权和名称权保护的有关规定。

219. 企业名称的简称是否受法律保护?

【情景案例】

××青年旅行社有限公司于1990年8月成立,是从事国内及出入境旅游业务的知名企业,“××青旅”是公司的企业简称。2021年3月20日,××中国青年旅行社有限公司成立。之后,××青年旅行社发现××中国青年旅行社有限公司以“天津青旅”的名义在网上进行广告宣传,吸引了大量客户。为此,××青年旅行社诉至法院,要求××中国青年旅行社有限公司承担停止侵权、赔礼道歉与赔偿损失30万元的民事责任。

请问:××青年旅行社的请求能得到法院支持吗?

【律师解答】

我国《民法典》规定,具有一定社会知名度,被他人使用足以造成公众混淆的字号、姓名和名称的简称等,参照适用姓名权和名称权保护的有关规定。

本案中,××青年旅行社是具有一定社会知名度的企业,“××青旅”是该公司一直使用的企业简称,已被广大公众所知悉。××中国青年旅行社有限公司使用“××青旅”进行广告宣传,足以造成公众混淆,故××青年旅行社的请求应当能得到法院支持。

【法条链接】

《民法典》第一千零一十四条　任何组织或者个人不得以干涉、盗用、假冒等方式侵害他人的姓名权或者名称权。

第一千零一十七条　具有一定社会知名度,被他人使用足以造成公众混淆的笔名、艺名、网名、译名、字号、姓名和名称的简称等,参照适用姓名权和名称权保护的有关规定。

四、肖　像　权

220. 新闻报道中使用他人的肖像，构成侵权吗？

【情景案例】

2021年5月9日，法院判决林某向何某返还借款50万元。由于林某提出以物抵债的还款建议，于是执行法官通知林某于5月12日到法院协商解决方案。当天，某电视台法制栏目组工作人员在执行现场进行拍照、录像。次日，某电视台对林某与何某借款合同纠纷一案进行了报道，林某的肖像也出现在电视台的普法栏目中。为此，林某十分生气，遂以某电视台侵犯自己的肖像权为由诉至法院。

请问：某电视台使用林某肖像是否违法？

【律师解答】

我国《民法典》规定，为公共利益实施新闻报道、舆论监督等行为的，可以合理使用民事主体的姓名、名称、肖像、个人信息等；使用不合理侵害民事主体人格权的，应当依法承担民事责任。为实施新闻报道，不可避免地制作、使用、公开肖像权人的肖像，可以不经肖像权人同意。

本案中，某电视台为了节目的准确性，在报道该执行过程时使用了林某的肖像，是新闻媒体行使舆论监督职能的需要，其实施新闻报道使用林某的肖像，属于合理使用，可以不经林某同意。

【法条链接】

《民法典》第九百九十九条　为公共利益实施新闻报道、舆论监督等行为的，可以合理使用民事主体的姓名、名称、肖像、个人信息等；使用不合理侵害民事主体人格权的，应当依法承担民事责任。

第一千零二十条　合理实施下列行为的，可以不经肖像权人同意：

（一）为个人学习、艺术欣赏、课堂教学或者科学研究，在必要范围内使用肖像权人已经公开的肖像；

（二）为实施新闻报道，不可避免地制作、使用、公开肖像权人的肖像；

（三）为依法履行职责，国家机关在必要范围内制作、使用、公开肖像权人的肖像；

（四）为展示特定公共环境，不可避免地制作、使用、公开肖像权人的肖像；

（五）为维护公共利益或者肖像权人合法权益，制作、使用、公开肖像权人的肖像的其他行为。

221. 擅自将他人照片上传到网上获利，构成侵权吗？

【情景案例】

郭某是一位兼职平面模特。在一次去云南的旅游中，郭某让擅长摄影的团友马某为自己拍摄了一些生活照。之后，马某未经郭某同意将照片上传到某营利性摄影网站，获得2万元报酬。郭某知道后，十分生气。

请问：马某的行为是否侵犯了郭某的肖像权？

【律师解答】

我国《民法典》规定，自然人享有肖像权，有权依法制作、使用、公开或者许可他人使用自己的肖像。未经肖像权人同意，不得公开肖像权人的肖像，但是法律另有规定的除外。未经肖像权人同意，肖像作品权利人不得以发表、复制、发行、出租、展览等方式使用或者公开肖像权人的肖像。

本案中，马某未经郭某同意擅自将照片上传到某营利性摄影网站并获利2万元，其行为侵犯了郭某的肖像权，应当承担民事责任。

实务中，较多互联网运营者使用人工智能换脸技术制作搞笑视频以获取粉丝，如果该行为未经他人同意，也构成侵犯他人肖像权的行为。权利人可随时要求侵权人停止制作含有其肖像的视频并下架之前发布的含有其肖像的视频，还可要求进行精神损害赔偿。

【法条链接】

《民法典》第一千零一十八条第一款 自然人享有肖像权，有权依法制作、使用、公开或者许可他人使用自己的肖像。

第一千零一十九条 任何组织或者个人不得以丑化、污损，或者利用信息技术手段伪造等方式侵害他人的肖像权。未经肖像权人同意，不得制作、使用、公开肖像权人的肖像，但是法律另有规定的除外。

未经肖像权人同意，肖像作品权利人不得以发表、复制、发行、出租、展览等方式使用或者公开肖像权人的肖像。

222. 肖像许可使用合同可以任意解除吗?

【情景案例】

罗女士一位拥有1000万关注者的“网红”。2021年1月,罗女士与甲公司签订一份《肖像许可使用合同》,约定:甲公司聘请罗女士作为产品广告形象代言人,报酬为30万元/年,合同期限为3年。2021年6月,罗女士发现甲公司的产品存在严重的质量问题,于是向甲公司提出解除合同,但遭到甲公司拒绝。

请问:罗女士可以单方面解除合同吗?

【律师解答】

我国《民法典》规定,当事人对肖像许可使用期限有明确约定,肖像权人有正当理由的,可以解除肖像许可使用合同,但是应当在合理期限之前通知对方。因解除合同造成对方损失的,除不可归责于肖像权人的事由外,应当赔偿损失。

本案中,罗女士与甲公司签署了为期3年的《肖像许可使用合同》,则该肖像许可使用合同属于有固定期限的肖像许可使用合同,罗女士在发现甲公司的产品存在严重的质量问题的情况下,若有证据证明合同的继续履行会损害其人格利益,则属于有正当理由,可以在合理期限内通知甲公司依法解除。对于“合理期限”,在司法实践中认定具有一般合理性即可。

同时提示,对于无固定期限的肖像权许可使用合同,肖像权主体可以随时解除;对于固定期限的肖像权许可合同,肖像权人有正当理由的,可以解除。一般认为该规定所称的“正当理由”应当与肖像权人人格利益的保护有关,只要肖像权人能够举证证明或充分说明合同的继续履行会损害其人格利益,影响其人格尊严、人格自由,在司法实践中,均属于法律规定的“正当理由”。

【法条链接】

《民法典》第一千零二十一条　当事人对肖像许可使用合同中关于肖像使用条款的理解有争议的,应当作出有利于肖像权人的解释。

第一千零二十二条　当事人对肖像许可使用期限没有约定或者约定不明确的,任何一方当事人可以随时解除肖像许可使用合同,但是应当在合理期限之前通知对方。

当事人对肖像许可使用期限有明确约定,肖像权人有正当理由的,可以解除肖像许可使用合同,但是应当在合理期限之前通知对方。因解除合同造成对方损失的,除不可归责于肖像权人的事由外,应当赔偿损失。

223. 自然人的声音受法律保护吗?

【情景案例】

梁某在抖音平台拥有1000万关注者。为了创收,梁某未经某喜剧明星许可,擅自模仿其声音并将其录制成祝福语录音用于销售获利。这些录音深受欢迎,短短1个月内销售额达100万元。

请问:梁某的行为构成侵权吗?

【律师解答】

我国《民法典》第一千零一十九条规定,任何组织或者个人不得以丑化、污损,或者利用信息技术手段伪造等方式侵害他人的肖像权;未经肖像权人同意,不得制作、使用、公开肖像权人的肖像。第一千零二十三条规定,对自然人声音的保护,参照适用肖像权保护的有关规定。由此可见,自然人的声音已经成为《民法典》明文保护的人格利益。在社会生活中,声音中潜在包含一定的财产利益,与聘请明星为产品做代言人类似,被市场认可的声音具有巨大的商业价值。实践中,权利人可以和商家通过签订声音使用许可合同把自己声音的财产潜力挖掘出来。生活中常见侵害他人声音权的行为包括:未经许可模仿他人声音;未经允许将带有他人声音的录音公开;未经允许登录他人的声音等。

本案中,梁某未经某喜剧明星许可,擅自模仿他的声音录制祝福语录音获利,其行为侵犯了某明星的声音权。对于某明星而言,可要求梁某承担停止侵权、赔偿损失等民事责任。

【法条链接】

《民法典》第一千零一十九条 任何组织或者个人不得以丑化、污损,或者利用信息技术手段伪造等方式侵害他人的肖像权。未经肖像权人同意,不得制作、使用、公开肖像权人的肖像,但是法律另有规定的除外。

未经肖像权人同意,肖像作品权利人不得以发表、复制、发行、出租、展览等方式使用或者公开肖像权人的肖像。

第一千零二十三条第二款 对自然人声音的保护,参照适用肖像权保护的有关规定。

五、名誉权与荣誉权

224. 内容失实的媒体报道使名誉权受损，怎么办？

【情景案例】

2021年6月3日，某媒体在微信公众号中发布一篇关于“郑某被法院列入失信被执行人名单”的文章。但实际上郑某是债权人，被列入失信被执行人名单的是债务人谢某。由于该公众号在当地具有较大影响力，因此所发布文章给郑某造成了极其恶劣的影响。

请问：郑某可以如何维权？

【律师解答】

我国《民法典》规定，民事主体有证据证明报刊、网络等媒体报道的内容失实，侵害其名誉权的，有权请求该媒体及时采取更正或者删除等必要措施。

本案中，由于某媒体的公众号所发布文章报道失实，给郑某造成了极其恶劣的影响，郑某有权要求该媒体及时采取更正或者删除该文章，并向其公开赔礼道歉、恢复名誉并赔偿损失。

【法条链接】

《民法典》第一千零二十八条 民事主体有证据证明报刊、网络等媒体报道的内容失实，侵害其名誉权的，有权请求该媒体及时采取更正或者删除等必要措施。

225. 发现自己的信用评价不当，如何救济？

【情景案例】

2021年5月，韩某在办理房屋抵押贷款手续时被某银行拒绝，理由是韩某在中国人民银行征信中心存在不良征信记录。韩某十分疑惑，因为自己从来没有办过信用卡，也从来没向相关金融机构借过钱。经调查才得知，不良记录是被他人冒名进行网贷所致。

请问：韩某可以如何救济？

【律师解答】

信用权具有财产性，损害信用利益，会造成人们的财产利益损失。我国《民法典》规定，民事主体可以依法查询自己的信用评价；发现信用评价不当的，有权提出异议并请求采取更正、删除等必要措施。信用评价人应当及时核查，经核查属实的，应当及时采取必要措施。由此可见，当信用受到外来侵害时，民事主体有权维护自己的信用，可以寻求司法保护，要求司法机关对侵害自己信用权的加害行为进行制裁，救济自己的信用权损害。

本案中，韩某的不良征信记录是被他人冒名进行网贷所致，故其有权请求信用评价人删除该不良评价。

【法条链接】

《民法典》第一千零二十九条　民事主体可以依法查询自己的信用评价；发现信用评价不当的，有权提出异议并请求采取更正、删除等必要措施。信用评价人应当及时核查，经核查属实的，应当及时采取必要措施。

《征信业务管理办法》第二十五条　个人信息主体有权每年两次免费获取本人的信用报告，征信机构可以通过互联网查询、营业场所查询等多种方式为个人信息主体提供信用报告查询服务。

第二十六条　信息主体认为信息存在错误遗漏的，有权向征信机构或者信息提供者提出异议；认为侵害自身合法权益的，可以向所在地中国人民银行分支机构投诉。对异议和投诉按照《征信业管理条例》及相关规定办理。

第二十七条　征信机构不得以删除不良信息或者不采集不良信息为由，向信息主体收取费用。

《征信业管理条例》第二十五条　信息主体认为征信机构采集、保存、提供的信息存在错误、遗漏的，有权向征信机构或者信息提供者提出异议，要求更正。

征信机构或者信息提供者收到异议，应当按照国务院征信业监督管理部门的规定对相关信息作出存在异议的标注，自收到异议之日起 20 日内进行核查和处理，并将结果书面答复异议人。

经核查，确认相关信息确有错误、遗漏的，信息提供者、征信机构应当予以更正；确认不存在错误、遗漏的，应当取消异议标注；经核查仍不能确认的，对核查情况和异议内容应当予以记载。

226. 侵犯英雄烈士的名誉，要承担什么责任？

【情景案例】

2021年2月19日，仇某在新浪微博先后发布两条贬低、嘲讽卫国戍边的英雄烈士的信息，相关信息在微博等网络平台迅速扩散，造成恶劣社会影响。

请问：仇某要承担什么责任？

【律师解答】

卫国戍边的英雄烈士用鲜血、生命捍卫祖国领土，其名誉、荣誉不容诋毁。我国《民法典》规定，侵害英雄烈士等的姓名、名誉、荣誉，损害社会公共利益的，应当承担民事责任。死者的姓名、名誉、荣誉等受到侵害的，其配偶、子女、父母有权依法请求行为人承担民事责任。《刑法》第二百九十九条之一规定，侮辱、诽谤或者以其他方式侵害英雄烈士的名誉、荣誉，损害社会公共利益，情节严重的，处3年以下有期徒刑、拘役、管制或者剥夺政治权利。

本案中，仇某在新浪微博发布嘲讽卫国戍边的英雄烈士的信息，造成恶劣社会影响，其要承担相应的民事与刑事责任。

【法条链接】

《民法典》第一百八十五条　侵害英雄烈士等的姓名、肖像、名誉、荣誉，损害社会公共利益的，应当承担民事责任。

第九百九十四条　死者的姓名、肖像、名誉、荣誉、隐私、遗体等受到侵害的，其配偶、子女、父母有权依法请求行为人承担民事责任；死者没有配偶、子女且父母已经死亡的，其他近亲属有权依法请求行为人承担民事责任。

《刑法》第二百九十九条之一　侮辱、诽谤或者以其他方式侵害英雄烈士的名誉、荣誉，损害社会公共利益，情节严重的，处三年以下有期徒刑、拘役、管制或者剥夺政治权利。

227. 捏造虚假事实到处宣传，被侵权人如何维权？

【情景案例】

唐某与冯某是邻居，因冯某盖的房屋挡住自家采光，于是唐某编造冯某因嫖娼得性病的故事，并且在村里四处传播。冯某在村里抬不起头，不实消息给其及家人的生活带来了巨大的影响。

请问:冯某应该如何维权?

【律师解答】

名誉权,是指公民、法人对自己在社会生活中获得的社会评价,依法所享有的不可侵犯的权利。损害公民、法人名誉的结果就是降低了社会对其名誉的评价。我国《民法典》规定,名誉权等人格权受到侵害的,受害人有权依照该法和其他法律的规定请求行为人承担民事责任。受害人的停止侵害、排除妨碍、消除危险、消除影响、恢复名誉、赔礼道歉请求权,不适用诉讼时效的规定。

本案中,唐某的行为侵犯了冯某的名誉权,冯某可诉至法院,要求唐某承担停止侵害、消除影响、恢复名誉、赔礼道歉等民事责任。

【法条链接】

《民法典》第九百九十五条 人格权受到侵害的,受害人有权依照本法和其他法律的规定请求行为人承担民事责任。受害人的停止侵害、排除妨碍、消除危险、消除影响、恢复名誉、赔礼道歉请求权,不适用诉讼时效的规定。

228. 荣誉权被侵犯,怎么办?

【情景案例】

董某是某国有企业工程师,因工作表现突出,多次被公司评为"劳动模范"和"先进生产者",曾三次获得晋升工资的奖励。之后,由于董某与总经理萧某发生矛盾。为进行打击报复,萧某以董某靠欺骗得到荣誉为由,取消董某的上述荣誉及对其奖励晋升的工资。无奈之下,董某诉至法院,要求萧某停止侵害、恢复荣誉并赔偿精神损失。

请问:董某的请求能得到法院支持吗?

【律师解答】

荣誉权,是指公民、法人所享有的,因自己的突出贡献或特殊劳动成果而获得的光荣称号或其他荣誉的权利。荣誉是一种由特定社会组织授予的积极评价,不是社会公众与个人的评价,对荣誉的剥夺应当依照法定程序进行。我国《民法典》规定,民事主体享有荣誉权,任何组织或者个人不得非法剥夺他人的荣誉称号,不得诋毁、贬损他人的荣誉。荣誉权等人格权受到侵害的,受害人有权请求行为人承担民事责任。

本案中,萧某的打击报复行为侵害了董某的荣誉权,应当承担相应民事责任,董某的请求能得到法院支持。

【法条链接】

《民法典》第九百九十五条 人格权受到侵害的,受害人有权依照本法和其他法律的规定请求行为人承担民事责任。受害人的停止侵害、排除妨碍、消除危险、消除影响、恢复名誉、赔礼道歉请求权,不适用诉讼时效的规定。

第一千零三十一条 民事主体享有荣誉权。任何组织或者个人不得非法剥夺他人的荣誉称号,不得诋毁、贬损他人的荣誉。

获得的荣誉称号应当记载而没有记载的,民事主体可以请求记载;获得的荣誉称号记载错误的,民事主体可以请求更正。

六、隐私权与个人信息保护

229. 在酒店房间被偷拍,可以要求酒店承担责任吗?

【情景案例】

程某(女)在一次出差时入住某酒店。洗完澡后,程某无意中发现卫生间隐藏着一个针孔摄像头。在固定证据后,程某要求某酒店调查摄像头是谁安装的。某酒店无法找到侵权人。被偷拍后,程某的精神遭受较大打击,十分担心侵权人将视频传到网络上去。之后,程某将某酒店诉至法院,要求其赔偿精神损害抚慰金1万元。

请问:程某的请求能得到法院支持吗?

【律师解答】

我国《民法典》规定,自然人享有隐私权,任何组织或者个人不得以刺探、侵扰、泄露、公开等方式侵害他人的隐私权。除法律另有规定或者权利人明确同意外,任何组织或者个人不得进入、拍摄、窥视他人的住宅、宾馆房间等私密空间。宾馆、商场、银行、车站、机场、体育场馆、娱乐场所等经营场所、公共场所的经营者、管理者或者群众性活动的组织者,未尽到安全保障义务,造成他人损害的,应当承担侵权责任。

本案中,某酒店有义务对各个房间进行检查,保护顾客的隐私。由于某酒店没有尽到安全保障义务导致程某的隐私被偷拍,且无法找到侵权人,那么某酒店应当承担相应的民事责任。被偷拍后,程某的精神遭受较大打击,故其要求赔偿精神损害抚慰金的请求应当能得到法院支持。

【法条链接】

《民法典》第一千零三十二条　自然人享有隐私权。任何组织或者个人不得以刺探、侵扰、泄露、公开等方式侵害他人的隐私权。

隐私是自然人的私人生活安宁和不愿为他人知晓的私密空间、私密活动、私密信息。

第一千零三十三条　除法律另有规定或者权利人明确同意外，任何组织或者个人不得实施下列行为：

（一）以电话、短信、即时通讯工具、电子邮件、传单等方式侵扰他人的私人生活安宁；

（二）进入、拍摄、窥视他人的住宅、宾馆房间等私密空间；

（三）拍摄、窥视、窃听、公开他人的私密活动；

（四）拍摄、窥视他人身体的私密部位；

（五）处理他人的私密信息；

（六）以其他方式侵害他人的隐私权。

第一千一百九十八条　宾馆、商场、银行、车站、机场、体育场馆、娱乐场所等经营场所、公共场所的经营者、管理者或者群众性活动的组织者，未尽到安全保障义务，造成他人损害的，应当承担侵权责任。

因第三人的行为造成他人损害的，由第三人承担侵权责任；经营者、管理者或者组织者未尽到安全保障义务的，承担相应的补充责任。经营者、管理者或者组织者承担补充责任后，可以向第三人追偿。

230. 发现自己的个人信息有错误，怎么办？

【情景案例】

袁某在读大专期间通过自学考试取得本科学历。由于袁某长期在外工作，于是没有留意户口簿的登记信息。某天，袁某回家办理结婚登记手续时，发现户口簿所登记学历为大专，其为此感到十分不满。

请问：袁某可以要求相关部门变更学历吗？

【律师解答】

我国《民法典》规定，自然人可以依法向信息处理者查阅或者复制其个人信息；发现信息有错误的，有权提出异议并请求及时采取更正等必要措施。

本案中，袁某发现户口簿登记的学历信息有错误，有权向公安机关提出异议并请求及时更正。公安机关受理后会进行调查核实,情况属实的,应当予以更正。

【法条链接】

《民法典》第一千零三十七条　自然人可以依法向信息处理者查阅或者复制其个人信息;发现信息有错误的,有权提出异议并请求及时采取更正等必要措施。

自然人发现信息处理者违反法律、行政法规的规定或者双方的约定处理其个人信息的,有权请求信息处理者及时删除。

231.“人肉搜索”行为构成侵犯隐私权吗?

【情景案例】

沈某因在微博上长期发布“炫富图片”,引起众多网民反感。有网民对其发动“人肉搜索”,在大量知名网络平台上披露了沈某的真实姓名、学校、年龄、婚恋状况、家庭背景、工作单位等个人信息,这严重影响了沈某的正常工作与生活。

请问:网民的行为是否侵犯了沈某的隐私权?

【律师解答】

“人肉搜索”是一种以互联网为媒介,部分基于人工方式对搜索引擎所提供信息逐个辨别真伪,部分又基于通过匿名知情人提供数据的方式去收集关于特定的人或者事的信息,以查找人物身份或者事件真相的群众运动。随着大数据时代的到来,人们的支付信息、出行住店、日常活动轨迹信息都被大数据记录下来,一旦这些数据遭遇“人肉搜索”,往往会给当事人带来巨大的麻烦。我国《民法典》第一千零三十二条规定,自然人享有隐私权。任何组织或者个人不得以刺探、侵扰、泄露、公开等方式侵害他人的隐私权。第一千零三十四条规定,自然人的个人信息受法律保护。由此可见,“人肉搜索”行为侵犯他人民事权益,行为人要依法承担相应民事侵权责任。

本案中,虽然沈某在网络上长期发布“炫富图片”在道德上引发异议,但这并非社会公众干预其个人生活隐私的合法理由,网民的行为侵犯了沈某的隐私权。

【法条链接】

《民法典》第一千零三十二条　自然人享有隐私权。任何组织或者个人不得以刺探、侵扰、泄露、公开等方式侵害他人的隐私权。

隐私是自然人的私人生活安宁和不愿为他人知晓的私密空间、私密活动、私密信息。

第一千零三十四条　自然人的个人信息受法律保护。

个人信息是以电子或者其他方式记录的能够单独或者与其他信息结合识别特定自然人的各种信息，包括自然人的姓名、出生日期、身份证件号码、生物识别信息、住址、电话号码、电子邮箱、健康信息、行踪信息等。

个人信息中的私密信息，适用有关隐私权的规定；没有规定的，适用有关个人信息保护的规定。

232. 垃圾电话、短信属于侵害隐私权的行为吗？

【情景案例】

邓某自购房以来，几乎每天都收到房产中介、装修公司、家具公司、中小贷款公司、保险公司等垃圾电话、短信，此类电话、短信严重影响了邓某的正常工作、生活。对于这类来电，邓某采取“警告与拉黑”的处理方式都无效。

请问：此类垃圾电话、短信构成侵害邓某的隐私权吗？

【律师解答】

我国《民法典》第一千零三十二条规定，自然人享有隐私权。任何组织或者个人不得以刺探、侵扰、泄露、公开等方式侵害他人的隐私权。隐私是自然人的私人生活安宁和不愿为他人知晓的私密空间、私密活动、私密信息。第一千零三十三条规定，除法律另有规定或者权利人明确同意外，任何组织或者个人不得以电话、短信、即时通讯工具、电子邮件、传单等方式侵扰他人的私人生活安宁。

由此可见，《民法典》将“生活安宁”纳入隐私权，实际上是进一步丰富了隐私权的内涵和适用保护范围。这意味着，侵害隐私权不仅局限于此前人们熟知的各种非法侵入、获取、泄露个人信息的行为，对于其他任何可能滋扰、破坏“私人生活安宁”的社会现象都可以被认定为侵害隐私权。

本案中，垃圾电话、短信侵害了邓某的私人生活安宁，故其侵害邓某的隐私权。邓某可以要求侵权人承担停止侵害、消除妨碍、赔礼道歉、赔偿损失等民事责任。

【法条链接】

《民法典》第一千零三十二条　自然人享有隐私权。任何组织或者个人不得以刺探、侵扰、泄露、公开等方式侵害他人的隐私权。

隐私是自然人的私人生活安宁和不愿为他人知晓的私密空间、私密活动、私密信息。

第一千零三十三条　除法律另有规定或者权利人明确同意外，任何组织或者个人不得实施下列行为：

（一）以电话、短信、即时通讯工具、电子邮件、传单等方式侵扰他人的私人生活安宁；

（二）进入、拍摄、窥视他人的住宅、宾馆房间等私密空间；

（三）拍摄、窥视、窃听、公开他人的私密活动；

（四）拍摄、窥视他人身体的私密部位；

（五）处理他人的私密信息；

（六）以其他方式侵害他人的隐私权。

233. 噪声扰民，应当如何维权？

【情景案例】

2021年3月1日，许某所住房屋的楼下开了一家化妆品店。自开业以来，化妆品店几乎每天早上9时至晚上11时都在播放促销广告，严重影响了许某等住户正常休息。3月15日，许某要求化妆品店负责人傅某停止播放广告，但遭到拒绝。

请问：许某应当如何维权？

【律师解答】

我国《民法典》规定，自然人享有隐私权。任何组织或者个人不得以刺探、侵扰、泄露、公开等方式侵害他人的隐私权。隐私是自然人的私人生活安宁和不愿为他人知晓的私密空间、私密活动、私密信息。

本案中，化妆品店制造的噪声影响了许某等住户正常休息与私人生活安宁，严重侵害了业主的合法权益，许某可以依法向法院提起诉讼，要求其承担停止侵害、赔礼道歉等民事责任。

【法条链接】

《民法典》第一千零三十二条　自然人享有隐私权。任何组织或者个人不得以刺探、侵扰、泄露、公开等方式侵害他人的隐私权。

隐私是自然人的私人生活安宁和不愿为他人知晓的私密空间、私密活动、私密信息。

第五章

婚姻家庭法律问题

一、一 般 规 定

234. 子女干涉父母的婚姻自由,合法吗?

【情景案例】

张某与王某(女)结婚后,生有一子小张。王某 60 岁时,张某因病去世。由于小张大学毕业后在北京工作,王某一人在家感到十分孤独,于是希望找一个老伴。之后,王某结识寡居多年的刘某,两人决定走到一起。但小张坚决反对母亲的婚事,于是拿走户口簿,不让母亲再婚。

请问:小张干涉母亲的婚姻自由,合法吗?

【律师解答】

我国《民法典》规定,实行婚姻自由、一夫一妻、男女平等的婚姻制度。子女应当尊重父母的婚姻权利,不得干涉父母离婚、再婚以及婚后的生活。由此可见,父母再婚是受到法律保护的,子女不得干涉老年人的婚姻自由。

本案中,王某可以自己决定与刘某结婚,不需要小张的同意。小张干涉王某再婚是侵犯王某婚姻自由权的行为。王某可诉至法院,要求小张交出户口簿。需要注意的是,父母也不能干涉子女的婚姻自由。

【法条链接】

《民法典》第一千零四十一条第二款 实行婚姻自由、一夫一妻、男女平等的婚姻制度。

第一千零四十二条第一款 禁止包办、买卖婚姻和其他干涉婚姻自由的行为。禁止借婚姻索取财物。

第一千零六十九条 子女应当尊重父母的婚姻权利，不得干涉父母离婚、再婚以及婚后的生活。子女对父母的赡养义务，不因父母的婚姻关系变化而终止。

235. 索要“天价彩礼”是违法行为吗？

【情景案例】

李某与陈某（女）两人通过相亲认识，在交往一段时间后准备结婚。让李某想不到的是，陈某的父亲为了帮助自己儿子购房，竟然提出索要66万元的彩礼，否则就不将女儿嫁给李某。对于以务农为生的李家而言，自然拿不出这么多的钱。作为当事人的李某与陈某感到十分无奈，于是向当地司法所寻求帮助。

请问：陈某的父亲索要“天价彩礼”，合法吗？

【律师解答】

我国《民法典》规定，禁止包办、买卖婚姻和其他干涉婚姻自由的行为，禁止借婚姻索取财物。由此可见，为保护婚姻自由，我国法律不允许父母干涉儿女的婚姻，更不允许借婚姻敛财。

本案中，陈某的父亲借着女儿结婚的机会，向亲家索要66万元的“天价彩礼”的行为不合法。如果陈某的父亲仍坚持索要66万元，否则不让女儿出嫁，李某可以与陈某直接去民政局登记结婚，也可以拒绝登记结婚。

【法条链接】

《民法典》第一千零四十二条第一款 禁止包办、买卖婚姻和其他干涉婚姻自由的行为。禁止借婚姻索取财物。

236. 女方遭受家庭暴力，离婚时可以请求损害赔偿吗？

【情景案例】

杨某与赵某（女）于2015年3月结婚，婚后育有一子。自2021年1月，杨某被公司辞退后就迷上赌博，经常输钱后就回家打骂赵某。某日，杨某向赵某要钱遭拒，于是用拳脚猛打赵某，致其头部、面部、腿部多处受伤。经鉴定，赵某的伤情构成轻微伤，共花医疗费5000元。出院后，赵某诉至法院，要求与杨某离婚。

请问：赵某离婚时可以请求损害赔偿吗？

【律师解答】

我国《民法典》及相关司法解释规定,实施家庭暴力导致离婚的,无过错方有权请求损害赔偿。损害赔偿包括物质损害赔偿和精神损害赔偿。

本案中,杨某对赵某实施暴力,赵某作为受害者,可以在离婚诉讼中主张医疗费和精神损害赔偿金。

【法条链接】

《民法典》第一千零九十一条　有下列情形之一,导致离婚的,无过错方有权请求损害赔偿:

(一)重婚;

(二)与他人同居;

(三)实施家庭暴力;

(四)虐待、遗弃家庭成员;

(五)有其他重大过错。

《最高人民法院关于适用〈中华人民共和国民法典〉婚姻家庭编的解释(一)》第八十六条　民法典第一千零九十一条规定的"损害赔偿",包括物质损害赔偿和精神损害赔偿。涉及精神损害赔偿的,适用《最高人民法院关于确定民事侵权精神损害赔偿责任若干问题的解释》的有关规定。

《最高人民法院关于确定民事侵权精神损害赔偿责任若干问题的解释》第五条　精神损害的赔偿数额根据以下因素确定:

(一)侵权人的过错程度,但是法律另有规定的除外;

(二)侵权行为的目的、方式、场合等具体情节;

(三)侵权行为所造成的后果;

(四)侵权人的获利情况;

(五)侵权人承担责任的经济能力;

(六)受理诉讼法院所在地的平均生活水平。

237. 收养未成年人时约定巨额"感谢费"违法吗?

【情景案例】

黄某与周某婚后已生两个女孩,第三胎刚出生1个月,也是个女儿。吴某是黄某的同事,育有一子,很想要一个女儿。于是黄某将刚生育的小女儿以收取30万元"感谢费"的条件交给吴某"收养"。

请问：黄某的送养行为合法吗？

【律师解答】

我国《民法典》规定，收养应当遵循最有利于被收养人的原则，保障被收养人和收养人的合法权益。禁止借收养名义买卖未成年人。《刑法》规定，拐卖儿童罪，是指以出卖为目的，拐骗、绑架、收买、贩卖、接送、中转儿童的行为。

民间送养行为与借送养之名出卖亲生子女是有区别的，区分的关键在于行为人是否具有非法获利的目的。收取明显不属于营养费、感谢费的巨额钱财将子女送给他人的情形，可以认定属于出卖亲生子女，应当以拐卖儿童罪论处。

本案中，黄某以收取30万元"感谢费"为条件将女儿交给吴某"收养"的行为是一种严重的违法犯罪行为，构成拐卖儿童罪。

【法条链接】

《民法典》第一千零四十四条 收养应当遵循最有利于被收养人的原则，保障被收养人和收养人的合法权益。

禁止借收养名义买卖未成年人。

《刑法》第二百四十条 拐卖妇女、儿童的，处五年以上十年以下有期徒刑，并处罚金；有下列情形之一的，处十年以上有期徒刑或者无期徒刑，并处罚金或者没收财产；情节特别严重的，处死刑，并处没收财产：

（一）拐卖妇女、儿童集团的首要分子；

（二）拐卖妇女、儿童三人以上的；

（三）奸淫被拐卖的妇女的；

（四）诱骗、强迫被拐卖的妇女卖淫或者将被拐卖的妇女卖给他人迫使其卖淫的；

（五）以出卖为目的，使用暴力、胁迫或者麻醉方法绑架妇女、儿童的；

（六）以出卖为目的，偷盗婴幼儿的；

（七）造成被拐卖的妇女、儿童或者其亲属重伤、死亡或者其他严重后果的；

（八）将妇女、儿童卖往境外的。

拐卖妇女、儿童是指以出卖为目的，有拐骗、绑架、收买、贩卖、接送、中转妇女、儿童的行为之一的。

238. 对于未婚同居期间的财产，可以向法院起诉进行分割吗？

【情景案例】

徐某与孙某在大学期间谈恋爱，毕业后一起到上海工作并同居。同居期间，两人各出一半的房款购买了一套房屋，该房屋登记在徐某的名下。之后，两人由于性格不合分手，在同居期间所购房屋的归属问题上，双方发生分歧。徐某认为，房屋登记在其名下，房屋应当归其所有。孙某认为，房屋有一半出资款是自己的，自己应当分到一半的房产。

请问：对于同居期间所购房屋，孙某可以向法院起诉进行分割吗？

【律师解答】

《最高人民法院关于适用〈中华人民共和国民法典〉婚姻家庭编的解释（一）》规定，当事人因同居期间财产分割或者子女抚养纠纷提起诉讼的，人民法院应当受理。由此可见，法院会受理同居后一方因分割同居期间财产纠纷而提起的诉讼。

本案中，孙某因分割同居期间所购房屋而提起诉讼，法院应当受理。但孙某想分到一半的房产，必须提供证据证明其也出了一半的房款。另外，由于房屋已登记在徐某名下，孙某不能分到该房屋，只能要回房屋评估价一半的钱。

【法条链接】

《最高人民法院关于适用〈中华人民共和国民法典〉婚姻家庭编的解释（一）》第三条　当事人提起诉讼仅请求解除同居关系的，人民法院不予受理；已经受理的，裁定驳回起诉。

当事人因同居期间财产分割或者子女抚养纠纷提起诉讼的，人民法院应当受理。

二、结　　婚

239. 已成年的异父异母的兄弟姐妹能否结婚？

【情景案例】

胡某与朱某是一对异父异母的继兄妹，两人在8岁时就生活在一起。随着年龄的增长，两人爱上对方。2021年1月，胡某与朱某两人到民政局办理结婚登记时遭到拒绝，理由是两人在户口簿显示的关系是兄妹。

请问：胡某与朱某可以登记结婚吗？

【律师解答】

我国《民法典》规定，直系血亲或者三代以内的旁系血亲禁止结婚。

拟制血亲，是“自然血亲”的对称，是指本来没有血缘关系，或没有直接的血缘关系，但法律确定其地位与血亲相同的亲属。拟制直系血亲主要指养父母子女。没有抚养关系的继父母与继子女、继兄弟姐妹之间属于姻亲，不属于拟制血亲。

本案中，胡某与朱某虽然名义上以兄妹相称，但实际上没有血缘关系，也没有法律上的拟制血亲关系，两人可以自愿登记结婚。

【法条链接】

《民法典》第一千零四十八条 直系血亲或者三代以内的旁系血亲禁止结婚。

240. 正在服刑的罪犯可以结婚吗？

【情景案例】

高某因醉酒后将他人打成重伤，被法院认定犯有过失致人重伤罪，判处2年有期徒刑。由于高某的父亲病危，其想在有生之年看到高某结婚。为完成父亲的心愿，高某和女友林某商量后决定结婚。

请问：高某可以与林某结婚吗？

【律师解答】

我国《民法典》规定，要求结婚的男女双方应当亲自到婚姻登记机关申请结婚登记。符合该法规定的，予以登记，发给结婚证。完成结婚登记，即确立婚姻关系。未办理结婚登记的，应当补办登记。

本案中，高某享有与林某结婚的权利，但实际办理结婚登记会存在现实的障碍。高某因触犯刑事法律接受相应的处罚，限制人身自由，但并非丧失全部的民事权利。根据我国法律的规定，公民结婚自由、离婚自由，任何公民都享有自由结婚或离婚的权利。虽然高某是服刑人员，但仍然享有婚姻自由的权利，如果高某与林某自愿结婚，法律并不限制服刑人员的婚姻自由权，高某可以自愿与林某结婚。不过，根据婚姻登记机关的要求，婚姻登记需要本人亲自前往完成登记的相关工作，但因为高某是服刑人员，自由受限，无法按照行政登记的程序性规定，无法亲自到登记机关办理婚姻登记的事宜或无法出具相应的身份证明材料，故在服刑期间，高某可能无法领取结婚证，最终无法实现法律对婚姻关系的认可。

综上所述，服刑人员并未丧失婚姻的自由权，但因婚姻关系的缔结或消失需要完成相应的行政登记手续，服刑人员因人身自由的限制而最终无法完成登记工作。服刑人员的近亲属，可与服刑当地的民政局及监狱沟通联系，看是否能够特殊处理，从而实现服刑人员结婚的合理要求。

【法条链接】

《民法典》第一千零四十九条 要求结婚的男女双方应当亲自到婚姻登记机关申请结婚登记。符合本法规定的，予以登记，发给结婚证。完成结婚登记，即确立婚姻关系。未办理结婚登记的，应当补办登记。

《民政部关于贯彻执行〈婚姻登记条例〉若干问题的意见》第十条 服刑人员申请办理婚姻登记，应当亲自到婚姻登记机关提出申请并出具有效的身份证件；服刑人员无法出具身份证件的，可由监狱管理部门出具有关证明材料。

办理服刑人员婚姻登记的机关可以是一方当事人常住户口所在地或服刑监狱所在地的婚姻登记机关。

241. 一方婚前隐瞒重大疾病，婚姻效力如何？

【情景案例】

何某与郭某经过相亲认识并结婚。婚后半年，何某得知郭某在婚前就患有精神分裂症且久治不愈。对此，何某十分生气，遂将郭某诉至法院，请求撤销婚姻。

请问：何某的请求能得到法院支持吗？

【律师解答】

我国《民法典》规定，一方患有重大疾病的，应当在结婚登记前如实告知另一方；不如实告知的，另一方可以向人民法院请求撤销婚姻。请求撤销婚姻的，应当自知道或者应当知道撤销事由之日起1年内提出。

本案中，郭某患有重大疾病，应当在结婚登记前如实告知何某。由于郭某故意隐瞒其疾病，故何某的请求应当能得到法院支持。需要注意的是，何某必须在知道或者应当知道郭某患有精神分裂症之日起1年内向法院请求撤销婚姻，如果超过了1年，何某则不能再向法院请求撤销婚姻。若其想与郭某分开，只能通过协议离婚或者诉讼离婚的程序解除婚姻关系。“知道”，是指有直接和充分的证据证明当事人知道对方患病。“应当知道”，是指虽然没有直接和充分的证据证明当事人知道，但是根据生活经验、相关事实和证据，按照一般人的普遍认知能力，运用逻辑推理可以推断当事人知道对方患病。

【法条链接】

《民法典》第一千零五十三条 一方患有重大疾病的，应当在结婚登记前如实告知另一方；不如实告知的，另一方可以向人民法院请求撤销婚姻。

请求撤销婚姻的，应当自知道或者应当知道撤销事由之日起一年内提出。

242. 受胁迫结婚的，受胁迫一方可以怎么办？

【情景案例】

马某与罗某（女）通过交友网站认识，经过一段时间深入交往后，罗某认为双方性格不合，于是提出分手。但马某十分喜欢罗某，于是威胁罗某，如果不与其结婚，就杀她全家。罗某十分害怕，于是与马某办理了结婚登记。婚后，虽然马某对罗某很好，但罗某认为马某不是她想要找的人，十分后悔。半年后，罗某向法院提出撤销婚姻。

请问：罗某的请求能得到法院支持吗？

【律师解答】

受胁迫结婚，是指行为以给另一方当事人或者近亲属的生命、身体健康、名誉、财产等方面造成损害为要挟，迫使另一方当事人违背真实意愿而结婚的情况。受胁迫的可撤销婚姻是指已经成立的婚姻关系因欠缺婚姻合意，受胁迫的一方当事人可向人民法院申请撤销的违法两性结合。我国《民法典》规定，因胁迫结婚的，受胁迫的一方可以向人民法院请求撤销婚姻。请求撤销婚姻的，应当自胁迫行为终止之日起1年内提出。

本案中，罗某是因受威胁才与马某结婚的，两人的婚姻属于可撤销婚姻，罗某的请求能得到法院支持。需要注意的是，罗某必须在胁迫行为终止之日起1年内提出撤销婚姻的请求，超期则撤销权消灭，即不得提出撤销婚姻的请求。另外，有权撤销婚姻的机关只有人民法院，民政部门无权撤销婚姻。

【法条链接】

《民法典》第一千零五十二条 因胁迫结婚的，受胁迫的一方可以向人民法院请求撤销婚姻。

请求撤销婚姻的，应当自胁迫行为终止之日起一年内提出。

被非法限制人身自由的当事人请求撤销婚姻的，应当自恢复人身自由之日起一年内提出。

243. 婚姻被认定无效，财产如何分割？

【情景案例】

梁某与郑某结婚，婚后不久，两人生育一子。儿子出生后，梁某单独到云南承包果园种植，由郑某在家照看孩子。不久，梁某在当地认识了谢某，两人相见恨晚，很快坠入爱河。之后，梁某欺骗谢某已离婚，便与谢某在当地办理结婚登记。3 年后，郑某得知梁某再婚的消息后，十分生气，遂请求法院判决梁某与谢某的婚姻关系无效。经法院调查，谢某在婚后没有工作，主要在家照顾生病的母亲；梁某在婚后经营果园收入 50 万元。

请问：梁某经营果园收入的 50 万元归谁所有？

【律师解答】

我国《民法典》规定，重婚的婚姻无效。无效的婚姻自始没有法律约束力，当事人不具有夫妻的权利和义务。同居期间所得的财产，由当事人协议处理；协议不成的，由人民法院根据照顾无过错方的原则判决。对重婚导致的无效婚姻的财产处理，不得侵害合法婚姻当事人的财产权益。当事人所生的子女，适用本法关于父母子女的规定。

本案中，梁某在已登记结婚的情况下，又同谢某登记结婚，构成重婚，此婚姻自始不具有法律效力。梁某在婚后经营果园收入 50 万元属于梁某与郑某的夫妻共同财产，与谢某无关。谢某作为无过错方，有权向梁某主张损害赔偿。损害赔偿包括物质损害赔偿和精神损害赔偿，法院会综合各种因素后确定具体的赔偿数额。

【法条链接】

《民法典》第一千零五十一条　有下列情形之一的，婚姻无效：

（一）重婚；

（二）有禁止结婚的亲属关系；

（三）未到法定婚龄。

第一千零五十四条　无效的或者被撤销的婚姻自始没有法律约束力，当事人不具有夫妻的权利和义务。同居期间所得的财产，由当事人协议处理；协议不成的，由人民法院根据照顾无过错方的原则判决。对重婚导致的无效婚姻的财产处理，不得侵害合法婚姻当事人的财产权益。当事人所生的子女，适用本法关于父母子女的规定。

婚姻无效或者被撤销的，无过错方有权请求损害赔偿。

三、家 庭 关 系

244. 夫妻双方有相互扶养的义务吗?

【情景案例】

韩某与唐某相恋多年,于2021年1月登记结婚。2021年3月,唐某在回娘家的路上不小心摔倒,导致下半身瘫痪。出院后,韩某以工作忙为由,要求唐某回娘家居住,由其父母照顾其生活起居。由于唐某无法工作且每月还要支付800元的康复费,故要求韩某每月支付一定金额的扶养费,但遭到拒绝。

请问:韩某有扶养唐某的义务吗?

【律师解答】

我国《民法典》规定,夫妻有相互扶养的义务。需要扶养的一方,在另一方不履行扶养义务时,有要求其给付扶养费的权利。由此可见,夫妻之间在生活上有相互帮助、扶持的义务。如果一方不履行扶养义务,另一方可以向法院提起诉讼,要求对方给予扶养费。实务中,夫妻间扶养情况主要包括以下三种:(1)当一方失去劳动能力时,对方应当扶养和照顾其生活。(2)当一方生病时,对方应当给予照顾或者送院治疗,承担相应的医疗和护理费用。(3)当一方没有固定收入且没有其他生活来源时,对方应当给予必要的生活费。

本案中,唐某下半身瘫痪无法工作,韩某应当履行扶养妻子的义务。至于给多少扶养费,要根据唐某的实际需要与韩某的经济能力,并参照当地居民的平均生活水平确定。

【法条链接】

《民法典》第一千零五十九条 夫妻有相互扶养的义务。

需要扶养的一方,在另一方不履行扶养义务时,有要求其给付扶养费的权利。

245. 夫妻一方能否单方决定出售共有房屋?

【情景案例】

冯某与董某于2015年8月结婚。2020年1月,双方共同购买一套价款为80万元的房屋,登记在冯某名下。2021年5月,冯某因资金周转需要,在收楼后私下将房屋以90万元出售给不知情的萧某。董某知情后,以冯某无权单方出售房屋为由要求萧某返还房屋。萧某认为,其已支付购房款,且房屋已过户到其名下,房屋所有权现在归其享有。

请问:萧某能得到该房屋吗?

【律师解答】

《最高人民法院关于适用〈中华人民共和国民法典〉婚姻家庭编的解释(一)》规定,一方未经另一方同意出售夫妻共同所有的房屋,第三人善意购买、支付合理对价并已办理不动产登记,另一方主张追回该房屋的,人民法院不予支持。

本案中,冯某与董某婚后购买房屋虽然登记在冯某名下,但属于夫妻共同财产。冯某未经董某同意擅自出售房屋,构成无权处分。但由于萧某是善意第一人且已办理房屋过户手续,故萧某能得到该房屋。

【法条链接】

《最高人民法院关于适用〈中华人民共和国民法典〉婚姻家庭编的解释(一)》第二十八条　一方未经另一方同意出售夫妻共同所有的房屋,第三人善意购买、支付合理对价并已办理不动产登记,另一方主张追回该房屋的,人民法院不予支持。

夫妻一方擅自处分共同所有的房屋造成另一方损失,离婚时另一方请求赔偿损失的,人民法院应予支持。

246. 住房公积金属于夫妻共同财产吗?

【情景案例】

曹某与袁某准备协议离婚,对于曹某婚后取得的20万元住房公积金如何处理产生分歧。两人结婚后一直没有买房,曹某的公积金也从来没有支取过。曹某认为,公积金还没有拿到手,不应当属于共有财产。

请问:曹某的住房公积金属于夫妻共同财产吗?

【律师解答】

《最高人民法院关于适用〈中华人民共和国民法典〉婚姻家庭编的解释(一)》规定,婚姻关系存续期间,男女双方实际取得或者应当取得的住房公积金属于《民法典》第一千零六十二条规定的“其他应当归共同所有的财产”。

本案中,由于曹某的住房公积金是婚后所得,故应当属于夫妻共同财产。

【法条链接】

《民法典》第一千零六十二条第一款 夫妻在婚姻关系存续期间所得的下列财产,为夫妻的共同财产,归夫妻共同所有:

……

(五)其他应当归共同所有的财产。

《最高人民法院关于适用〈中华人民共和国民法典〉婚姻家庭编的解释(一)》第二十五条 婚姻关系存续期间,下列财产属于民法典第一千零六十二条规定的“其他应当归共同所有的财产”:

(一)一方以个人财产投资取得的收益;

(二)男女双方实际取得或者应当取得的住房补贴、住房公积金;

(三)男女双方实际取得或者应当取得的基本养老金、破产安置补偿费。

247. 一方因车祸获得的赔偿款属于夫妻共同财产吗?

【情景案例】

邓某与许某婚后感情一直不和,经常吵架。2021年3月,邓某遭遇车祸,获得各种赔偿共计8万元。由于夫妻感情本来不好,车祸发生后双方感情进一步恶化。经过几次深谈,两人决定协议离婚,但在车祸赔偿款的处理上出现分歧。邓某认为,车祸赔偿款应当全部归自己所有。

请问:车祸赔偿款属于夫妻共同财产吗?

【律师解答】

我国《民法典》规定,一方因受到人身损害获得的赔偿或者补偿为夫妻一方的个人财产。

本案中,邓某遭遇车祸获得的8万元赔偿款系邓某的个人财产,不属于夫妻共同财产。

【法条链接】

《民法典》第一千零六十三条 下列财产为夫妻一方的个人财产：

……

（二）一方因受到人身损害获得的赔偿或者补偿；

……

248. 一方婚前财产投资取得的收益属于夫妻共同财产吗？

【情景案例】

2019年3月，傅某与沈某登记结婚。结婚之前，傅某花300万元购买了一间面积为2000平方米的厂房。婚后，傅某以该厂房入股与他人创办甲公司。2021年4月，傅某拿到甲公司分红30万元。

请问：傅某所获得分红属于夫妻共同财产吗？

【律师解答】

我国《民法典》规定，生产、经营、投资的收益为夫妻的共同财产，归夫妻共同所有。《最高人民法院关于适用〈中华人民共和国民法典〉婚姻家庭编的解释（一）》规定，夫妻一方个人财产在婚后产生的收益，除孳息和自然增值外，应认定为夫妻共同财产。

孳息是民法中的一个法律概念，它指由原物产生的额外收益。孳息分为天然孳息和法定孳息。天然孳息，是指依物的本性天然而生长，不需要人力作用就能获得的孳息，如苹果树长出的苹果，草原长出的牧草等。法定孳息，是指物因某种法律关系所产生的收益，如房屋的租金、存款的利息等。对于房屋来说，孳息主要指房屋的租金。

自然增值属于不需要人为操作自然增加的某个东西，对于房屋的自然增值来说，主要指在未来一段时间后的房屋价格的上涨。

本案中，傅某婚前所购买的厂房属于其个人财产，其利用厂房入股甲公司，在婚后获得的分红，不属于孳息和自然增值，应当认定为夫妻共同财产。

【法条链接】

《民法典》第一千零六十二条 夫妻在婚姻关系存续期间所得的下列财产，为夫妻的共同财产，归夫妻共同所有：

……

（二）生产、经营、投资的收益；

……

《最高人民法院关于适用〈中华人民共和国民法典〉婚姻家庭编的解释（一）》第二十六条　夫妻一方个人财产在婚后产生的收益，除孳息和自然增值外，应认定为夫妻共同财产。

249. 夫妻一方签名所负债务，是夫妻共同债务吗？

【情景案例】

曾某与彭某于 2017 年登记结婚。2021 年 1 月，彭某与同事吕某逛商场时，看中了一款价款为 8 万元的名牌手提包；其由于钱不够，于是向吕某借了 5 万元。之后，彭某给吕某写了一张借条，内容为："本人因购物向吕某借款 5 万元，借款期限为 5 个月，保证按期归还。"2021 年 3 月，曾某向法院起诉离婚。在诉讼期间，吕某遂诉至法院，要求曾某与彭某共同偿还借款。曾某认为，彭某的借款用于个人消费，该债务不是夫妻共同债务，与其无关。

请问：彭某的借款属于夫妻共同债务吗？

【律师解答】

我国《民法典》规定，夫妻双方共同签名或者夫妻一方事后追认等共同意思表示所负的债务，以及夫妻一方在婚姻关系存续期间以个人名义为家庭日常生活需要所负的债务，属于夫妻共同债务。夫妻一方在婚姻关系存续期间以个人名义超出家庭日常生活需要所负的债务，不属于夫妻共同债务。

本案中，彭某因购买名牌包所欠债务明显不属于为家庭日常生活需要所负的债务，且事后曾某未表示和彭某一起偿还这笔债务，故彭某的借款不属于夫妻共同债务。需要提醒的是，对于出借人来说，为保证能顺利收回借款，尽量要求借款人夫妻双方在借条上签字；对于借款人的配偶来说，则要谨慎签字，因为签字代表需要承担责任。

实务中，以下债务也不是夫妻共同债务：（1）对于夫妻一方因赌博、吸毒所负债务；（2）妻子是家庭主妇或在外打工，没有与丈夫共同经营公司。丈夫经营公司遇到资金困难，以个人名义借款所负债务，不属于夫妻共同债务，因为该债务不是因为家庭日常生活需要所负的债务。需要注意的是，不能因为丈夫经营公司所获得利润用于家庭生活，就认定该债务是夫妻共同债务。

【法条链接】

《民法典》第一千零六十四条　夫妻双方共同签名或者夫妻一方事后追认等共同

意思表示所负的债务，以及夫妻一方在婚姻关系存续期间以个人名义为家庭日常生活需要所负的债务，属于夫妻共同债务。

夫妻一方在婚姻关系存续期间以个人名义超出家庭日常生活需要所负的债务，不属于夫妻共同债务；但是，债权人能够证明该债务用于夫妻共同生活、共同生产经营或者基于夫妻双方共同意思表示的除外。

《最高人民法院关于适用〈中华人民共和国民法典〉婚姻家庭编的解释（一）》第三十四条第二款　夫妻一方在从事赌博、吸毒等违法犯罪活动中所负债务，第三人主张该债务为夫妻共同债务的，人民法院不予支持。

250. 赌债可以不还吗？

【情景案例】

2021年2月，刘某春节期间在村里赌博，随身所带现金输完后，又当场打借条向庄家李某借款1万元继续参赌，很快又输光了。之后，由于刘某不按时还款，李某遂诉至法院，要求刘某偿还3万元欠款。

请问：李某的请求能得到法院支持吗？

【律师解答】

《最高人民法院关于审理民间借贷案件适用法律若干问题的规定》规定，出借人事先知道或者应当知道借款人借款用于违法犯罪活动仍然提供借款的，人民法院应当认定民间借贷合同无效。可见，赌博是国家法律严令禁止的行为，赌债不受法律保护。

本案中，李某向刘某出具的借条是基于赌博行为产生的债权—债务关系，不受法律保护，所以该借条不具有法律效力，李某的请求不能得到法院支持。需要说明的是，赌债可以不还，但仅限于赌博中欠的钱。实务中，行为人因为赌博借的高利贷，只是高利部分不应得到支持，但本金及适当利息部分的借款行为是有效的。

【法条链接】

《最高人民法院关于审理民间借贷案件适用法律若干问题的规定》第十三条　具有下列情形之一，人民法院应当认定民间借贷合同无效：

（一）套取金融机构贷款转贷的；

（二）以向其他营利法人借贷、向本单位职工集资，或者以向公众非法吸收存款等方式取得的资金转贷的；

（三）未依法取得放贷资格的出借人，以营利为目的向社会不特定对象提供借款的；

（四）出借人事先知道或者应当知道借款人借款用于违法犯罪活动仍然提供借款的；

（五）违反法律、行政法规强制性规定的；

（六）违背公序良俗的。

251. 婚前可约定个人财产的归属吗？

【情景案例】

苏某是一位民营企业家，拥有数千万元的资产，但妻子很早因病去世。蒋某也经营一家公司，拥有数百万元的资产。两人经朋友介绍认识，打算于 2021 年 6 月结婚，但双方担心婚后会发生财产混同，故两人拟签订一份协议，将双方的财产归属划分清楚。

请问：苏某与蒋某可在婚前约定财产的归属吗？

【律师解答】

我国《民法典》规定，男女双方可以约定婚姻关系存续期间所得的财产以及婚前财产归各自所有、共同所有或者部分各自所有、部分共同所有。约定应当采用书面形式。夫妻对婚姻关系存续期间所得的财产以及婚前财产的约定，对双方具有法律约束力。

本案中，苏某与蒋某结婚前，双方经充分协商，一致同意如何约定各自财产的归属，这是符合我国法律规定的。需要说明的是，该份协议不能对抗外部享受债权的善意第三人。

【法条链接】

《民法典》第一千零六十五条　男女双方可以约定婚姻关系存续期间所得的财产以及婚前财产归各自所有、共同所有或者部分各自所有、部分共同所有。约定应当采用书面形式。没有约定或者约定不明确的，适用本法第一千零六十二条、第一千零六十三条的规定。

夫妻对婚姻关系存续期间所得的财产以及婚前财产的约定，对双方具有法律约束力。

夫妻对婚姻关系存续期间所得的财产约定归各自所有，夫或者妻一方对外所负的债务，相对人知道该约定的，以夫或者妻一方的个人财产清偿。

252. 一方擅自将夫妻共同的巨额财产赠与第三者，另一方该怎么办？

【情景案例】

2019年8月，蔡某与贾某登记结婚。蔡某经营一家餐馆，整日忙忙碌碌。2021年3月，贾某无意中发现蔡某钱夹中有一张刷卡小票，显示蔡某在某品牌4S店消费20万元。经了解得知，蔡某为婚外情人丁某购买了一辆汽车，登记在丁某名下。

请问：贾某可以将汽车要回来吗？

【律师解答】

我国《民法典》规定，民事主体从事民事活动，不得违反法律，不得违背公序良俗。违背公序良俗的民事法律行为无效。

本案中，蔡某在与贾某婚姻关系存续期间，私自动用夫妻共同存款，为婚外情人丁某购买汽车，将重大财产赠与丁某，侵犯了贾某的财产权益，此种赠与行为违背公序良俗，属于无效的民事法律行为。因此，贾某可以将汽车要回来。

【法条链接】

《民法典》第八条 民事主体从事民事活动，不得违反法律，不得违背公序良俗。

第一百五十三条第二款 违背公序良俗的民事法律行为无效。

253. 婚内可以要求分割夫妻共同财产吗？

【情景案例】

魏某和薛某是一对再婚夫妻，魏某再婚前无子女，薛某再婚前育有一子小叶。婚后不久，魏某的祖宅被征收，因出差在外，魏某便让薛某去领取了征收补偿款100万元。魏某出差回来找薛某要钱时，发现薛某只剩下80万元。对于另外20万元的去向，薛某说自己收到钱后花掉了，但又说不出花在哪里。由于小叶好赌，经常借高利贷。故魏某怀疑薛某帮小叶还债了。为此，魏某要求薛某将剩下的80万元交给自己保管，但遭到薛某拒绝。无奈之下，魏某诉至法院，以薛某有隐藏、转移征收补偿款为由，要求分割征收补偿款100万元。

请问：魏某的请求能得到法院支持吗？

【律师解答】

我国《民法典》规定，婚姻关系存续期间，一方有隐藏、转移、变卖、毁损、挥霍夫妻共同财产或者伪造夫妻共同债务等严重损害夫妻共同财产利益的行为的，夫妻一方可以向人民法院请求分割共同财产。隐藏，是指采用欺骗的手段将一些本应属于夫妻共同所有的财产予以瞒报的情况；转移，是指将属于夫妻共同所有的财产转移他处。变卖，是指将夫妻共同所有的财产予以出卖，所得归个人所有；毁损，是指故意毁灭或者损坏共同财产，以降低或消灭财产的价值；挥霍，是指毫无限度地随意消耗共同财产。

本案中，征收补偿款100万元属于魏某和薛某的夫妻共同财产，薛某既未能合理说明20万元征收补偿款的去向，又不肯将剩余的80万元交给魏某保管，存在隐藏和转移夫妻共同财产的行为。因此，魏某的请求能得到法院支持。

【法条链接】

《民法典》第一千零六十六条　婚姻关系存续期间，有下列情形之一的，夫妻一方可以向人民法院请求分割共同财产：

（一）一方有隐藏、转移、变卖、毁损、挥霍夫妻共同财产或者伪造夫妻共同债务等严重损害夫妻共同财产利益的行为；

（二）一方负有法定扶养义务的人患重大疾病需要医治，另一方不同意支付相关医疗费用。

254. 子女可因父母改嫁而拒付赡养费吗？

【情景案例】

潘某早年生育一子余某，后离婚，余某随前夫生活。潘某随后改嫁但并没有与第二任丈夫杜某生育子女。现在，潘某年事已高，杜某已于几年前去世，其生活十分困难，遂要求余某履行赡养义务，但遭到拒绝。余某认为，母亲潘某当年抛家弃子改嫁，早已同自己恩断义绝，按传统习俗，自己不应承担赡养义务。

请问：余某需要对潘某履行赡养义务吗？

【律师解答】

我国《民法典》规定，成年子女不履行赡养义务的，缺乏劳动能力或者生活困难的父母，有要求成年子女给付赡养费的权利。子女应当尊重父母的婚姻权利，不得干涉父母离婚、再婚以及婚后的生活。子女对父母的赡养义务，不因父母的婚姻关系变化而终止。

本案中，潘某虽然没有对余某尽到抚养教育的义务，但其与余某之间存在母子血亲关系。因此，在潘某生活困难时，余某应当履行赡养义务。

【法条链接】

《民法典》第一千零六十七条第二款　成年子女不履行赡养义务的，缺乏劳动能力或者生活困难的父母，有要求成年子女给付赡养费的权利。

第一千零六十九条　子女应当尊重父母的婚姻权利，不得干涉父母离婚、再婚以及婚后的生活。子女对父母的赡养义务，不因父母的婚姻关系变化而终止。

255. 同居期间生下的非婚生子女，由谁抚养？

【情景案例】

潘某和杜某于2019年8月相识，两人一见钟情，不久后便同居。其间，杜某生下一个儿子，但两人未领取结婚证。2021年3月，两人由于感情不和，决定分手，但两人都想得到孩子的抚养权。

请问：孩子的抚养权应当归谁所有？

【律师解答】

我国《民法典》规定，非婚生子女享有与婚生子女同等的权利，任何组织或者个人不得加以危害和歧视。不直接抚养非婚生子女的生父或者生母，应当负担未成年子女或者不能独立生活的成年子女的抚养费。离婚后，不满2周岁的子女，以由母亲直接抚养为原则。已满2周岁的子女，父母双方对抚养问题协议不成的，由人民法院根据双方的具体情况，按照最有利于未成年子女的原则判决。子女已满8周岁的，应当尊重其真实意愿。

本案中，在潘某和杜某分手时，应当协商确定孩子的抚养权。由于小孩不满2周岁，如果协商不成，孩子的抚养权应当归杜某。

【法条链接】

《民法典》第一千零七十一条　非婚生子女享有与婚生子女同等的权利，任何组织或者个人不得加以危害和歧视。

不直接抚养非婚生子女的生父或者生母，应当负担未成年子女或者不能独立生活的成年子女的抚养费。

第一千零八十四条第三款　离婚后，不满两周岁的子女，以由母亲直接抚养为原则。已满两周岁的子女，父母双方对抚养问题协议不成的，由人民法院根据双方的具体情况，按照最有利于未成年子女的原则判决。子女已满八周岁的，应当尊重其真实意愿。

256. 继子女对继父母有赡养义务吗?

【情景案例】

父母离婚后,8岁的夏某跟随母亲戴某生活。不久,戴某与钟某登记结婚。钟某将夏某当成亲生儿子抚养,两人关系甚好。夏某参加工作后,钟某因车祸丧失劳动能力,故要求夏某每月支付800元生活费,但遭到拒绝。夏某认为,钟某不是其亲生父亲,自己对他没有赡养义务。

请问:夏某的说法符合我国法律规定吗?

【律师解答】

我国《民法典》规定,继父母与继子女间,不得虐待或者歧视。继父或者继母和受其抚养教育的继子女间的权利义务关系,适用该法关于父母子女关系的规定。

本案中,夏某8岁时,即随母亲到继父钟某家共同生活,双方已形成事实上的抚养关系,故夏某应当对钟某尽赡养义务。

【法条链接】

《民法典》第一千零七十二条 继父母与继子女间,不得虐待或者歧视。

继父或者继母和受其抚养教育的继子女间的权利义务关系,适用本法关于父母子女关系的规定。

257. 发现子女不是自己亲生,怎么办?

【情景案例】

汪某与田某通过相亲认识,于2015年4月登记结婚。儿子阿俊于2016年1月出生,汪某十分开心。2021年1月,汪某收到一封落款为任某的信,信中说他是田某的前男友,分手时田某已怀孕,故阿俊可能是他的孩子。阿俊长大后,汪某越看越觉得阿俊不像自己,于是就带阿俊做亲子鉴定。结果,阿俊确实不是汪某亲生的儿子。汪某十分生气,遂诉至法院,请求法院否认其与阿俊的亲子关系。

请问:汪某可以向法院起诉请求否认亲子关系吗?

【律师解答】

否认亲子关系,是父或母对推定为婚生子女的婚生性提供否定性证据推翻婚生性推定的证明,否定其为婚生子女的制度。我国《民法典》规定,对亲子关系有异议且有正当理由的，父或者母可以向人民法院提起诉讼，请求确认或者否认亲子关系。

本案中，亲子鉴定结果显示阿俊并不是汪某的亲生儿子，故汪某有权向法院主张否认其与阿俊的亲子关系。亲子关系否认后，汪某不再承担抚养阿俊的义务。

由于阿俊不是汪某的亲生儿子，汪某为阿俊支付的抚养费是客观存在的损失，如果汪某向法院提起离婚诉讼，可以不当得利为由要求田某返还抚养费。

【法条链接】

《民法典》第一千零七十三条　对亲子关系有异议且有正当理由的，父或者母可以向人民法院提起诉讼，请求确认或者否认亲子关系。

对亲子关系有异议且有正当理由的，成年子女可以向人民法院提起诉讼，请求确认亲子关系。

第一千零九十一条　有下列情形之一，导致离婚的，无过错方有权请求损害赔偿：

（一）重婚；

（二）与他人同居；

（三）实施家庭暴力；

（四）虐待、遗弃家庭成员；

（五）有其他重大过错。

《最高人民法院关于适用〈中华人民共和国民法典〉婚姻家庭编的解释（一）》第三十九条　父或者母向人民法院起诉请求否认亲子关系，并已提供必要证据予以证明，另一方没有相反证据又拒绝做亲子鉴定的，人民法院可以认定否认亲子关系一方的主张成立。

父或者母以及成年子女起诉请求确认亲子关系，并提供必要证据予以证明，另一方没有相反证据又拒绝做亲子鉴定的，人民法院可以认定确认亲子关系一方的主张成立。

258. 兄弟姐妹之间有互相扶养的义务吗？

【情景案例】

大姜与小姜是亲兄弟，在大姜 18 岁、小姜 8 岁时，其父母在一场交通事故中同时死亡。为供小姜读书，大姜放弃读大学的机会到外打工。小姜大学毕业后一直在上海一家国企上班，收入颇高。2021 年 2 月，大姜因病丧失劳动能力。为赚钱供小姜读大学，大姜一直未婚，现无生活来源，故要求小姜扶养他，但遭到拒绝。小姜认为，兄弟之间没有扶养义务。

请问：小姜对大姜有扶养义务吗？

【律师解答】

我国《民法典》规定，由兄、姐扶养长大的有负担能力的弟、妹，对于缺乏劳动能力又缺乏生活来源的兄、姐，有扶养的义务。

本案中，小姜是自小是由哥哥大姜扶养长大的，在大姜丧失劳动能力的情况下，小姜对大姜有扶养的义务。

【法条链接】

《民法典》第一千零七十五条 有负担能力的兄、姐，对于父母已经死亡或者父母无力抚养的未成年弟、妹，有扶养的义务。

由兄、姐扶养长大的有负担能力的弟、妹，对于缺乏劳动能力又缺乏生活来源的兄、姐，有扶养的义务。

259. 丈夫"包二奶"，妻子起诉离婚可请求损害赔偿吗？

【情景案例】

姚某与谭某于2012年9月登记结婚，经过多年事业打拼，姚某积累了千万家产。2021年5月，谭某从朋友口中得知，姚某与其秘书廖某关系不正常，两人早已在外一起租房同居生活。

请问：谭某起诉离婚可请求损害赔偿吗？

【律师解答】

我国《民法典》规定，重婚或者与他人同居，应当准予离婚。与他人同居导致离婚的，无过错方有权请求损害赔偿。

本案中，谭某怀疑丈夫在外"包二奶"后，应当及时收集丈夫的过错证据。在取得相关证据后，可以向法院提起离婚诉讼，并要求损害赔偿。

【法条链接】

《民法典》第一千零七十九条第三款 有下列情形之一，调解无效的，应当准予离婚：

（一）重婚或者与他人同居；

……

第一千零九十一条 有下列情形之一，导致离婚的，无过错方有权请求损害赔偿：

（一）重婚；

（二）与他人同居；
（三）实施家庭暴力；
（四）虐待、遗弃家庭成员；
（五）有其他重大过错。

四、离　婚

260. 自愿离婚应当如何办理手续?

【情景案例】

邹某与熊某通过相亲认识，由于两人一见钟情，相识一个月就办理结婚登记。婚后，两人才发现双方性格不合，经常为小事而吵架。经过多次沟通，两人决定自愿离婚。

请问：邹某与熊某应当如何办理离婚手续？

【律师解答】

我国《民法典》规定，夫妻双方自愿离婚的，应当签订书面离婚协议，并亲自到婚姻登记机关申请离婚登记。离婚协议应当载明双方自愿离婚的意思表示和对子女抚养、财产以及债务处理等事项协商一致的意见。

本案中，邹某与熊某自愿离婚，首先应当签订书面离婚协议，之后双方带齐相关资料到婚姻登记机关办理离婚登记手续。通常来说，自愿离婚需要准备的资料包括：户口簿、身份证、结婚证、离婚协议书 3 份、二寸照片 2 张。需要提醒的是，离婚必须是本人亲力亲为的，不能由其他人代为办理。

【法条链接】

《民法典》第一千零七十六条　夫妻双方自愿离婚的，应当签订书面离婚协议，并亲自到婚姻登记机关申请离婚登记。

离婚协议应当载明双方自愿离婚的意思表示和对子女抚养、财产以及债务处理等事项协商一致的意见。

261."离婚冷静期"是什么?

【情景案例】

金某与陆某于2013年10月登记结婚。2021年1月5日,因金某有婚外情,陆某提出离婚。次日,两人到民政部门提交离婚登记申请,但被工作人员告知30日后才能申请发给离婚证,并称这30日是"离婚冷静期"。

请问:什么是"离婚冷静期"?

【律师解答】

离婚是人生大事,不能草率。为此,我国《民法典》规定,自婚姻登记机关收到离婚登记申请之日起30日内,任何一方不愿意离婚的,可以向婚姻登记机关撤回离婚登记申请。前款规定期限届满后30日内,双方应当亲自到婚姻登记机关申请发给离婚证;未申请的,视为撤回离婚登记申请。这就是《民法典》婚姻家庭编中新设立的"离婚冷静期"制度。通俗来说,"离婚冷静期"制度主要包括以下两点:

(1)夫妻两人现在想协议离婚,不像之前那样到民政局当天就可以拿到离婚证,而是需要经过30日的冷静期。在这30日内,任何一方都可以撤回离婚申请。

(2)冷静期届满后,夫妻两人必须在30日内亲自去民政局办理离婚登记;若超过30日未办理,视为双方撤回离婚申请。

【法条链接】

《民法典》第一千零七十七条　自婚姻登记机关收到离婚登记申请之日起三十日内,任何一方不愿意离婚的,可以向婚姻登记机关撤回离婚登记申请。

前款规定期限届满后三十日内,双方应当亲自到婚姻登记机关申请发给离婚证;未申请的,视为撤回离婚登记申请。

262.夫妻一方不同意离婚,另一方应如何申请离婚?

【情景案例】

孔某与崔某系共同生活7年的夫妻,婚后育有一子。2020年3月,孔某失业后,染上了赌博的恶习,与社会闲散人员来往较多。崔某多次劝说,孔某无任何改变,两人的关系变得紧张。2021年4月,崔某提出离婚,但孔某坚决不同意。

请问:崔某应如何申请离婚?

【律师解答】

我国《民法典》规定，夫妻一方要求离婚的，可以直接向人民法院提起离婚诉讼。人民法院审理离婚案件，应当进行调解；如果感情确已破裂，调解无效的，应当准予离婚。有赌博、吸毒等恶习屡教不改，调解无效的，应当准予离婚。

本案中，如果孔某不同意离婚，崔某只能通过向法院提起离婚诉讼来达到离婚的目的。如果崔某能举证证明孔某存在赌博的恶习且屡教不改，法院一般会判决离婚。

【法条链接】

《民法典》第一千零七十九条　夫妻一方要求离婚的，可以由有关组织进行调解或者直接向人民法院提起离婚诉讼。

人民法院审理离婚案件，应当进行调解；如果感情确已破裂，调解无效的，应当准予离婚。

有下列情形之一，调解无效的，应当准予离婚：

（一）重婚或者与他人同居；

（二）实施家庭暴力或者虐待、遗弃家庭成员；

（三）有赌博、吸毒等恶习屡教不改；

（四）因感情不和分居满二年；

（五）其他导致夫妻感情破裂的情形。

一方被宣告失踪，另一方提起离婚诉讼的，应当准予离婚。

经人民法院判决不准离婚后，双方又分居满一年，一方再次提起离婚诉讼的，应当准予离婚。

263. 委托律师后，离婚诉讼的当事人可以不出庭吗？

【情景案例】

2017 年 8 月，康某与毛某登记结婚。婚后，毛某生下一个女儿。由于康某在外地工作，女儿主要由毛某照顾。2021 年 1 月，毛某得知康某与前女友在其上班所在地同居，十分生气，于是向康某提出离婚，但康某不同意。无奈之下，毛某向法院提起离婚诉讼。康某收到起诉状后，委托邱律师为其诉讼代理人。

请问：康某委托律师后，可以不出庭吗？

【律师解答】

我国法律规定，离婚案件有诉讼代理人的，本人除不能表达意思的以外，仍应出庭;确因特殊情况无法出庭的,必须向人民法院提交书面意见。

本案中,康某是一位正常的成年人,无精神类疾病,也不存在其他导致其意识模糊或行动不便的情况,根据我国法律对离婚案件的要求,本人即便委托诉讼代理人,也应亲自出庭参与庭审。因为婚姻案件的特殊性,存在双方感情是否破裂的审查内容,而对于当事人的情感主观感受及生活细节,需要当事人亲自出庭才能便于法庭查明案件事实,判断是否属于感情完全破裂无法和好的情形,从而认定是否属于法定离婚的情况。故即使康某已委托律师,但由于婚姻案件涉及人身关系的处理,康某仍然应出庭参与庭审,除非存在确实无法出庭的特殊情况(对特殊情况应向法庭提交本人的书面意见),否则康某不出席庭审,则法庭因无法审查康某与毛某之间的感情问题,进而无法判断双方是否感情破裂,是否已经达到法定离婚的标准。所以若康某不出席庭审,则法官通常会判决不予离婚。但司法实践中,在某一些法院,如果同一原告多次诉讼,被告均已成功送达的情况下,若被告仍然缺席,也可能判决离婚。

同时提示,根据我国法律规定,存在特殊情况的,离婚案件的当事人可以不出庭。具体情况如下:第一,不能表达意志的无行为能力的离婚当事人可以不出庭,由法定代理人或者委托诉讼代理人出庭参加诉讼(而且无须提交书面意见)。第二,能表达意志的完全行为能力的离婚当事人确因特殊情况无法出庭的,可以委托诉讼代理人出庭参加诉讼,但其本人必须向法院提交关于离婚内容的书面意见。特殊情况一般认定为行动不便、重大疾病、特殊工种等情况。

【法条链接】

《民事诉讼法》第六十五条 离婚案件有诉讼代理人的,本人除不能表达意思的以外,仍应出庭;确因特殊情况无法出庭的,必须向人民法院提交书面意见。

264. 分居2年后,法院一定判决离婚吗?

【情景案例】

秦某与江某通过网络认识,于2018年3月登记结婚。婚后,江某因病共花费医疗费8万元。出院后,因家中没有积蓄,两人因经济问题经常吵架,偶尔还会打架。2018年12月,江某回娘家生活,其间两人一直没有联系。2021年1月,江某向法院提起离婚诉讼。

请问:秦某与江某分居已满2年,法院一定判决离婚吗?

【律师解答】

我国《民法典》规定,因感情不和分居满2年调解无效的,应当准予离婚。

本案中，江某因感情不和与秦某分居已满2年，如果法院调解无效，应当判决准予离婚。

【法条链接】

《民法典》第一千零七十九条第三款　有下列情形之一，调解无效的，应当准予离婚：

……

（四）因感情不和分居满二年；

……

265.配偶下落不明2年以上的，如何离婚？

【情景案例】

史某5年前由四川到广东打工，此后杳无音信。妻子顾某多次报警救助，但公安机关协助寻找也找不到人。2021年6月，在家人的劝说下，顾某想与侯某另组家庭，但由于史某一直找不到，顾某不知道怎么离婚。

请问：顾某如何才能解除与史某的婚姻关系？

【律师解答】

我国《民法典》规定，一方被宣告失踪，另一方提起离婚诉讼的，应当准予离婚。《最高人民法院关于适用〈中华人民共和国民事诉讼法〉的解释》规定，夫妻一方下落不明，另一方诉至人民法院，只要求离婚，不申请宣告下落不明人失踪或者死亡的案件，人民法院应当受理，对下落不明人公告送达诉讼文书。

本案中，由于史某失踪2年以上，符合宣告失踪的条件，顾某可以先向法院申请宣告史某失踪，再请求法院判决双方离婚。另外，顾某也可以不申请宣告史某失踪，直接向法院提起离婚诉讼。

【法条链接】

《民法典》第一千零七十九条第四款　一方被宣告失踪，另一方提起离婚诉讼的，应当准予离婚。

《最高人民法院关于适用〈中华人民共和国民事诉讼法〉的解释》第二百一十七条　夫妻一方下落不明，另一方诉至人民法院，只要求离婚，不申请宣告下落不明人失踪或者死亡的案件，人民法院应当受理，对下落不明人公告送达诉讼文书。

266. 配偶是现役军人，离婚有什么特殊规定？

【情景案例】

2018年6月，邵某与孟某登记结婚，婚后两人感情甚好。但由于邵某长期在外省的部队驻地生活，几个月才能回家一次。聚少离多，两人关系慢慢变得冷淡。这样的日子持续了3年，孟某终于向法院提出离婚诉讼，但是邵某坚持不肯离婚。

请问：孟某的离婚请求能否得到法院的支持？

【律师解答】

我国《民法典》规定，现役军人的配偶要求离婚，应当征得军人同意，但是军人一方有重大过错的除外。这一规定是为了确保军人婚姻家庭的稳定，免除军人的后顾之忧。

本案中，邵某是现役军人，由于没有重大过错，故除非其同意，否则孟某的离婚请求不能得到法院的支持。

【法条链接】

《民法典》第一千零八十一条　现役军人的配偶要求离婚，应当征得军人同意，但是军人一方有重大过错的除外。

267. 离婚后子女应当由谁抚养？

【情景案例】

万某与段某于2019年1月结婚。2020年1月，段某生下儿子小万。2021年5月，因万某有外遇，段某提出离婚。万某同意离婚，但提出小孩必须由其抚养，遭到段某拒绝。段某认为，孩子不满2岁，应当由母亲抚养。

请问：小万应当由谁抚养？

【律师解答】

我国《民法典》规定，离婚后，父母对于子女仍有抚养、教育、保护的权利和义务。离婚后，不满2周岁的子女，以由母亲直接抚养为原则。已满2周岁的子女，父母双方对抚养问题协议不成的，由人民法院根据双方的具体情况，按照最有利于未成年子女的原则判决。子女已满8周岁的，应当尊重其真实意愿。

本案中，由于小万不满2周岁，原则上应当由段某抚养。

【法条链接】

《民法典》第一千零八十四条 父母与子女间的关系,不因父母离婚而消除。离婚后,子女无论由父或者母直接抚养,仍是父母双方的子女。

离婚后,父母对于子女仍有抚养、教育、保护的权利和义务。

离婚后,不满两周岁的子女,以由母亲直接抚养为原则。已满两周岁的子女,父母双方对抚养问题协议不成的,由人民法院根据双方的具体情况,按照最有利于未成年子女的原则判决。子女已满八周岁的,应当尊重其真实意愿。

268. 抚养费的数额如何确定?

【情景案例】

雷某与钱某于2018年1月结婚,婚后育有一女小花。2021年5月,两人因家庭琐事发生矛盾,经协商,两人均同意离婚。雷某同意小花跟钱某生活,但二人在抚养费的问题上产生分歧。雷某在某国有企业上班,月工资8000元,但只同意每月支付1000元的抚养费。

请问:雷某应当支付多少抚养费?

【律师解答】

我国《民法典》规定,离婚后,子女由一方直接抚养的,另一方应当负担部分或者全部抚养费。负担费用的多少和期限的长短,由双方协议;协议不成的,由人民法院判决。《最高人民法院关于适用〈中华人民共和国民法典〉婚姻家庭编的解释(一)》规定,抚养费的数额,可以根据子女的实际需要、父母双方的负担能力和当地的实际生活水平确定。有固定收入的,抚养费一般可以按其月总收入的20%~30%的比例给付。有特殊情况的,可以适当提高或者降低上述比例。

本案中,雷某的固定收入为8000元/月,抚养费一般按其月总收入的20%~30%的比例给付,也就是每月1600元到2400元。除非雷某有特殊情况可适当降低比例,否则法院一般会在这个范围内确定抚养费的数额。

【法条链接】

《民法典》第一千零八十五条 离婚后,子女由一方直接抚养的,另一方应当负担部分或者全部抚养费。负担费用的多少和期限的长短,由双方协议;协议不成的,由人民法院判决。

前款规定的协议或者判决,不妨碍子女在必要时向父母任何一方提出超过协议或者判决原定数额的合理要求。

《最高人民法院关于适用〈中华人民共和国民法典〉婚姻家庭编的解释(一)》第四十二条 民法典第一千零六十七条所称“抚养费”,包括子女生活费、教育费、医疗费等费用。

第四十九条 抚养费的数额,可以根据子女的实际需要、父母双方的负担能力和当地的实际生活水平确定。

有固定收入的,抚养费一般可以按其月总收入的百分之二十至三十的比例给付。负担两个以上子女抚养费的,比例可以适当提高,但一般不得超过月总收入的百分之五十。

无固定收入的,抚养费的数额可以依据当年总收入或者同行业平均收入,参照上述比例确定。

有特殊情况的,可以适当提高或者降低上述比例。

269. 人工授精出生的小孩在父母离婚后,可以要求支付抚养费吗?

【情景案例】

王某与张某婚后一直没有小孩。经多方咨询,两人决定用人工授精方式生育子女。2010年8月,在医生的指导下,张某生下儿子阿贵。2019年1月,王某与张某因感情不和离婚,阿贵由张某抚养。2021年3月,为减轻母亲的压力,阿贵找王某要抚养费,但遭到拒绝。王某认为,阿贵是人工授精生下来的,其不用支付抚养费。

请问:王某需要给阿贵支付抚养费吗?

【律师解答】

我国《民法典》规定,父母不履行抚养义务的,未成年子女或者不能独立生活的成年子女,有要求父母给付抚养费的权利。《最高人民法院关于适用〈中华人民共和国民法典〉婚姻家庭编的解释(一)》第四十条规定,婚姻关系存续期间,夫妻双方一致同意进行人工授精,所生子女应视为婚生子女,父母子女间的权利义务关系适用《民法典》的有关规定。

本案中,阿贵是王某与张某通过人工授精生下的子女,应视为婚生子女,即王某是阿贵的亲生父亲,对阿贵具有抚养义务。在王某与张某离婚后,由于阿贵由张某抚养,王某应当依法支付抚养费。需要说明的是,对于要求王某支付抚养费的请求权,可以由阿贵提出,也可以由阿贵的法定代理人张某提出。

【法条链接】

《民法典》第一千零六十七条第一款 父母不履行抚养义务的,未成年子女或者不能独立生活的成年子女，有要求父母给付抚养费的权利。

《最高人民法院关于适用〈中华人民共和国民法典〉婚姻家庭编的解释（一）》第四十条　婚姻关系存续期间，夫妻双方一致同意进行人工授精，所生子女应视为婚生子女，父母子女间的权利义务关系适用民法典的有关规定。

270. 夫妻离婚后，继父母对继子女有抚养义务吗？

【情景案例】

汤某离婚后，3 岁的小汤随其生活。之后，汤某与尹某结婚。由于尹某不能生育，故其将小汤当成亲儿子抚养，十分用心。但在小汤 8 岁时，因性格不合，尹某对汤某提出离婚。汤某同意离婚，但要求尹某每月支付 800 元抚养费，遭到拒绝。尹某认为，小汤不是其亲生儿子，其无须支付抚养费。

请问：尹某需要给小汤支付抚养费吗？

【律师解答】

《最高人民法院关于适用〈中华人民共和国民法典〉婚姻家庭编的解释（一）》规定，生父与继母离婚或者生母与继父离婚时，对曾受其抚养教育的继子女，继父或者继母不同意继续抚养的，仍应由生父或者生母抚养。

本案中，小汤不是尹某亲生的，在尹某与汤某离婚后，尹某无须给小汤支付抚养费。

【法条链接】

《最高人民法院关于适用〈中华人民共和国民法典〉婚姻家庭编的解释（一）》第五十四条　生父与继母离婚或者生母与继父离婚时，对曾受其抚养教育的继子女，继父或者继母不同意继续抚养的，仍应由生父或者生母抚养。

271. 离婚时双方都要房屋，怎么办？

【情景案例】

2011 年 3 月，黎某与易某登记结婚。婚后，两人共同生育一个儿子小黎并购买了一套房屋。因黎某有外遇，易某于 2021 年 6 月向法院提起离婚诉讼。在诉讼期间，两人都主张房屋归自己所有，9 岁的小黎明确表示跟随易某生活。

请问：法院应当判处房屋归谁所有？

【律师解答】

《最高人民法院关于适用〈中华人民共和国民法典〉婚姻家庭编的解释（一）》规定，双方对夫妻共同财产中的房屋价值及归属无法达成协议时，一方主张房屋所有权的，由评估机构按市场价格对房屋作出评估，取得房屋所有权的一方应当给予另一方相应的补偿。通常来说，补偿费用是房屋评估价格的一半。

实务中，如果夫妻双方在离婚时都想要房屋，法院通常会根据以下因素作出判决：

(1)孩子归谁抚养。一般情况下，孩子归谁抚养，房子判归谁的可能性会较大。

(2)照顾无过错一方。如一方存在重婚、与他人同居、实施家庭暴力、虐待、遗弃家庭成员或有其他重大过错，为考虑无过错方的利益，法院会酌情考虑将房屋判给无过错一方。

(3)如果双方条件相同，又没有小孩，法院可能会采用竞价方式解决房屋归属，即把房屋判给出价高的一方，另一方拿折价款。

本案中，9岁的小黎在庭审时表示跟随易某生活，这表明小黎应当由易某抚养。另外，黎某存在与他人同居的过错，故法院将房屋判给易某的可能性较大。

【法条链接】

《民法典》第一千零八十四条第三款　离婚后，不满两周岁的子女，以由母亲直接抚养为原则。已满两周岁的子女，父母双方对抚养问题协议不成的，由人民法院根据双方的具体情况，按照最有利于未成年子女的原则判决。子女已满八周岁的，应当尊重其真实意愿。

第一千零九十一条　有下列情形之一，导致离婚的，无过错方有权请求损害赔偿：

（一）重婚；

（二）与他人同居；

（三）实施家庭暴力；

（四）虐待、遗弃家庭成员；

（五）有其他重大过错。

《最高人民法院关于适用〈中华人民共和国民法典〉婚姻家庭编的解释（一）》第七十六条　双方对夫妻共同财产中的房屋价值及归属无法达成协议时，人民法院按以下情形分别处理：

（一）双方均主张房屋所有权并且同意竞价取得的，应当准许；

（二）一方主张房屋所有权的，由评估机构按市场价格对房屋作出评估，取得房屋所有权的一方应当给予另一方相应的补偿；

（三）双方均不主张房屋所有权的，根据当事人的申请拍卖、变卖房屋，就所得价款进行分割。

272. 夫妻一方继承的财产，在离婚时应如何处理？

【情景案例】

常某与张某于2015年结婚。2018年8月，张某的父亲去世，张某继承了父亲留下的一间房屋。2021年3月，因常某好赌且屡教不改，张某向法院提起离婚诉讼。在诉讼期间，常某提出要分割张某继承的房屋，但张某坚决不同意。张某认为，房屋是其父亲留给她的，应当属于其个人财产。

请问：张某继承的房屋是夫妻共同财产吗？

【律师解答】

我国《民法典》规定，夫妻在婚姻关系存续期间所得的继承财产，为夫妻的共同财产，归夫妻共同所有。但遗嘱确定只归一方的财产，为夫妻一方的个人财产。

本案中，张某继承的房屋并非遗嘱确定只归其所有的个人财产，故房屋属于夫妻共同财产。

【法条链接】

《民法典》第一千零六十二条　夫妻在婚姻关系存续期间所得的下列财产，为夫妻的共同财产，归夫妻共同所有：

（一）工资、奖金、劳务报酬；

（二）生产、经营、投资的收益；

（三）知识产权的收益；

（四）继承或者受赠的财产，但是本法第一千零六十三条第三项规定的除外；

（五）其他应当归共同所有的财产。

夫妻对共同财产，有平等的处理权。

第一千零六十三条　下列财产为夫妻一方的个人财产：

（一）一方的婚前财产；

（二）一方因受到人身损害获得的赔偿或者补偿；

（三）遗嘱或者赠与合同中确定只归一方的财产；

（四）一方专用的生活用品；

（五）其他应当归一方的财产。

273. 出轨“净身出户”的忠诚协议，有效吗？

【情景案例】

乔某与贺某于2017年登记结婚。2021年2月，贺某发现乔某出轨，于是提出离婚。乔某向贺某承认错误，还写了一份《忠诚协议》，内容为：“我保证今后不再出轨，如果再次犯错则同意离婚，并自愿放弃包括房屋在内的所有财产。”看到乔某的诚意，贺某原谅了乔某，两人均在协议上签字。

请问：双方签订的《忠诚协议》有效吗？

【律师解答】

我国《民法典》规定，夫妻双方应当忠实，且男女双方可以约定婚姻关系存续期间所得的财产以及婚前财产归各自所有、共同所有或者部分各自所有、部分共同所有。约定应当采用书面形式。

本案中，乔某向贺某书写的《忠诚协议》中关于财产的处理，一般可以认定为有效，也符合我国法律对夫妻自行处理自由财产的规定，但若该类协议中存在对夫妻一方的人身限制，则会被认定为无效。即如果《忠诚协议》仅仅是夫妻双方对婚姻关系存续期间或离婚后的财产归属做约定，则该约定有效；但如果《忠诚协议》涉及财产与人身关系关联，则可能无效，如约定“提出离婚的一方则必须净身出户”，类似这样的条款在一定程度上限制夫妻一方离婚自由的权利，所以会认定为无效条款。

对于夫妻之间书写的忠诚类协议，在法律上没有直接的规定，是因为该类协议的内容可能因与法律规定的“结婚自由”“离婚自由”相冲突，所以对存在人身关系的约束而被认为是无效的约定。而对于单纯财务处理的部分可以是夫妻双方对共同财产的处理意思表示，只要协议是自愿签署的，一般能得到法律的支持。虽然目前学界对于夫妻之间形成的“忠诚协议”的部分条款存在争议，但司法实践中一般认可夫妻在忠诚协议中自愿对财产处理的内容。鉴于此，为避免协议内容因违反法律规定而在司法认定上存在障碍，若涉及夫妻共同财产的处理，建议夫妻双方签署婚内财产协议或离婚协议，仅针对财产归属作处理更为妥当。

【法条链接】

《民法典》第一千零四十三条 家庭应当树立优良家风，弘扬家庭美德，重视家庭文明建设。

夫妻应当互相忠实，互相尊重，互相关爱；家庭成员应当敬老爱幼，互相帮助，维护平等、和睦、文明的婚姻家庭关系。

第一千零六十五条 男女双方可以约定婚姻关系存续期间所得的财产以及婚前

财产归各自所有、共同所有或者部分各自所有、部分共同所有。约定应当采用书面形式。没有约定或者约定不明确的,适用本法第一千零六十二条、第一千零六十三条的规定。

夫妻对婚姻关系存续期间所得的财产以及婚前财产的约定,对双方具有法律约束力。

夫妻对婚姻关系存续期间所得的财产约定归各自所有,夫或者妻一方对外所负的债务,相对人知道该约定的,以夫或者妻一方的个人财产清偿。

274. 离婚后,夫妻的共同债务还要偿还吗?

【情景案例】

2021 年 3 月,法院判决赖某与龚某离婚,并对双方的财产进行了分割。早在 2020 年 4 月,赖某与龚某一起向庞某借款 10 万元用于房屋装修,并出具了借条,承诺在 1 年内偿还。借款到期后,庞某在催债时才知两人已被法院判决离婚。由于两人均不同意还款,庞某遂诉至法院,要求两人共同偿还借款。

请问:庞某的请求能得到法院支持吗?

【律师解答】

我国《民法典》及相关司法解释规定,离婚时夫妻共同债务应当共同偿还。人民法院生效判决已经对夫妻财产分割问题作出处理的,债权人仍有权就夫妻共同债务向男女双方主张权利。

本案中,虽然赖某与龚某已被法院判决离婚,但庞某有权就两人所欠的 10 万元的债务主张权利,其请求能得到法院支持。

【法条链接】

《最高人民法院关于适用〈中华人民共和国民法典〉婚姻家庭编的解释(一)》第三十五条　当事人的离婚协议或者人民法院生效判决、裁定、调解书已经对夫妻财产分割问题作出处理的,债权人仍有权就夫妻共同债务向男女双方主张权利。

一方就夫妻共同债务承担清偿责任后,主张由另一方按照离婚协议或者人民法院的法律文书承担相应债务的,人民法院应予支持。

《民法典》第一千零八十九条　离婚时,夫妻共同债务应当共同偿还。共同财产不足清偿或者财产归各自所有的,由双方协议清偿;协议不成的,由人民法院判决。

275. 离婚时一方生活有困难，可要求另一方提供帮助吗？

【情景案例】

樊某大学毕业后在一家外企上班，年薪10万元。2010年，樊某以自己的名义购买了一套房屋。次年，樊某与殷某结婚，婚后生育一子一女。2018年3月，殷某在开摩托车时不慎摔倒受伤致残，丧失了劳动能力。之后，殷某性格大变，经常因琐事与樊某吵架。2021年4月，樊某向法院提起离婚诉讼。诉讼期间，殷某同意离婚，但提出自己无经济收入又无住所，希望樊某能够提供帮助。

请问：殷某的请求能得到法院支持吗？

【律师解答】

我国《民法典》规定，离婚时，如果一方生活困难，有负担能力的另一方应当给予适当帮助。具体办法由双方协议；协议不成的，由人民法院判决。

本案中，由于殷某受伤致残且丧失劳动能力，在无经济收入、无住所的情况下，有稳定收入的樊某在离婚时应当给予适当帮助。关于帮助的方式，可以是住房，也可以是金钱或其他财产。如果以金钱作为帮助方式，法院通常会判决由另一方一次性提供一定数额的金钱进行帮助。

【法条链接】

《民法典》第一千零九十条 离婚时，如果一方生活困难，有负担能力的另一方应当给予适当帮助。具体办法由双方协议；协议不成的，由人民法院判决。

276. 离婚时无过错方可要求多分财产吗？

【情景案例】

温某与季某已结婚多年，两人育有一子。2020年3月开始，温某迷上赌博，两人矛盾不断。2021年1月10日，两人因家事琐事发生争吵，一气之下，温某用铁棍猛打季某。季某当场报警，到医院鉴定属轻微伤。出院后，季某到法院起诉离婚，并主张温某有过错，只能分得夫妻共同财产的40%。

请问：季某的请求能得到法院支持吗？

【律师解答】

我国《民法典》规定，实施家庭暴力导致离婚的，无过错方有权请求损害赔偿。

本案中,温某在婚姻关系存续期间对季某实施家庭暴力,由于季某是无过错方,其有权请求法院给予适当照顾和偏向。至于温某分得夫妻共同财产的比例是否为40%,法院会根据实际情况作出合理裁量。

【法条链接】

《民法典》第一千零九十一条 有下列情形之一,导致离婚的,无过错方有权请求损害赔偿:

(一)重婚;

(二)与他人同居;

(三)实施家庭暴力;

(四)虐待、遗弃家庭成员;

(五)有其他重大过错。

277.全职太太在离婚时可以要求补偿吗?

【情景案例】

章某与鲁某婚后育有一子一女。鲁某生育之前在某外企上班,工作稳定。小孩出生后,为照顾小孩与家里的老人,鲁某辞去工作,一心在家当家庭主妇。7年后,两人因性格不合决定自愿离婚。鲁某认为,自己牺牲工作一心照顾家庭,应该得到相应补偿,但遭到章某拒绝。协商无果后,鲁某诉至法院。

请问:鲁某在离婚时可以得到相应补偿吗?

【律师解答】

我国《民法典》规定,夫妻一方因抚育子女、照料老年人、协助另一方工作等负担较多义务的,离婚时有权向另一方请求补偿,另一方应当给予补偿。具体办法由双方协议;协议不成的,由人民法院判决。

本案中,鲁某为照顾小孩与家里的老人负担较多义务,其在离婚时有权向章某请求补偿,章某应当给予补偿。

【法条链接】

《民法典》第一千零八十八条 夫妻一方因抚育子女、照料老年人、协助另一方工作等负担较多义务的,离婚时有权向另一方请求补偿,另一方应当给予补偿。具体办法由双方协议;协议不成的,由人民法院判决。

278. 离婚时发现一方转移夫妻共同财产，怎么办？

【情景案例】

葛某与伍某结婚多年，育有一女。因性格不合，伍某于2021年3月10日向葛某提起离婚，但遭到拒绝。为预防万一，葛某次日将其多年积蓄30万元转移到其父亲名下。3月13日，伍某整理衣柜时无意中发现上述转款凭证，十分生气，但不知如何是好。

请问：伍某应当如何维权？

【律师解答】

我国《民法典》规定，夫妻一方隐藏、转移、变卖、毁损、挥霍夫妻共同财产，或者伪造夫妻共同债务企图侵占另一方财产的，在离婚分割夫妻共同财产时，对该方可以少分或者不分。

本案中，葛某的30万元积蓄属于夫妻共同财产，其将积蓄转移到父亲名下，侵犯了伍某的合法权益。伍某在向法院提起离婚诉时，可主张葛某少分或不分夫妻共同财产。

【法条链接】

《民法典》第一千零九十二条 夫妻一方隐藏、转移、变卖、毁损、挥霍夫妻共同财产，或者伪造夫妻共同债务企图侵占另一方财产的，在离婚分割夫妻共同财产时，对该方可以少分或者不分。离婚后，另一方发现有上述行为的，可以向人民法院提起诉讼，请求再次分割夫妻共同财产。

279. 无民事行为能力人的成年人如何离婚？

【情景案例】

韦某与申某通过相关认识，于2015年登记结婚。2021年1月，韦某因车祸受到重伤，后被诊断为植物人状态。申某照顾韦某2年后，感到身心疲惫；在家人的劝说下，其决定与韦某离婚。韦某的父母也体会到申某的难处，也不强留申某。但由于韦某现在是无民事行为能力人，申某不知道如何才能解除双方婚姻关系。

请问：申某如何才能解除与韦某的婚姻关系？

【律师解答】

我国《婚姻登记条例》规定，无民事行为能力人办理离婚登记的，婚姻登记机关不予受理。《民法典》规定，不能辨认自己行为的成年人为无民事行为能力人，由其法定代理人代理实施民事法律行为。由此可见，无民事行为能力的成年人要进行诉讼离婚，该诉讼法律行为应该由其法定代理人实施。

本案中，由于韦某系无民事行为能力人，故不能通过到婚姻登记机关登记离婚的方式离婚，只能通过诉讼方式进行离婚。另由于韦某系无民事行为能力人，其诉讼法律行为由韦某的父母代为实施即可。

【法条链接】

《民法典》第二十一条　不能辨认自己行为的成年人为无民事行为能力人，由其法定代理人代理实施民事法律行为。

八周岁以上的未成年人不能辨认自己行为的，适用前款规定。

第二十八条　无民事行为能力或者限制民事行为能力的成年人，由下列有监护能力的人按顺序担任监护人：

（一）配偶；

（二）父母、子女；

（三）其他近亲属；

（四）其他愿意担任监护人的个人或者组织，但是须经被监护人住所地的居民委员会、村民委员会或者民政部门同意。

《婚姻登记条例》第十二条　办理离婚登记的当事人有下列情形之一的，婚姻登记机关不予受理：

（一）未达成离婚协议的；

（二）属于无民事行为能力人或者限制民事行为能力人的；

（三）其结婚登记不是在中国内地办理的。

五、收　　养

280. 没有签订收养协议，有什么法律后果？

【情景案例】

尤某与毕某于2019年登记结婚。因毕某不能生育，两人决定收养小聂为养子，但一直未到民政部门办理收养登记手续。村委会得知此事后，建议尤某尽快办理收养登记手续，但尤某一直未放在心上。尤某认为，其与小聂的父母已签订《收养协议》，小聂在协议签订后就是其孩子。

请问：尤某与小聂的收养关系成立了吗？

【律师解答】

我国《民法典》规定，收养应当向县级以上人民政府民政部门登记。收养关系自登记之日起成立。实务中，我国有较多收养关系未办理收养登记手续，属于事实收养关系，不受法律保护。

本案中，尤某与小聂的收养关系没有办理收养登记手续，收养关系不成立。

【法条链接】

《民法典》第一千一百零五条 收养应当向县级以上人民政府民政部门登记。收养关系自登记之日起成立。

收养查找不到生父母的未成年人的，办理登记的民政部门应当在登记前予以公告。

收养关系当事人愿意签订收养协议的，可以签订收养协议。

收养关系当事人各方或者一方要求办理收养公证的，应当办理收养公证。

县级以上人民政府民政部门应当依法进行收养评估。

281. 生父母欲送养子女，可由夫妻中的一方单独送养吗？

【情景案例】

焦某与向某于2019年登记结婚。婚后不久，向某生下一女。由于焦某很想要一个男孩，但向某第二胎生下的仍是女孩。在向某出外打工期间，焦某擅自决定将小女儿送给他人收养，并到民政部门办理了收养登记。向某得知后十分伤心，要求收养人返还小女儿，否则将诉至法院。

请问：向某能要回小女儿吗？

【律师解答】

我国《民法典》规定，生父母送养子女，应当双方共同送养。生父母一方不明或者查找不到的，可以单方送养。

本案中，焦某瞒着向某单独将小女儿送与他人收养的行为是无效的，故向某可以要回小女儿。

【法条链接】

《民法典》第一千零九十七条 生父母送养子女，应当双方共同送养。生父母一方不明或者查找不到的,可以单方送养。

第一千一百一十三条　有本法第一编关于民事法律行为无效规定情形或者违反本编规定的收养行为无效。

无效的收养行为自始没有法律约束力。

282. 养子女可以变更姓氏吗?

【情景案例】

柳某与王某结婚多年,一直没有小孩。王某多方求医,还是未能如愿怀孕。2020年5月,王某的表妹张某未婚生育了一个男孩。2021年3月,由于张某与男友分手,两人都不想抚养该男孩,故提出将孩子送养给王某。王某和柳某见到孩子后十分喜欢,决定收养这个孩子。但柳某提出要求,孩子以后要跟自己的姓。

请问:孩子可以跟柳某的姓吗?

【律师解答】

在中国人的传统观念里,姓氏代表着传承、宗亲、血缘,将收养的孩子改成收养人的姓氏有利于家庭和睦。我国《民法典》规定,养子女可以随养父或者养母的姓氏,经当事人协商一致,也可以保留原姓氏。

本案中,柳某收养孩子后,孩子可以跟柳某的姓。

【法条链接】

《民法典》第一千一百一十二条　养子女可以随养父或者养母的姓氏,经当事人协商一致,也可以保留原姓氏。

《户口登记条例》第十八条　公民变更姓名,依照下列规定办理:

1. 未满十八周岁的人需要变更姓名的时候,由本人或者父母、收养人向户口登记机关申请变更登记;

2. 十八周岁以上的人需要变更姓名的时候,由本人向户口登记机关申请变更登记。

283. 养父母与成年养子女关系恶化,可以解除收养关系吗?

【情景案例】

李某与刘某结婚多年,一直没有孩子。经商量,两人决定收养小强为养子。

李某与刘某夫妇对小强悉心照顾，供其读书。但小强长大后不念养育之恩，不仅没有报答李某夫妇，还经常向李某夫妇要钱赌博，不给钱就打骂他们，甚至用刀威胁。李某夫妇对小强十分失望，打算解除与小强的收养关系。

请问：李某夫妇可与小强解除收养关系吗？

【律师解答】

我国《民法典》规定，养父母与成年养子女关系恶化、无法共同生活的，可以协议解除收养关系。不能达成协议的，可以向人民法院提起诉讼。

本案中，小强长大后经常向李某夫妇要钱赌博，不给钱就打骂，甚至用刀威胁，表明李某夫妇与小强的关系恶化、无法共同生活，故李某夫妇可与小强协议解除收养关系。不能达成协议的，李某夫妇可以向人民法院提起诉讼。

【法条链接】

《民法典》第一千一百一十五条　养父母与成年养子女关系恶化、无法共同生活的，可以协议解除收养关系。不能达成协议的，可以向人民法院提起诉讼。

第一千一百一十六条　当事人协议解除收养关系的，应当到民政部门办理解除收养关系登记。

第一千一百一十八条　收养关系解除后，经养父母抚养的成年养子女，对缺乏劳动能力又缺乏生活来源的养父母，应当给付生活费。因养子女成年后虐待、遗弃养父母而解除收养关系的，养父母可以要求养子女补偿收养期间支出的抚养费。

生父母要求解除收养关系的，养父母可以要求生父母适当补偿收养期间支出的抚养费；但是，因养父母虐待、遗弃养子女而解除收养关系的除外。

284. 收养人存在虐待养子女的行为，送养人可以解除收养关系吗？

【情景案例】

2018 年 9 月，赵某将 5 岁的女儿小花送养给杨某。由于杨某家境富裕，赵某本想让小花过上更好的生活。令赵某没想到的是，杨某十分偏心，对自己亲生孩子非常好，对小花十分冷漠，且经常殴打小花。于是，赵某找到杨某，以杨某虐待小花为由，提出解除收养关系。

请问：赵某可以解除收养关系吗？

【律师解答】

我国《民法典》规定，收养人不履行抚养义务，有虐待、遗弃等侵害未成年养子女合法权益行为的，送养人有权要求解除养父母与养子女间的收养关系。送养人、收养人不能达成解除收养关系协议的，可以向人民法院提起诉讼。

本案中，由于杨某存在虐待小花的行为，赵某有权要求解除收养关系。

【法条链接】

《民法典》第一千一百一十四条 收养人在被收养人成年以前，不得解除收养关系，但是收养人、送养人双方协议解除的除外。养子女八周岁以上的，应当征得本人同意。

收养人不履行抚养义务，有虐待、遗弃等侵害未成年养子女合法权益行为的，送养人有权要求解除养父母与养子女间的收养关系。送养人、收养人不能达成解除收养关系协议的，可以向人民法院提起诉讼。

285. 无配偶者可以收养异性子女吗？

【情景案例】

黄某是一位不婚主义者，事业有成。年轻时黄某谈过几次恋爱，由于其不想结婚，所有女友都离他而去。直到 38 岁时，黄某感觉生活有点空虚，于是想收养一名女孩与父母共同生活。

请问：黄某可以收养一名女孩吗？

【律师解答】

我国《民法典》规定，无配偶者收养异性子女的，收养人与被收养人的年龄应当相差 40 周岁以上。收养三代以内旁系同辈血亲的子女，可以不受上述规定限制。

本案中，由于黄某才 38 岁，故其暂时不可以收养一名女孩，除非该女孩是黄某三代以内旁系同辈血亲的女儿。

【法条链接】

《民法典》第一千一百零二条 无配偶者收养异性子女的，收养人与被收养人的年龄应当相差四十周岁以上。

第一千零九十九条 收养三代以内旁系同辈血亲的子女，可以不受本法第一千零九十三条第三项、第一千零九十四条第三项和第一千一百零二条规定的限制。

华侨收养三代以内旁系同辈血亲的子女，还可以不受本法第一千零九十八条第一项规定的限制。

286. 养父母离婚后，不与养子女共同生活的一方，还有抚养义务吗？

【情景案例】

阿丽是周某与吴某夫妇收养的孩子。周某与吴某将阿丽当作亲生女儿抚养，对其悉心照顾。直至阿丽9岁时，周某与吴某因性格不合自愿离婚。两人对于阿丽由吴某抚养没有分歧，但对于周某是否要给阿丽支付抚养费产生分歧。周某认为，阿丽不是其亲生女儿，其无须再支付抚养费。

请问：周某需要给阿丽支付抚养费吗？

【律师解答】

我国《民法典》规定，自收养关系成立之日起，养父母与养子女间的权利义务关系，适用该法关于父母子女关系的规定。

本案中，阿丽虽然不是周某的亲生女儿，但自收养关系成立之日起，周某应当履行法律上对生父规定的义务。在周某与吴某离婚后，如果阿丽由吴某抚养，周某需要给阿丽支付抚养费。

【法条链接】

《民法典》第一千零八十五条第一款　离婚后，子女由一方直接抚养的，另一方应当负担部分或者全部抚养费。负担费用的多少和期限的长短，由双方协议；协议不成的，由人民法院判决。

第一千一百一十一条　自收养关系成立之日起，养父母与养子女间的权利义务关系，适用本法关于父母子女关系的规定；养子女与养父母的近亲属间的权利义务关系，适用本法关于子女与父母的近亲属关系的规定。

养子女与生父母以及其他近亲属间的权利义务关系，因收养关系的成立而消除。

第六章
继承法律问题

一、一 般 规 定

287. 有限责任公司的股东资格可以继承吗?

【情景案例】

甲是某公司的股东,持股20%。2021年3月2日,甲因病去世,其生前立下遗嘱,内容为:"我所持某公司20%的股权由儿子乙一人继承。"3月10日,乙请求某公司给自己办理股权变更登记手续,但遭拒绝。经查,某公司的章程对继承人继承股东资格没有作出限制。

请问:乙可以继承甲的股东资格吗?

【律师解答】

我国《公司法》规定,自然人股东死亡后,其合法继承人可以继承股东资格;但是,公司章程另有规定的除外。由此可见,自然人股东的合法继承在人可以继承股东资格,同时也允许公司章程对合法继承人继承股东资格作出限制。

本案中,某公司的章程对继承人继承股东资格没有作出限制,因此,甲去世后,乙可以继承其股东资格。

【法条链接】

《公司法》第七十五条 自然人股东死亡后,其合法继承人可以继承股东资格;但是,公司章程另有规定的除外。

288. 人身保险的保险金可以作为遗产继承吗?

【情景案例】

王某生前在某保险公司投保了一份人身意外保险,指定其妻子为受益人。2021年1月9日晚上,王某在开摩托车时不小心跌倒,因伤势过重死亡。之后,保险公司赔偿了50万元保险金。

请问:该保险金可以作为遗产被继承吗?

【律师解答】

我国《民法典》规定,遗产是自然人死亡时遗留的个人合法财产。依照法律规定或者根据其性质不得继承的遗产,不得继承。

人身保险通常会涉及受益人的问题,如果人身险指定了受益人,则被保险人死亡后,保险金应支付给受益人;如果未指明受益人,被保险人的法定继承人推定为受益人。因此,被保险人死亡后,受益人应得的保险金不能列入遗产范围,不能作为遗产继承,因为保险金的所有权为受益人所有。

本案中,王某投保时指定妻子为受益人,其死亡后获得的50万元保险金不能列入遗产范围,不能作为遗产继承。

【法条链接】

《民法典》第一千一百二十二条 遗产是自然人死亡时遗留的个人合法财产。

依照法律规定或者根据其性质不得继承的遗产,不得继承。

289. 死亡抚恤金是否属于遗产?

【情景案例】

张某于2001年入职甲公司,一直担任技术总监一职。2021年3月,张某在出差过程中因病去世。为此,甲公司按规定为其发了6万元抚恤金。

请问:该抚恤金是否属于张某的遗产?

【律师解答】

我国《民法典》规定,遗产是自然人死亡时遗留的个人合法财产。依照法律规定或者根据其性质不得继承的遗产,不得继承。

抚恤金是死者生前单位或有关民政部门发放给死者家属的费用,具有抚恤性质。

也就是说,抚恤金并不是发给死者的,而是发给死者家属的,应由受抚恤的家属直接享有,不能作为死者的遗产由继承人继承。

本案中,甲公司发放的6万元抚恤金应由张某的家属直接享有,不属于张某的遗产。

【法条链接】

《民法典》第一千一百二十二条　遗产是自然人死亡时遗留的个人合法财产。

依照法律规定或者根据其性质不得继承的遗产,不得继承。

290. 遗嘱继承优先于法定继承吗?

【情景案例】

刘某是一位80多岁的老人,妻子已去世,有一子一女。刘某在临终前立下一份遗嘱,主要内容为:"本人的所有财产由儿子甲继承。"刘某去世后,女儿乙认为刘某的遗嘱没有法律效力,自己应当继承父亲一半的遗产。

请问:乙可以继承刘某的遗产吗?

【律师解答】

遗嘱继承指根据被继承人生前所立的合法有效遗嘱,由指定的特定继承人继承遗产。需要区别的是,遗赠,是指被继承人以立遗嘱的形式将遗产交由继承人以外的人继承。我国《民法典》规定,继承开始后,按照法定继承办理;有遗嘱的,按照遗嘱继承或者遗赠办理。

本案中,刘某立遗嘱将财产赠给甲,乙不能继承刘某的遗产。

【法条链接】

《民法典》第一千一百二十三条　继承开始后,按照法定继承办理;有遗嘱的,按照遗嘱继承或者遗赠办理;有遗赠扶养协议的,按照协议办理。

291. 继承人可以放弃继承吗?

【情景案例】

甲是非农业户口,2021年3月因病去世,生前与第一任妻子生有一儿子乙,与第二任妻子丙生有一女儿丁。甲生前留有一间价值50万元的房屋与10万元银行存款，生前没有立下遗嘱。丙、丁愿意继承甲的遗产，但乙由于对甲怀有恨意，不愿意接受这笔遗产。

请问：乙可以放弃继承甲的遗产吗？

【律师解答】

我国《民法典》规定，继承开始后，继承人放弃继承的，应当在遗产处理前，以书面形式作出放弃继承的表示；没有表示的，视为接受继承。由此可见，继承人只有在期限内以书面形式明确作出放弃继承的表示，放弃继承才有效。

本案中，乙可以放弃继承甲的遗产，但须在遗产处理前以书面形式作出放弃继承的表示。

如果甲欠戊100万元的债务，在其去世后，乙、丙、丁都表示放弃继承甲的遗产，戊可以寻求遗产管理人的帮助，以实现自己的债权。具体如下：

(1)由于甲生前没有立下遗嘱，乙、丙、丁都表示放弃继承甲的遗产，故属于《民法典》第一千一百四十五条规定的“没有继承人或者继承人均放弃继承的，由被继承人生前住所地的民政部门担任遗产管理人”情形，此时应当由甲生前住所地的民政部门担任遗产管理人。故戊可请求甲生前住所地的民政部门担任遗产管理人，由其用甲生前遗留下的财产来清偿甲的债务。

(2)如果甲生前住所地的民政部门怠于履行遗产管理人职责，导致甲的债权无法实现，甲可根据《民法典》第一千一百四十八条的规定，请求民政部门承担赔偿责任。

【法条链接】

《民法典》第一千一百四十五条 继承开始后，遗嘱执行人为遗产管理人；没有遗嘱执行人的，继承人应当及时推选遗产管理人；继承人未推选的，由继承人共同担任遗产管理人；没有继承人或者继承人均放弃继承的，由被继承人生前住所地的民政部门或者村民委员会担任遗产管理人。

第一千一百四十七条 遗产管理人应当履行下列职责：

(一)清理遗产并制作遗产清单；

(二)向继承人报告遗产情况；

(三)采取必要措施防止遗产毁损、灭失；

(四)处理被继承人的债权债务；

(五)按照遗嘱或者依照法律规定分割遗产；

(六)实施与管理遗产有关的其他必要行为。

第一千一百四十八条 遗产管理人应当依法履行职责，因故意或者重大过失造成继承人、受遗赠人、债权人损害的，应当承担民事责任。

第一千一百二十四条　继承开始后，继承人放弃继承的，应当在遗产处理前，以书面形式作出放弃继承的表示；没有表示的，视为接受继承。

受遗赠人应当在知道受遗赠后六十日内，作出接受或者放弃受遗赠的表示；到期没有表示的，视为放弃受遗赠。

292. 子女虐待父母的，还能继承遗产吗？

【情景案例】

赵大爷的老伴去世早，为了不影响女儿大赵与儿子小赵的成长，其始终没有再婚。长大后的小赵好赌，经常在赌输后向赵大爷要钱，赵大爷不给就对其拳打脚踢，有时甚至用刀进行威胁。有一次，小赵打断了赵大爷一根肋骨，在村里传得沸沸扬扬。赵大爷去世后，大赵与小赵因继承父亲的遗产问题产生争议。大赵认为，父亲生前主要由其赡养，小赵经常虐待父亲，故小赵不能继承父亲的遗产。

请问：小赵能继承赵大爷的遗产吗？

【律师解答】

我国《民法典》规定，虐待被继承人情节严重的丧失继承权。《最高人民法院关于适用〈中华人民共和国民法典〉继承编的解释（一）》规定，关于"虐待被继承人情节严重"，可以从实施虐待行为的时间、手段、后果和社会影响等方面认定。虐待被继承人情节严重的，无论是否追究刑事责任，均可确认其丧失继承权。

本案中，小赵对赵大爷长期存在虐待行为，甚至用刀对其进行威胁，从实施的时间、手段和社会影响等方面可认定为情节严重，其应当丧失继承权，不能继承赵大爷的遗产。

【法条链接】

《民法典》第一千一百二十五条　继承人有下列行为之一的，丧失继承权：

（一）故意杀害被继承人；

（二）为争夺遗产而杀害其他继承人；

（三）遗弃被继承人，或者虐待被继承人情节严重；

（四）伪造、篡改、隐匿或者销毁遗嘱，情节严重；

（五）以欺诈、胁迫手段迫使或者妨碍被继承人设立、变更或者撤回遗嘱，情节严重。

继承人有前款第三项至第五项行为，确有悔改表现，被继承人表示宽恕或者事后在遗嘱中将其列为继承人的，该继承人不丧失继承权。

受遗赠人有本条第一款规定行为的，丧失受遗赠权。

《最高人民法院关于适用〈中华人民共和国民法典〉继承编的解释（一）》第六条 继承人是否符合民法典第一千一百二十五条第一款第三项规定的“虐待被继承人情节严重”，可以从实施虐待行为的时间、手段、后果和社会影响等方面认定。

虐待被继承人情节严重的，不论是否追究刑事责任，均可确认其丧失继承权。

二、法定继承

293. 没有遗嘱的法定继承，如何确定继承人顺序？

【情景案例】

杨某是一位民营企业家，与妻子赵某生有一子小杨，父母健在，有一位弟弟。在一次出差过程中，杨某因发生交通事故不幸身亡，但他去世前没有立遗嘱。由于杨某拥有上亿资产，杨某的父母、弟弟都想继承杨某的遗产，但遭到赵某的反对。赵某认为，杨某的遗产应由其与小杨继承。

请问：法律对此是如何规定的？

【律师解答】

我国《民法典》规定，遗产按照下列顺序继承：（1）第一顺序：配偶、子女、父母；（2）第二顺序：兄弟姐妹、祖父母、外祖父母。继承开始后，由第一顺序继承人继承，第二顺序继承人不继承；没有第一顺序继承人继承的，由第二顺序继承人继承。

本案中，遗产应由排在第一顺序的赵某、小杨与杨某的父母继承，杨某的弟弟不能继承杨某的遗产。

【法条链接】

《民法典》第一千一百二十七条 遗产按照下列顺序继承：

（一）第一顺序：配偶、子女、父母；

（二）第二顺序：兄弟姐妹、祖父母、外祖父母。

继承开始后，由第一顺序继承人继承，第二顺序继承人不继承；没有第一顺序继承人继承的，由第二顺序继承人继承。

本编所称子女，包括婚生子女、非婚生子女、养子女和有扶养关系的继子女。

本编所称父母，包括生父母、养父母和有扶养关系的继父母。

本编所称兄弟姐妹，包括同父母的兄弟姐妹、同父异母或者同母异父的兄弟姐妹、养兄弟姐妹、有扶养关系的继兄弟姐妹。

第一千一百三十条　同一顺序继承人继承遗产的份额，一般应当均等。

对生活有特殊困难又缺乏劳动能力的继承人，分配遗产时，应当予以照顾。

对被继承人尽了主要扶养义务或者与被继承人共同生活的继承人，分配遗产时，可以多分。

有扶养能力和有扶养条件的继承人，不尽扶养义务的，分配遗产时，应当不分或者少分。

继承人协商同意的，也可以不均等。

294. 父亲先于爷爷去世，孙子可继承爷爷的遗产吗？

【情景案例】

2020 年 8 月 1 日，阿强的父亲与奶奶因车祸同时去世。2021 年 3 月 10 日，阿强的爷爷因病去世。爷爷在去世时留下存款 30 万元。阿强有一个叔叔，其认为阿强是孙子，无权继承爷爷的遗产。

请问：阿强可以继承爷爷的遗产吗？

【律师解答】

我国《民法典》规定，被继承人的子女先于被继承人死亡的，由被继承人的子女的直系晚辈血亲代位继承。代位继承人一般只能继承被代位继承人有权继承的遗产份额。

本案中，阿强的父亲先于爷爷去世，阿强作为爷爷的子女的直系晚辈血亲，可以继承爷爷的遗产，但一般只能继承其父亲有权继承的遗产份额。

【法条链接】

《民法典》第一千一百二十八条　被继承人的子女先于被继承人死亡的，由被继承人的子女的直系晚辈血亲代位继承。

被继承人的兄弟姐妹先于被继承人死亡的，由被继承人的兄弟姐妹的子女代位继承。

代位继承人一般只能继承被代位继承人有权继承的遗产份额。

295. 继子女可继承继父母的遗产吗?

【情景案例】

黄某离婚后,6岁的小黄随黄某生活,小黄的母亲张某每月给其1000元生活费。之后,黄某与周某结婚。婚后,周某由于不能生育,将小黄当作自己的亲生儿子一样照顾,尽心尽力地抚养小黄。小黄20岁时,周某因中风丧失劳动能力,小黄一直照顾周某,且每月给周某支付2500元生活费。5年后,周某因病去世,留下的遗产包括婚前购买的一套房屋与20万元银行存款。

请问:小黄可以继承周某的遗产吗?

【律师解答】

我国《民法典》第一千一百二十七条规定,配偶、子女、父母是第一顺序继承人;子女包括婚生子女、非婚生子女、养子女和有扶养关系的继子女。由此可见,当继子女与继父母形成扶养关系,继子女就有权继承继父母的遗产,如继子女受继父母经济上的供养、继子女在继济上供养继父母等情形,均可认定继父母与继子女之间形成扶养关系。

本案中,周某对小黄尽到抚养义务,小黄在长大后对周某尽到了赡养义务,因此双方实际形成了实际的抚养关系,小黄可以继承周某的遗产。需要说明的是,小黄继承周某的遗产后,不影响其继承亲生母亲张某的遗产。

【法条链接】

《民法典》第一千一百二十七条 遗产按照下列顺序继承:

(一)第一顺序:配偶、子女、父母;

(二)第二顺序:兄弟姐妹、祖父母、外祖父母。

继承开始后,由第一顺序继承人继承,第二顺序继承人不继承;没有第一顺序继承人继承的,由第二顺序继承人继承。

本编所称子女,包括婚生子女、非婚生子女、养子女和有扶养关系的继子女。

本编所称父母,包括生父母、养父母和有扶养关系的继父母。

本编所称兄弟姐妹,包括同父母的兄弟姐妹、同父异母或者同母异父的兄弟姐妹、养兄弟姐妹、有扶养关系的继兄弟姐妹。

《最高人民法院关于适用〈中华人民共和国民法典〉继承编的解释(一)》第十一条 继子女继承了继父母遗产的,不影响其继承生父母的遗产。

继父母继承了继子女遗产的,不影响其继承生子女的遗产。

296. 丧偶儿媳可成为公婆的第一顺序继承人吗?

【情景案例】

吴某与徐某(女)结婚之后,吴某外出打工,由徐某在家照顾儿子与公婆。结婚10年后,吴某的父亲因交通事故去世,生前没有立下遗嘱,留下15万元的遗产。

请问:徐某可以继承吴某父亲的遗产吗?

【律师解答】

我国《民法典》规定,丧偶儿媳对公婆,丧偶女婿对岳父母,尽了主要赡养义务的,作为第一顺序继承人。

本案中,徐某对吴某父亲尽了主要赡养义务,可以作为第一顺序继承人继承吴某父亲的遗产。

【法条链接】

《民法典》第一千一百二十九条 丧偶儿媳对公婆,丧偶女婿对岳父母,尽了主要赡养义务的,作为第一顺序继承人。

297. 养子女有权继承生父母的遗产吗?

【情景案例】

孙某和胡某婚后生下两个儿子大孙和小孙。由于表哥朱某无子女,在小孙5岁时,孙某决定将小孙送给朱某收养,并办理了合法的收养手续。虽然身为养子,但是在小孙的意识中,孙某和胡某才是其生父母。2021年1月,孙某去世,小孙与大孙就遗产分配产生了纠纷。大孙认为,小孙已送养给朱某,且小孙对父亲没有尽过扶养义务,因此其无权继承父亲的遗产。

请问:小孙可以继承孙某的遗产吗?

【律师解答】

《最高人民法院关于适用〈中华人民共和国民法典〉继承编的解释(一)》第十条规定,被收养人对生父母扶养较多的还可以依照《民法典》第一千一百三十一条的规定分得生父母适当的遗产。《民法典》第一千一百三十一条规定,对继承人以外的依靠被继承人扶养的人,或者继承人以外的对被继承人扶养较多的人,可以分给适当的遗产。

本案中,小孙被朱某收养后,没有对生父孙某进行扶养,因此其不能分得孙某的财产。

【法条链接】

《民法典》第一千一百三十一条　对继承人以外的依靠被继承人扶养的人，或者继承人以外的对被继承人扶养较多的人，可以分给适当的遗产。

《最高人民法院关于适用〈中华人民共和国民法典〉继承编的解释（一）》第十条　被收养人对养父母尽了赡养义务，同时又对生父母扶养较多的，除可以依照民法典第一千一百二十七条的规定继承养父母的遗产外，还可以依照民法典第一千一百三十一条的规定分得生父母适当的遗产。

298. 侄子可以继承叔叔的遗产吗？

【情景案例】

甲、乙是亲兄弟，甲是哥哥，乙是弟弟，两人的父母、祖父母、外祖父母很早去世，两人相依为命。甲结婚后生有一子丙。乙由于忙于事业，一直未婚。2017 年 5 月，甲因病去世。2021 年 3 月，乙因一起交通事故死亡，留下 5000 万元的巨额遗产。

请问：丙可以继承乙的遗产吗？

【律师解答】

我国《民法典》第一千一百二十七条规定，遗产按照下列顺序继承：（1）第一顺序：配偶、子女、父母；（2）第二顺序：兄弟姐妹、祖父母、外祖父母。第一千一百二十八条规定，被继承人的兄弟姐妹先于被继承人死亡的，由被继承人的兄弟姐妹的子女代位继承。

本案中，乙的父母很早去世且其本人没有结婚，故其没有第一顺序继承人。在第二顺序继承人中，甲先于乙死亡，应当由甲的儿子丙代位继承乙的遗产。

【法条链接】

《民法典》第一千一百二十七条　遗产按照下列顺序继承：

（一）第一顺序：配偶、子女、父母；

（二）第二顺序：兄弟姐妹、祖父母、外祖父母。

继承开始后，由第一顺序继承人继承，第二顺序继承人不继承；没有第一顺序继承人继承的，由第二顺序继承人继承。

本编所称子女，包括婚生子女、非婚生子女、养子女和有扶养关系的继子女。

本编所称父母，包括生父母、养父母和有扶养关系的继父母。

本编所称兄弟姐妹，包括同父母的兄弟姐妹、同父异母或者同母异父的兄弟姐妹、养兄弟姐妹、有扶养关系的继兄弟姐妹。

第一千一百二十八条第二款　被继承人的兄弟姐妹先于被继承人死亡的，由被继承人的兄弟姐妹的子女代位继承。

299. 父债需要子还吗？

【情景案例】

高某向林某借款 8 万元，留有借条一张。之后，高某因病去世，留下 3 万元遗产。为此，林某要求高某的儿子小高还款。小高表示，其已放弃继承父亲的遗产，故不应承担父亲的债务。

请问：小高需要对高某欠林某的债务承担责任吗？

【律师解答】

我国《民法典》规定，继承人以所得遗产实际价值为限清偿被继承人依法应当缴纳的税款和债务。超过遗产实际价值部分，继承人自愿偿还的不在此限。继承人放弃继承的，对被继承人依法应当缴纳的税款和债务可以不负清偿责任。由此可见，父亲与儿子是两个独立的民事主体，子女不需要承担父亲的债务。

本案中，小高明确表示放弃继承高某的遗产，故无须对高某欠林某的债务承担还款责任。需要说明的是，如果小高未放弃继承遗产，对于超过遗产 3 万元的部分债务，小高可以不用偿还。

【法条链接】

《民法典》第一千一百六十一条　继承人以所得遗产实际价值为限清偿被继承人依法应当缴纳的税款和债务。超过遗产实际价值部分，继承人自愿偿还的不在此限。

继承人放弃继承的，对被继承人依法应当缴纳的税款和债务可以不负清偿责任。

300. 遗产都是平均分配吗？

【情景案例】

80 岁的崔爷爷于 2021 年 3 月 20 日去世，生前没有立遗嘱，留下 30 万元存款。崔爷爷的妻子已去世多年，其有三个儿子甲、乙、丙。在崔爷爷去世前，主要由甲、乙轮流扶养崔爷爷。丙是一个自私自利的人，家境富有，但从来没有对崔爷爷尽过赡养义务，其生病时也从不去探望。崔爷爷去世后，丙要求平均分配父亲的遗产，但遭到甲的拒绝。丙认为，遗产都是平均分配的，甲的反对无效。

请问：丙的说法符合我国法律规定吗？

【律师解答】

我国《民法典》规定，同一顺序继承人继承遗产的份额，一般应当均等。对被继承人尽了主要扶养义务或者与被继承人共同生活的继承人，分配遗产时，可以多分。有扶养能力和有扶养条件的继承人，不尽扶养义务的，分配遗产时，应当不分或者少分。

本案中，丙家境富有但从来没有对崔爷爷尽过赡养义务，分配遗产时，应当不分或者少分，故丙的说法不符合我国法律规定。

【法条链接】

《民法典》第一千一百三十条 同一顺序继承人继承遗产的份额，一般应当均等。

对生活有特殊困难又缺乏劳动能力的继承人，分配遗产时，应当予以照顾。

对被继承人尽了主要扶养义务或者与被继承人共同生活的继承人，分配遗产时，可以多分。

有扶养能力和有扶养条件的继承人，不尽扶养义务的，分配遗产时，应当不分或者少分。

继承人协商同意的，也可以不均等。

301.依靠被继承人抚养的人，可以分得遗产吗？

【情景案例】

毛某和邱某是邻居，两人关系甚好。邱某早年离异，独自一人带着儿子阿华生活。后来邱某因病去世，留下仅有6岁的阿华。此后，毛某一直抚养阿华长大，供他上学。在阿华10岁时，毛某因病去世。毛某育有两子一女，留下20万元的银行存款，未留有遗嘱。

请问：阿华可以分得毛某的遗产吗？

【律师解答】

我国《民法典》规定，对继承人以外的依靠被继承人扶养的人，或者继承人以外的对被继承人扶养较多的人，可以分给适当的遗产。

本案中，阿华系依靠毛某扶养的人，虽然两人没有血缘关系，但在毛某去世后，阿华可以适当分得遗产。阿华分得的遗产，按具体情况可以多于或少于继承人分得的遗产。

【法条链接】

《民法典》第一千一百三十一条　对继承人以外的依靠被继承人扶养的人，或者继承人以外的对被继承人扶养较多的人，可以分给适当的遗产。

三、遗嘱继承与遗赠

302. 有多份遗嘱，应以哪一份为准？

【情景案例】

林某去世后留下三份遗嘱，第一份遗嘱写明将房屋留给长子。由于长子事业有成，于是林某立下第二份遗嘱，遗嘱写明将房屋留给次子。由于次子对林某不孝顺，最后林某立下第三份遗嘱，遗嘱写明将房屋留给小儿子。林某去世后，兄弟三人各以其中一份遗嘱为准争夺房产，发生纠纷。

请问：林某留下的三份遗嘱，以哪一份为准？

【律师解答】

我国《民法典》规定，立有数份遗嘱，内容相抵触的，以最后的遗嘱为准。

本案中，林某立有三份遗嘱，由于每份遗嘱的内容不一样，应以第三份遗嘱为准。

【法条链接】

《民法典》第一千一百四十二条　遗嘱人可以撤回、变更自己所立的遗嘱。

立遗嘱后，遗嘱人实施与遗嘱内容相反的民事法律行为的，视为对遗嘱相关内容的撤回。

立有数份遗嘱，内容相抵触的，以最后的遗嘱为准。

303. 公证遗嘱的效力优先吗？

【情景案例】

何某因病去世，留下妻子郭某与两个儿子相依为命，现两儿子已成家立业。郭某去世前，曾到某公证处设立了公证遗嘱，内容是将其名下一套自住房屋留给大何。后郭某生病时，大何对其不闻不问，由小何照顾郭某的起居。之后，郭某又立一份自书遗嘱，将自己名下的自住房屋留给小何，但没有去公证机构撤销公证遗嘱。现郭某已去世，大何与小何因房屋继承发生争议。

请问：郭某的房屋应当由谁继承？

【律师解答】

我国《民法典》规定，公证遗嘱由遗嘱人经公证机构办理。立有数份遗嘱，内容相抵触的，以最后的遗嘱为准。

遗嘱公证，是指公民生前对自己的财产作出安排，并经国家公证机关公证，于死亡时立即发生法律效力的法律行为。进行遗嘱公证，可向立遗嘱人提供法律上的保障，对预防和减少纠纷具有积极的作用。需要说明的是，随着时代的发展，原《继承法》中将公证遗嘱效力作为优先原则的规定已经不能满足人们的日常需求，我国《民法典》已将公证遗嘱效力优先的相关条文删除，公证遗嘱不再具有优先效力，在有多份真实合法的遗嘱并且内容相突时，判定遗嘱效力时，以最后一份遗嘱为准。

本案中，郭某立下两份遗嘱，第一份是公证遗嘱，第二份是自书遗嘱。由于公证遗嘱已失去效力优先性，故以第二份自书遗嘱为准，即郭某的房屋应当由小何继承。

【法条链接】

《民法典》第一千一百三十九条 公证遗嘱由遗嘱人经公证机构办理。

第一千一百四十二条第三款 立有数份遗嘱，内容相抵触的，以最后的遗嘱为准。

304. 口头遗嘱会失效吗？

【情景案例】

马某被车撞后受重伤，由于伤情严重，要马上进行开颅手术。由于手术有较大风险，马某担心去世后家人会因财产分配问题发生纷争，于是在手术前叫来两位医生作见证人，立下口头遗嘱。之后，手术顺利，马某身体很快恢复了。

请问：马某立下的口头遗嘱有效吗？

【律师解答】

我国《民法典》规定，遗嘱人在危急情况下，可以立口头遗嘱。口头遗嘱应当有两个以上见证人在场见证。危急情况消除后，遗嘱人能够以书面或者录音录像形式立遗嘱的，所立的口头遗嘱无效。

本案中，马某在危急情况下立的口头遗嘱有效，但现在危急情况已消除，且马某能够以书面或者录音录像形式立遗嘱，故马某所立的口头遗嘱无效。

【法条链接】

《民法典》第一千一百三十八条　遗嘱人在危急情况下，可以立口头遗嘱。口头遗嘱应当有两个以上见证人在场见证。危急情况消除后，遗嘱人能够以书面或者录音录像形式立遗嘱的，所立的口头遗嘱无效。

305. 打印遗嘱是否有效？

【情景案例】

罗某与梁女士婚后生有一子。2021 年 1 月 5 日，罗某在两位邻居在场见证的情况下立了一份打印遗嘱（仅一页纸），遗嘱上写明：自己去世后，其婚前购买房屋由儿子小罗继承。该遗嘱打印完成后，罗某亲笔签名并注明年、月、日；两位邻居也在遗嘱上签名并注明年、月、日。3 月 5 日，罗某因病去世。

请问：罗某所立的打印遗嘱有效吗？

【律师解答】

打印遗嘱指的是遗嘱人通过电脑制作，用打印机打印出来的遗嘱。打印遗嘱是新增加的法定遗嘱形式，是新技术发展及电脑普及运用的产物，其突破了遗嘱主要以手写形态出现的局限。我国《民法典》规定，打印遗嘱应当有两个以上见证人在场见证。遗嘱人和见证人应当在遗嘱每一页签名，注明年、月、日。

本案中，罗某所立的打印遗嘱有两位邻居在场见证，且罗某和两位邻居均在遗嘱上签名并注明年、月、日，故其所立的打印遗嘱有效。需要注意的是，如果打印遗嘱是多页纸的，遗嘱人和见证人必须在遗嘱每一页上签名并注明年、月、日，以证明该遗嘱为遗嘱人的真实意愿，否则所立的打印遗嘱无效。

【法条链接】

《民法典》第一千一百三十六条　打印遗嘱应当有两个以上见证人在场见证。遗嘱人和见证人应当在遗嘱每一页签名，注明年、月、日。

第一千一百四十条　下列人员不能作为遗嘱见证人：

（一）无民事行为能力人、限制民事行为能力人以及其他不具有见证能力的人；

（二）继承人、受遗赠人；

（三）与继承人、受遗赠人有利害关系的人。

306. 近亲属可以作为遗嘱的见证人吗？

【情景案例】

2021 年 1 月 15 日，郑某在一次交通事故中受了重伤。手术前，郑某对着妻子与子女立下口头遗嘱，表示死后全部遗产归其妻子所有。最终，郑某因抢救无效死亡。之后，郑某的妻子与子女就遗产分配事宜产生争议。

请问：郑某所立的口头遗嘱有效吗？

【律师解答】

遗嘱见证人，是指受遗嘱人邀请见证遗嘱的自然人。法律规定遗嘱人订立代书、打印、录音录像、口头遗嘱时应当有两个以上见证人在场见证，是因为上述遗嘱的准确性、可靠性不及自书遗嘱、公证遗嘱，必须要有见证人见证，以保证遗嘱内容是遗嘱人的真实意思表示。我国《民法典》规定，继承人不能作为遗嘱见证人。

本案中，郑某所立口头遗嘱的见证人是妻子与子女，由于郑某的妻子与子女都是继承人，不能作为遗嘱的见证人，因此郑某所立的口头遗嘱无效。需要说明的是说，口头遗嘱无效的，郑某的遗产应当按法定继承处理。

【法条链接】

《民法典》第一千一百四十条 下列人员不能作为遗嘱见证人：

（一）无民事行为能力人、限制民事行为能力人以及其他不具有见证能力的人；

（二）继承人、受遗赠人；

（三）与继承人、受遗赠人有利害关系的人。

307. 遗嘱应当为缺乏劳动能力的继承人保留必要的遗产份额吗？

【情景案例】

韩大爷的妻子去世早，其含辛茹苦将儿子大韩抚养成人。大韩长大后，与唐某结婚并育有一子。2021 年 3 月 9 日，大韩因病去世。去世前几天，其立下遗嘱，将个人全部财产归唐某与儿子小韩所有，一分钱也不给韩大爷留下。此时，韩大爷已 80 多岁，行动不便，无任何经济来源。

请问：韩大爷可要求重新分割大韩的遗产吗？

【律师解答】

我国《民法典》规定，遗嘱应当为缺乏劳动能力又没有生活来源的继承人保留必要的遗产份额。

本案中，由于韩大爷行动不便且无任何经济来源，大韩的遗嘱应当为韩大爷保留必要的财产份额，为其老年生活提供一定程度的保障。综上所述，韩大爷可要求重新分割大韩的遗产；如果唐某与小韩不同意，韩大爷可诉至法院，请求法院判决大韩生前所立的遗嘱无效。

【法条链接】

《民法典》第一千一百四十一条　遗嘱应当为缺乏劳动能力又没有生活来源的继承人保留必要的遗产份额。

308. 伪造遗嘱有什么法律后果？

【情景案例】

冯某的妻子早已去世，留下两个儿子大冯与小冯。在一次交通事故中，小冯受了重伤，丧失劳动能力。2021 年 3 月 2 日，冯某因病去世。冯某留下一套房子和 20 万元存款，但生前并没有立下遗嘱。为将父亲的遗产全部归到自己名下，大冯竟然伪造了一份遗嘱。这份遗嘱让小冯陷入了生活困境。之后，在村委会的调查下，大冯的行为被拆穿了。

请问：大冯要承担什么法律后果？

【律师解答】

我国《民法典》第一千一百二十五条规定，伪造遗嘱情节严重的，丧失继承权。《最高人民法院关于适用〈中华人民共和国民法典〉继承编的解释（一）》第九条规定，继承人伪造遗嘱，侵害了缺乏劳动能力又无生活来源的继承人的利益，并造成其生活困难的，应当认定为《民法典》第一千一百二十五条第一款第（四）项规定的“情节严重”。

本案中，大冯伪造遗嘱造成了丧失劳动能力的小冯陷入生活困境，应认定为情节严重，大冯应当丧失继承权。

【法条链接】

《民法典》第一千一百二十五条 继承人有下列行为之一的，丧失继承权：

（一）故意杀害被继承人；

（二）为争夺遗产而杀害其他继承人；

（三）遗弃被继承人，或者虐待被继承人情节严重；

（四）伪造、篡改、隐匿或者销毁遗嘱，情节严重；

（五）以欺诈、胁迫手段迫使或者妨碍被继承人设立、变更或者撤回遗嘱，情节严重。

继承人有前款第三项至第五项行为，确有悔改表现，被继承人表示宽恕或者事后在遗嘱中将其列为继承人的，该继承人不丧失继承权。

受遗赠人有本条第一款规定行为的，丧失受遗赠权。

《最高人民法院关于适用〈中华人民共和国民法典〉继承编的解释（一）》第九条 继承人伪造、篡改、隐匿或者销毁遗嘱，侵害了缺乏劳动能力又无生活来源的继承人的利益，并造成其生活困难的，应当认定为民法典第一千一百二十五条第一款第四项规定的"情节严重"。

309. 附义务的受遗赠人不履行义务，怎么办？

【情景案例】

董大爷早年离婚，育有一子小董。因小董在省城生活，董大爷不想打扰儿子，于是与邻居萧某签订一份《遗赠扶养协议》，约定：由萧某照顾其晚年生活，董大爷去世后，其自住的房屋赠与萧某。协议签订后，萧某外出打工，没有按约定对董大爷履行照顾义务。董大爷主要依靠儿子每月寄回的钱生活。董大爷去世后，萧某拿出《遗赠扶养协议》，要求继承董大爷的房屋，但遭到小董的强烈反对。协商无果后，萧某诉至法院。

请问：萧某可以继承董大爷的房屋吗？

【律师解答】

我国《民法典》规定，遗嘱继承或者遗赠附有义务的，继承人或者受遗赠人应当履行义务。没有正当理由不履行义务的，经利害关系人或者有关组织请求，人民法院可以取消其接受附义务部分遗产的权利。

本案中，董大爷将房屋赠与萧某属于附有义务的遗赠，由于萧某不按约定履行义务，故其不能继承董大爷的房屋。

【法条链接】

《民法典》第一千一百四十四条　遗嘱继承或者遗赠附有义务的，继承人或者受遗赠人应当履行义务。没有正当理由不履行义务的，经利害关系人或者有关组织请求，人民法院可以取消其接受附义务部分遗产的权利。

310. 丧偶儿媳"不准再嫁"才能继承财产的遗嘱，有效吗？

【情景案例】

刘某与陈某（女）婚后育有一子阿强。阿强出生后不久，刘某因车祸去世。2019年1月，刘某的父亲在病重期间写下遗嘱，内容为："我去世后，现住房屋归陈某所有，但如果陈某再嫁，房屋归我妻子所有。"2021年3月，陈某与杨某登记结婚。对于陈某的再婚，刘某的母亲十分生气，遂将其遂至法院，要求陈某归还房屋。

请问：陈某需要返还已继承的房屋吗？

【律师解答】

我国《民法典》第一千一百四十四条规定，遗嘱继承附有义务的，继承人应当履行义务。没有正当理由不履行义务的，经利害关系人或者有关组织请求，人民法院可以取消其接受附义务部分遗产的权利。第一百一十条规定，自然人享有婚姻自主权。第一千零四十二条规定，禁止干涉婚姻自由的行为。由此可见，婚姻自由是公民的一项基本权利，公民离婚后是否决定再婚，不受任何人的干涉。

本案中，刘某的父亲所立遗嘱中"不准改嫁"的内容限制了陈某的婚姻自由，该内容应属无效。陈某有权按遗嘱的内容继承房屋，不需要给刘某的父母返还房屋。

【法条链接】

《民法典》第一百一十条第一款　自然人享有生命权、身体权、健康权、姓名权、肖像权、名誉权、荣誉权、隐私权、婚姻自主权等权利。

第一千零四十二条第一款　禁止包办、买卖婚姻和其他干涉婚姻自由的行为。禁止借婚姻索取财物。

第一千一百四十四条　遗嘱继承或者遗赠附有义务的，继承人或者受遗赠人应当履行义务。没有正当理由不履行义务的，经利害关系人或者有关组织请求，人民法院可以取消其接受附义务部分遗产的权利。

四、遗产的处理

311. 遗产管理人不依法履行职责造成继承人损害的，需要担责吗？

【情景案例】

程某生前立下遗嘱，指定好友曹某为遗嘱执行人管理其遗产。程某遗产包括房屋2套、银行存款80万元与价值30万元的古董字画一幅。程某去世后，曹某私下将古董字画以3万元的价格出售给其表弟。程某家人得知后，表示反对。

请问：程某家人可要求曹某承担民事责任吗？

【律师解答】

我国《民法典》规定，遗产管理人应当依法履行职责，因故意或者重大过失造成继承人、受遗赠人、债权人损害的，应当承担民事责任。

本案中，曹某私下将古董字画以远低于市场价格出售给其表弟，属于不依法履行职责，其行为给继承人造成了损失，应当承担民事责任。

【法条链接】

《民法典》第一千一百四十八条　遗产管理人应当依法履行职责，因故意或者重大过失造成继承人、受遗赠人、债权人损害的，应当承担民事责任。

312. 继承开始后继承人死亡的，遗产如何处理？

【情景案例】

袁某与邓某婚后养育两个儿子，大儿子名叫大袁，小儿子名叫小袁。2020年5月，大袁与许某结婚，后生下一个女儿叫小许。2021年3月1日，袁某因病去世，留下2间房屋与数十万元遗产。3月2日，大袁在上班途中遭遇车祸，不幸身亡。

请问：小许可以继承袁某的遗产吗？

【律师解答】

我国《民法典》规定，继承开始后，继承人于遗产分割前死亡，并没有放弃继承的，该继承人应当继承的遗产转给其继承人,但是遗嘱另有安排的除外。

本案中,袁某去世后,大袁在袁某的遗产分割前死亡,由于大袁并没有放弃继承,故其应当继承的遗产应当转给其女儿小许继承。

【法条链接】

《民法典》第一千一百五十二条 继承开始后,继承人于遗产分割前死亡,并没有放弃继承的,该继承人应当继承的遗产转给其继承人,但是遗嘱另有安排的除外。

313. 遗赠扶养协议的效力高于法定继承吗?

【情景案例】

傅大爷妻子已去世,儿子小傅已移民美国。为让晚年生活有保障,傅大爷与退伍军人沈某签订一份《遗赠扶养协议》,约定:由沈某照顾其晚年生活,傅大爷去世后,其包括房屋在内的所有遗产沈某所有。之后,沈某一直细心照料傅大爷,直至其去世。小傅回国后才得知该协议,认为自己才是合法继承人,沈某无权继承其父亲的遗产。

请问:沈某可以继承傅大爷的遗产吗?

【律师解答】

遗赠扶养协议是自然人与继承人以外的组织或者个人签订的,由扶养人负责受扶养人的生养殡葬,并享有受遗赠权利的协议。我国《民法典》规定,自然人可以与继承人以外的组织或者个人签订遗赠扶养协议。按照协议,该组织或者个人承担该自然人生养死葬的义务,享有受遗赠的权利。继承开始后,按照法定继承办理;有遗嘱的,按照遗嘱继承或者遗赠办理;有遗赠扶养协议的,按照协议办理。

本案中,沈某属于法定继承人以外的人,且沈某按约定履行了生养死葬的义务,因此沈某可依据《遗赠扶养协议》享有受遗赠的权利。小傅虽然属于第一顺序的法定继人,但沈某与傅大爷之间存在合法有效的《遗赠扶养协议》且其效力高于法定继承。因此,沈某可以继承傅大爷的遗产。

【法条链接】

《民法典》第一千一百五十八条 自然人可以与继承人以外的组织或者个人签订遗赠扶养协议。按照协议,该组织或者个人承担该自然人生养死葬的义务,享有受遗赠的权利。

第一千一百二十三条 继承开始后,按照法定继承办理;有遗嘱的,按照遗嘱继承或者遗赠办理;有遗赠扶养协议的,按照协议办理。

第七章
侵权责任法律问题

一、一 般 规 定

314. 教唆他人侵权，有什么法律后果？

【情景案例】

程某承包了一果园种植砂糖橘，但时常有人夜间偷砂糖橘，程某对此苦恼不已。程某的好友曹某得知此事后，建议程某在果园附近挖陷阱，如果有人偷摘，就会掉进陷阱里，可起到威吓作用。程某听后觉得不错，就在果园周围挖了不少陷阱。之后，路人袁某从此经过时掉进陷阱中，共花医疗费5000元。

请问：曹某需要承担责任吗？

【律师解答】

我国《民法典》规定，教唆、帮助他人实施侵权行为的，应当与行为人承担连带责任。由此可见，教唆人实施教唆行为，教唆人具有教唆主观意图，被教唆人实施了相应侵权行为的，教唆人要与行为人承担连带责任。即受害人可请求行为人或教唆人中的一人或者数人赔偿全部损失。

本案中，曹某教唆程某挖陷阱，造成路人袁某伤害，应当与程某视为共同侵权人，两人应当对袁某的损失承担共同侵权的连带赔偿责任。

【法条链接】

《民法典》第一千一百六十九条 教唆、帮助他人实施侵权行为的，应当与行为人承担连带责任。

教唆、帮助无民事行为能力人、限制民事行为能力人实施侵权行为的，应当承担侵权责任；该无民事行为能力人、限制民事行为能力人的监护人未尽到监护职责的，应当承担相应的责任。

315. 存在多个侵权人，侵权责任应当如何划分？

【情景案例】

王某与林某、周某均系开明中学在读初中学生，简某系林某母亲，周某1系周某父亲。2020年5月11日下午2时许，林某、周某在教学楼5楼参加完小中考集体复习活动后，从东侧楼梯下楼欲回4楼西侧教室上课，双方在4楼走廊东侧，相约以赛跑方式比比谁先到教室。林某先抢跑，周某紧追其后。当林某跑至4楼初一（九）班教室后门时，与此时正从教室后门走出的该班学生王某相撞，导致双方受伤。王某因伤情严重，先后到江苏、北京等医疗机构治疗，共花费医疗费92，712.79元。其中，简某支付2.3万元，开明中学支付5000元。王某认为林某、周某及开明中学对其受伤均具有过错，故诉至法院，要求赔偿其医疗费、营养费、住院伙食补助费等各项损失合计280，488.75元。

请问：林某与周某的侵权责任应当如何划分？

【律师解答】

我国《民法典》规定，二人以上分别实施侵权行为造成同一损害，能够确定责任大小的，各自承担相应的责任；难以确定责任大小的，平均承担责任。

本案中，林某与周某违反“中学生日常行为规范”的规定，相约在教室走廊上赛跑，最终导致林某撞伤王某的严重后果。从行为上看，二致害人的赛跑行为是共同行为，且两致害行为人对其行为所造成的共同损害后果应该预见，因疏忽大意和不注意致使损害后果发生，二人具有共同过失，因此，林某、周某构成共同过失的共同侵权。

共同侵权行为，是指二人或二人以上共同侵害他人的合法权益，依法应当承担连带赔偿责任的侵权行为。共同侵权行为包括共同故意的共同侵权、共同过失的共同侵权以及侵害行为直接结合的共同侵权三种形态。针对共同侵权行为人的责任承担，根据《民法典》第一千一百七十二条的规定，“责任大小”主要包括行为人主观过错程度以及行为对损害造成的原因力大小两个因素。在对具体案件的审理中，应结合具体案情，根据共同侵权行为人主观过错程度和行为对损害结果的原因力大小等因素，综合衡量，依法公平合理地确定共同侵权行为人内部各自的责任份额。当然，在具体的案件中也存在责任大小难以确定的情形，这种情况下，根据法律规定推定各共同侵权人承担同等责任。

本案中，因林某与周某共同商议相约赛跑，在无法确定责任大小的情况下，应由二人对王某的伤害后果，平均承担责任。

【法条链接】

《民法典》第一千一百七十二条 二人以上分别实施侵权行为造成同一损害，能够确定责任大小的，各自承担相应的责任；难以确定责任大小的，平均承担责任。

316. 被侵权人故意放任损害扩大，可减轻侵权人的责任吗？

【情景案例】

沈某承包了3亩鱼塘养鱼。2021年3月10日，沈某从甲公司购买了1000斤鱼饲料。在用该批饲料喂鱼的当天，沈某发现鱼塘有鱼死亡。为让甲公司赔更多的钱，沈某故意不通知甲公司，也没有采取任何措施防止损失扩大。两天后，鱼塘的鱼全部死亡，共计损失8万元。事后经鉴定，鱼死亡是该批饲料质量不合格导致的，如果沈某能及时通知甲公司，损失会大大降低。3月15日，沈某将诉至法院，要求甲公司赔偿损失8万元。

请问：沈某的请求能得到法院支持吗？

【律师解答】

我国《民法典》规定，被侵权人对同一损害的发生或者扩大有过错的，可以减轻侵权人的责任。

本案中，饲料不合格是沈某鱼塘的鱼死亡的原因之一，甲公司存在过错，应当承担相应民事赔偿责任。甲公司在被告知饲料不合格时，应积极要求处理，或者采取其他替代方案进行替换，但沈某却放弃通知甲公司，以致鱼塘的鱼发生大面积死亡，沈某未积极采取补救措施系其鱼塘的鱼死亡的主要原因。对于沈某的故意行为造成的扩大性后果，法律不应支持其赔偿的诉求，沈某的扩大损失系其自己造成的，甲公司对于沈某故意扩大损失的后果无须承担赔偿责任，但问题饲料导致沈某前期的损失，应予以相应的赔偿，且由于出售了问题饲料，沈某也可以参考《消费者权益保护法》予以救济。

【法条链接】

《民法典》第一千一百七十三条 被侵权人对同一损害的发生或者扩大有过错的，可以减轻侵权人的责任。

317. 因第三人过错导致侵权，责任由谁承担？

【情景案例】

彭某开车上班经过人行道时，由于行人吕某违反交通规则以飞快的速度横过马路，彭某为避让吕某而将路边行人苏某撞伤，共花医疗费2万元。之后，苏某将彭某诉至法院，要求赔偿损失。彭某辩称，损害是由吕某造成的，责任应当由吕某承担。经交警认定，吕某承担事故全部责任。

请问：谁应当对苏某的损害承担责任？

【律师解答】

我国《民法典》规定，损害是因第三人造成的，第三人应当承担侵权责任。由此可见，侵权行为是因为第三人的过错，且第三人过错是损害发生的唯一原因，侵权人的行为与损害之间的因果关系即被完全中断，应当由第三人承担全部侵权责任。

本案中，彭某正常在道路上驾驶，没有任何过错，苏某被撞伤是因吕某违反交通规则横过马路造成的，故责任应当由吕某承担。

【法条链接】

《民法典》第一千一百七十五条　损害是因第三人造成的，第三人应当承担侵权责任。

318. 可以要求网站平台删除不实内容吗？

【情景案例】

马某是甲公司的法定代表人。2021年5月10日，甲公司与乙公司因货物质量问题产生争议。协商无果后，乙公司在某知名网站上发布"马某是骗子"的虚假信息，还配有马某的身份证号码与照片。马某发现后，及时联系某网站客服人员要求删除相关内容，但遭到拒绝。

请问：马某可要求某网站删除不实内容吗？

【律师解答】

我国《民法典》规定，网络用户利用网络服务实施侵权行为的，权利人有权通知网络服务提供者采取删除、屏蔽、断开链接等必要措施。网络服务提供者接到通知后，应当及时将该通知转送相关网络用户，并根据构成侵权的初步证据和服务类型采取必要措施；未及时采取必要措施的，对损害的扩大部分与该网络用户承担连带责任。

本案中，乙公司在某网站上发布“马某是骗子”的虚假信息及照片，侵犯了马某的姓名权、名誉权与肖像权，因此马某有权通知某网站删除该内容。需要注意的是，马某向某网站发送通知时要提供侵权证据，如果提供的证据充分，某网站就有义务删除内容，否则要对损害的扩大部分与乙公司承担连带责任。

【法条链接】

《民法典》第一千一百九十五条 网络用户利用网络服务实施侵权行为的，权利人有权通知网络服务提供者采取删除、屏蔽、断开链接等必要措施。通知应当包括构成侵权的初步证据及权利人的真实身份信息。

网络服务提供者接到通知后，应当及时将该通知转送相关网络用户，并根据构成侵权的初步证据和服务类型采取必要措施；未及时采取必要措施的，对损害的扩大部分与该网络用户承担连带责任。

权利人因错误通知造成网络用户或者网络服务提供者损害的，应当承担侵权责任。法律另有规定的，依照其规定。

第一千一百九十七条 网络服务提供者知道或者应当知道网络用户利用其网络服务侵害他人民事权益，未采取必要措施的，与该网络用户承担连带责任。

319. 在打篮球中受伤，可要求损害赔偿吗？

【情景案例】

秦某与江某都是篮球爱好者，两人本互不相识，一个篮球爱好者的“球友群”将两人联系在了一起。2021年5月2日，秦某、江某等人通过“球友群”组织相约一起打球。打球过程中，在秦某进攻、江某防守时，两人发生了肢体的碰撞，秦某不慎受伤倒地。经医院诊断，秦某韧带撕裂，后经专门司法鉴定中心鉴定为九级伤残。

请问：秦某可请求江某承担侵权责任吗？

【律师解答】

自甘风险，是指受害人事先了解做某项行为可能伴随风险、损失或事故，但仍自愿做此行为，并同意自行承担可能的后果。我国《民法典》规定，自愿参加具有一定风险的文体活动，因其他参加者的行为受到损害的，受害人不得请求其他参加者承担侵权责任；但是，其他参加者对损害的发生有故意或者重大过失的除外。

本案中，篮球运动因具有高强度的对抗性而具有较高的危险性，秦某作为一个成年人，且为篮球爱好者，对篮球运动的危险应当具有充分的认识。秦某在打篮球过程中受伤,属于自甘风险,不得请求江某承担侵权责任。需要注意的是,如果江某存在故意或重大过失的情形,是要承担责任的,如江某故意用手将秦某推到,就超出自甘风险范围,需要承担侵权责任。

【法条链接】

《民法典》第一千一百七十六条　自愿参加具有一定风险的文体活动,因其他参加者的行为受到损害的,受害人不得请求其他参加者承担侵权责任;但是,其他参加者对损害的发生有故意或者重大过失的除外。

活动组织者的责任适用本法第一千一百九十八条至第一千二百零一条的规定。

320. 撞人后意图逃走,可以扣留侵权人的财物吗?

【情景案例】

史某是一位退伍军人。2021年4月9日晚上,史某在行走时被顾某逆向行驶的摩托车撞伤。顾某在撞人后意图逃走,于是史某强行扣留顾某的摩托车,不让顾某逃跑。之后,史某立即打"110"报警。

请问:史某扣留顾某的摩托车,构成侵权吗?

【律师解答】

自助行为,是指权利人为保护自己的合法权利,在情势紧迫之下又不能及时请求国家机关予以救助,对他人的财产或人身施加扣押、约束或其他措施,而为法律或社会公德所认可的行为。我国《民法典》规定,合法权益受到侵害,情况紧迫且不能及时获得国家机关保护,不立即采取措施将使其合法权益受到难以弥补的损害的,受害人可以在保护自己合法权益的必要范围内采取扣留侵权人的财物等合理措施;但是,应当立即请求有关国家机关处理。《民法典》增加的自助行为规定填补了我国法律空白,既有利于当事人在民事活动中有效维护自身合法权益,让我们在遇到不法侵害时,免去后顾之忧,有理有据地保护自己的合法权益,也避免侵权事件发生后因追查线索和证据所导致的种种不便。

本案中,顾某在撞史某后意图逃走,由于史某不认识顾某,如果任其走脱,可能无法挽回损失。史某因时间紧迫只能扣留顾某的摩托车,等待交警来处理,以保留其接续实现民事权利的可能性。史某的行为属于自助行为,不需要对顾某承担侵权责任。需要注意的是,自助行为必须把握好尺度,史某不可以因为自己受到损害在先,以自助行为为由强制从顾某身上拿取自认为合理的一定数额的钱财,必须通过交警队调解或向法院起诉的方式获得赔偿。

【法条链接】

《民法典》第一千一百七十七条 合法权益受到侵害，情况紧迫且不能及时获得国家机关保护，不立即采取措施将使其合法权益受到难以弥补的损害的，受害人可以在保护自己合法权益的必要范围内采取扣留侵权人的财物等合理措施；但是，应当立即请求有关国家机关处理。

受害人采取的措施不当造成他人损害的，应当承担侵权责任。

二、损害赔偿

321. 侵权行为造成受害人残疾的，残疾赔偿金如何计算？

【情景案例】

蒋某和房东蔡某（非农业户口）因退房事宜发生矛盾。一气之下，蒋某将40岁的蔡某打成重伤，导致其双眼永久失明，经鉴定构成五级伤残。蔡某出院后，打算起诉蒋某要求赔偿损失，但在写起诉状时不知道如何计算残疾赔偿金。经查，受诉法院所在地上一年度城镇居民人均可支配收入为3万元。

请问：如何计算蔡某的残疾赔偿金？

【律师解答】

人身损害残疾赔偿金是受害人人身遭受了伤残损害，导致残疾，从而影响了劳动能力的情况下，由赔偿义务人对受害人作出的一种财产损失赔偿。我国《民法典》规定，因侵害行为致残的，受害人可以主张残疾赔偿金。《最高人民法院关于审理人身损害赔偿案件适用法律若干问题的解释》第十二条规定，残疾赔偿金根据受害人丧失劳动能力程度或者伤残等级，按照受诉法院所在地上一年度城镇居民人均可支配收入或者农村居民人均纯收入标准，自定残之日起按20年计算。但60周岁以上的，年龄每增加1岁减少1年；75周岁以上的，按5年计算。由此可见，受害人在60岁以下的，城镇居民残疾赔偿金计算标准如下：城镇居民残疾赔偿金＝受诉法院所在地上一年度城镇居民人均可支配收入×20年×伤残赔偿系数。伤残系数根据伤残的等级来确定，对于一级伤残的等级系数是1，二级伤残等级系数是0.9，依次类推。

本案中，蔡某属于城镇居民，其伤残等级为五级，故其残疾赔偿金的计算标准如下：受诉法院所在地上一年度城镇居民人均可支配收入×20年×60%＝3万元×20

年×60%＝36万元。需要说明的是，蔡某除可主张残疾赔偿金外，还可向法院主张医疗费、护理费、交通费、营养费、住院伙食补助费等费用。

长期以来，我国司法实践在同一起司法案件的残疾赔偿金、死亡赔偿金等人身损害赔偿金计算标准上，按城镇户籍和农村户籍区别赔偿，由此往往造成受害人因为城乡身份、地区差异等因素而获得的赔偿数额相差数倍。针对这种做法的缺陷，2019年9月最高人民法院下发《最高人民法院关于授权开展人身损害赔偿标准城乡统一试点的通知》，授权各高级人民法院在辖区内开展人身损害赔偿纠纷案件统一城乡居民赔偿标准试点工作，目前我国已有多个省份实现人身损害赔偿统一标准。为进一步落实中央决策部署，最高人民法院于2021年12月发布《最高人民法院关于修改〈最高人民法院关于审理人身损害赔偿案件适用法律若干问题的解释〉的决定(征求意见稿)》，因此对于人身损害赔偿纠纷案件统一城乡居民赔偿标准的全国实施指日可待。

【法条链接】

《民法典》第一千一百七十九条　侵害他人造成人身损害的，应当赔偿医疗费、护理费、交通费、营养费、住院伙食补助费等为治疗和康复支出的合理费用，以及因误工减少的收入。造成残疾的，还应当赔偿辅助器具费和残疾赔偿金；造成死亡的，还应当赔偿丧葬费和死亡赔偿金。

《最高人民法院关于审理人身损害赔偿案件适用法律若干问题的解释》第十二条　残疾赔偿金根据受害人丧失劳动能力程度或者伤残等级，按照受诉法院所在地上一年度城镇居民人均可支配收入或者农村居民人均纯收入标准，自定残之日起按二十年计算。但六十周岁以上的，年龄每增加一岁减少一年；七十五周岁以上的，按五年计算。

受害人因伤致残但实际收入没有减少，或者伤残等级较轻但造成职业妨害严重影响其劳动就业的，可以对残疾赔偿金作相应调整。

322. 被他人打伤，如何计算损害赔偿金额？

【情景案例】

2021年3月5日17时许，侯某因停车问题与小区保安邵某发生口角，双方相互推搡后被他人劝开。随后，侯某从车上拿出一条铁棍将邵某的头部打伤。经医院诊断，邵某左额头裂伤，后经专门司法鉴定中心鉴定为十级伤残。

请问：邵某应当如何主张损害赔偿金额？

【律师解答】

我国《民法典》规定，侵害他人造成人身损害的，应当赔偿医疗费、护理费、交通费、营养费、住院伙食补助费等为治疗和康复支出的合理费用，以及因误工减少的收入。造成残疾的，还应当赔偿辅助器具费和残疾赔偿金。

本案中，邵某因侯某的侵权行为而受到伤害，并鉴定为十级伤残，依据法律规定，可以向侯某主张侵权赔偿。在侵权行为造成的伤害等级中，依据严重程度从轻到重，依次是十级到一级。十级伤残可以赔偿的范围是：医疗费、误工费、护理费、交通费、营养费、住院伙食补助费、残疾赔偿金等费用。对于十级伤残医疗费的赔偿数额，按照一审法庭辩论终结前实际发生的数额确定。邵某可凭借病历、诊断证明书、入院记录及住院费、门诊费、挂号费、药费的发票/医院正式财政收据等计算费用（只有小票、转账凭证、没有发票的费用可能不被法院认可）。

【法条链接】

《民法典》第一千一百七十九条　侵害他人造成人身损害的，应当赔偿医疗费、护理费、交通费、营养费、住院伙食补助费等为治疗和康复支出的合理费用，以及因误工减少的收入。造成残疾的，还应当赔偿辅助器具费和残疾赔偿金；造成死亡的，还应当赔偿丧葬费和死亡赔偿金。

第一千一百八十二条　侵害他人人身权益造成财产损失的，按照被侵权人因此受到的损失或者侵权人因此获得的利益赔偿；被侵权人因此受到的损失以及侵权人因此获得的利益难以确定，被侵权人和侵权人就赔偿数额协商不一致，向人民法院提起诉讼的，由人民法院根据实际情况确定赔偿数额。

第一千一百八十七条　损害发生后，当事人可以协商赔偿费用的支付方式。协商不一致的，赔偿费用应当一次性支付；一次性支付确有困难的，可以分期支付，但是被侵权人有权请求提供相应的担保。

323. 受害人死亡的，由谁代替其要求侵权人承担责任？

【情景案例】

贾某和丁某是同事，住在同一宿舍。2021 年 3 月 10 日晚上，两人酒后因为生活小事发生肢体冲突，在厮打过程中，丁某不小心从五楼跌下去，当场死亡。之后，丁某的父母向贾某提出索赔，但遭到贾某拒绝。

请问：丁某的父母可以向贾某提出索赔吗？

【律师解答】

我国《民法典》规定，被侵权人死亡的，其近亲属有权请求侵权人承担侵权责任。由此可见，被侵权人死亡后，他的配偶、父母、子女、兄弟姐妹、祖父母、外祖父母、孙子女、外孙子女等近亲属有权代替死者主张权益。

本案中，丁某的父母可以作为近亲属请求贾某承担侵权责任。

【法条链接】

《民法典》第一千一百八十一条　被侵权人死亡的，其近亲属有权请求侵权人承担侵权责任。被侵权人为组织，该组织分立、合并的，承继权利的组织有权请求侵权人承担侵权责任。

被侵权人死亡的，支付被侵权人医疗费、丧葬费等合理费用的人有权请求侵权人赔偿费用，但是侵权人已经支付该费用的除外。

324. 将他人财产损坏的，如何确定财产的价格？

【情景案例】

2010 年 8 月，孟某花 3 万元购买了一个古董花瓶。2021 年 1 月 3 日，邻居万某到孟某家喝茶聊天时，不小心将花瓶摔坏了，后经鉴定，此时花瓶的市场价为 10 万元。由于万某不同意赔偿，孟某于 2021 年 3 月 1 日诉至法院，要求万某赔偿损失。起诉之日，花瓶的市场价为 12 万元。

请问：万某应当按哪个价格给孟某赔偿损失？

【律师解答】

我国《民法典》规定，侵害他人财产的，财产损失按照损失发生时的市场价格或者其他合理方式计算。

本案中，万某不小心将孟某的古董花瓶摔坏，应当按损失发生时即 2021 年 1 月 3 日的市场价格计算财产损失，即万某应赔偿孟某 10 万元。

【法条链接】

《民法典》第一千一百八十四条　侵害他人财产的，财产损失按照损失发生时的市场价格或者其他合理方式计算。

325.被侵权人可主张精神损害赔偿吗?

【情景案例】

2021年5月20日,魏某与薛某达成口头协议,由薛某负责魏某结婚典礼的录像,并录制成光碟,服务费800元。在魏某取录像时,薛某称录像不小心被删除了。魏某录像丢失后,给其心灵造成严重的伤害。为此,魏某诉至法院,要求薛某退还服务费并赔偿精神损失费。

请问:魏某有权请求精神损害赔偿吗?

【律师解答】

我国《民法典》规定,侵害自然人人身权益造成严重精神损害的,被侵权人有权请求精神损害赔偿。因故意或者重大过失侵害自然人具有人身意义的特定物造成严重精神损害的,被侵权人有权请求精神损害赔偿。

本案中,结婚录像对于魏某有特殊意义,薛某因重大过失将结婚录像删除,给魏某造成严重精神损害,魏某有权请求精神损害赔偿。

【法条链接】

《民法典》第一千一百八十三条 侵害自然人人身权益造成严重精神损害的,被侵权人有权请求精神损害赔偿。

因故意或者重大过失侵害自然人具有人身意义的特定物造成严重精神损害的,被侵权人有权请求精神损害赔偿。

《最高人民法院关于确定民事侵权精神损害赔偿责任若干问题的解释》第一条 因人身权益或者具有人身意义的特定物受到侵害,自然人或者其近亲属向人民法院提起诉讼请求精神损害赔偿的,人民法院应当依法予以受理。

326.经常居住地在城镇的农村居民因交通事故伤亡,按农村还是城市标准计算赔偿费用?

【情景案例】

叶某是农村户口,但很早已到广州打工并持续办理居住证。2021年1月10日,叶某在开电单车回家的路上被撞死亡。潘某是肇事司机,负本次事故的全部责任。潘某同意给叶某的家属赔偿,但在适用农村标准还是城镇标准赔偿的问题上双方产生争议。潘某认为,叶某是农村户口,应当按农村标准进行赔偿。

请问:潘某的说法符合我国法律规定吗?

【律师解答】

《最高人民法院民一庭关于经常居住地在城镇的农村居民因交通事故伤亡如何计算赔偿费用的复函》规定,人身损害赔偿案件中,残疾赔偿金、死亡赔偿金和被扶养人生活费的计算,应当根据案件的实际情况,结合受害人住所地、经常居住地等因素,确定适用城镇居民人均可支配收入(人均消费性支出)或者农村居民人均纯收入(人均年生活消费支出)的标准。

本案中,叶某虽然是农村户口,但很早已到广州打工并持续办理居住证,其经常居住地和主要收入来源地均为城市,有关损害赔偿费用应当根据广州市城镇居民的相关标准计算。

【法条链接】

《最高人民法院民一庭关于经常居住地在城镇的农村居民因交通事故伤亡如何计算赔偿费用的复函》 人身损害赔偿案件中,残疾赔偿金、死亡赔偿金和被扶养人生活费的计算,应当根据案件的实际情况,结合受害人住所地、经常居住地等因素,确定适用城镇居民人均可支配收入(人均消费性支出)或者农村居民人均纯收入(人均年生活消费支出)的标准。

327. 专利产品被他人仿冒侵权,可以请求惩罚性赔偿吗?

【情景案例】

甲公司是一家专注生产热水器的民营企业,拥有20多项外观设计专利,其产品深受消费者欢迎。2021年3月,甲公司发现乙公司制作的同类产品侵犯了其专利权。经查,乙公司是故意侵犯甲公司的专利权的,其销售侵权产品金额达6000万元,销售范围遍布全国,给甲公司造成重大损失。在固定相关证据后,甲公司打算诉至法院。

请问:甲公司可以请求惩罚性赔偿吗?

【律师解答】

惩罚性赔偿是一种严厉的制裁方式,是加重赔偿的一种原则,目的是在针对被告过去故意的侵权行为造成的损失进行弥补之外,对侵权人处罚以防止将来重犯,同时也达到警示他人的目的。我国《民法典》规定,故意侵害他人知识产权,情节严重的,被侵权人有权请求相应的惩罚性赔偿。

本案中,乙公司故意侵害甲公司的专利权,销售金额达6000万元,给甲公司造成重大的损失，构成情节严重，故甲公司可以请求惩罚性赔偿。

【法条链接】

《民法典》第一千一百八十五条　故意侵害他人知识产权，情节严重的，被侵权人有权请求相应的惩罚性赔偿。

《最高人民法院关于审理侵害知识产权民事案件适用惩罚性赔偿的解释》第四条　对于侵害知识产权情节严重的认定，人民法院应当综合考虑侵权手段、次数，侵权行为的持续时间、地域范围、规模、后果，侵权人在诉讼中的行为等因素。

被告有下列情形的，人民法院可以认定为情节严重：

（一）因侵权被行政处罚或者法院裁判承担责任后，再次实施相同或者类似侵权行为；

（二）以侵害知识产权为业；

（三）伪造、毁坏或者隐匿侵权证据；

（四）拒不履行保全裁定；

（五）侵权获利或者权利人受损巨大；

（六）侵权行为可能危害国家安全、公共利益或者人身健康；

（七）其他可以认定为情节严重的情形。

三、责任主体的特殊规定

328. 未成年人致人受伤的，责任由谁承担？

【情景案例】

13岁的小强与小杜是同班同学。某天，两人在学校打篮球时发生口角。之后，小强在放学回家的路上拦住小杜，并用刀将小杜刺成重伤。小杜为此花费医疗费用20万元。

请问：小杜的医疗费应当由谁赔偿？

【律师解答】

我国《民法典》第一千零六十八条规定，未成年子女造成他人损害的，父母应当依法承担民事责任。第一千一百八十八条规定，无民事行为能力人、限制民事行为能力人造成他人损害的，由监护人承担侵权责任。监护人尽到监护职责的，可以减轻其侵权责任。有财产的无民事行为能力人、限制民事行为能力人造成他人损害的，从本人财产中支付赔偿费用；不足部分，由监护人赔偿。

本案中，13 岁的小强作为未成年人、限制民事行为能力人，其对小杜造成的损害，应当由小强的父母承担侵权责任。需要说明的是，如果小强有属于自己的财产，应先用小强的财产赔偿小杜的损失，不够的部分才由小强的父母负责赔偿。

【法条链接】

《民法典》第十九条　八周岁以上的未成年人为限制民事行为能力人，实施民事法律行为由其法定代理人代理或者经其法定代理人同意、追认；但是，可以独立实施纯获利益的民事法律行为或者与其年龄、智力相适应的民事法律行为。

第一千零六十八条　父母有教育、保护未成年子女的权利和义务。未成年子女造成他人损害的，父母应当依法承担民事责任。

第一千一百八十八条　无民事行为能力人、限制民事行为能力人造成他人损害的，由监护人承担侵权责任。监护人尽到监护职责的，可以减轻其侵权责任。

有财产的无民事行为能力人、限制民事行为能力人造成他人损害的，从本人财产中支付赔偿费用；不足部分，由监护人赔偿。

329. 醉酒致人受伤的，要承担侵权责任吗？

【情景案例】

2021 年 3 月 5 日 20 时许，夏某与钟某等人因同事汪某生日一起外出吃饭、唱歌。其间，夏某和钟某均喝了酒，两人发生口角。之后，夏某先行回到工厂宿舍。23 时 30 分许，醉酒的钟某回到宿舍拿起铁棍将夏某打成轻微伤。之后，夏某要求钟某赔偿医疗费 8000 元，但遭到拒绝。钟某认为，其不是故意打夏某的，是因为醉酒没有意识导致的。

请问：钟某需要承担侵权责任吗？

【律师解答】

我国《民法典》规定，完全民事行为能力人对自己的行为暂时没有意识或者失去控制造成他人损害有过错的，应当承担侵权责任。完全民事行为能力人因醉酒、滥用麻醉药品或者精神药品对自己的行为暂时没有意识或者失去控制造成他人损害的，应当承担侵权责任。由此可见，醉酒时行为人虽然对自己的行为暂时没有意识或者失去控制，但是使其处于醉酒状态是当事人自己的选择，所以法律不认可以自身醉酒无法控制自己的行为作为抗辩理由。

本案中，钟某作为完全民事行为能力人，因醉酒致夏某损害，应当承担侵权责任。

【法条链接】

《民法典》第一千一百九十条　完全民事行为能力人对自己的行为暂时没有意识或者失去控制造成他人损害有过错的，应当承担侵权责任；没有过错的，根据行为人的经济状况对受害人适当补偿。

完全民事行为能力人因醉酒、滥用麻醉药品或者精神药品对自己的行为暂时没有意识或者失去控制造成他人损害的，应当承担侵权责任。

330. 酒后造成伤亡，共同饮酒人要承担责任吗？

【情景案例】

2021年3月8日下午，任某开车前往姜某家中参加其生日宴请。席间任某说开车不能喝酒，但在姜某等人劝说下，任某饮用了大量白酒。饭后，任某在回家路上因车碰撞电线杆而发生交通事故死亡。之后，任某的妻子范某将姜某等人诉至法院，要求赔偿损失。

请问：范某的请求能得到法院支持吗？

【律师解答】

我国《民法典》规定，行为人因过错侵害他人民事权益造成损害的，应当承担侵权责任。

本案中，任某已经表示其开车不能喝酒，但姜某等人仍劝说任某喝酒，后任某饮用大量白酒后，驾车造成交通事故，姜某等人应对劝说其喝酒且其酒后驾车未劝阻的行为承担相应的法律责任。我国现行法律并无酒后损害承担责任的具体规定，但有过错的共饮人、劝酒人及组织者对于劝说喝酒的行为构成一般侵权责任。因饮酒者对自己的生命安全负有最高的注意义务，但对其他饮酒者不能恶意劝酒，要有善意的提醒、劝诫甚至照顾的义务。饮酒人作为成年人，具有完全民事行为能力，应负担安全注意义务，对于过度饮酒造成的危害应有基本的注意义务，而共饮的朋友若强行劝酒或未尽到适当的照顾义务，而导致饮酒人发生事故，饮酒人自己与劝酒人均应对该后果承担责任。

司法实践中，一般有以下四种情况需要承担相应的赔偿责任：

（1）强迫性劝酒，如用“不喝不够朋友”等语言刺激对方喝酒，或在对方已喝醉意识不清没有自制力的情况下，仍劝其喝酒的行为。

（2）明知道对方不能喝酒，仍劝酒，如明知对方身体状况，仍劝其饮酒诱发疾病等。

(3)未将醉酒者安全护送,如饮酒者已失去或即将失去对自己的控制能力,神志不清无法支配自身行为时,酒友没有将其送至医院或安全送回家中。

(4)酒后驾车未劝阻,导致发生车祸等损害的,发生这类情形,要极力劝阻,以免发生触犯刑事责任的行为,而且阻止酒后驾驶也可避免危害行为的发生。

【法条链接】

《民法典》第一千一百六十五条第一款 行为人因过错侵害他人民事权益造成损害的,应当承担侵权责任。

第一千一百六十八条 二人以上共同实施侵权行为,造成他人损害的,应当承担连带责任。

331. 用人单位要对员工的职务侵权行为负责吗?

【情景案例】

方某是甲公司的司机。2021年6月1日9时,甲公司安排方某从广州送一批货到长沙。13时,方某在运输途中发生交通事故,与驾驶摩托车的石某相撞,受害人石某抢救无效死亡。事故发生后,交警出具的责任认定书认定:石某负事故主要责任,方某负事故次要责任。经交警调解,方某给石某家属支付了赔偿金。

请问:方某可要求甲公司返还所支付的赔偿金吗?

【律师解答】

我国《民法典》规定,用人单位的工作人员因执行工作任务造成他人损害的,由用人单位承担侵权责任。用人单位承担侵权责任后,可以向有故意或者重大过失的工作人员追偿。

本案中,方某是甲公司的员工,他在正常工作中造成石某死亡,应当由甲公司承担侵权责任,即方某可要求甲公司返还所支付的赔偿金。

【法条链接】

《民法典》第一千一百九十一条第一款 用人单位的工作人员因执行工作任务造成他人损害的,由用人单位承担侵权责任。用人单位承担侵权责任后,可以向有故意或者重大过失的工作人员追偿。

332. 外卖人员送餐时撞伤他人，外卖平台公司要担责吗？

【情景案例】

2021年4月6日下午，外卖小哥徐某在给某客户送餐时不慎将行人孙某撞伤。交警出具的《道路交通事故认定书》认定徐某负事故全责。孙某被撞伤后送往医院就诊花费医疗费2万余元，该费用全部由徐某垫付。之后，徐某要求某外卖平台公司赔偿垫付的费用，但遭到拒绝。某外卖平台公司认为，其与徐某之间不存在劳动关系，因此不应承担责任。

请问：某外卖平台公司要承担责任吗？

【律师解答】

我国《民法典》规定，用人单位的工作人员因执行工作任务造成他人损害的，由用人单位承担侵权责任。《关于确立劳动关系有关事项的通知》规定，用人单位招用劳动者未订立书面劳动合同，但同时具备下列情形的，劳动关系成立：(1)用人单位和劳动者符合法律、法规规定的主体资格；(2)用人单位依法制定的各项劳动规章制度适用于劳动者，劳动者受用人单位的劳动管理，从事用人单位安排的有报酬的劳动；(3)劳动者提供的劳动是用人单位业务的组成部分。

本案中，核心是确定徐某与某外卖平台公司之间是否存在劳动关系，如果存在劳动关系，外卖平台公司应当承担侵权责任。实务中，外卖平台公司制定了各项规章制度，对外卖小哥进行管理与考核，如外卖小哥要接受平台的培训课程、穿平台提供的工作服、工作时要佩戴工作证等。根据《关于确立劳动关系有关事项的通知》的规定，徐某与某外卖平台公司之间应当认定为劳动关系，故徐某的行为属执行外卖平台公司工作任务的职务行为，其执行职务造成孙某损害的，应由外卖平台公司承担赔偿责任。

【法条链接】

《民法典》第一千一百九十一条第一款 用人单位的工作人员因执行工作任务造成他人损害的，由用人单位承担侵权责任。用人单位承担侵权责任后，可以向有故意或者重大过失的工作人员追偿。

《关于确立劳动关系有关事项的通知》第一条 用人单位招用劳动者未订立书面劳动合同，但同时具备下列情形的，劳动关系成立。

（一）用人单位和劳动者符合法律、法规规定的主体资格；

（二）用人单位依法制定的各项劳动规章制度适用于劳动者，劳动者受用人单位的劳动管理，从事用人单位安排的有报酬的劳动；

（三）劳动者提供的劳动是用人单位业务的组成部分。

333. 劳务派遣的员工因工作造成他人损害，责任由谁承担？

【情景案例】

2021年5月1日，姚某与某劳务派遣公司签订劳动合同。5月8日，姚某被派到某物业公司担任保安。9月20日20时多，业主谭某因在小区乱停车与姚某发生冲突。在争吵中，谭某突然打了姚某两拳。姚某为进行防卫，不小心将谭某推倒致其左手骨折，共花医疗费1万元。之后，谭某将某物业公司诉至法院，要求其支付医疗费。某物业公司辩称，姚某不是其员工，应当由某劳务派遣公司承担责任。经查，某劳务派遣公司无任何过错。

请问：谁应当对谭某的损害承担赔偿责任？

【律师解答】

我国《民法典》规定，劳务派遣期间，被派遣的工作人员因执行工作任务造成他人损害的，由接受劳务派遣的用工单位承担侵权责任；劳务派遣单位有过错的，承担相应的责任。

本案中，姚某在劳务派遣期间执行工作任务造成谭某左手骨折，且某劳务派遣公司无任何过错，故应当由某物业公司承担侵权责任。

【法条链接】

《民法典》第一千一百九十一条第二款 劳务派遣期间，被派遣的工作人员因执行工作任务造成他人损害的，由接受劳务派遣的用工单位承担侵权责任；劳务派遣单位有过错的，承担相应的责任。

334. 保姆在干活时受伤，责任由谁承担？

【情景案例】

谭某是廖某聘请的保姆，负责照看孩子与日常家务的打扫。2021年春节前夕，在进行大扫除时，由于梯子踏板损坏不能锁死，导致谭某在擦阳台玻璃过程中不慎从梯子上滑落摔伤，花去医疗费5000元。之后，双方因医疗费的承担问题产生争议。

请问：廖某要对谭某的受伤承担责任吗？

【律师解答】

我国《民法典》规定，提供劳务一方因劳务受到损害的，根据双方各自的过错承担相应的责任。

本案中，廖某聘请谭某从事保姆工作，两人之间属于个人劳务关系，廖某作为接受劳务的人，是谭某的雇主。廖某对谭某从事工作未尽到提供安全工作环境的责任，存在一定过错。谭某作为长期专门从事家庭服务人员，也未尽到必要的谨慎义务，对其自身遭受的伤害亦有过错，因此双方应按过错比例承担相应责任份额。

【法条链接】

《民法典》第一千一百九十二条 个人之间形成劳务关系，提供劳务一方因劳务造成他人损害的，由接受劳务一方承担侵权责任。接受劳务一方承担侵权责任后，可以向有故意或者重大过失的提供劳务一方追偿。提供劳务一方因劳务受到损害的，根据双方各自的过错承担相应的责任。

提供劳务期间，因第三人的行为造成提供劳务一方损害的，提供劳务一方有权请求第三人承担侵权责任，也有权请求接受劳务一方给予补偿。接受劳务一方补偿后，可以向第三人追偿。

335. 经营场所因未尽到安全保障义务致人损害，是否要承担责任？

【情景案例】

2021年5月1日，邹某与同事到某餐馆就餐。在周某去冰柜处取饮料回座位时，由于饭店地面太湿滑，周某不慎摔倒，被手中玻璃瓶划伤右眼，经诊断为“右眼小管断裂”。周某经手术治疗后住院，共花医疗费2万元。之后，周某将某餐馆诉至法院，要求其赔偿损失。

请问：某餐馆要对周某承担侵权责任吗？

【律师解答】

我国《民法典》规定，宾馆、商场、银行、车站、机场、体育场馆、娱乐场所等经营场所、公共场所的经营者、管理者或者群众性活动的组织者，未尽到安全保障义务，造成他人损害的，应当承担侵权责任。

本案中，某餐馆没有提示顾客地面湿滑，未尽到安全保障义务，造成周某受伤，应当承担侵权责任。

【法条链接】

《民法典》第一千一百九十八条　宾馆、商场、银行、车站、机场、体育场馆、娱乐场所等经营场所、公共场所的经营者、管理者或者群众性活动的组织者，未尽到安全保障义务，造成他人损害的，应当承担侵权责任。

因第三人的行为造成他人损害的，由第三人承担侵权责任；经营者、管理者或者组织者未尽到安全保障义务的，承担相应的补充责任。经营者、管理者或者组织者承担补充责任后，可以向第三人追偿。

336. 不满8岁的未成年人在学校受伤，责任由谁承担？

【情景案例】

7岁的小熊在上小学二年级。某天放学，因楼梯湿滑，小熊不慎摔倒导致左手骨折，住院治疗共花医疗费1万元。小熊父母认为，小熊是在学校受伤的，理应由学校承担由此造成的损失。

请问：学校要对小熊的受伤承担侵权责任吗？

【律师解答】

我国《民法典》规定，无民事行为能力人在幼儿园、学校或者其他教育机构学习、生活期间受到人身损害的，幼儿园、学校或者其他教育机构应当承担侵权责任，但是，能够证明尽到教育、管理职责的，不承担侵权责任。

本案中，学校应当能预见楼梯湿滑的危险性，却未尽到管理责任，故学校应当对作为无民事行为能力人的小熊的受伤承担侵权责任。

【法条链接】

《民法典》第一千一百九十九条　无民事行为能力人在幼儿园、学校或者其他教育机构学习、生活期间受到人身损害的，幼儿园、学校或者其他教育机构应当承担侵权责任；但是，能够证明尽到教育、管理职责的，不承担侵权责任。

四、产品责任

337. 因产品缺陷造成损害的，应当向谁请求赔偿？

【情景案例】

2021年1月8日，金某从甲商场购买了一台乙公司生产的热水器。1月20日22时，金某在洗澡时因热水器漏电而受伤。经鉴定，该热水器存在质量缺陷。之后，金某的父母要求甲商场赔偿，但遭到拒绝。甲商场认为，金某的受伤是由于热水器的质量缺陷造成的，应直接找乙公司赔偿。

请问：金某应当向谁请求赔偿？

【律师解答】

我国《民法典》规定，因产品存在缺陷造成他人损害的，被侵权人可以向产品的生产者请求赔偿，也可以向产品的销售者请求赔偿。产品缺陷由生产者造成的，销售者赔偿后，有权向生产者追偿。因销售者的过错使产品存在缺陷的，生产者赔偿后，有权向销售者追偿。

本案中，金某因热水器存在缺陷受伤，其可以向生产者乙公司请求赔偿，也可以向销售者甲商场请求赔偿。

【法条链接】

《民法典》第一千二百零三条　因产品存在缺陷造成他人损害的，被侵权人可以向产品的生产者请求赔偿，也可以向产品的销售者请求赔偿。

产品缺陷由生产者造成的，销售者赔偿后，有权向生产者追偿。因销售者的过错使产品存在缺陷的，生产者赔偿后，有权向销售者追偿。

338. 经营者免费附赠的赠品致人损害的，经营者要承担责任吗？

【情景案例】

某百货公司国庆期间开展“购物满500元赠送电热毯一条”的促销活动。陆某因符合上述活动条件，获赠了一条电热毯。1周后，陆某在使用时，电热毯突然着火，床与被褥均被烧毁,陆某身上亦有多处烧伤,共花医疗费7000余元。经鉴定,该电热毯存在严重质量缺陷。陆某遂向某百货公司索赔,但某百货公司以电热毯是赠品而非商品为由拒绝赔偿。

请问:某百货公司要赔偿陆某的损失吗?

【律师解答】

我国《民法典》规定,赠与的财产有瑕疵的,赠与人不承担责任。附义务的赠与,赠与的财产有瑕疵的,赠与人在附义务的限度内承担与出卖人相同的责任。

本案中,某百货公司给陆某赠送的电热毯属于附义务的赠与,由于电热毯存在严重质量缺陷,某百货公司应当要赔偿陆某的损失。

【法条链接】

《民法典》第六百六十二条　赠与的财产有瑕疵的,赠与人不承担责任。附义务的赠与,赠与的财产有瑕疵的,赠与人在附义务的限度内承担与出卖人相同的责任。

赠与人故意不告知瑕疵或者保证无瑕疵,造成受赠人损失的,应当承担赔偿责任。

第一千二百零三条　因产品存在缺陷造成他人损害的,被侵权人可以向产品的生产者请求赔偿,也可以向产品的销售者请求赔偿。

产品缺陷由生产者造成的,销售者赔偿后,有权向生产者追偿。因销售者的过错使产品存在缺陷的,生产者赔偿后,有权向销售者追偿。

339.产品存在缺陷致人受伤,消费者可主张惩罚性赔偿吗?

【情景案例】

甲公司投资研发了一款高压锅。产品投入生产后,生产经理孔某经多次试验,发现高压锅存在安全隐患,于是向公司提出停止生产并进行技术改进的建议,但遭到公司拒绝。之后,崔某在网上购买了一台该高压锅,结果高压锅发生爆炸致崔某受伤。为此,崔某共花医疗费1.5万元。

请问:崔某可以要求甲公司支付惩罚性赔偿吗?

【律师解答】

我国《民法典》规定,明知产品存在缺陷仍然生产、销售,或者没有依据前条规定采取有效补救措施,造成他人死亡或者健康严重损害的,被侵权人有权请求相应的惩罚性赔偿。

本案中，甲公司明知其生产的高压锅存在缺陷仍然生产与销售，造成崔某受伤，崔某有权要求甲公司支付惩罚性赔偿。

【法条链接】

《民法典》第一千二百零七条　明知产品存在缺陷仍然生产、销售，或者没有依据前条规定采取有效补救措施，造成他人死亡或者健康严重损害的，被侵权人有权请求相应的惩罚性赔偿。

五、机动车交通事故责任

340. 受害人负全责的交通事故，机动车驾驶人要承担责任吗？

【情景案例】

2021年3月1日，崔某骑自行车横穿马路，被康某驾驶的汽车撞倒受伤。经鉴定，崔某的伤构成九级伤残。该事故经交警部门认定崔某负全部责任，司机康某无责任。崔某住院治疗共花医疗费3万元。之后，崔某要求康某赔偿损失，康某以自己没有责任为由拒绝赔偿。

请问：康某要承担责任吗？

【律师解答】

我国《民法典》第一千二百零八条规定，机动车发生交通事故造成损害的，依照道路交通安全法律和本法的有关规定承担赔偿责任。《道路交通安全法》第七十六条规定，机动车与非机动车驾驶人、行人之间发生交通事故，机动车一方没有过错的，承担不超过10%的赔偿责任。

本案中，即使崔某负全部责任，但康某也应承担不超过10%的赔偿责任。

【法条链接】

《民法典》第一千二百零八条　机动车发生交通事故造成损害的，依照道路交通安全法律和本法的有关规定承担赔偿责任。

《道路交通安全法》第七十六条第一款第（二）项　机动车与非机动车驾驶人、行人之间发生交通事故，非机动车驾驶人、行人没有过错的，由机动车一方承担赔偿责任；有证据证明非机动车驾驶人、行人有过错的，根据过错程度适当减轻机动车一方的赔偿责任；机动车一方没有过错的，承担不超过百分之十的赔偿责任。

341. 将汽车借给他人使用发生交通事故，车主要承担责任吗？

【情景案例】

毛某与邱某是同事，两人关系甚好。2021 年 3 月 8 日早上，毛某由于急需用车，于是问邱某借车。为不影响两人感情，邱某将自己的轿车借给持有 C1 驾驶证的毛某，但嘱咐其要遵守交通规则并谨慎驾驶。之后，毛某因超速驾驶将秦某撞倒。为此，秦某共花医疗费 6 万元。由于毛某无力赔偿医疗费，秦某遂将邱某诉至法院。

请问：邱某要承担赔偿责任吗？

【律师解答】

我国《民法典》规定，因租赁、借用等情形机动车所有人、管理人与使用人不是同一人时，发生交通事故造成损害，属于该机动车一方责任的，由机动车使用人承担赔偿责任；机动车所有人、管理人对损害的发生有过错的，承担相应的赔偿责任。

本案中，邱某对损害的发生没有过错，故应由毛某承担赔偿责任，邱某不需要承担赔偿责任。

【法条链接】

《民法典》第一千二百零九条　因租赁、借用等情形机动车所有人、管理人与使用人不是同一人时，发生交通事故造成损害，属于该机动车一方责任的，由机动车使用人承担赔偿责任；机动车所有人、管理人对损害的发生有过错的，承担相应的赔偿责任。

342. 未办理过户登记但已买卖并交付的机动车发生交通事故，由谁承担责任？

【情景案例】

2021 年 6 月 5 日，江某与史某签订一份《二手汽车买卖合同》，约定：江某向史某购买一辆二手汽车，6 月 8 日办理过户手续。当天，江某支付了车款，史某也将车交付给江某。6 月 7 日，江某不小心将顾某撞倒。之后，顾某将江某与史某诉至法院，要求二人赔偿医疗费。

请问：史某需要承担责任吗？

【律师解答】

我国《民法典》规定，当事人之间已经以买卖或者其他方式转让并交付机动车但是未办理登记，发生交通事故造成损害，属于该机动车一方责任的，由受让人承担赔偿责任。

本案中，虽然江某与史某没有办理过户手续，但汽车已完成交付，所有权已发生转移，发生交通事故的，应先由保险公司赔偿，不足部分由江某赔偿，史某不需要承担责任。

【法条链接】

《民法典》第一千二百一十条　当事人之间已经以买卖或者其他方式转让并交付机动车但是未办理登记，发生交通事故造成损害，属于该机动车一方责任的，由受让人承担赔偿责任。

343. 以挂靠形式从事经营活动的汽车发生交通事故，责任由谁承担?

【情景案例】

顾某是一名司机，长期挂靠甲物流公司的货车跑运输。某日，顾某与侯某驾驶的重型厢式货车发生碰撞，造成侯某受伤。事故经交警认定，顾某负全部责任。事故发生后，经司法鉴定中心鉴定，侯某构成八级伤残。

请问：谁应当对侯某受伤承担赔偿责任?

【律师解答】

我国《民法典》规定，以挂靠形式从事道路运输经营活动的机动车，发生交通事故造成损害，属于该机动车一方责任的，由挂靠人和被挂靠人承担连带责任。

本案中，顾某挂靠甲物流公司的货车跑运输，其在运输过程中发生交通事故致侯某受伤，应当由顾某与甲物流公司承担连带责任。

【法条链接】

《民法典》第一千二百一十一条　以挂靠形式从事道路运输经营活动的机动车，发生交通事故造成损害，属于该机动车一方责任的，由挂靠人和被挂靠人承担连带责任。

344. 已达报废标准的机动车发生交通事故的，如何承担责任?

【情景案例】

张某有一辆刚刚报废的汽车。段某是张某的同事，由于刚考到驾照，于是向张某提出以1万元的价格购买该车。张某考虑到车放着也没用，于是将车卖给段某。不久，段某将驾驶摩托车的葛某撞倒，致葛某受伤。经交警部门认定，段某承担事故的全部责任。

请问：谁应当对葛某受伤承担赔偿责任？

【律师解答】

我国《民法典》规定，以买卖或者其他方式转让拼装或者已经达到报废标准的机动车，发生交通事故造成损害的，由转让人和受让人承担连带责任。

本案中，张某转让已达报废标准的汽车给段某，对于段某将葛某撞伤的损害，应当由张某与段某承担连带责任。

【法条链接】

《民法典》第一千二百一十四条 以买卖或者其他方式转让拼装或者已经达到报废标准的机动车，发生交通事故造成损害的，由转让人和受让人承担连带责任。

345. 车辆被盗后发生交通事故的，车主要承担责任吗？

【情景案例】

雷某的宝马汽车被钱某偷走，钱某在偷跑过程中由于紧张发生了交通事故，导致汤某受伤。经交警部门认定，机动车负全责。事故发生后，钱某逃逸。之后，汤某将雷某诉至法院，要求其赔偿相关损失。雷某辩称，车不是其开的，其本身也是受害者，因此不同意赔偿。

请问：雷某要承担赔偿责任吗？

【律师解答】

我国《民法典》规定，盗窃、抢劫或者抢夺的机动车发生交通事故造成损害的，由盗窃人、抢劫人或者抢夺人承担赔偿责任。

本案中，虽然汽车归雷某所有，但汽车被钱某偷去后导致雷某对该车失去控制，雷某对交通事故的发生没有任何过错，不需要承担赔偿责任。

【法条链接】

《民法典》第一千二百一十五条 盗窃、抢劫或者抢夺的机动车发生交通事故造成损害的，由盗窃人、抢劫人或者抢夺人承担赔偿责任。盗窃人、抢劫人或者抢夺人与机动车使用人不是同一人，发生交通事故造成损害，属于该机动车一方责任的，由盗窃人、抢劫人或者抢夺人与机动车使用人承担连带责任。

保险人在机动车强制保险责任限额范围内垫付抢救费用的，有权向交通事故责任人追偿。

346.发生交通事故后被侵权人因驾驶员逃逸无力支付医疗费，怎么办？

【情景案例】

2021年3月5日凌晨2时许，尹某驾驶摩托车在回家的路上被一辆轿车撞成重伤。事故发生后，轿车司机驾车逃逸。之后，尹某被路过的黎某送到医院救治。由于伤势严重，尹某虽然暂时脱离生命危险，但情况不稳定。由于找不到逃逸者，尹某及其家人无力支付巨额的医药费。

请问：尹某可以怎么办？

【律师解答】

我国《民法典》规定，机动车驾驶人发生交通事故后逃逸，该机动车参加强制保险的，由保险人在机动车强制保险责任限额范围内予以赔偿；机动车不明、该机动车未参加强制保险或者抢救费用超过机动车强制保险责任限额，需要支付被侵权人人身伤亡的抢救、丧葬等费用的，由道路交通事故社会救助基金垫付。道路交通事故社会救助基金垫付后，其管理机构有权向交通事故责任人追偿。

本案中，由于找不到逃逸者，尹某可以请求道路交通事故社会救助基金垫付相关的医药费。

【法条链接】

《民法典》第一千二百一十六条　机动车驾驶人发生交通事故后逃逸，该机动车参加强制保险的，由保险人在机动车强制保险责任限额范围内予以赔偿；机动车不明、该机动车未参加强制保险或者抢救费用超过机动车强制保险责任限额，需要支付被侵权人人身伤亡的抢救、丧葬等费用的，由道路交通事故社会救助基金垫付。道路交通事故社会救助基金垫付后，其管理机构有权向交通事故责任人追偿。

347.免费搭乘“顺风车”受伤，驾驶人要承担责任吗？

【情景案例】

易某与常某同住一个小区，两人关系甚好。2021年4月20日早上，易某在等车时看见常某,于是提出想搭常某的便车。考虑到顺路,常某同意让易某上车。半路上,由于超速驾驶与前方车辆发生碰撞,造成坐在副驾驶座上的易某受了轻伤。

请问:常某要对易某的受伤要负责任吗?

【律师解答】

好意同乘,是指无偿搭乘他人的机动车,在运行中发生交通事故,造成无偿搭乘人的损害,属于该机动车一方责任的,减轻机动车一方赔偿责任的规则。该规则不仅能弘扬我国乐于助人的良好社会道德风尚,还能督促机动车驾驶人对搭乘人尽到合理的安全注意义务。我国《民法典》规定,非营运机动车发生交通事故造成无偿搭乘人损害,属于该机动车一方责任的,应当减轻其赔偿责任,但是机动车使用人有故意或者重大过失的除外。

本案中,常某因超速驾驶发生交通事故,具有过错,应对易某的受伤承担损害赔偿责任。但是,由于易某系免费搭乘,可适当减轻常某的责任。

【法条链接】

《民法典》第一千二百一十七条 非营运机动车发生交通事故造成无偿搭乘人损害,属于该机动车一方责任的,应当减轻其赔偿责任,但是机动车使用人有故意或者重大过失的除外。

348. 农村与城市居民在同一交通事故中死亡,死亡赔偿金相同吗?

【情景案例】

赵某和黄某是亲戚,赵某是城镇户口,在县城一家银行上班;黄某是农村户口,在家务农。2021 年 2 月,赵某驾驶小轿车接黄某到县城赴宴,途中与周某驾驶的货车发生道路交通事故,该起事故造成赵某和黄某死亡。后经交警认定,周某负本次事故的全部责任。周某驾驶的货车在甲保险公司投保了“交强险”和“商业三责险”。赵某、黄某的家属要求周某和甲保险公司赔偿造成赵某、黄某死亡的各项损失,并且要求两人的死亡赔偿金数额相同。但是,周某和甲保险公司对此要求不予同意。

请问:赵某和黄某的死亡赔偿金相同吗?

【律师解答】

我国《民法典》规定,因同一侵权行为造成多人死亡的,可以以相同数额确定死亡赔偿金。

本案中,赵某和黄某是因同一起交通事故而死亡,可以以相同数额确定死亡赔偿金。对于赵某采用城镇标准来确定死亡赔偿金，按照“就高不就低”的原则，黄某虽然是农村户口，也可以按照城镇标准来计算其死亡赔偿金。

【法条链接】

《民法典》第一千一百八十条 因同一侵权行为造成多人死亡的，可以以相同数额确定死亡赔偿金。

六、医疗损害责任

349.患者因输入不合格的血液造成损害的，责任由谁承担？

【情景案例】

武某在与他人打架时被刀捅伤，身体大量出血，送到某医院抢救的时候输了大量的血液。出院前，武某进行了一次全身体检，却突然查出患了乙肝。经调查，武某感染乙肝的原因是输入的血液存在问题。

请问：武某可以请求谁来赔偿？

【律师解答】

我国《民法典》规定，因药品、消毒产品、医疗器械的缺陷，或者输入不合格的血液造成患者损害的，患者可以向药品上市许可持有人、生产者、血液提供机构请求赔偿，也可以向医疗机构请求赔偿。

本案中，因某医院输入不合格的血液造成武某感染乙肝，武某可以向血液提供机构请求赔偿，也可以向某医院请求赔偿。

【法条链接】

《民法典》第一千二百二十三条 因药品、消毒产品、医疗器械的缺陷，或者输入不合格的血液造成患者损害的，患者可以向药品上市许可持有人、生产者、血液提供机构请求赔偿，也可以向医疗机构请求赔偿。患者向医疗机构请求赔偿的，医疗机构赔偿后，有权向负有责任的药品上市许可持有人、生产者、血液提供机构追偿。

350. 医院未取得患者或其近亲属同意而进行抢救，对患者有损害的，医院要担责吗？

【情景案例】

2021 年 1 月 7 日 23 时，乔某因酒后驾驶电动车撞上大树受了重伤。在被路人送到医院时，乔某已昏迷不醒。经医生诊断，必须要动手术抢救，否则就有生命危险。由于联系不上乔某家属，在医院院长的批准下，医院对乔某实施了手术。医院在手术过程中尽到合理诊疗义务，但由于手术失败，乔某抢救无效去世了。

请问：医院要对乔某的死亡承担责任吗？

【律师解答】

我国《民法典》规定，因抢救生命垂危的患者等紧急情况，不能取得患者或者其近亲属意见的，经医疗机构负责人或者授权的负责人批准，可以立即实施相应的医疗措施。医务人员在抢救生命垂危的患者等紧急情况下已经尽到合理诊疗义务，医疗机构不承担赔偿责任。

本案中，当时乔某已昏迷不醒且联系不上家属，医院为了抢救乔某，经院长批准且在手术过程中也尽到合理诊疗义务，故不应对乔某的死亡承担责任。

【法条链接】

《民法典》第一千二百二十条 因抢救生命垂危的患者等紧急情况，不能取得患者或者其近亲属意见的，经医疗机构负责人或者授权的负责人批准，可以立即实施相应的医疗措施。

第一千二百二十四条 患者在诊疗活动中受到损害，有下列情形之一的，医疗机构不承担赔偿责任：

（一）患者或者其近亲属不配合医疗机构进行符合诊疗规范的诊疗；

（二）医务人员在抢救生命垂危的患者等紧急情况下已经尽到合理诊疗义务；

（三）限于当时的医疗水平难以诊疗。

前款第一项情形中，医疗机构或者其医务人员也有过错的，应当承担相应的赔偿责任。

351. 医生乱开检查单，患者该怎么办？

【情景案例】

贺女士是一名孕妇，因保胎到本市的保健院住院1周。在出院的前一天，贺女士已做B超的检查。出院后的第二天，贺女士到保健院做产检时，医生又要求其去做B超检查，贺女士认为医生是故意找理由收费，因为B超刚刚才做过，现在做意义不大。

请问：贺女士可以怎么办？

【律师解答】

实务中，存在一些无良医院和医生重复检查、乱检查的现象，以让患者多花钱。相对于医生，患者由于受专业知识的限制，往往处于弱势地位。因此，为保护患者的利益，我国《民法典》规定，医疗机构及其医务人员不得违反诊疗规范实施不必要的检查。

本案中，保健院让刚做B超检查的贺女士再做一遍，会增加贺女士的医疗费用，是不必要的检查，贺女士可以拒绝。

【法条链接】

《民法典》第一千二百二十七条 医疗机构及其医务人员不得违反诊疗规范实施不必要的检查。

352. 患者在手术中因医务人员过错受到损害，责任由谁承担？

【情景案例】

赖某在某医院做双侧甲状腺良性肿瘤切除手术，手术中医务人员龚某误将赖某的双侧喉返神经损伤，导致赖某的喉气管功能丧失，经鉴定为六级伤残。医疗过失给赖某的身体及精神造成了严重损害，致使其生活不能自理，经济上遭受巨大损失。

请问：某医院对赖某的损害要承担责任吗？

【律师解答】

我国《民法典》规定，患者在诊疗活动中受到损害，医疗机构或者其医务人员有过错的，由医疗机构承担赔偿责任。

本案中，赖某在诊疗活动中受到损害，医务人员龚某存在过错，应当由某医院承担赔偿责任。

【法条链接】

《民法典》第一千二百一十八条　患者在诊疗活动中受到损害，医疗机构或者其医务人员有过错的，由医疗机构承担赔偿责任。

七、环境污染和生态破坏责任

353. 环境污染侵权主体是多人的，责任如何承担？

【情景案例】

甲公司与乙公司的经营范围都是橡塑制品。两公司共用一个露天垃圾池，此垃圾池内堆放废弃橡胶、化工原料桶等，当垃圾堆满后，两公司轮流对该垃圾池进行清理。该垃圾池离庞某家10米左右。2021年3月12日，庞某被某医院确诊为急性淋巴细胞白血病。医院出具诊断证明书载明：该病的感染与庞某长期接触含苯等化学物质有关。经鉴定，垃圾池内废物含有大量苯的化学元素。为此，庞某将甲公司与乙公司诉至法院，请求医疗费等损失20万元。甲公司与乙公司都同意赔偿庞某的损失，但不知道两公司如何分担赔偿金额。

请问：甲公司与乙公司的赔偿金额应当如何确定？

【律师解答】

实务中，环境污染案件往往因侵权主体众多、损害后果严重等因素导致该类案件较为复杂，不仅难以界定各侵权责任的大小，受害人又难以有效维权。为此，我国《民法典》规定，两个以上侵权人污染环境、破坏生态的，承担责任的大小，根据污染物的种类、浓度、排放量，破坏生态的方式、范围、程度，以及行为对损害后果所起的作用等因素确定。

本案中，甲公司、乙公司均有排污、排废情况，且公司经营的范围也均是橡塑制品，故排废的类别基本一致，构成共同污染环境的行为，应承担相应的法律责任。由于庞某生活在该排废区域附近，长期接触排废物品，导致庞某患病，甲公司、乙公司对排废所造成的结果应承担法律责任。

对于共同行为造成环境污染的案件，责任主体承担责任大小，考量因素主要有污染物的种类、浓度、排放量、危害性，有无排污许可证，是否超过污染物排放标准，是否超过重点污染物排放总量控制指标等。若受害人受损结果是由两个侵权人造成的，在无法确定污染因素的大小时，各侵权人应承担环境侵权的连带责任，侵权人内部应评价分担责任后果。综上所述，甲公司、乙公司若不能确定污染各因素的大小比例，则内部应平均分担责任。

【法条链接】

《民法典》第一千二百二十九条 因污染环境、破坏生态造成他人损害的，侵权人应当承担侵权责任。

第一千二百三十一条 两个以上侵权人污染环境、破坏生态的，承担责任的大小，根据污染物的种类、浓度、排放量，破坏生态的方式、范围、程度，以及行为对损害后果所起的作用等因素确定。

第一千一百六十八条 二人以上共同实施侵权行为，造成他人损害的，应当承担连带责任。

354. 环境污染中，受害人可以主张惩罚性赔偿吗？

【情景案例】

甲公司是一家化工企业。2021年3月，由于订单大量增加，甲公司排放废水量大大增加。其严重超标排污，导致附近樊某等8位村民共同承包的500亩鱼塘的鱼全部死亡，损失达1200万元。经鉴定，鱼的死亡与甲公司的排污有直接的因果关系。之后，樊某等人将甲公司诉至法院，要求赔偿损失1300万元。甲公司辩称，其只同意赔偿直接损失1200万元，不同意赔偿多出的100万元。

请问：樊某等人可向甲公司主张惩罚性赔偿吗？

【律师解答】

惩罚性赔偿制度，是指为达到惩罚不法行为人、赔偿受害人所受损失以遏制类似不法行为再次发生的目的，由法院根据具体案件的实际情况，综合考量受害人损失程度、加害人主观恶意程度等诸多因素后，最终作出判决不法行为人支付超出被害人实际损失的一种赔偿制度。为了加大环境保护力度，更好地惩戒环境破坏者，我国《民法典》规定，侵权人违反法律规定故意污染环境、破坏生态造成严重后果的，被侵权人有权请求相应的惩罚性赔偿。

本案中，甲公司违反法律规定故意排放废水污染环境，造成樊某等人损失1200万元的严重后果，樊某等人有权请求相应的惩罚性赔偿。

【法条链接】

《民法典》第一千二百三十二条　侵权人违反法律规定故意污染环境、破坏生态造成严重后果的,被侵权人有权请求相应的惩罚性赔偿。

355. 造成环境污染的行为人可能因此坐牢吗?

【情景案例】

甲公司生产过程中产生的钢板清洗废液为危险废物。甲公司总经理殷某在未开具危险废物转移联单的情况下,将钢板清洗废液交给无危险废物处置资质的温某进行非法处置。之后,温某将2000吨钢板清洗废液非法倾倒于该市的污水井、下水道等,造成该市河流水体被严重污染。

请问:殷某与温某的行为构成犯罪吗?

【律师解答】

我国《刑法》规定,违反国家规定,排放、倾倒或者处置有放射性的废物、含传染病病原体的废物、有毒物质或者其他有害物质,严重污染环境的,处3年以下有期徒刑或者拘役,并处或者单处罚金;后果特别严重的,处3年以上7年以下有期徒刑,并处罚金。

本案中,殷某与温某违反国家规定倾倒2000吨危险废物,给该市河流水体造成严重污染,其行为构成污染环境罪,要承担刑事责任。

【法条链接】

《民法典》第一千二百二十九条　因污染环境、破坏生态造成他人损害的,侵权人应当承担侵权责任。

《刑法》第三百三十八条　违反国家规定,排放、倾倒或者处置有放射性的废物、含传染病病原体的废物、有毒物质或者其他有害物质,严重污染环境的,处三年以下有期徒刑或者拘役,并处或者单处罚金;情节严重的,处三年以上七年以下有期徒刑,并处罚金……

356. 因他人过错导致环境受污染,排污者要担责吗?

【情景案例】

章某是一名货车司机,专门帮石油公司运输汽油。某日,章某将油罐车放在季某所承包的鱼塘边。鲁某与季某因鱼塘承包事宜产生矛盾,为报复季某,鲁某晚上偷偷将油罐的阀门打开,导致车的汽油流入鱼塘,给季某造成 2 万元损失。为此,季某将章某与鲁某诉至法院,要求其赔偿损失。

请问:季某的请求能得到法院支持吗?

【律师解答】

我国《民法典》规定,因第三人的过错污染环境、破坏生态的,被侵权人可以向侵权人请求赔偿,也可以向第三人请求赔偿。侵权人赔偿后,有权向第三人追偿。

本案中,章某车辆的汽油流入季某的鱼塘,系第三人鲁某所为,虽然该汽油是从章某车辆流出的,造成了季某鱼塘严重的损失,章某能认定为侵权人,但该侵权行为系鲁某所作所为,鲁某应该对鱼塘受到损失的后果承担最终责任。依据我国法律规定,季某对遭受的损失可以向侵权人章某主张赔偿责任,也可以向第三人鲁某主张赔偿责任;章某承担侵权责任后,可以就自己承担的部分向鲁某追偿。

【法条链接】

《民法典》第一千二百三十三条 因第三人的过错污染环境、破坏生态的,被侵权人可以向侵权人请求赔偿,也可以向第三人请求赔偿。侵权人赔偿后,有权向第三人追偿。

八、高度危险责任

357. 高度危险作业致人损害,行为人如何承担责任?

【情景案例】

2021 年 6 月 10 日 10 时,葛某驾驶重型自卸货车到某采石场装载石头。此时,某采石场正在准备实施爆破,于是安排葛某等人到指定房间内避险。爆破期间,葛某在避险的房间内被飞石砸伤,共花医疗费 2 万元。

请问：某采石场要承担赔偿责任吗？

【律师解答】

高度危险作业，是指从事高空、高压、易燃、易爆、剧毒、放射性、高速运输工具等对周围环境有高度危险的作业。我国《民法典》规定，从事高度危险作业造成他人损害的，应当承担侵权责任。由此可见，对于高度危险作业，所适用的是无过错责任原则，即只要高度危险作业行为致人损害，无论高度危险作业行为人有没有过错，都应当承担侵权责任。

本案中，某采石场从事爆破作业系高度危险作业，对于爆破造成葛某的损害，某采石场应当承担赔偿责任。

【法条链接】

《民法典》第一千二百三十六条 从事高度危险作业造成他人损害的，应当承担侵权责任。

358. 为他人保管的危险品发生爆炸致人受伤，责任由谁承担？

【情景案例】

甲公司是一家烟花爆竹生产企业。2021年6月10日，由于甲公司仓库不够用，于是借用伍某的旧厂房存放烟花产品，由伍某代为保管，租金为5000元/月。7月2日中午，存放烟花的旧厂房发生爆炸，致路人韦某受伤，共花医疗费2万元。经查，爆炸是旧厂房电线短路引起的。

请问：韦某可请求甲公司与伍某承担赔偿责任吗？

【律师解答】

我国《民法典》规定，占有或者使用易燃、易爆、剧毒、高放射性、强腐蚀性、高致病性等高度危险物造成他人损害的，占有人或者使用人应当承担侵权责任。由此可见，替他人保管的危险品发生爆炸致人损伤，作为直接的保管人因为具有安全保管的义务，所以保管人应当承担侵权赔偿责任。同时，危险品所有人对保管人负有监督保管义务，也应当承担连带侵权赔偿责任。

本案中，甲公司是烟花爆竹所有人，伍某是保管人，韦某因存放烟花的旧厂房发生爆炸而受伤，其可请求甲公司与伍某承担连带侵权赔偿责任。

【法条链接】

《民法典》第一千二百三十九条 占有或者使用易燃、易爆、剧毒、高放射性、强腐蚀性、高致病性等高度危险物造成他人损害的，占有人或者使用人应当承担侵权责任；但是，能够证明损害是因受害人故意或者不可抗力造成的，不承担责任。被侵权人对损害的发生有重大过失的，可以减轻占有人或者使用人的责任。

九、饲养动物损害责任

359. 饲养动物致人损害的，责任如何承担?

【情景案例】

2021年1月10日早上，毕某在小区遛狗时，狗突然发怒将正在晨跑的聂某咬伤。事发后，聂某以毕某没有给狗戴嘴套为由，要求其赔偿相关损失。

请问：毕某要承担损害赔偿责任吗?

【律师解答】

我国《民法典》规定，饲养的动物造成他人损害的，动物饲养人或者管理人应当承担侵权责任。违反管理规定，未对动物采取安全措施造成他人损害的，动物饲养人或者管理人应当承担侵权责任。

本案中，毕某没有采取安全措施给狗戴嘴套，导致聂某被狗咬伤，应当承担损害赔偿责任。

【法条链接】

《民法典》第一千二百四十五条 饲养的动物造成他人损害的，动物饲养人或者管理人应当承担侵权责任；但是，能够证明损害是因被侵权人故意或者重大过失造成的，可以不承担或者减轻责任。

第一千二百四十六条 违反管理规定，未对动物采取安全措施造成他人损害的，动物饲养人或者管理人应当承担侵权责任；但是，能够证明损害是因被侵权人故意造成的，可以减轻责任。

360. 动物园的动物造成他人损害的，责任由谁承担？

【情景案例】

2021年1月3日，焦某与向某到某野生动物园游玩。入园前，两人签订了《自驾车入园游览车损责任协议书》，该协议第1条即写明“猛兽区必须关好、锁好车门、车窗，禁止投喂食物、严禁下车”。另外，景区内有相关的安全提示牌提醒游客禁止下车。在游玩期间，焦某由于口渴，见附近没有动物，于是下车到车尾箱取水。取水时，一只老虎突然猛地从焦某身后扑来，焦某当场被老虎扑咬致死。

请问：某野生动物园要对焦某的死亡承担责任吗？

【律师解答】

我国《民法典》规定，动物园的动物造成他人损害的，动物园应当承担侵权责任；但是，能够证明尽到管理职责的，不承担侵权责任。

本案中，某野生动物园与焦某签订的责任协议书写明“猛兽区必须关好、锁好车门、车窗，禁止投喂食物、严禁下车”，且景区内有相关的安全提示牌提醒游客禁止下车，表明某野生动物园已尽到管理职责，故其对焦某的死亡不承担责任。

【法条链接】

《民法典》第一千二百四十八条 动物园的动物造成他人损害的，动物园应当承担侵权责任；但是，能够证明尽到管理职责的，不承担侵权责任。

361. 动物被饲养人遗弃，在遗弃期间造成他人损害的，责任由谁承担？

【情景案例】

柳某饲养了一条狗，由于婚后妻子不喜欢，于是将狗遗弃。1周后，同村的王某被该狗咬伤，于是要求柳某赔偿相应损失，但遭到柳某拒绝。柳某认为，狗已被其遗弃，故其无须承担任何责任。

请问：柳某需要对王某承担赔偿责任吗？

【律师解答】

我国《民法典》规定，遗弃、逃逸的动物在遗弃、逃逸期间造成他人损害的，由动物原饲养人或者管理人承担侵权责任。

本案中，柳某遗弃的狗在遗弃期间咬伤王某，柳某作为狗的饲养人，应当对王某承担赔偿责任。

【法条链接】

《民法典》第一千二百四十九条　遗弃、逃逸的动物在遗弃、逃逸期间造成他人损害的，由动物原饲养人或者管理人承担侵权责任。

十、建筑物和物件损害责任

362. 出租屋的阳台花盆跌落致楼下行人受伤，责任由谁承担？

【情景案例】

李某将一套两室一厅的房屋出租给张某，在张某租赁期间，阳台上的花盆坠落致使从楼下经过的刘某受伤，花去医疗费等 6000 余元。之后，刘某将张某与李某诉至法院，要求赔偿损失。李某辩称，房屋已出租给张某，自己没有过错，应由张某承担责任。

请问：李某需要承担赔偿责任吗？

【律师解答】

我国《民法典》规定，建筑物、构筑物或者其他设施及其搁置物、悬挂物发生脱落、坠落造成他人损害，所有人、管理人或者使用人不能证明自己没有过错的，应当承担侵权责任。所有人、管理人或者使用人赔偿后，有其他责任人的，有权向其他责任人追偿。

本案中，尽管李某是房屋的所有人，但在租赁期间，其并不直接占有、管理房屋，房屋实际上由张某进行直接管理，因此张某应当承担赔偿责任，李某无须承担责任。

【法条链接】

《民法典》第一千二百五十三条　建筑物、构筑物或者其他设施及其搁置物、悬挂物发生脱落、坠落造成他人损害，所有人、管理人或者使用人不能证明自己没有过错的，应当承担侵权责任。所有人、管理人或者使用人赔偿后，有其他责任人的，有权向其他责任人追偿。

363. 小区发生高空抛物砸伤人又无法确定具体行为人的，同楼居民要承担责任吗？

【情景案例】

2021 年 3 月 12 日早上，陈某在小区散步时，突然被楼上坠落的塑料花盆砸中，顿时血流满面，住院 2 个月，共花费 5 万余元。事发的 5 栋 3 单元楼共住有 70 户，除去 1 楼的 2 户外，总计 68 户。派出所接到报案后采取逐层逐户方式进行调查，但无法确定肇事花盆是谁家的。

请问：陈某的损失应当由谁承担？

【律师解答】

我国《民法典》规定，禁止从建筑物中抛掷物品。从建筑物中抛掷物品或者从建筑物上坠落的物品造成他人损害的，由侵权人依法承担侵权责任；经调查难以确定具体侵权人的，除能够证明自己不是侵权人的外，由可能加害的建筑物使用人给予补偿。可能加害的建筑物使用人补偿后，有权向侵权人追偿。

本案中，由于难以确定侵权人，故 5 栋 3 单元楼的住户，除一楼的 2 名住户，其余 68 户都是可能的加害人，都需要承担陈某受伤的责任。

【法条链接】

《民法典》第一千二百五十四条　禁止从建筑物中抛掷物品。从建筑物中抛掷物品或者从建筑物上坠落的物品造成他人损害的，由侵权人依法承担侵权责任；经调查难以确定具体侵权人的，除能够证明自己不是侵权人的外，由可能加害的建筑物使用人给予补偿。可能加害的建筑物使用人补偿后，有权向侵权人追偿。

物业服务企业等建筑物管理人应当采取必要的安全保障措施防止前款规定情形的发生；未采取必要的安全保障措施的，应当依法承担未履行安全保障义务的侵权责任。

发生本条第一款规定的情形的，公安等机关应当依法及时调查，查清责任人。

364. 在道路上堆放杂物致人受伤的，责任由谁承担？

【情景案例】

2021 年 1 月 8 日晚上，杨某驾驶摩托车在道路上正常行驶，突然撞上在道路上堆放的沙石摔倒，杨某因此受伤。事故发生后，交警部门出具了事故认定书，认定：杨某无责，某市政公司未设置安全警示标志，负本次事故全部责任。之后，杨某将某市政公司诉至法院，要求其赔偿医疗费等损失2万元。

请问：某市政公司要对杨某承担侵权责任吗？

【律师解答】

我国《民法典》规定，在公共道路上堆放、倾倒、遗撒妨碍通行的物品造成他人损害的，由行为人承担侵权责任。公共道路管理人不能证明已经尽到清理、防护、警示等义务的，应当承担相应的责任。

本案中，某市政公司在公共道路上堆放沙石造成杨某受伤，应当承担侵权责任。

【法条链接】

《民法典》第一千二百五十六条　在公共道路上堆放、倾倒、遗撒妨碍通行的物品造成他人损害的，由行为人承担侵权责任。公共道路管理人不能证明已经尽到清理、防护、警示等义务的，应当承担相应的责任。

365. 地面施工没有相关标识致人受伤，责任由谁承担？

【情景案例】

2021年5月6日22时许，陈某乘地铁出站后沿着人行道行走时，在一处没有警示标志且洒有大量黄沙的路面上失去平衡，导致左脚踏入一处未铺设地砖的坑洼处摔倒。摔倒时，陈某本能地用手支撑，随即被送往医院检查，诊断结果为左手腕骨折。经调查，施工工程发包人为甲轨道交通公司，其未违反安全保障义务；施工人为有相应资质的乙建筑公司。之后，陈某将甲轨道交通公司与乙建筑公司诉至法院，要求赔偿医疗费等损失8万元。

请问：谁应当对陈某承担赔偿责任？

【律师解答】

我国《民法典》规定，在公共场所或者道路上挖掘、修缮安装地下设施等造成他人损害，施工人不能证明已经设置明显标志和采取安全措施的，应当承担侵权责任。窨井等地下设施造成他人损害，管理人不能证明尽到管理职责的，应当承担侵权责任。

本案中，乙建筑公司作为施工人，在公共场所或者道路上施工，没有设置明显标志和采取安全措施造成陈某受伤，应对陈某的损失承担赔偿责任。由于甲轨道交通公司未违反安全保障义务，也未在施工人的选任上存在过错，故不应承担赔偿责任。

【法条链接】

《民法典》第一千二百五十八条　在公共场所或者道路上挖掘、修缮安装地下设施等造成他人损害，施工人不能证明已经设置明显标志和采取安全措施的，应当承担侵权责任。

窨井等地下设施造成他人损害，管理人不能证明尽到管理职责的，应当承担侵权责任。

附　录

《民法典》相关法律文书

本书按照《民法典》7 编，提供实用法律文书。电子版可扫描二维码下载。

具体文书种类如下：

1. 总则法律文书，包括无（限制）民事行为能力申请书、指定监护人申请书、宣告失踪申请书、宣告死亡申请书、催告法定代理人追认通知书、授权委托书（个人）、授权委托书（法人）、催告被代理人追认通知书。

2. 物权编法律文书，包括不动产（房屋）更正登记申请书、不动产（房屋）异议登记申请书、不动产预告登记申请书、房屋按份共有协议书、共有物分割协议、农村土地经营权出租合同、建设用地使用权出让合同、宅基地使用权转让协议、居住权协议、地役权合同、房屋抵押合同、动产浮动抵押合同、最高额抵押合同、质押合同、财产留置通知书。

3. 合同编法律文书，包括债权转让协议、债权转让通知书、债务转让协议、合同解除协议书、合同解除通知书、债权债务抵销协议、商品买卖合同、商铺买卖合同、农村房屋买卖合同、二手房买卖合同、金钱赠与协议、物品赠与协议、房屋赠与协议、股权赠与协议、借款合同、抵押借款合同、借条、借款收据、请款函、催款函、收条、保证合同、房屋租赁合同、商铺租赁合同、厂房租赁合同、车位租赁协议、融资租赁合同、加工承揽合同、建设工程勘察设计合同、建设工程总承包合同、货物运输合同、软件委托开发合同、技术转让合同、技术许可合同、技术咨询合同、技术服务合同、保管合同、仓储合同、委托合同、物业服务合同、行纪合同、中介合同、合伙合同。

4. 人格权编法律文书，包括肖像权许可使用合同、捐献器官协议。

5. 婚姻家庭编法律文书，包括同居财产约定协议、忠诚协议书、婚前财产协议、夫妻财产约定协议、赡养协议、离婚协议书、夫妻分居协议、收养协议、解除收养关系协议。

6. 继承编法律文书，包括遗产分割协议、放弃继承权声明书、遗赠扶养协议、自书遗嘱、代书遗嘱。

7. 侵权责任编法律文书，包括人身损害赔偿协议、交通事故致人残疾赔偿协议、交通事故致人死亡赔偿协议。

一、总则法律文书

无(限制)民事行为能力申请书①

申请人:张三,男,________年____月____日出生,____族,住____________,身份证号码:____________。

被申请人:李四,男,________年____月____日出生,____族,住____________,身份证号码:____________。

请求事项:

1. 宣告李四为无(限制)民事行为能力人;

2. 指定张三为李四的监护人。

事实与理由:

申请人张三与被申请人李四系父子关系(写明双方的关系)。李四于________年____月____日因事故导致脑部受伤,经鉴定已经丧失(部分丧失)民事行为能力。为保护被申请人的合法权益,现特向法院申请宣告李四为无(限制)民事行为能力人,并指定张三作其监护人。

此致

________人民法院

申请人:张三

________年____月____日

指定监护人申请书②

申请人:________,男/女,________年____月____日出生,____族,住____________,身份证号码:____________,联系电话:____________。

被申请人:________,男/女,________年____月____日出生,____族,住____________,身份证号码:____________。

申请事项:

请求人民法院同意申请人________担任被申请人________的监护人。

---

① 法条链接:《民法典》第二十四条。

② 法条链接:《民法典》第三十一条第一款。

事实及理由：

申请人与被申请人系兄妹关系。被申请人自小患精神病，生活无法自理，原来由其父母照看，现其父母先后去世。________年____月____日，________司法鉴定中心对被申请人的精神状态、民事行为能力进行法医学鉴定，并出具《司法鉴定意见书》，鉴定意见为：被鉴定人患精神分裂症，目前为无民事行为能力。________年____月____日，经________人民法院判决认定为无民事行为能力人[（20__）浙19__民特__号]。

被申请人兄妹三人，被申请人排行第一，申请人排行第二，弟弟________排行第三。由于被申请人无配偶、无子女，且父母已去世。因此，为了切实保护被申请人作为无民事行为能力人的合法权益，经申请人与申请人弟弟________协商，两人一致同意由申请人请求贵院指定申请人为被申请人的监护人。因此，申请人特提出上述诉讼请求，恳请法院依法作出指定。

此致

________人民法院

申请人：

________年____月____日

宣告失踪申请书①

申请人：张三，男，________年____月____日出生，____族，住____________，身份证号码：____________，联系电话：____________。

被申请人：李四，男，________年____月____日出生，____族，住____________，身份证号码：____________。

请求事项：

1. 请求人民法院宣告李四失踪；

2. 指定张三为失踪人李四的财产代管人。

事实与理由：

被申请人李四系申请人张三的父亲。被申请人李四于______年____月离家后，至今没有回家。经多方寻找，并向公安机关报案，但一直没有音信。至今，被申请人下落不明时间已达2年，现根据《中华人民共和国民事诉讼法》第190条第1款的规定，向贵院申请宣告李四失踪。

此致

________人民法院

申请人：张三

________年____月____日

附：被申请人下落不明的书面证明。

---

① 法条链接：《民法典》第四十条、第四十二条。

宣告死亡申请书[①]

申请人:张三,男,________年____月____日出生,____族,住____________,身份证号码:____________,联系电话:____________。

被申请人:李四,男,________年____月____日出生,____族,住____________,身份证号码:____________。

请求事项:

请求人民法院宣告被申请人李四死亡。

事实与理由:

被申请人李四系申请人张三的父亲。李四于________年____月离家后,至今没有回家。经多方寻找,并向公安机关报案,但一直没有音信,生死不明。至今,被申请人下落不明时间已达4年,现根据《中华人民共和国民事诉讼法》第191条第1款的规定,向贵院申请宣告李四死亡。

此致

________人民法院

申请人:张三

________年____月____日

附:被申请人下落不明的书面证明。

催告法定代理人追认通知书[②]

________先生/女士:

________于________年____月____日作出了________行为。您作为其法定代理人,现告知您自收到本通知书之日起三十日内,有权向我方对其该行为进行追认。逾期未作表示的,视为拒绝追认。

催告人:

________年____月____日

授权委托书(个人)[③]

委托人:________,性别:____,身份证号码:____________,联系电话:____________

受委托人:________,性别:____,身份证号码:____________,联系电话:____________

① 法条链接:《民法典》第四十六条。

② 法条链接:《民法典》第一百四十五条第二款。

③ 法条链接:《民法典》第一百六十五条。

本人工作繁忙,不能亲自办理__________的相关手续,特委托______作为我的代理人,全权代表我办理相关事项,对委托人在办理上述事项过程中所签署的有关文件,我均予以认可,并承担相应的法律责任。

委托期限:自签字之日起至上述事项办完为止。

委托人:(签名捺手印)

________年____月____日

附:身份证明材料

授权委托书(法人)①

________:

兹有我司需办理__________________________等事务,现特别授权委托我司员工________(身份证号码:________________)前往贵司办理,望贵司给予接洽受理为盼!

________有限公司(盖章)

法定代表人:(签字)

________年____月____日

附:身份证明材料

催告被代理人追认通知书②

________(单位/个人):

________(单位/个人)于________年____月____日以你方名义与我方签订了一份________合同(合同编号:_______________)。你方作为________(单位/个人)的被代理人,现告知你方自收到本通知书之日起三十日内,有权向我方对其代理行为进行追认。逾期未作表示的,视为拒绝追认。

催告人:

________年____月____日

① 法条链接:《民法典》第一百六十五条。

② 法条链接:《民法典》第一百七十一条第二款。

二、物权编法律文书

不动产(房屋)更正登记申请书[①]

<table>
<tr><td>申请人</td><td></td><td>身份证号码</td><td></td></tr>
<tr><td>更正事项</td><td colspan="3">贵局办理的不动产(房屋)产权证__字第__号不动产(房屋)所有权证书和不动产(房屋)登记簿记载内容中____有误,本人作为权利人/利害关系人请求更正登记。</td></tr>
<tr><td colspan="4">本申请表格所填内容准确无误,且本人对提供的申请登记材料的真实性、合法性、有效性负责。如隐瞒或提供虚假材料申请更正登记,本人愿意承担一切经济责任和法律责任。
申请人:
联系方式:
申请日期:</td></tr>
<tr><td>备注</td><td colspan="3"></td></tr>
</table>

① 法条链接:《民法典》第二百二十条第一款。

不动产(房屋)异议登记申请书①

种类:□所有权　□他项权　□登记证明

<table>
<tr><td rowspan="7">申请人情况</td><td>姓名(名称)</td><td colspan="2"></td><td>姓名(名称)</td><td colspan="3"></td></tr>
<tr><td>证件名称</td><td colspan="2"></td><td>证件名称</td><td colspan="3"></td></tr>
<tr><td>号码</td><td colspan="2"></td><td>号码</td><td colspan="3"></td></tr>
<tr><td>代理人</td><td colspan="2"></td><td>代理人</td><td colspan="3"></td></tr>
<tr><td>证件名称</td><td colspan="2"></td><td>证件名称</td><td colspan="3"></td></tr>
<tr><td>号码</td><td colspan="2"></td><td>号码</td><td colspan="3"></td></tr>
<tr><td>联系电话</td><td colspan="2"></td><td>联系电话</td><td colspan="3"></td></tr>
<tr><td rowspan="2">不动产(房屋)状况</td><td>不动产(房屋)坐落</td><td colspan="4"></td><td>房号</td><td></td></tr>
<tr><td>权利证书(证明)编号</td><td></td><td>建筑面积</td><td></td><td>用途</td><td colspan="2"></td></tr>
<tr><td>申请异议登记事项</td><td colspan="7"></td></tr>
<tr><td>附记</td><td colspan="7"></td></tr>
<tr><td colspan="8">根据《中华人民共和国民法典》《中华人民共和国城市房地产管理法》《不动产登记暂行条例》有关规定,我单位(我个人)向不动产(房屋)登记机构申请上述不动产(房屋)异议登记,并声明本申请书填报内容是真实的,是申请人真实的意思表示,保证提交的材料真实、合法、有效。如有隐瞒真实情况或者提供虚假材料引起的所有法律责任,均由申请人承担。

申请人签章:　　　　　　　　申请人签章:
代理人签章:　　　　　　　　代理人签章:
年　月　日　　　　　　　　年　月　日</td></tr>
</table>

① 法条链接:《民法典》第二百二十条第二款。

（此处由不动产登记机构填写）

<table>
<tr><td colspan="6">初审意见：

初审人：
（签字）
年　月　日</td></tr>
<tr><td colspan="6">核准意见：

核准人：
（签字）
年　月　日</td></tr>
<tr><td>受理号</td><td></td><td>原证号</td><td></td><td>原卷号</td><td></td></tr>
<tr><td colspan="6">附记：</td></tr>
</table>

不动产预告登记申请书[①]

<table>
<tr><td>申请类型</td><td colspan="6">□国有建设用地使用权　□国有建设用地使用权及房屋所有权　□其他________</td></tr>
<tr><td rowspan="14">申请人情况</td><td colspan="6">预告登记权利人</td></tr>
<tr><td colspan="2">姓名(名称)</td><td>证件种类</td><td>证件号码</td><td>占有份额</td><td>联系电话</td></tr>
<tr><td colspan="2"></td><td></td><td></td><td></td><td></td></tr>
<tr><td colspan="2"></td><td></td><td></td><td></td><td></td></tr>
<tr><td colspan="2"></td><td></td><td></td><td></td><td></td></tr>
<tr><td>代理人</td><td></td><td></td><td></td><td></td><td></td></tr>
<tr><td colspan="6">预告登记义务人</td></tr>
<tr><td colspan="2">姓名(名称)</td><td>证件种类</td><td>证件号码</td><td>占有份额</td><td>联系电话</td></tr>
<tr><td colspan="2"></td><td></td><td></td><td></td><td></td></tr>
<tr><td colspan="2"></td><td></td><td></td><td></td><td></td></tr>
<tr><td colspan="2"></td><td></td><td></td><td></td><td></td></tr>
<tr><td>代理人</td><td></td><td></td><td></td><td></td><td></td></tr>
<tr><td colspan="6" style="display:none"></td></tr>
<tr><td colspan="6" style="display:none"></td></tr>
<tr><td rowspan="4">不动产情况</td><td>房屋/土地坐落</td><td colspan="5"></td></tr>
<tr><td>土地使用权面积(m^2)</td><td colspan="2"></td><td>房屋建筑面积(m^2)</td><td colspan="2"></td></tr>
<tr><td>原不动产权属证书号</td><td colspan="2"></td><td>用　途</td><td colspan="2"></td></tr>
<tr><td>不动产单元号</td><td colspan="2"></td><td>不动产类型</td><td colspan="2"></td></tr>
<tr><td>备注</td><td colspan="6"></td></tr>
</table>

① 法条链接:《民法典》第二百二十一条。

<table>
<tr><th colspan="2">预告登记权利人</th><th colspan="2">预告登记义务人</th></tr>
<tr><td colspan="2">1. 申请人与身份证明记载的主体是否一致
□是　　　□否
2. 申请人民事行为能力为
□完全　　□限制　　□无
3. 申请登记事项是否为真实意思表示
□是　　　□否
4. 申请登记不动产是否为共有不动产
□是　　　□否
共有形式：
□共同共有　□按份共有
占有份额：____________
5. 申请登记不动产是否存在申请材料记载以外的其他共有人
□是，有____人　　□否
6. 是否需要委托他人领取权证：
□是，代理人姓名：______
证件号码：________
□否
7. 不动产面积有变化，是否认可________平方米建筑面积
□是　　□否
8. 代理申请的，是否为委托人真实意愿表示
□是　　□否
9. 监护人是否具有代理资格
□是　　□否
10. 其他问题：____________</td><td colspan="2">1. 申请人与身份证明记载的主体是否一致
□是　　□否
2. 申请人民事行为能力为
□完全　□限制　□无
3. 申请登记事项是否为真实意思表示
□是　　□否
4. 申请登记不动产是否存在登记簿记载以外其他共有人
□是　　□否
5. 代理申请的，是否为委托人真实意愿表示
□是　　□否
6. 监护人是否具有代理资格
□是　　□否
7. 其他问题：____________</td></tr>
<tr><td colspan="4">申请人（代理人）承诺所提交的登记申请材料、申请信息真实、合法、有效，询问事项经确认无误。如有任何虚假，由申请人（代理人）承担由此引起的一切法律责任。

受让人或权利人（签字或盖章）：　　　　转让人或义务人（签字或盖章）：
代理人（签字或盖章）：　　　　　　　　代理人（签字或盖章）：

年　月　日　　　　　　　　　　　　　　年　月　日</td></tr>
<tr><td>询问人</td><td></td><td>询问时间</td><td></td></tr>
</table>

房屋按份共有协议书①

甲方:________,男/女,________年____月____日出生,____族,住____________,身份证号码:____________。

乙方:________,男/女,________年____月____日出生,____族,住____________,身份证号码:____________。

甲乙双方依据《中华人民共和国民法典》及其他相关法律、法规的规定,就双方共同出资购买的位于________房屋的相关事宜,经协商达成如下协议:

一、房屋基本情况

1.坐落于____________________________________房屋一套,建筑面积________平方米;房屋内部装饰为:__________;购入时售价________元,契税、房屋维修基金等其他费用________元,共计________元。

2.甲方出资________元,占产权份额________;乙方出资________元,占产权份额________。

二、房屋所有权

1.该房屋的所有权归甲乙双方按份共有(其中甲方________、乙方________),双方按份享有该处房屋的所有、经营、管理、居住、使用的权利。

2.该房屋对外以________名义进行不动产登记,办理不动产登记证书;对内由甲乙双方按份共有。

三、各方权利义务

1.该房屋使用过程中所产生的包括但不限于物业费、供暖、水、电、燃气等费用,由甲乙双方按照各自份额承担,如超过自己应当承担的份额时,有权向另一方追偿。

2.非经甲乙双方书面同意,任何一方不得擅自将该房屋出租与出售、不得将该房屋抵押或设定其他形式的担保,否则应赔偿另一方由此所造成的损失;因该房产出租、出售、增值等所得的收益由甲乙双方按份共有。

3.甲乙双方有权转让其产权份额,其他共有人在同等条件下享有优先购买的权利,以维护良好的共有关系。

4.该房屋的《商品房买卖合同》或《不动产权属证书》、收据、发票等相关材料由________负责保管。

5.甲乙双方各自的产权份额可以继承、分割,但不得损害其他共有人权益,否则应承担赔偿责任。

四、争议解决

本协议履行过程中若发生争议,双方应友好协商解决;协商不成的,任何一方均可向该房屋所在地人民法院提起诉讼。

---

① 法条链接:《民法典》第二百九十八条、第三百零五条、第三百零六条。

五、其他

1. 本协议未定事宜,双方可另行签订补充协议,补充协议与本协议具有同等法律效力。

2. 本协议自双方签字、捺印后即具有法律效力,本协议一式两份,双方各执一份,均具有同等法律效力。

甲方: 乙方:

年 月 日 年 月 日

共有物分割协议①

甲方:________,男/女,________年____月____日出生,____族,住____________,身份证号码:____________。

乙方:________,男/女,________年____月____日出生,____族,住____________,身份证号码:____________。

甲乙双方依据《中华人民共和国民法典》及其他相关法律、法规的规定,经双方友好协商后,达成共有物分割协议如下:

1. 甲乙双方于________年____月____日共同购入坐落于________的房产一套,建筑面积为________平方米(房屋所有权证号:________,土地使用权证号:________/不动产权证号:________),系甲乙双方共同所有。双方分割面积分别为:甲方占房产面积为________平方米,比例为____%;乙方占房产面积为________平方米,比例为____%。甲方无条件配合乙方办理房产共有登记手续,相关费用均有乙方承担。

2. 本协议系最终协议,甲乙双方不再就房屋产生任何争议。本协议一式____份,自签字之日起生效,具有同等法律效力。

甲方: 乙方:

年 月 日 年 月 日

农村土地经营权出租合同②

甲方(出租方):____________ 身份证号码:____________ 联系地址:____________

联系电话:____________

乙方(承租方):____________ 统一社会信用代码:____________

法定代表人:____________ 联系地址:____________ 联系电话:____________

根据《中华人民共和国民法典》《中华人民共和国农村土地承包法》《农村土地经营权流转管理办法》等相关法律法规,本着平等、自愿、公平、诚信、有偿的原则,经甲乙双方协商一致,就

① 法条链接:《民法典》第二百九十九条、第三百零四条。

② 法条链接:《民法典》第三百三十九条、第三百四十一条。

土地经营权出租事宜，签订本合同。

一、租赁物

（一）经自愿协商，甲方将________亩土地经营权（具体见下表及附图）出租给乙方。

序号	村（组）	地块名称	地块代码	坐落（四至）				面积（亩）	质量等级	土地类型	承包合同代码	备注
				东	南	西	北					
1												
2												
3												

（二）出租土地上的附属建筑和资产情况现状描述：

____

____。

出租土地上的附属建筑和资产的处置方式描述（可另附件）：

____

____。

二、出租土地用途

出租土地用途为____。

三、租赁期限

租赁期限自________年____月____日起至________年____月____日止。

四、出租土地交付时间

甲方应于________年____月____日前完成土地交付。

五、租金及支付方式

（一）租金标准

每亩每年人民币________元（大写：________整）。

（二）租金支付

双方当事人选择第____种方式支付租金。

1. 一次性支付。乙方须于________年____月____日前支付租金人民币________元（大写：________整）。

2. 分期支付。乙方须于每年____月____日前支付（□当　□后一）年租金________元（大写：________整）。

3. 其他：____。

（三）付款方式

双方当事人选择第____种付款方式。

1. 现金

2. 银行汇款

甲方账户名称：

银行账号：

开户行：

3. 其他：____。

六、甲方的权利和义务

（一）甲方的权利

1. 要求乙方按合同约定支付租金；

2. 监督乙方按合同约定的用途依法合理利用和保护出租土地；

3. 制止乙方损害出租土地和农业资源的行为；

4. 租赁期限届满后收回土地经营权；

5. 其他：____。

（二）甲方的义务

1. 按照合同约定交付出租土地；

2. 合同生效后____日内依据《中华人民共和国农村土地承包法》第三十六条的规定向发包方备案；

3. 不得干涉和妨碍乙方依法进行的农业生产经营活动；

4. 其他：____。

七、乙方的权利和义务

（一）乙方的权利

1. 要求甲方按照合同约定交付出租土地；

2. 在合同约定的期限内占有农村土地，自主开展农业生产经营并取得收益；

3. 经甲方同意，乙方依法投资改良土壤，建设农业生产附属、配套设施，并有权按照合同约定对其投资部分获得合理补偿；

4. 租赁期限届满，有权在同等条件下优先承租；

5. 其他：____。

（二）乙方的义务

1. 按照合同约定及时接受出租土地并按照约定向甲方支付租金；

2. 在法律法规政策规定和合同约定允许范围内合理利用出租土地，确保农地农用，符合当地粮食生产等产业规划，不得弃耕抛荒，不得破坏农业综合生产能力和农业生态环境；

3. 依据有关法律法规保护出租土地，禁止改变出租土地的农业用途，禁止占用出租土地建窑、建坟或者擅自在出租土地上建房、挖砂、采石、采矿、取土等，禁止占用出租的永久基本农田发展林果业和挖塘养鱼；

4. 其他：____。

八、其他约定

（一）甲方同意乙方依法

□投资改良土壤　□建设农业生产附属、配套设施

□以土地经营权融资担保　□再流转土地经营权

□其他：____。

（二）该出租土地的财政补贴等归属：________________________。

（三）本合同期限内，出租土地被依法征收、征用、占用时，有关地上附着物及青苗补偿费的归属：____。

（四）其他事项：____。

九、合同变更、解除和终止

（一）合同有效期间，因不可抗力因素致使合同全部不能履行时，本合同自动终止，甲方将合同终止日至租赁到期日的期限内已收取的租金退还给乙方；致使合同部分不能履行的，其他部分继续履行，租金可以作相应调整。

（二）如乙方在合同期满后需要继续经营该出租土地，必须在合同期满前____日内书面向甲方提出申请。如乙方不再继续经营，必须在合同期满前____日内书面通知甲方，并在合同期满后____日内将原出租的土地交还给甲方。

（三）合同到期或者未到期由甲方依法提前收回出租土地时，乙方依法投资建设的农业生产附属、配套设施处置方式：

□由甲方无偿处置。

□经有资质的第三方评估后，由甲方支付价款购买。

□经双方协商后，由甲方支付价款购买。

□由乙方恢复原状。

□其他：____。

十、违约责任

（一）任何一方违约给对方造成损失的，违约方应承担赔偿责任。

（二）甲方应按合同规定按时向乙方交付土地，逾期一日，应向乙方支付年租金的万分之____作为违约金。逾期超过____日，乙方有权解除合同，甲方应当赔偿损失。

（三）甲方出租的土地存在权属纠纷或经济纠纷，致使合同全部或部分不能履行的，甲方应当赔偿损失。

（四）甲方违反合同约定擅自干涉和破坏乙方的生产经营，致使乙方无法进行正常的生产经营活动的，乙方有权解除合同，甲方应当赔偿损失。

（五）乙方应按照合同规定按时足额向甲方支付租金，逾期一日，乙方应向甲方支付年租金的万分之____作为违约金。逾期超过____日，甲方有权解除合同，乙方应当赔偿损失。

（六）乙方擅自改变出租土地的农业用途、弃耕抛荒连续两年以上、给出租土地造成严重损害或者严重破坏土地生态环境的，甲方有权解除合同、收回该土地经营权，并要求乙方赔偿损失。

（七）合同期限届满的，乙方应当按照合同约定将原出租土地交还给甲方，逾期一日应向甲方支付年租金的万分之____作为违约金。

十一、合同争议解决方式

本合同发生争议的，甲乙双方可以协商解决，也可以请求村民委员会、乡（镇）人民政府等调解解决。当事人不愿协商、调解或者协商、调解不成的，可以依据《中华人民共和国农村土地承包法》第五十五条的规定向农村土地承包仲裁委员会申请仲裁，也可以直接向人民法院起诉。

十二、附则

（一）本合同未尽事宜，经甲方、乙方协商一致后可签订补充协议。补充协议与本合同具有同等法律效力。

补充条款（可另附件）：____。

（二）本合同自甲乙双方签字、盖章或者按指印之日起生效。本合同一式____份，由甲方、乙方、农村集体经济组织、乡（镇）人民政府农村土地承包管理部门、________，各执一份。

甲方（签名并捺印）：　　　　　　　　乙方（盖章）：

　　　　　　　　　　　　　　　　　　法定代表人：

签订地点：　　　　　　　　　　　　　签订地点：

年　月　日　　　　　　　　　　　　　年　月　日

建设用地使用权出让合同[①]

甲方（转让人）：　　　　　　　　　　乙方（受让人）：

统一社会信用代码：　　　　　　　　　统一社会信用代码：

法定代表人：　　　　　　　　　　　　法定代表人：

联系地址：　　　　　　　　　　　　　联系地址：

联系电话：　　　　　　　　　　　　　联系电话：

甲乙双方根据《中华人民共和国民法典》和其他相应法律法规的规定，就甲方向乙方转让本合同所指地块的土地使用权事宜，经友好协商，特订立条款如下：

第一条　总则

甲乙双方必须遵守国家和地方的有关土地使用权转让及与土地使用权转让相关的所有法律、法规、规章及________与土地管理部门签订的《土地使用权出让合同》（以下简称《出让合同》）。

第二条　双方法律地位及有关文件

1. 甲方系经国家批准成立，负责________土地开发和经营管理的经济实体，具有中国法人资格；

2. 乙方系经________国政府批准成立，从事生产经营________的经济实体，具有________国法人资格；

---

① 法条链接：《民法典》第三百四十八条。

3. 甲方应向乙方提供下列文件：

市场监督管理部门核发的甲方营业执照（出示原件或提供复印件）。

乙方应向甲方提供下列文件：

（1）投资审批部门签发的项目批准证书（复印件）；

（2）市场监督管理部门核发的乙方营业执照（出示原件或提供复印件）。

第三条　甲方义务

甲方确认并保证，在乙方实际获得本合同约定地块的土地使用权之前未设置任何抵押、债权或债务，不被任何第三方追索任何权益。

第四条　场地位置和面积

甲方向乙方转让________号地块内的部分土地使用权，作为乙方的工业建设用地。该场地面积共计约________平方米（以土地管理部门勘测定界的面积为准），其地理位置详见《场地位置示意图》。

第五条　土地使用权转让期限

1. 本合同第四条所定场地的土地使用权转让期限为自乙方申领的该场地国有土地使用权证载明的起始日起至________年____月____日止。

2. 自乙方领取该场地国有土地使用权证日起，前款所述场地的土地使用权归乙方所有，其合法权益受国家法律保护。

3. 在转让期限内，除本合同另有规定外，甲方不得收回土地使用权。

第六条　土地使用权转让金和付款方式

1. 土地使用权转让金为人民币________元（大写：________整）；

2. 前款所述土地使用权转让金总额最终以土地管理部门勘测定界的面积和前款所述的土地单价的乘积为准，并实行多退少补；

3. 本合同双方签字后，乙方须按下述时间要求付清上述规定的土地使用权转让金：

（1）本合同双方签字日后________天内，即________年____月____日前支付____%，计人民币________元（大写：________整）；

（2）本合同签字日后____日内，即________年____月____日前付清余额____%，计人民币________元（大写：________整）。

4. 乙方应将土地使用权转让金支付到甲方指定的银行账号：

账户名称：________________________________

银行账号：________________________________

开户行：__________________________________

第七条　场地交接

1. 甲方应于乙方按本合同约定付清全部土地使用权转让金后____日内，将本合同第四条所定场地交付乙方使用。场地交接时，甲乙双方的法定代表人或委托代理人应在场地交接单上签字，以示场地交接完毕。

2. 甲方应于场地交付日期前______天以书面形式通知乙方进行场地交接。若乙方不按甲方书面通知所载日期进行场地交接，逾期超过______天，视作乙方认可本合同第四条所定场地已交接。

3. 在乙方支付全部土地使用权转让金，甲方交付用地，乙方具备申办土地使用权证的全部条件后，由乙方向有关土地主管部门申办土地使用权证，甲方将积极协助乙方领取土地使用权证，并向______不动产登记处办理登记手续。

第八条　场地基础设施、条件

1. 除另有说明外，本合同所称基础设施包括以下部分：

(1) 供电、供水、电讯、煤气设施管道；

(2) 雨水、污水管道及接口；

(3) 道路。

2. 本合同所称基础设施管线的接口的含义如下：

(1) 雨水、污水管道的接入点；

(2) 经专业管线单位确认的本合同第四条所定场地周边的其他基础设施管线的接入点。

3. 本合同第四条所定场地为将按该地块的平均自然标高经过平整、拆除地面建筑物和/或构筑物、无地下公用设施的______用地；

4. 乙方项目建成投产时，甲方应向乙方提供雨水、污水管道的接口，以及其他基础设施管线和道路。

乙方在受让地块内建设施工时，场地应具备供水、供电、进出道路及场地平整之条件，同时甲方应协助乙方办理好有关临时用电、用水、电话接入使用的申请和批准手续，从接口引进红线内的工程费用和容量费用由乙方承担。

5. 基础设施管线接口以上（包括接口）的公用设施部分由甲方建造，并承担全部费用；需要向有关部门办理各类手续的，由甲方负责。

6. 基础设施管线接口以下（包括与接口的衔接部分）的乙方自用设施部分由乙方建造，并承担全部费用。

乙方使用供电、供水、电讯、煤气、雨污水排放等配套设施，应向有关公用事业单位申请办理，甲方应提供必要协助，贴费（增容费、初装费）、接装费及所需器材和费用均由乙方负责。

7. 乙方在本合同第四条所定场地内进行建设时，不得损坏该场地周边道路及其地上、地下各类公用基础设施。乙方建设造成该类设施损坏的，应负责恢复原样，并承担全部费用及赔偿由此而造成的损失。

8. 未经权利人许可，乙方不得以任何理由擅自开挖、占用本合同第四条所定场地以外的任何土地，如需临时占用本合同第四条所定场地以外的土地和道路，须得到政府主管部门或有关土地使用者的同意。

9. 在转让期限内，乙方同意甲方在本合同第四条所定场地内的边缘地带铺设热网管线，并向甲方提供施工方便，但具体实施方案甲方应与乙方协商。

第九条　其他权利和义务

1. 乙方必须在________年____月____日前，完成不少于总建安工程量的____%，并须在

________年____月____日前竣工。

2.在转让期限内,乙方对依据本合同所取得使用权的土地,有权连同建筑物依法自行处置,包括转让、出租和抵押。上述事实的发生,应按中华人民共和国及________市的有关法律法规和规章办理,并不得与土地使用权出让合同和本合同的有关规定相抵触。上述事实发生时,乙方须将有关法律文件送交甲方备案。因上述事实的发生而产生的土地使用权后继者、受让者,都是本合同所规定的乙方权利和义务的承受人。

3.乙方在本合同第四条所定场地内兴建的一切建筑和设施,包括改建、扩建等涉及交通、通信、消防、环保、环卫、绿化等方面的,由乙方报请政府有关主管部门批准后实施。乙方的上述活动应符合经政府主管部门批准的________区的有关规划、________建设单位规划、建筑管理公约及各类管理要求。

4.乙方依据本合同第九条第一款所定内容转让、出租本合同第四条所定场地时,再受让人投资兴办的项目须符合________区产业导向和整体规划等要求。

5.本合同第四条所定场地边界以外的公共卫生、绿化养护、市政养护等事项由园区管理机构承担,乙方应按________区市政市容管理机构公布的有关规定向甲方交纳管理费。该管理费应为合理之费用。

6.凡涉及土地使用权转让、再转让、继承、出租和抵押及有关建筑物、附着物的产权变更等的所有经济合同、契约、凭证等必须进行登记的文件,均应按有关法规的规定办理登记。

7.转让期限内,乙方应按规定向政府土地管理部门缴纳土地使用金。

第十条 续期与合同终止

1.本合同第四条所定场地的土地使用权转让期满后,乙方欲继续使用合同所定场地而甲方仍拥有该场地的土地使用权的,乙方可以申请续期。

2.乙方申请续期的,应符合下列各项条件:

(1)续期的书面申请至迟于土地使用权转让期满前________年送达甲方;

(2)投资审批部门同意乙方延长经营期限的批准文件于土地使用权转让期满前________个月送达甲方。

3.乙方提出续期申请后,甲方在转让期限届满前不得就本合同第四条所定场地的租用或使用权转让事宜对任何第三方作出有法律约束力的承诺。

4.土地使用权转让期满后不续期的,乙方应将本合同第四条所定场地完整地交还给甲方。因乙方原因使得甲方不能支配该场地的,乙方应按当时的价格继续向甲方支付场地使用费用。

5.本合同第四条所定场地的土地使用权转让期满后,乙方欲继续使用合同所定场地而甲方届时不拥有该场地的土地使用权的,乙方可以直接向政府土地管理部门申请续期。转让期满后,乙方不续期的,地面建筑物及附着物的处置按国家有关规定办理。

第十一条 违约责任

1.除本合同另有规定外,甲乙双方有下列情况之一的,构成违约:

(1)在乙方支付完全部土地使用权转让金后,甲方未按本合同第七条第一款规定的时间提供场地的;

(2)乙方对本合同第四条所定场地的使用和处置与出让合同、________区建设单位规划、建筑管理公约及本合同的有关规定相抵触的;

(3)乙方未按本合同第十条第三款规定将本合同第四条所定场地交还甲方的;

(4)双方违反本合同其他条款的(逾期付款不适用本条款,按照第十一条第四、五款处理)。

2. 甲乙双方任何一方发生上述违约事项的,违约方应向另一方支付违约金。违约金按日计算,方法如下:

(1)日违约金为____;

(2)违约天数=自违约事实发生之日起至纠正之日止日历天数;

(3)违约金金额=日违约金×违约天数。

3. 违约造成的另一方经济损失超过违约金的,违约方还应支付超过违约金部分的赔偿金。赔偿金由双方根据经济损失的程度据实计算,共同核定,也可以由双方共同委托具有专业权威的第三方核定。

4. 违约金、赔偿金至迟应于明确违约责任之日起______天内偿付;违约事实于偿付当日及其之后仍在延续的,违约方应继续支付违约金、赔偿金直至违约行为终止。

5. 符合下列情况之一的,应视为逾期付款,每逾期一日按未付金额千分之五的比例支付滞纳金。

(1)乙方逾期支付土地使用权转让金的;

(2)任何一方逾期支付违约金、赔偿金。

6. 乙方逾期付款,除依本合同第十一条第四款规定每逾期一日按未付金额的千分之五向甲方支付滞纳金外,若出现下述情况,同时应以下列方式承担责任:

(1)乙方任何一期付款逾期超过______天的,甲方有权单方面终止本合同,并将乙方已支付的土地使用权转让金予以扣除(扣除方式详见本条第三项);但本款前述情况发生时,经乙方书面要求,甲方书面同意可给予乙方宽限期,宽限期自乙方付款逾期第一日起计______个月,宽限期内,乙方仍应根据本合同第十一条第四款之规定向甲方支付前述逾期付款而产生的滞纳金。

(2)宽限期内,乙方任何一期付款逾期的,自逾期之日起,甲方就有权单方面终止本合同,并将乙方已支付的土地使用权转让金予以扣除(扣除方式详见本条第三项)。

(3)本条第一、二项所述甲方扣除乙方土地使用权转让金具体办法为:甲方将乙方已支付的土地使用权转让金扣除合同总额的30%及本合同规定的滞纳金、违约金后余额退还;同时,甲方有权向乙方追究违约赔偿。

7. 如果乙方不能按本合同第九条第一款之规定的期限完成建设工程量的,乙方可至迟在建设期限届满之日前______个月,向甲方提出延建书面申请,且延期不得超过______年。

除经甲方书面同意或不可抗力事由引起的迟建外(不可抗力的解释以中华人民共和国颁布的法律为准),自第九条第一款规定的建设期限届满之日起,超出______个月以内的,罚以本合同转让金总额的______%,超出______个月不到____年的,罚以本合同转让金总额的______%,超出一年不到两年的,罚以本合同转让金总额的______%,超出______年未完成的,由甲方无偿收回该地块的土地使用权以及地块上全部建筑物或其他附着物。

8. 违约事实发生后，守约方有权选择终止或继续履行本合同。守约方要求继续履行本合同的，无论违约方是否已实际支付了违约金或/和赔偿金，违约方均应继续履行本合同。

第十二条　不可抗力

1. 本合同的任何一方，由于战争、自然灾害等不可抗力，致使不能按约定的条件履行本合同时，遇有不可抗力的一方，应立即通知另一方，并应在______天内，提供不可抗力详情及合同不能履行，或者需要延期履行的理由的有效证明文件，此项证明文件应由不可抗力事故发生地的公证机构出具。双方可按不可抗力对履行合同影响的程度，协商决定是否解除合同，或者部分免除履行合同的责任，或者延期履行合同。

2. 前款所称自然灾害仅指严重水灾、火灾、台风以及地震等自然现象引起的灾害。

第十三条　适用法律及争议的解决

1. 本合同的订立、效力、解释、履行和争议的解决均适用中华人民共和国法律。

2. 凡因履行本合同所产生的或与本合同有关的一切争议，甲乙双方应友好协商解决；协商不能解决的，本合同任何一方可将争议提交________仲裁委员会并按其仲裁规则仲裁（或向有管辖权的________人民法院提起诉讼）。

第十四条　保密义务

事先未经本合同对方的书面同意，本合同任何一方不得向第三方披露本合同的全部或部分条款，一经查实，披露方应承担相应的赔偿责任。

第十五条　合同效力

以往协议本合同的效力超过甲乙双方以往就本合同第四条所定场地的土地使用权转让事宜或与其相关的事宜所达成的协议，上述协议从本合同生效之日起失效。

第十六条　其他

1. 本合同如有未尽事宜，经双方协商一致，可另行达成书面协议作为本合同的组成部分，与本合同具有同等效力。经双方协商一致，可对本合同进行修改。在修改文件生效前，双方仍应按本合同规定的内容履行。补充协议经双方法定代表人或委托代理人签字并办理公证手续后生效。

2. 本合同（包括合同正本、附件及补充协议）经双方法定代表人或委托代理人签字并办理公证手续后生效，公证费用由双方各自承担。

3. 本合同生效后，国家或________市修改本合同所依据的法律法规或颁布新的法律法规对本合同有追溯力的，双方应及时修订本合同，以确保双方的合法权益不受损害。

4. 下列文件为本合同不可分割的组成部分，与合同正文具有同等效力：

（1）________区建设单位规划、建筑管理公约；

（2）场地位置示意图；

（3）雨水、污水管道接口图；

（4）________区市政基础设施使用和保护管理办法；

（5）《出让合同》（复印件）。

5. 乙方可以自由决定以美元或人民币支付本合同第六条所定土地使用权转让金，该支付的土地使用权转让金由乙方汇入甲方指定的银行。人民币兑美元的汇率,按付款当日中国人民银行公布的人民币兑美元的卖出与买入价的中间价计算。若付款当日无交易,则以付款前上一个交易日的中间价计算。本合同履行过程中若发生其他费用的,与前款同。

6. 本合同用中文和________文书写,两种文本具有同等效力。上述两种文本如有不同的解释、理解或不符时,以中文本为准。

7. 本合同双方用电报、电传和传真发送通知时,凡涉及各方权利、义务的,应自用上述方式发送通知之日起______天内,随之以书面信件通知。本合同中所列甲乙双方的通信地址即为甲乙双方的收件地址(本合同一方或双方改变其通讯地址的,应于改变之日起______天内通知合同的另一方)。

8. 本合同正本一式____份,甲乙双方各执一份、________市公证处及________市不动产登记处各执________份,具有同等效力。

甲方(盖章):　　　　　　　　　乙方(盖章):
法定代表人:　　　　　　　　　法定代表人:
签订地点:　　　　　　　　　　签订地点:
签订时间:　　　　　　　　　　签订时间:

宅基地使用权转让协议①

甲方:________,男/女,________年____月____日出生,____族,住____________,居民身份证号码:____________。

乙方:________,男/女,________年____月____日出生,____族,住____________,居民身份证号码:____________。

根据《中华人民共和国民法典》、《中华人民共和国土地管理法》及有关法律、法规规定,甲、乙双方就宅基地使用权转让事宜,经自愿、平等、友好协商,达成转让协议如下:

一、宅基地坐落、面积

甲方将坐落于________的宅基地使用权转让给乙方,该宅基地登记面积共________平方米。具体位置______________________。上述宅基地的使用权及附属设施包括____________________。

二、宅基地权属

甲方保证此宅基地手续真实,来源合法,权属清楚,四至界限清楚。若发生与甲方有关的权属或债务纠纷,概由甲方负责,因此给乙方造成的经济损失,甲方负责全部赔偿。

---

① 法条链接:《民法典》第三百六十三条、第三百六十五条。

三、转让金额

该宗地的转让价格为人民币________元(大写:________整)。

四、付款方式及期限

乙方向甲方预付人民币________元(大写:________整),剩余款在取得宅基地使用权证及相关手续后支付给乙方。

五、宅基地交付时间

________年____月____日。

六、房产归属

1. 在该宅基地上的房屋由乙方自行出资建造,房产归乙方所有。

2. 建房手续由甲方配合办理,所涉费用由乙方承担。

3. 房屋建成后,在法律政策许可的前提下,甲方应无条件配合乙方将土地证和房产证办理到乙方名下,所涉的相关费用均由乙方承担。

七、违约责任

1. 本协议签订后,任何一方均不得以任何形式反悔。

2. 如甲方反悔应当向乙方全额退还宅基地转让款________万元,并支付违约金________万元,如造成乙方损失的,还应赔偿乙方的损失(包括建房、装修工程款和房地产增值部分及转让款利息损失等)。

八、转让手续办理

在法律政策许可的前提下,甲方应无条件配合乙方将宅基地使用证和相关手续办理到乙方名下,所涉的相关费用均由乙方承担。甲方违反本协议导致宅基地不能过户或无法进行交付,甲方应支付给乙方违约金________万元。

九、合同生效及争议解决

1. 本协议一式两份,双方各执一份。自甲、乙双方签字后生效,未尽事宜双方协商解决。

2. 若双方就本协议造成纠纷且协商不成,任意乙方可向宅基地所在地人民法院提起诉讼。

甲方:　　　　　　　　　　　　　　　　乙方:

年　月　日　　　　　　　　　　　　　　年　月　日

居住权协议①

甲方:________,男/女,________年____月____日出生,____族,住____________,身份证号码:____________。

乙方:________,男/女,________年____月____日出生,____族,住____________,身份证号码:____________。

---

① 法条链接:《民法典》第三百六十七条、第三百六十八条、第三百六十九条、第三百七十条。

甲乙双方系________关系，登记在甲方名下的位于________房产属于其个人财产，为保障乙方对该房屋的居住权，根据《中华人民共和国民法典》的相关规定，经双方协商一致，达成协议如下，以资共同遵守。

一、房屋位置及基本情况

该房屋位于______________________，________室____卫____厅，产权面积：________平方米，不动产登记证书编号：__________。

二、居住权期限

1. 除本协议另有约定外，乙方的居住权自办理居住登记之日起至乙方去世之日止，如中途甲乙双方______________的，则居住权自双方______________之日起终止。

2. 在上述居住权期间内，经甲乙双方同意，可到不动产登记部门办理居住权注销手续，乙方居住权自办理注销之日起终止。

三、办理居住权的期限

甲乙双方于________年____月____日前到不动产登记部门办理居住权登记手续。

四、其他约定

1. 甲方在乙方居住期间，未经乙方书面同意，甲方不得对外出租和出售该房屋；

2. 乙方在居住权期间，可根据需要对房屋进行装饰装修，添置设施设备，甲方应积极予以配合；

3. 乙方在居住期间，不得虐待、遗弃或作出有严重损害甲方利益的行为，否则甲方可立即终止乙方居住权；

4. 乙方不得擅自出租房屋，并不得擅自出借房屋给第三人居住，否则，甲方有权立即终止乙方居住权。

五、争议条款

因履行本协议过程中发生争议，双方应友好协商解决，协商不成，任何一方均有权向房屋所在地人民法院提起诉讼。

六、协议效力

本协议一式三份，甲乙双方各执一份，不动产登记部门一份，具有同等法律效力。

甲方：　　　　　　　　　　　　　　乙方：

年　　月　　日　　　　　　　　　　年　　月　　日

地役权合同①

甲方（供役地权利人）：________，男/女，________年____月____日，出生，____族，住____________，身份证号码：____________。

① 法条链接：《民法典》第三百七十二条、第三百七十三条、第三百七十四条。

乙方(需役地权利人):________,男/女,________年____月____日,出生,____族,住____________,身份证号码:____________。

根据《中华人民共和国民法典》及其他相关法律、法规的有关规定,甲、乙双方本着平等、自愿原则,经友好协商,就地役权设定事宜达成如下协议,以资共同遵守。

一、标的土地

供役地所有人甲方所提供的供役地信息如下:

位置:____________________________

面积:____________平方米

权利负担:______________

现状:__________________

具体详见附件图纸

二、甲方为以下第______项目的,将其所有的上述土地设定地役权给乙方。

1. 通行地役权;

2. 采光/瞭望地役权;

3. 支撑地役权;

4. 其他地役权:____________________。

三、利用方式:____。

四、乙方为获得上述地役权,应向甲方一次性支付使用土地的费用。费用为人民币______元(大写:________整);付款时间为________年____月____日前。

五、双方应于本合同签订之日起七日内到地役权登记机构完成地役权登记手续。

六、乙方在付款期限届满后十五日内,经甲方催告后乙方仍未支付上述费用的,甲方有权解除本合同,并注销该地役权登记。

七、地役权有效期限,自立约日起______年为限。期限届满后,双方可书面协商续签事宜。

八、本地役权协议有效期内,随时与需役地同时移转,即使需役地所有人转移,地役权也不消灭。

九、甲乙双方就本合同产生的争议可协商解决,若协商不成,任意一方可向供役地所在地人民法院提起诉讼。

十、本合同自甲乙双方签字及捺印时起生效,一式两份,甲乙各执一份,具有同等效力。

甲方: 乙方:

年 月 日 年 月 日

房屋抵押合同[①]

抵押权人名称（甲方）： 身份证号码： 联系电话： 联系地址：	抵押人名称（乙方）： 身份证号码： 联系电话： 联系地址：

甲方（债权人）与乙方（债务人）于________年____月____日签订了《______________》（以下称主合同），合同编号为________________。为保障甲方在主合同项下享有的债权得以实现，乙方自愿以其有权处分的房屋为乙方（债务人）履行主合同向甲方作抵押担保。甲方经审查，同意接受乙方的房屋抵押担保。甲乙双方经协商一致，订立本抵押合同。

一、本合同担保的主债权数额为人民币________元（大写：______整）。债务履行期限：自________年____月____日起至自________年____月____日止。

二、乙方自愿将其享有处分权的房屋抵押给甲方，作为偿还主合同之债权的担保，并保证承担法律责任。抵押物详细情况如下：

抵押房屋坐落于__________________________，建筑面积________平方米，产权证号：____________。

三、本合同项下抵押房屋的价值为人民币（大写）__________。

四、抵押担保范围为甲方主债权________万元、利息、罚息、违约金及实现债权产生的各项费用。

五、抵押房屋由乙方占用与管理。乙方在抵押期间对抵押房屋承担维修养护义务，负责抵押房屋的安全与完好，并随时接受甲方的检查监督。如果抵押房屋在抵押期间由于乙方的过错造成抵押物价值减少，乙方应承担责任；乙方并应在十天内或甲方规定的期限内向甲方提供与减少的价值相当的担保。乙方不能提供价值相当的担保的，甲方可以选择提前处分抵押物以行使抵押权。

六、抵押期限从抵押登记之日起至主债务履行完毕止。设定抵押物需要甲乙双方在本合同签字后十日内到相关主管部门办理抵押登记。乙方在本合同抵押设定并登记完毕之日，将该抵押物的他项权利证书或抵押登记证明交存于甲方保管。

七、抵押期间，抵押房屋被拆迁改造时，乙方必须及时书面告知甲方，并按下列第____种方式执行：

1. 重新设定抵押房屋，变更抵押合同，甲乙双方共同到登记机关办理变更抵押登记手续；

2. 乙方以拆迁受偿价款清偿甲方在本合同担保范围内的主债权及附属债权。

---

① 法条链接：《民法典》第四百条、第四百零二条。

八、双方其他约定

1. 未经甲方同意，乙方不得将抵押的房屋全部或部分进行转让、抵偿第三方债务、赠与或以其他方式处置；乙方将抵押的房屋全部或部分进行转让时，应通知甲方并告知受让人转让房屋已经抵押的情况，转让价款须交甲方指定的机构提存。

2. 未经甲方同意，乙方不得将抵押房屋再进行抵押；乙方将抵押房屋余额部分再次抵押时，应通知甲方并告知新抵押权人抵押房屋已经抵押的情况，且所担保债权不得超出余额部分的____%。

3. 抵押物抵押期间，乙方出租抵押物的，须通知甲方；乙方以变卖、抵偿债务、赠与等方式处分抵押物的所有权的，须征得甲方同意。乙方擅自处分抵押物引起甲方的损失，由乙方承担责任。

4. 乙方保证上述房屋权属清楚。若发生产权纠纷或债权债务，概由乙方负责清理，并承担民事诉讼责任，由此给甲方造成的经济损失，乙方负责赔偿。

5. 在本合同有效期内，未经乙方同意，甲方变更主合同条款或延长主合同履行期限的，乙方可自行解除本合同。

6. 乙方须向保险公司办理保险，并以甲方为保险第一受益人。并将保险单交甲方保存。投保期限应长于主合同约定的借款期限。若主合同项下借款延期，乙方须办理延长投保期的手续。抵押期间，乙方不得以任何理由中断或撤销保险。为防止保险中断，甲方可以代替乙方投保，保险费用由乙方承担，保险权益属甲方。抵押期间，抵押物如发生投保范围内的损失，或者因第三人的行为导致抵押物价值减少，保险赔偿金或损害赔偿金应用于向甲方提前清偿所担保的债权。

九、违约责任

1. 乙方违反本合同约定的，甲方可以视情况提前行使抵押权。

2. 乙方擅自处分抵押房屋的，其行为无效；并可要求乙方向甲方支付主合同项下债权总额百分之____的违约金。

3. 乙方因隐瞒抵押房屋存在共有、争议、被查封、被扣押或已经设定过抵押权等情况，而给甲方造成经济损失的，应承担全部赔偿责任。

十、本合同项下有关的公证、保险、鉴定、登记等费用由乙方承担。

十一、本合同自抵押登记之日起生效。本合同一式____份，甲乙双方各执____份，登记机关存____份。

十二、本合同在履行中发生争议，按下列第____种方式解决：

1. 提交__________仲裁委员会仲裁；

2. 向__________人民法院起诉。

甲方：　　　　　　　　　　　　乙方：

签订地点：　　　　　　　　　　签订地点：

日期：　　　　　　　　　　　　日期：

动产浮动抵押合同①

抵押权人：　　　　　　　　　　　　　　（以下简称“甲方”）

住　　址：

联系电话：

抵 押 人：　　　　　　　　　　　　　　（以下简称“乙方”）

住　　址：

联系电话：

鉴于甲乙双方已签订《______________合同》（以下称“主合同”），乙方自愿为履行主合同的债务提供担保。现双方经平等自愿协商，根据《中华人民共和国民法典》及相关法规，签订本合同以共同遵守。

第一条　被担保的主债权

1.1　本合同所担保的主合同的债权金额为人民币________元（大写：________整）。

第二条　抵押财产

2.1　乙方将现有的以及将有的生产设备、原材料、半成品、产品作为抵押财产设定动产浮动抵押。

生产设备是指机器、设备、生产线等各类用于生产经营的设备。

原材料是指用于生产产品的各种原材料和辅助材料。

半成品是指生产工艺尚未全部完成的制造品。

产品是指生产工艺全部完成的制造品。

2.2　乙方与甲方签订浮动抵押合同时，应共同对抵押财产进行清理，并制作抵押财产清单，以明确双方签订浮动抵押合同时抵押财产的财产类别、数量、状况、价值。但抵押财产的类别、数量、状况以浮动抵押权实现时为准，最终价值以浮动抵押权实现时为准。

2.3　因市场价格等原因，导致抵押财产总价值低于人民币________元（大写：________整），且无对应的现金处置收入，影响甲方抵押权实现的，甲方有权要求乙方及时提供符合甲方要求的合法有效的补充担保，乙方未按要求提供补充担保的，视为乙方严重违约应按本合同约定承担违约责任。

第三条　抵押登记

3.1　乙方应在本合同生效后____日内到有关登记机构办理抵押登记手续；抵押财产的他项权利证书、抵押登记文件由甲方暂时保管。

3.2　本合同签订后，因乙方原因导致本合同不能生效或抵押权未能登记、抵押权未能有效设立等情形的，乙方应按本合同约定的担保范围，就甲方不能获得清偿的债务向甲方承担赔偿

① 法条链接：《民法典》第三百九十六条。

责任。

第四条　担保的范围

4.1　乙方担保的范围包括主债权、利息、违约金、损害赔偿金等主合同中约定的全部债权以及甲方为实现债权和担保权利所花费的费用(包括但不限于诉讼费或仲裁费、律师费、差旅费、保全费、执行费、公告费、保险费、评估费、拍卖费、保管费、鉴定费等所有其他应付合理费用)。

第五条　担保物权实现

5.1　发生下列情况之一时,抵押财产得以确定:

5.1.1　主合同约定的债务履行期届满(包括甲方按主合同约定宣布提前到期)时,债务人未履行债务;

5.1.2　甲方依照主合同约定或法律法规规定解除主合同,甲方未受清偿;

5.1.3　乙方产品市场价格下滑,同比降幅达到30%以上;

5.1.4　乙方经营状况及信用状况严重恶化、放弃到期债权、为逃避债务而隐匿或转移财产、无偿转让或在生产经营过程中不遵循公平交易原则处分已经设定浮动抵押的抵押财产等严重影响抵押财产价值和债权实现的行为;

5.1.5　乙方歇业、申请或被申请破产、解散、被停业整顿、被吊销营业执照、被撤销等情形;

5.1.6　乙方法定代表人、主要股东、高级管理人员出现重大疾病,死亡、失踪或被宣告死亡或失踪,受到行政或刑事处罚,涉及重大民事法律纠纷,财务状况恶化;

5.1.7　乙方为借款人的,未按本合同约定用途使用借款;

5.1.8　违反本合同约定,影响甲方抵押权实现的;

5.1.9　其他严重违约情形。

5.2　根据上述规定抵押财产确定时,应按如下处理:

5.2.1　乙方不得自行转让、销售、出让、出租全部或部分抵押财产。

5.2.2　甲方有权盘点乙方所有的抵押财产,并有权与乙方协商,依法拍卖、变卖抵押财产,并从所得价款优先受偿。剩余部分归乙方所有。

如主合同项下债务履行期限未届满,甲方仍有权行使抵押权,要求以行使抵押权所获得的价款优先受偿或向甲方指定的第三方提存。

5.2.3　甲方依本合同盘点并处分抵押财产时,乙方应当予以配合,不得设置任何障碍。

5.3　本合同所担保的债权同时存在物的担保(含债务人或第三人提供)和保证担保的,甲方可以就物的担保实现债权,也可以要求乙方承担担保责任。本合同所担保的债权同时存在两个以上物的担保人的(含债务人提供物的担保),甲方有权就其中任一或者各个担保物行使担保物权。甲方已经选择某一担保方式/担保物来实现债权的,也可同时主张通过其他担保方式/担保物来实现全部或部分债权。

5.4　乙方为债务人以外的第三人,且债务人同时为本合同所担保的债权提供物的担保,甲方放弃该担保物权、担保物权顺位或者变更担保物权的,乙方同意继续按本合同约定为主合同项下债权提供抵押担保。“该担保物权”是指债务人为主合同项下债权提供物的担保所形成的担保物权。

5.5 乙方以本合同项下的抵押财产为债务人与甲方之间存有的包括但不限于本合同项下的数笔债务提供担保,且抵押财产折价或者拍卖、变卖所得价款不足以清偿全部到期债务的,所清偿的债务及抵充顺序,由甲方确定。如果该抵押财产同时为其他债务人与甲方之间的债务进行担保,抵押财产折价或者拍卖、变卖所得价款不足以清偿全部债务人到期债务的,而且没有其他约定事项,所清偿的债务及抵充顺序,亦由甲方确定。

5.6 甲方依本合同行使担保债权所得的价款,有权选择按下列顺序进行清偿:

5.6.1 支付行使抵押权等担保物权所产生的公证、评估、鉴定、拍卖等全部费用;

5.6.2 支付甲方为实现债权和担保债权所发生的诉讼或仲裁、送达、执行、律师代理、差旅费等全部费用;

5.6.3 清偿债务人所欠甲方的利息;

5.6.4 清偿债务人所欠甲方的主债权、违约金、赔偿金等。

5.7 债务人不履行到期债务或者发生本合同约定的实现抵押权的其他情形,致使抵押财产被法院依法扣押的,自扣押之日起甲方有权收取该抵押财产的天然孳息或者法定孳息。甲方收取的孳息应当先充抵收取孳息的费用。

第六条 担保人陈述与保证

6.1 乙方依法注册并合法存续,具备签订和履行本合同所需的完全民事权利能力和民事行为能力,并对抵押财产享有合法、充分、无争议的所有权或者处分权。

6.2 乙方向甲方提供的所有文件、资料是准确、真实、完整和有效的。乙方未向甲方隐瞒截至本合同签订之日在抵押财产上存在着的任何担保物权。若在抵押财产上设置新的担保物权、抵押财产被查封或涉入重大诉讼或仲裁案件,乙方应及时通知甲方。

6.3 抵押财产依法可以流通或者转让。抵押财产不存在被查封、扣押、监管等情况。

6.4 抵押期间,发生下列情形之一的,乙方立即书面通知甲方:

6.4.1 抵押财产被查封、扣押、监管或者被采取其他强制措施;

6.4.2 乙方改变资本结构或者经营体制,包括但不限于承包、租赁、股份制改造、联营、合并、分立、合资、资产转让等;

6.4.3 乙方被撤销、吊销营业执照、责令关闭或者出现其他解散事由;

6.4.4 乙方申请破产、重整、和解或者被申请破产、重整。

第七条 抵押权的转让

7.1 甲方依法将债权转让给第三人的,乙方仍应继续对债务承担保证责任。

7.2 甲方转让部分债权的,有权不转让相应的抵押权。

第八条 抵押权行使期间

8.1 担保责任发生后,甲方应当在主债权诉讼时效期间内行使抵押权。若主债权为分期清偿,则甲方应在基于最后一期债权起算的诉讼时效期间届满之日前行使抵押权。

诉讼时效可依法中断、中止,抵押权亦继续有效。

第九条　违约责任

9.1　本合同生效后，甲方不履行合同义务，造成乙方损失的，应承担相应的赔偿责任。

9.2　乙方有下列行为之一的，应按本合同所担保主债权本金数额的百分之____向甲方支付违约金；造成甲方损失的，应同时给予全额赔偿。

第十条　费用承担

10.1　本合同项下抵押财产的登记、评估、保险、鉴定、公证、提存等费用（以实际发生为准）由乙方承担。

第十一条　争议解决

11.1　因本合同引起的或与本合同有关的任何争议的管辖，各方同意采取与本合同项下担保的主合同约定或法定的管辖机构相一致的管辖机构（无论是仲裁或法院）管辖。

第十二条　其他附则

12.1　本合同一式三份，合同各方各执一份，另一份用于办理登记。各份合同文本具有同等法律效力。

12.2　本合同经各方签名或盖章后生效。

甲方（盖章）：　　　　　　　　　　乙方（盖章）：

代表人：　　　　　　　　　　　　　代表人：

日　期：　　　　　　　　　　　　　日　期：

最高额抵押合同①

抵押权人：　　　　　　　　　　　　（以下简称“甲方”）

住　　址：

联系电话：

抵 押 人：　　　　　　　　　　　　（以下简称“乙方”）

住　　址：

联系电话：

鉴于甲乙双方已签订《______________合同》（以下称“主合同”），乙方自愿为履行主合同的债务提供担保。现双方经平等自愿协商，根据《中华人民共和国民法典》及相关法规，签订本合同以共同遵守。

第一条　被担保的主债权

1.1　本合同所担保的主合同的债权最高金额为人民币________元（大写：________整）。

1.2　本合同约定的债权最高限额，仅指主合同的债权中的本金最高限额。如加上违约金、

① 法条链接：《民法典》第四百二十条。

利息等债务的债权总额超过该限额，乙方仍应承担担保责任。

第二条 抵押物情况

2.1 乙方将现有的____________________________作为抵押财产设定最高额抵押。

2.2 乙方与甲方签订本合同时，应共同对抵押财产进行清理，并制作抵押财产清单，以明确双方签订本合同时抵押财产的财产类别、数量、状况、价值。但抵押财产的类别、数量、状况以抵押权实现时为准，最终价值以抵押权实现时为准。

2.3 因市场价格等原因，导致抵押财产总价值低人民币________元（大写：________整），且无对应的现金处置收入，影响甲方抵押权实现的，甲方有权要求乙方及时提供符合甲方要求的合法有效的补充担保，乙方未按要求提供补充担保的，视为乙方严重违约应按本合同约定承担违约责任。

第三条 抵押登记

3.1 乙方应在本合同生效后____日内到有关登记机构办理抵押登记手续；抵押财产的他项权利证书、抵押登记文件由甲方暂时保管。

3.2 本合同签订后，因乙方原因导致本合同不能生效或抵押权未能登记、抵押权未能有效设立等情形的，乙方应按本合同约定的担保范围，就甲方不能获得清偿的债务向甲方承担赔偿责任。

第四条 担保的范围

4.1 乙方担保的范围包括主债权、利息、违约金、损害赔偿金等主合同中约定的全部债权以及甲方为实现债权和担保权利所花费的费用（包括但不限于诉讼费或仲裁费、律师费、差旅费、保全费、执行费、公告费、保险费、评估费、拍卖费、保管费、鉴定费等所有其他应付合理费用）。

第五条 担保物权实现

5.1 发生下列情况之一时，抵押财产得以确定：

5.1.1 主合同约定的债务履行期届满（包括甲方按主合同约定宣布提前到期）时，债务人未履行债务；

5.1.2 甲方依照主合同约定或法律法规规定解除主合同，甲方未受清偿；

5.1.3 乙方产品市场价格下滑，同比降幅达到30%以上；

5.1.4 乙方经营状况及信用状况严重恶化、放弃到期债权、为逃避债务而隐匿或转移财产、无偿转让或在生产经营过程中不遵循公平交易原则处分已经设定浮动抵押的抵押财产等严重影响抵押财产价值和债权实现的行为；

5.1.5 乙方歇业、申请或被申请破产、解散、被停业整顿、被吊销营业执照、被撤销等情形；

5.1.6 乙方法定代表人、主要股东、高级管理人员出现重大疾病，死亡、失踪或被宣告死亡或失踪，受到行政或刑事处罚，涉及重大民事法律纠纷，财务状况恶化；

5.1.7 乙方为借款人的，未按本合同约定用途使用借款；

5.1.8 违反本合同约定，影响甲方抵押权实现的；

5.1.9 其他严重违约情形。

5.2　根据上述规定抵押财产确定时,应按如下处理:

5.2.1　乙方不得自行转让、销售、出让、出租全部或部分抵押财产。

5.2.2　甲方有权盘点乙方所有的抵押财产,并有权与乙方协商,依法拍卖、变卖抵押财产,并从所得价款优先受偿。剩余部分归乙方所有。

如主合同项下债务履行期限未届满,甲方仍有权行使抵押权,要求以行使抵押权所获得的价款优先受偿或向甲方指定的第三方提存。

5.2.3　甲方依本合同盘点并处分抵押财产时,乙方应当予以配合,不得设置任何障碍。

5.3　本合同所担保的债权同时存在物的担保(含债务人或第三人提供)和保证担保的,甲方可以就物的担保实现债权,也可以要求乙方承担担保责任。本合同所担保的债权同时存在两个以上物的担保人的(含债务人提供物的担保),甲方有权就其中任一或者各个担保物行使担保物权。甲方已经选择某一担保方式/担保物来实现债权的,也可同时主张通过其他担保方式/担保物来实现全部或部分债权。

5.4　乙方为债务人以外的第三人,且债务人同时为本合同所担保的债权提供物的担保,甲方放弃该担保物权、担保物权顺位或者变更担保物权的,乙方同意继续按本合同约定为主合同项下债权提供抵押担保。"该担保物权"是指债务人为主合同项下债权提供物的担保所形成的担保物权。

5.5　乙方以本合同项下的抵押财产为债务人与甲方之间存有的包括但不限于本合同项下的数笔债务提供担保,且抵押财产折价或者拍卖、变卖所得价款不足以清偿全部到期债务的,所清偿的债务及抵充顺序,由甲方确定。如果该抵押财产同时为其他债务人与甲方之间的债务进行担保,抵押财产折价或者拍卖、变卖所得价款不足以清偿全部债务人到期债务的,而且没有其他约定事项,所清偿的债务及抵充顺序,亦由甲方确定。

5.6　甲方依本合同行使担保债权所得的价款,有权选择按下列顺序进行清偿:

5.6.1　支付行使抵押权等担保物权所产生的公证、评估、鉴定、拍卖等全部费用;

5.6.2　支付甲方为实现债权和担保债权所发生的诉讼或仲裁、送达、执行、律师代理、差旅费等全部费用;

5.6.3　清偿债务人所欠甲方的利息;

5.6.4　清偿债务人所欠甲方的主债权、违约金、赔偿金等。

5.7　债务人不履行到期债务或者发生本合同约定的实现抵押权的其他情形,致使抵押财产被法院依法扣押的,自扣押之日起甲方有权收取该抵押财产的天然孳息或者法定孳息。甲方收取的孳息应当先充抵收取孳息的费用。

第六条　担保人陈述与保证

6.1　乙方依法注册并合法存续,具备签订和履行本合同所需的完全民事权利能力和民事行为能力,并对抵押财产享有合法、充分、无争议的所有权或者处分权。

6.2　乙方向甲方提供的所有文件、资料是准确、真实、完整和有效的。乙方未向甲方隐瞒截至本合同签订之日在抵押财产上存在的任何担保物权。若在抵押财产上设置新的担保物权、抵押财产被查封或涉入重大诉讼或仲裁案件,乙方应及时通知甲方。

6.3　抵押财产依法可以流通或者转让。抵押财产不存在被查封、扣押、监管等情况。

6.4　抵押期间，发生下列情形之一的，乙方立即书面通知甲方：

6.4.1　抵押财产被查封、扣押、监管或者被采取其他强制措施；

6.4.2　乙方改变资本结构或者经营体制，包括但不限于承包、租赁、股份制改造、联营、合并、分立、合资、资产转让等；

6.4.3　乙方被撤销、吊销营业执照、责令关闭或者出现其他解散事由；

6.4.4　乙方申请破产、重整、和解或者被申请破产、重整。

第七条　抵押权的转让

7.1　甲方依法将债权转让给第三人的，乙方仍应继续对债务承担保证责任。

7.2　甲方转让部分债权的，有权不转让相应的抵押权。

第八条　抵押权行使期间

8.1　担保责任发生后，甲方应当在主债权诉讼时效期间内行使抵押权。若主债权为分期清偿，则甲方应在基于最后一期债权起算的诉讼时效期间届满之日前行使抵押权。

诉讼时效可依法中断、中止，抵押权亦继续有效。

第九条　违约责任

9.1　本合同生效后，甲方不履行合同义务，造成乙方损失的，应承担相应的赔偿责任。

9.2　乙方有下列行为之一的，应按本合同所担保主债权本金数额的百分之____向甲方支付违约金；造成甲方损失的，应同时给予全额赔偿。

第十条　费用承担

10.1　本合同项下抵押财产的登记、评估、保险、鉴定、公证、提存等费用（以实际发生为准）由乙方承担。

第十一条　争议解决

11.1　因本合同引起的或与本合同有关的任何争议的管辖，各方同意采取与本合同项下担保的主合同约定或法定的管辖机构相一致的管辖机构（无论是仲裁或法院）管辖。

第十二条　其他附则

12.1　本合同一式三份，合同各方各执一份，另一份用于办理登记。各份合同文本具有同等法律效力。

12.2　本合同经各方签名或盖章后生效。

甲方（盖章）：　　　　　　　　　　乙方（盖章）：

代表人：　　　　　　　　　　　　　代表人：

日　期：　　　　　　　　　　　　　日　期：

质押合同[1]

出质人(甲方):	质权人(乙方):
身份证号码:	身份证号码:
联系电话:	联系电话:
联系地址:	联系地址:

甲方(债务人)与乙方(债权人)于________年____月____日签订了《________________》(以下称主合同),合同编号为________________。为保障主合同的履行,现出质人将有权处分的________(出质财产)质押给质权人,质权人经审查,同意接受出质人所提供的担保。根据《中华人民共和国民法典》及其他相关法律、法规规定,双方经平等友好协商,现就以下事项达成一致意见:

一、被担保的主债权

本合同担保的主债权数额为人民币________元(大写:________整)。

债务履行期限:自________年____月____日起至自________年____月____日止。

二、债务人履行债务的期限

主合同履行期限为自________年____月____日起至自________年____月____日止。若主合同实际履行债务的期限与本条约定不一致,以主合同约定为准。

三、质物基本情况

(一)甲方保证

1. 本质物为甲方合法所有或依法享有处分权;

2. 本质物不存在瑕疵、争议、抵押、转质等情况;

3. 本质物上设定的质权未超出质物评估价值;

4. 已完成与质押有关的审批手续,并取得所有必要的授权;

5. 提供与质押有关的所有文件、材料,均真实、准确、合法、有效。

(二)质物情况

1. 质物名称________,数量________,质量________(质物清单及权属证书原件附后)。

2. 质物使用期限________。

(三)质物评估价值为人民币________元(大写:________整)。质物评估价值由甲乙双方商定。如有争议,由乙方指定的法定评估机构进行评估。

四、质押所担保范围

本合同项下的质押担保范围包括:主合同项下的主债权本金、利息、罚息、违约金、损害赔偿金、质物保管费用以及债权人实现债权的费用和所有其他应付费用(包括但不限于诉讼费、仲裁

---

[1] 法条链接:《民法典》第四百二十七条、第四百二十九条。

费、律师费、财产保全费、财产保全担保费、保管费、评估费、拍卖费、执行费、过户费、代理费等)。

五、质押财产交付时间

甲方应于质押合同签订之日将出质的动产或权利凭证移交乙方占有,同时向乙方支付包括保管、仓储、运输、维修质押财物等与质押财产有关的一切费用人民币________元(大写________整),第三方主体开具的相关证明文件应根据乙方要求一并交给乙方。

六、质押期间质物管理责任

1. 质权人应当妥善保管质物,因保管不善致使质物毁损或者灭失的,质权人应当承担赔偿责任,非因质权人原因除外。质权人不能妥善保管质物可能致使其毁损或灭失的,出质人可以要求质权人将质物提存,或者要求提前清偿主合同债权而返还质物。

2. 非因质权人原因,出质人所提供的质物有损坏或价值有明显减少的可能,足以影响质权人实现质权的,质权人有权要求出质人提供相应的担保。出质人拒绝提供相应担保的,质权人有权拍卖或变卖质物。拍卖或变卖所得的价款,优先用于清偿主合同债权或向双方约定的第三人提存,提存费用由出质人承担。

3. 未经质权人书面同意,出质人不得采取赠与、转让或以其他任何方式处分本合同项下的质物。经质权人书面同意,出质人处分质物所得的价款应当优先清偿主合同债务,或存入质权人指定账户,以继续担保主合同债务的履行。

4. 质物发生毁损、灭失的,由此所得保险金、赔偿金应当优先用于清偿主合同债务,或存入质权人指定账户,以继续担保主合同债务的履行。质物价值未减少的部分,仍作为主合同债权的担保。

非因质权人原因,质物给质权人或第三人造成损害的,出质人应当承担赔偿责任。

5. 质权人有权收取质物所生孳息,所收取的孳息应当先充抵收取孳息的费用。

七、违约责任

1. 本合同生效后,出质人、质权人双方均应当履行本合同约定的义务。任何一方不履行或不完全履行本合同约定义务,应当承担相应的违约责任,并赔偿由此给对方造成的损失;

2. 出质人提供虚假声明,给质权人造成经济损失的,应当承担全部赔偿责任;

3. 如非因质权人的过错而导致本合同无效,出质人与债务人对质权人的经济损失承担连带赔偿责任。出质人与债务人不能承担连带赔偿责任的,质权人有权处分质物,并在所受经济损失范围内优先受偿。

八、质权的实现

1. 主合同债务人按合同约定的期限履行合同的,质权自动终止,乙方应返还质物及有关单据。

2. 主合同约定的债务履行期届满,债务人未履行偿付债务本息及其他费用义务的,质权人有权依法拍卖、变卖质物,并从所得价款优先受偿,或与出质人协商,将质物折价抵偿主合同债务。

3. 质权人依照主合同约定或国家法律法规规定解除主合同,或依据主合同约定提前收回主债权时,质权人未受清偿的,质权人有权依法拍卖、变卖质物,并从所得价款优先受偿,或与出质人协商，将质物折价抵偿主合同债务。

4. 处分本合同项下质物所得价款超过债务本息及其他一切相关费用的部分，归出质人所有。

5. 质权人依本合同约定处分质物时，出质人应当予以配合，不得设置任何障碍。

九、合同的生效、变更和解除

1. 本合同自出质人、质权人双方签字之日起生效。本合同一式____份，甲乙双方各执____份。

2. 本合同生效后，除本合同已有约定外，出质人、质权人双方任何一方均不得反悔。

3. 双方均不得擅自变更或解除本合同，如需变更或解除本合同，均应当书面通知对方，并经双方协商一致，达成书面协议。

4. 本合同独立于主合同，不因主合同无效而无效。如主合同无效，则出质人对于债务人因清偿主债权本息和赔偿损失而形成的债务承担连带清偿责任。

十、争议解决

本合同在履行过程中发生的争议，由双方当事人协商解决；协商不成的，任何一方可向________人民法院提起诉讼。

十一、维权费用的承担

一方不履行本合同义务或有其他违约行为的，守约方采取维权措施所产生的费用，包括但不限于调查费、诉讼费、律师费等由违约方承担。

甲方：　　　　　　　　　　　　乙方：

签订地点：　　　　　　　　　　签订地点：

日期：　　　　　　　　　　　　日期：

财产留置通知书①

________有限责任公司：

我方与你方于________年____月____日依法订立合同，我方已履行了合同规定义务，而你方________________（阐述具体违约行为）。

为此，依据《中华人民共和国民法典》的有关规定，决定将你方在我方的________________予以留置。限你方在______年____月____日前将合同约定义务履行完毕，否则我方将变卖所留置的财物，届时后果自负。

特此通知。

债权人：________公司（盖章）

法定代表人：________（签名）

________年____月____日

① 法条链接：《民法典》第四百四十七条、第四百五十三条。

三、合同编法律文书

债权转让协议[①]

甲方:	乙方:
统一社会信用代码:	统一社会信用代码:
法定代表人:	法定代表人:
联系地址:	联系地址:
电子邮箱:	电子邮箱:

根据《中华人民共和国民法典》等相关法律规定,甲乙双方经过友好协商,在平等、自愿的基础上达成如下协议,以资共同遵守。

一、债权转让事项

1. 截至本协议签署日前,债务人________拖欠甲方________款人民币________元(大写:________圆整)未还(相关债权凭证附后)。

2. 现甲方将以上债权转让给乙方,乙方同意受让。

二、双方权利义务

1. 甲方应承诺其依法设立并有效存续,有权实施本协议项下的债权转让并能够独立承担民事责任。

2. 甲方应承诺其转让的债权系合法、有效的债权。

3. 甲方应通知债务人该债权已转移给乙方。

4. 乙方应承诺并保证其依法设立并有效存续,有权受让本协议项下的债权并能独立承担民事责任并且其受让本协议项下的债权已经获得其内部相关权力机构的授权或批准。

三、违约责任

各方同意,如果一方违反其在本协议中所作的陈述、保证、承诺或任何其他义务,致使其他方遭受或发生损害、损失、索赔、处罚、诉讼仲裁、费用等义务或责任,违约方须向守约方做出全面赔偿。

四、其他规定

1. 本合同指定送达方式为邮箱送达,合同一方将相关文件投递并到达到对方指定邮箱(邮箱地址:______________)中即视为已送达。

---

① 法条链接:《民法典》第五百四十五条。

2. 对本协议所作的任何修改及补充,必须采用书面形式并由各方合法授权代表签署。

3. 在本协议履行过程中发生的纠纷,双方应友好协商解决;协商不成的,任何一方均有权向乙方住所地人民法院起诉。

4. 本协议自双方签字盖章后生效,共一式两份,甲乙双方各执一份,具有同等法律效力。

甲方(盖章):　　　　　　　　乙方(盖章):
代表人:　　　　　　　　　　代表人:
日期:　　　　　　　　　　　日期:

债权转让通知书[①]

__________:

根据《中华人民共和国民法典》及相关法律之规定,以及我方与__________(统一社会信用代码/居民身份证号码:___________)达成的债权转让协议,现将我方对你方的所有债权,依法转让给________,与此转让债权相关的其他权利也一并转让。请你方自接到该债权转让通知书后向_______履行全部义务。本债权转让通知未经债权受让人书面同意不得撤销。

特此通知。

通知人(签字或盖章):
年　月　日

附:债权转让协议及债权凭证复印件

债务转让协议[②]

甲方(债权人):____________________
乙方(原债务人):____________________
丙方(新债务人):____________________

鉴于甲方拥有乙方人民币________元(大写:________整)的债权。现甲、乙、丙三方在平等自愿的前提下进行协商,就前述债务转让事宜达成如下协议,以资共同遵守:

第一条　债务转让事宜

甲、乙、丙三方一致同意,乙方将其对甲方负有的债务共计人民币______元(大写:________

① 法条链接:《民法典》第五百四十六条。
② 法条链接:《民法典》第五百五十一条。

整)全部转让给丙方,同时乙方对此笔债务承担连带清偿责任。丙方按照本协议直接全额付款给甲方后,视同乙方向甲方付款,甲方与乙方之间的债权债务关系自款项付清时起消灭。

第二条　保证和承诺

1. 甲方承诺并保证:

(1)其具有完全民事责任能力;

(2)其拥有本协议项下的债权系合法、有效的债权。

2. 乙方承诺并保证:

(1)其具有完全民事责任能力,能实施本协议项下的债务转让并能够独立承担民事责任;

(2)其转让的债务系合法、有效的债务。

3. 丙方承诺并保证:

(1)其具有完全民事责任能力,有权受让本协议项下的债务并能独立承担民事责任;

(2)丙方受让此债务后,应同时接受因此债务而产生的相应义务。

第三条　协议效力

如本协议无效或被撤销,则甲方、乙方仍继续按原合同或原债权债务凭证及其他法律文件履行义务。

第四条　违约责任

甲、乙、丙各方同意,如果一方违反其在本协议中所作的保证、承诺或任何其他义务,致使其他方遭受或发生损害、损失、索赔等责任,违约方须向受害方作出全面赔偿,包括但不限于损害赔偿、守约方由此支出的追索费用如法院诉讼费、保全费用、律师费等。

第五条　争议解决

如因本协议或在本协议履行过程中发生纠纷的,三方应通过友好协商解决;若协商不成,可向________人民法院提起诉讼。

第六条　合同生效

1. 本协议经甲、乙、丙三方签字或盖章后生效;

2. 本协议未尽事宜,三方可另行协商订立补充协议,补充协议与本协议具有同等法律效力;

3. 本协议一式三份,甲、乙、丙三方各执一份,具有同等法律效力。

甲方(签字或盖章):____________________

乙方(签字或盖章):____________________

丙方(签字或盖章):____________________

签订时间:　　年　月　日

合同解除协议书①

甲方：____________________

乙方：____________________

甲乙双方于________年____月____日签订__________合同，现因____________原因致使该合同无法继续履行，根据《中华人民共和国民法典》的有关规定，现双方基于自愿、平等原则，经友好协商达成以下协议，以资共同遵守。

一、甲乙双方自________年____月____日起解除____________合同，合同中约定的权利义务随之终止，双方不得以任何形式追究对方违约责任。

二、双方已结清与原合同有关的所有债权债务，自本协议签订之日起任何一方所持有与对方有关的原经济凭证都不再有效。

三、甲乙双方保留通过诉讼解决本合同的权利，协商不成任何一方可向________人民法院提起诉讼。

四、本协议未尽事宜，双方可另行订立补充协议，补充协议与本协议具有同等法律效力。

五、本协议自双方签字或盖章后生效，一式两份，甲乙双方各执一份，具有同等法律效力。

甲方（盖章或签字）：____________________

乙方（盖章或签字）：____________________

订立时间： 年 月 日

合同解除通知书②

________有限公司：

我司与贵司于________年____月____日签订《__________合同》（合同编号：__________），在合同履行过程中因贵司违反合同第____条之规定，严重损害双方利益，依据合同第____条之规定，我司特向贵司发出通知如下：

由于贵司严重违约，我司特依合同约定通知贵司解除合同。同时，请贵司于接到本通知之日起三日内派人至我司处协商有关合同解除的善后事宜，逾期我司将追究贵司的违约责任，届时后果自负。

---

① 法条链接：《民法典》第五百六十二条。

② 法条链接：《民法典》第五百六十五条。

特此通知！

__________有限公司（盖章）

________年____月____日

债权债务抵销协议[①]

甲方：____________________

乙方：____________________

甲乙双方互负债权、债务，经双方协商一致，按照诚实信用原则，依据《中华人民共和国民法典》的有关规定，一致达成债务抵销协议如下：

一、抵销事项

1. 截至________年____月____日甲方尚欠乙方货款人民币____元（大写：________整），即乙方对甲方享有________元的债权。

2. 截至________年____月____日乙方尚欠甲方借款人民币________元（大写：________整），即甲方对乙方享有________元的债权。

3. 双方确认就上述债权、债务一致抵销。

二、争议解决

1. 本协议未尽事宜，双方可另行签订条款予以补充，补充条款效力及于本协议；

2. 若双方在履行过程中发生纠纷，可协商解决，协商不成，任何一方可向________人民法院提起诉讼。

三、合同生效

1. 本合同一式两份，甲乙双方各执一份，具有同等法律效力；

2. 本合同自甲乙双方签字或盖章之日起生效。

甲方（签字或盖章）：____________________

乙方（签字或盖章）：____________________

签订时间：____________________

商品买卖合同[②]

甲方（买方）： 乙方（卖方）：

---

① 法条链接：《民法典》第五百六十八条。

② 法条链接：《民法典》第五百九十五条、第五百九十六条。

法定代表人：　　　　　　　　法定代表人：
住所地：　　　　　　　　　　住所地：
联系电话：　　　　　　　　　联系电话：

甲乙双方本着平等互利、诚实信用的原则，在真实、充分地表达各自意愿的基础上，根据《中华人民共和国民法典》的规定，就甲方向乙方订购合同项下物品事宜达成如下协议，以资共同遵守。

一、产品名称、型号、数量及金额：

序号	产品名称	规格型号	数量	单价	金额(元)	备注
1						
2						
3						
合计	人民币________元(大写：________整)					

二、货款支付方式

1. 甲方应于本合同签订后______日内向乙方支付货款____%的预付款，即人民币________元(大写：________整)；甲方收到货后____日内向乙方支付____%货款，即人民币________元(大写：________整)。

2. 乙方收款账户信息如下：

开户银行：

户名：

账号：

3. 乙方收到甲方货款后____日内向甲方开具等额发票(税率：____%)。

三、产品交付

1. 乙方收到预付款后____日内安排发货；乙方随货附带收货签收单，甲方收到货后查验无误后在签收单上签字。

2. 甲方无故拒绝在签收单上签字或者拒绝将签收单给乙方的，视为甲方对货物验收合格，且到货时间以物流显示的签收时间为准。

3. 运输方式：第三方物流公司快递，运费由____方承担。

4. 甲方签收货物后3日内，应对货物质量进行验收，有异议后及时书面告知乙方；质检期间内未提异议或者逾期提出异议，视为验收合格。

5. 质保期：乙方自货物发货之日对硬件产品提供____个月免费质保；产品超过质保期后乙方收取维修成本费。

四、违约责任

1. 甲方未按合同约定向乙方支付货款，每逾期一日，甲方应按总货款的____%向乙方支付违约金。

2.乙方在合同约定期限内未交付货物，除交货日期得以顺延外，每逾期一日，乙方应按总货款的____%向甲方支付违约金。

3.因甲方原因解除本合同的，甲方已支付的费用不再退还，同时乙方有权要求甲方支付合同总金额30%的违约金。

4.货到后，因甲方原因未及时收货或除质量原因外拒绝收货，导致货物在滞留期间损毁或者被返还途中发生丢失、损毁情况，甲方应按照货物价款金额向乙方支付违约金。

5.甲方因质量原因拒绝收货的情况仅包括产品有损毁、不能正常使用；甲方可在收货之后____日内书面告知乙方，经乙方确认后，对存在质量问题的产品进行退换。

五、代表人与送达

1.为了方便合同履行，甲方指派____作为本合同履行的授权代表人，手机：__________微信号：________电子邮箱：__________联系地址：______________________。

乙方指派________作为本合同履行的授权代表人，手机：____________微信号：______电子邮箱：________联系地址：______________________________。

2.甲乙双方指派授权代表人发出指令，确定合同履行中的相关事宜，签收往来函件、变更、调整合同条款、解除、终止本合同及其他相关事宜。

3.本合同中甲乙双方填写的联系地址和联系方式真实有效，通过微信、短信、电子邮件送达的通知、告知函等文件以乙方发送时间为送达时间。如填写的送达地址错误，导致商业信函、通知和诉讼文书送达未能被实际接收的，直接送达的可以适用留置送达或送达人当场记明情况即为送达，邮寄送达的文书退回之日视为送达之日。

六、不可抗力

1.本合同所称不可抗力是指不能预见、不能克服、不能避免并对一方当事人造成重大影响的客观事件，包括但不限于自然灾害如洪水、地震、火灾和风暴等以及社会事件如战争、动乱、政府行为等。

2.如因不可抗力事件的发生导致合同无法履行时，遇不可抗力的一方应立即将事故情况书面告知另一方，并应在不可抗力事件结束后____日内，提供事故详情及合同不能履行或者需要延期履行的书面资料，双方认可后协商终止合同或暂时延迟合同的履行。

七、争议的解决

1.本合同产生争议，甲乙双方应本着友好协商解决；协商不成的，可向________人民法院提起诉讼。

2.双方因本合同发生争议纠纷的，由违约方承担诉讼费、律师费、差旅费等为实现债权的费用。

八、其他

1.本合同未尽事宜，双方本着友好合作的原则另行协商确定；本合同补充协议及附件与合同正文具有同等法律效力。

2.本合同经双方签字盖章后生效。本合同一式两份，甲乙双方各执一份，具备同等法律效力。

3. 本合同签约地点:____________________。

甲方(盖章): 乙方(盖章):
代表人: 代表人:
日　期: 日　期:

商铺买卖合同①

甲方(出卖人): 乙方:(买受人):
身份证号码: 身份证号码:
联系电话: 联系电话:
地址: 地址:

根据《中华人民共和国民法典》《中华人民共和国城市房地产管理法》《________市城市房地产转让管理办法》及其他有关法律法规的规定,甲乙双方在平等、自愿、协商一致的基础上,就乙方购买甲方的商铺事宜,达成如下协议:

一、甲方所售商铺基本情况

1. 甲方为所售商铺的所有权人。商铺的产权证号为________,共有权证证号为:________________,填发单位为:______________。

2. 甲方商铺(以下简称该商铺,商铺平面图另附)坐落于____________________;登记建筑面积为_______平方米(其中实际有效使用面积________平方米,公摊面积________平方米);用途为_____________;该商铺有物业管理;目前物业管理公司为__________________,物业管理服务费为________。

3. 该商铺已经过装修,带有多种设施设备,具体见《房屋设备装修装饰清单》另附。该清单中的设施设备及装修费用总折价为人民币________元(大写:_________整),不包含在房价中。

4. 该商铺目前已出租给________使用,租期为________年____月____日至________年____月____日。甲方已提前三个月告知租客出售事宜,租客放弃了优先购买权并提供了书面证明作为依据,放弃优先购买权证明另附。自________开始租金由乙方收取,租赁合同到期后由乙方决定继续出租或收回自用。(甲方和承租人的租赁合同另附)。

二、商铺价格及付款方式

1. 甲乙双方协商一致,甲方所售商铺总金额为人民币________元(大写:________整)。该价款不含税费。

2. 双方选择以下第____种付款方式:

① 法条链接:《民法典》第五百九十五条、第五百九十六条。

(1)乙方应于本合同生效之日向甲方支付定金________元,并于________年____月____日前将房屋全部价款付给甲方。

(2)买房向银行抵押付款:

乙方于________年____月____日前向甲方支付首期房款人民币________元。其余房款乙方拟向银行办理抵押贷款。如果乙方在________年____月____日前还未能将银行贷款办理好并交付给甲方,则甲方可以单方解除本合同,并退还乙方之前已付购房款。

3. 双方约定的其他付款方式:____________________。

三、交纳税费的约定

1. 按有关法律法规政策的规定应由卖方承担的税费由________承担。

2. 按有关法律法规政策规定应由买方承担的税费由________承担。

四、商铺交付

1. 甲乙双方于本合同签订后______日内共同对该商铺及附属设施设备、装饰装修、相关物品清单及水、电、气的读数等列表记载,双方现场验收认可后甲方将商铺移交给乙方。

2. 双方其他约定:____。

五、关于产权登记的约定

甲方双方须在签订本合同______日内,共同向房地产产权登记机关申请办理转移登记手续。如因甲方的过错造成乙方不能在______日内取得房地产权属证书,乙方有权提出退房,甲方必须在乙方提出退房要求之日起______日内将乙方已付款退还给乙方,并按已付款的____%赔偿乙方损失。

六、定金及交房保证金

1. 甲乙双方约定乙方在签订本合同之日起______日内向甲方交纳购房定金________元。

2. 为防范交易风险督促卖方按合同约定交付房地产,甲乙双方同意从交易总房款中预留________元作为交房保证金。此款在甲方实际交付房地产及完成产权转移登记时交付给甲方。

3. 关于交房保证金托管的约定:____。

4. 甲乙双方其他约定:____。

七、违约责任的约定

1. 乙方逾期付款的违约责任[(1)和(2)不作累加]:

(1)如乙方未按约定时间付款,则乙方应按逾期付款额的万分之____向甲方按日支付逾期付款违约金,同时甲方有权要求合同继续履行。

(2)如乙方逾期付款时间超过______天后,甲方有权单方解除合同并要求乙方按购房款总额的百分之______支付违约金;甲方也有权选择还是按本条上述第(1)项要求乙方承担违约责任并继续履行合同。

2. 甲方逾期交房的违约责任[(1)和(2)不作累加]:

(1)如甲方未按合同约定的时间交付房屋,则甲方应按乙方已付购房款的总额的万分之____向乙方按日支付逾期交房违约金,同时乙方有权要求继续履行合同。

(2)如甲方逾期交房超过______天后,乙方有权单方解除合同并要求甲方按购房款总额的百分之____支付违约金；乙方也有权选择本条上述第(1)项要求甲方承担违约责任并继续履行合同。

3.任何一方不按约定缴纳相关税费，导致交易不能继续进行的，应向对另一方支付该房地产总价款的百分之____作为违约金。

4.任何一方不履行本合同约定义务导致合同目的不能实现，守约方有权选择定金罚则或要求对方支付该房地产总价款百分之____作为违约金。

八、甲乙双方的承诺和保证

1.甲方承诺和保证：

(1)甲方有权签署并有能力履行本合同；该商铺没有设定抵押也未被查封，甲方对该商铺享有完全的处分权。

(2)甲方保证在交易时该商铺没有产权纠纷，有关按揭、抵押债务、税项等，甲方均在交易前办妥。

(3)水、电、煤气、物业、供暖等各项费用均已按规定交纳，单据交买房确认。

(4)该商铺所附着的户口，甲方保证于收到房地产转让总价款之日起______日内迁出。

2.乙方承诺和保证：乙方有权签署并有能力履行本合同。

九、合同的变更

本合同履行期间，发生特殊情况时，甲、乙任何一方需变更本合同的，要求变更一方应及时书面通知对方，征得对方同意后，双方在规定的时限内(书面通知发出______天内)签订书面变更协议，该协议将成为合同不可分割的部分。未经双方签署书面文件，任何一方无权变更本合同，否则，由此造成对方的经济损失，由违约方承担。

十、不可抗力

因不可抗力不能按照约定履行本合同的，根据不可抗力的影响，部分或全部免除责任，但因不可抗力不能按照约定履行合同的一方当事人应当及时告知另一方当事人，并自不可抗力事件结束之日起______日内向另一方当事人提供证明。

上述房屋风险责任自该房屋转移占有之日起转移给买受人。

十一、合同的效力

1.本合同自甲乙双方签字之日起生效。

2.本合同一式两份，甲乙双方各执一份，具有同等法律效力。

十二、法律适用及争议的处理

1.本合同受中华人民共和国法律管辖并按其进行解释。

2.本合同在履行过程中发生的争议，由双方当事人协商解决；协商不成的，按下列第____种方式解决：

(1)提交________仲裁委员会仲裁；

(2)依法向________人民法院起诉。

十三、双方其他约定

1.____；

2. ____。

甲方：　　　　　　　　　　　　　　　　乙方：

年　月　日　　　　　　　　　　　　　年　月　日

农村房屋买卖合同[①]

甲方(出卖人)：　　　　　　　　　　　乙方：(买受人)：

地址：　　　　　　　　　　　　　　　地址：

身份证号码：　　　　　　　　　　　　身份证号码：

联系电话：　　　　　　　　　　　　　联系电话：

根据《中华人民共和国民法典》等相关法律规定，甲乙双方在平等、自愿基础上，就乙方购买甲方位于农村的房屋事宜，达成如下协议：

一、甲方所售房屋基本情况

1. 甲方所售房屋(以下简称该房屋)坐落于______________。

2. 该房屋结构为________，房屋共____层，总占地面积约为________，其中房屋占地面积约为________平方米，院子占地面积约为________平方米。该房屋四界为：东至________，南至________，西至________，北至________。

其他：____。

3. 该房屋由甲方全额出资建造和完整所有，办理了合法建房审批手续，甲方有权依法出售。

4. 甲方拥有该房屋的合法手续和证件有：__________。

二、房屋价格及付款方式

1. 甲乙双方协商一致，甲方所售房屋总金额为人民币________元(大写：________整)。该价款不含税费。

2. 乙方应于本合同生效之日向甲方支付定金________元(大写：________整)，并于______年____月____日前将房屋全部价款付给甲方。

三、缴纳税费的约定

1. 按有关法律法规政策的规定应由卖方承担的税费由________承担。

2. 按有关法律法规政策规定应由买方承担的税费由________承担。

四、房屋交付

1. 甲乙双方于本合同签订后______日内共同对该房屋及附属设施设备、装饰装修、相关物品清单及水、电、气的读数等列表记载，在交房时一并交给乙方。

2. 甲方在收到全部房款之日起______日内，将该房屋钥匙交付给乙方。

---

① 法条链接：《民法典》第五百九十五条、第五百九十六条。

3. 双方其他约定：____。

五、关于房屋证件交付及房屋过户的约定

本合同签订生效并在甲方收到乙方第一笔购房款后，甲方应将该房屋的所有合法手续及证件移交给乙方；并在法律法规及政策允许的范围内协助乙方办理好房屋及土地的过户登记手续。

六、违约责任的约定

1. 乙方逾期付款的违约责任[(1)和(2)不作累加]：

(1)如乙方未按约定时间付款，则乙方应按逾期付款额的万分之____向甲方按日支付逾期付款违约金，同时甲方有权要求合同继续履行。

(2)如乙方逾期付款时间超过______天，甲方有权单方解除合同并要求乙方按购房款总额的百分之____支付违约金；甲方也有权选择本条上述第(1)项要求乙方承担违约责任并继续履行合同。

2. 甲方逾期交房的违约责任[(1)和(2)不作累加]：

(1)如甲方未按合同约定的时间交付房屋，则甲方应按乙方已付购房款总额的万分之____向乙方按日支付逾期交房违约金，同时乙方有权要求继续履行合同。

(2)如甲方逾期交房超过______天后，乙方有权单方解除合同并要求甲方按购房款总额的百分之______支付违约金；乙方也有权选择本条上述第(1)项要求甲方承担违约责任并继续履行合同。

3. 任何一方不按约定缴纳相关税费，导致交易不能继续进行的，应向对方支付该房屋总价款的百分之____作为违约金。

4. 任何一方不履行本合同约定义务致合同目的不能实现，守约方有权要求对方支付该房屋总价款百分之____作为违约金。

七、甲方承诺和保证

1. 甲方有权签署并有能力履行本合同；该房屋没有设定抵押也未被查封，甲方对该房屋享有完全的处分权。

2. 甲方保证本合同项下房屋与他人及村集体不存在任何经济纠纷。甲方出售该房屋征得该村村民委员会同意。

3. 水、电、煤气、供暖等各项费用均已按规定交纳，单据交买方确认。

4. 该房屋出售给乙方后，该房屋(包括土地、房屋及附属设施)的所有权益归乙方，例如可以获取的征地补偿、拆迁补偿等，甲方愿意给予相应的协助，无论出现何种情况甲方均不得反悔。

八、合同的变更

本合同履行期间，发生特殊情况时，甲、乙任何一方需变更本合同的，要求变更一方应及时书面通知对方，征得对方同意后，双方在书面通知发出3天内签订书面变更协议，该协议将成为合同不可分割的部分。未经双方签署书面文件，任何一方无权变更本合同，否则，由此造成对方的经济损失，由擅自变更方承担。

九、法律适用及争议的处理

1. 本合同受中华人民共和国法律管辖并按其进行解释。

2. 本合同在履行过程中发生的争议，由双方当事人协商解决；协商不成的，按下列第____种方式解决：

(1)提交________仲裁委员会仲裁；

(2)依法向________人民法院起诉。

十、合同的效力

1. 本合同自甲乙双方签字之日起生效。

2. 本合同一式两份，甲乙双方各执一份，具有同等法律效力。

甲方：　　　　　　　　　　　　　　　　乙方：

　　年　　月　　日　　　　　　　　　　　　年　　月　　日

二手房买卖合同①

甲方（出卖人）：　　　　　　　　　　　　乙方：（买受人）：

地址：　　　　　　　　　　　　　　　　　地址：

身份证号码：　　　　　　　　　　　　　　身份证号码：

联系电话：　　　　　　　　　　　　　　　联系电话：

根据《中华人民共和国民法典》等相关法律规定，甲乙双方在平等、自愿、协商一致的基础上，就乙方购买甲方的房地产事宜，达成如下协议：

一、甲方所售房地产权证号及坐落位置、结构、层次、面积、附属设施等基本情况

1. 甲方房地产（以下简称该房地产）坐落于________________；位于第____层，共________间，房屋结构为________，登记建筑面积________平方米（其中套内建筑面积________平方米，公共部位与公用房屋分摊建筑面积________平方米）；房屋用途为________；房地产权证号为______________；共有权证证号为：____________；该房地产有物业管理；目前物业管理公司为____________，物业管理服务费为________。

2. 该房屋的抵押情况为：____________。

(1)该房屋未设定抵押；

(2)该房屋已经设定抵押，抵押权人为：____________，抵押登记日期为：________年____月____日，他项权利证证号为：____________。

该房屋已经设定抵押的，出卖人应于________年____月____日前办理抵押注销手续。

3. 该房屋的租赁情况为：________。

① 法条链接：《民法典》第五百九十五条、第五百九十六条。

(1)出卖人未将该房屋出租。

(2)出卖人已将该房屋出租,承租人已放弃优先购买权。

关于房屋权属情况的说明及房屋抵押和租赁情况的具体约定另附。

二、房屋价格及付款方式

1. 甲乙双方协商一致并确认,甲方所售房地产总金额为人民币________元(大写:________整)。该价款不含税费。

2. 双方选择以下第________种付款方式:

(1)乙方应于本合同生效之日向甲方支付定金________元(大写:________整),并于______年____月____日前将房屋全部价款付给甲方。

(2)买方向银行抵押付款:

乙方于________年____月____日前向甲方支付首期房款金额为人民币________元(大写:________整)。其余房款乙方拟向银行办理抵押贷款。

如果乙方在________年____月____日前还未能将银行贷款办理好并交付给甲方,则甲方可以单方解除本合同,并退回乙方之前已付购房款。

3. 双方约定的其他付款方式:____。

三、缴纳税费的约定

1. 按有关法律法规政策的规定应由卖方承担的税费由________承担。

2. 按有关法律法规政策规定应由买方承担的税费由________承担。

四、房地产交付

1. 甲乙双方于本合同签订后______日内共同对该房地产及附属设施设备、装饰装修、相关物品清单及水、电、气的读数等列表记载,在交房时一并交给乙方。

2. 甲方在收到全部房款之日起______日内,将该房屋钥匙交付给乙方。

3. 双方其他约定:____。

五、关于产权登记的约定

甲乙双方须在签订本合同______日内,共同向房地产产权登记机关申请办理转移登记手续。如因甲方的过失造成乙方不能在约定的______日内取得房地产权属证书,乙方有权提出退房,甲方必须在乙方提出退房要求之日起______日内将乙方已付款退还给乙方,并按已付款金额的____%作为赔偿乙方的损失。

六、定金及交房保证金

1. 甲乙双方约定乙方在签订本合同之日起______日内向甲方交纳购房定金人民币______元(大写:________整)。

2. 为防范交易风险督促卖方按合同约定交付房地产,甲乙双方同意从交易总房款中预留人民币________元(大写:________整)作为交房保证金。此款在甲方实际交付房地产及完成产权转移登记时交付给甲方。

3. 关于交房保证金托管的约定:________。

4. 甲乙双方其他约定:________。

七、违约责任的约定

1. 乙方逾期付款的违约责任[(1)和(2)不作累加]:

(1)如乙方未按约定时间付款,则乙方应按逾期付款额的万分之____向甲方按日支付逾期付款违约金,同时甲方有权要求合同继续履行。

(2)如乙方逾期付款时间超过______天后,甲方有权单方解除合同并要求乙方按购房款总额的百分之____支付违约金;甲方也有权选择按上述第(1)项要求乙方承担违约责任并继续履行合同。

2. 甲方逾期交房的违约责任[(1)和(2)不作累加]:

(1)如甲方未按合同约定的时间交付房屋,则甲方应按乙方已付购房款的总额的万分之____向乙方按日支付逾期交房违约金,同时乙方有权要求继续履行合同。

(2)如甲方逾期交房超过______天后,乙方有权单方解除合同并要求甲方按购房款总额的百分之____支付违约金;乙方也有权选择按本条上述第(1)项要求甲方承担违约责任并继续履行合同。

3. 任何一方不按约定缴纳相关税费,导致交易不能继续进行的,应向对方支付该房地产总价款的百分之____作为违约金。

4. 任何一方不履行本合同约定义务致合同目的不能实现,守约方有权选择定金罚则或要求对方支付该房地产总价款百分之____作为违约金。

八、甲乙双方的承诺和保证

1. 甲方承诺和保证:

(1)甲方有权签署并有能力履行本合同;该房地产没有设定抵押也未被查封,甲方对该房地产享有完全的处分权。

(2)甲方保证在交易时该房屋没有产权纠纷,有关按揭、抵押债务、税项及租金等,甲方均在交易前办妥。

(3)水、电、煤气、物业、供暖等各项费用均已按规定交纳,单据交买房确认。

(4)该房地产所附着的户口,甲方保证于收到房地产转让总价款之日起______日内迁出。

(5)该房地产没有租约。(如有租约另行约定)

2. 乙方承诺和保证:乙方有权签署并有能力履行本合同。

九、合同的变更

本合同履行期间,发生特殊情况时,甲、乙任何一方需变更本合同的,要求变更一方应及时书面通知对方,征得对方同意后,双方在规定的时限内(书面通知发出______天内)签订书面变更协议,该协议将成为合同不可分割的部分。未经双方签署书面文件,任何一方无权变更本合同,否则,由此造成对方的经济损失,由违约方承担。

十、不可抗力

因不可抗力不能按照约定履行本合同的,根据不可抗力的影响,部分或全部免除责任,但因不可抗力不能按照约定履行合同的一方当事人应当及时告知另一方当事人,并自不可抗力事件结束之日起______日内向另一方当事人提供证明。

上述房屋风险责任自该房屋转移占有之日起转移给买受人。

十一、合同的效力

1. 本合同自甲乙双方签字之日起生效。

2. 本合同一式两份，甲乙双方各执一份，具有同等法律效力。

十二、法律适用及争议的处理

1. 本合同受中华人民共和国法律管辖并按其进行解释。

2. 本合同在履行过程中发生的争议，由双方当事人协商解决；协商不成的，按下列第____种方式解决：

(1)提交________仲裁委员会仲裁；

(2)依法向________人民法院起诉。

十三、双方其他约定

1. ____；

2. ____。

甲方：　　　　　　　　　　　　　　　乙方：

年　　月　　日　　　　　　　　　　　　年　　月　　日

金钱赠与协议①

甲方(赠与人)：　　　　　　　　　　乙方(受赠人)：

身份证号码：　　　　　　　　　　　身份证号码：

住址：　　　　　　　　　　　　　　住址：

甲方为资助乙方________________，自愿向乙方赠与钱财。根据《中华人民共和国民法典》及相关法律规定，双方达成以下协议，以资共同遵守。

一、本着甲乙双方自愿的原则，甲方自愿赠与乙方人民币________元(大写：________圆整)归乙方个人所有。

二、甲方赠与乙方的款项只能用于______________________________________。

三、甲方将于________年____月____日前，将赠与款项转到乙方的银行账号。乙方收款账户信息如下：

户名：

账号：

开户银行：

四、甲方赠与乙方的金钱，只归乙方个人所有，不属于乙方的夫妻共同财产。

① 法条链接：《民法典》第六百五十七条。

五、本协议一式两份，甲乙双方各执一份，经双方签字后生效，具有同等法律效力。

甲方：　　　　　　　　　　　　　　　　乙方：
　　年　　月　　日　　　　　　　　　　　　年　　月　　日

物品赠与协议①

甲方（赠与人）：　　　　　　　　　　　乙方（受赠人）：
身份证号码：　　　　　　　　　　　　　身份证号码：
住址：　　　　　　　　　　　　　　　　住址：

甲乙双方根据《中华人民共和国民法典》的有关规定，双方就赠与事项达成协议如下，以资共同遵守。

1. 甲方将其所有的________赠与乙方，乙方接受甲方赠与。

2. 甲方将于________年____月____日前将赠与物所有权转移给乙方。

3. 甲方保证本次赠与无任何恶意，而且已将其所知的一切注意事项告知乙方，但甲方不保证本次赠与物完全无瑕疵。

4. 若本协议在履行过程中发生争议，由甲乙双方协商解决；协商不成的，任意一方均可向________人民法院提起诉讼。

5. 本合同一式两份，双方各执一份，经甲乙双方签字并捺印后生效，具有同等法律效力。

甲方：　　　　　　　　　　　　　　　　乙方：
　　年　　月　　日　　　　　　　　　　　　年　　月　　日

房屋赠与协议②

甲方（赠与人）：　　　　　　　　　　　乙方（受赠人）：
身份证号码：　　　　　　　　　　　　　身份证号码：
住址：　　　　　　　　　　　　　　　　住址：

甲乙双方根据《中华人民共和国民法典》的有关规定，在完全自愿、诚实信用、协商一致、真实表达自己意愿的前提下，就甲方赠与乙方房屋事宜达成以下协议，以资共同遵守。

---

① 法条链接：《民法典》第六百五十七条。

② 法条链接：《民法典》第六百五十七条。

一、赠与人与受赠人双方的基本情况及相互关系

1. 赠与人：

2. 受赠人：

3. 双方关系：

4. 双方对赠与行为明确各自的意思表示：甲方表示无条件（或附条件）将房屋赠与乙方，乙方表示愿意接受此赠与。

二、赠与房屋的基本情况

1. 房屋坐落：

2. 房屋建筑面积：

3. 房屋产权证号：

4. 房屋四至界限：

5. 房屋结构、附着物、附图等：

三、赠与人的权利和义务

（一）赠与人的权利

1. 房屋所有权转移于乙方前，甲方有权使用该房屋或将其出租给第三人且有权获取因出租该房屋而产生的收益；

2. 甲方可根据需要要求乙方在协议生效且接受赠与的同时履行一定的义务；

3. 乙方有下列情形之一时，甲方可以撤销赠与：

（1）严重侵害赠与人或赠与人的近亲属；

（2）不履行对赠与人的扶养义务；

（3）其他法定情形。

（二）赠与人的义务

1. 按协议约定转移房屋所有权于乙方；

2. 附义务赠与中，赠与财产有瑕疵的，应在附义务限度内承担与出卖人相同的责任；

3. 赠与人保证房屋在此赠与协议签订前以及协议签订后一直到过户完毕期间该房屋权属状况完整和其他具体状况完整，并保证房屋不受他人合法追索；

4. 赠与人保证本次赠与无任何恶意，而且已将其所知的一切注意事项告知受赠人（但赠与人不保证本次赠与物完全无瑕疵），否则，愿意对因此给受赠人造成的损失承担赔偿责任。

四、受赠人的权利和义务

（一）受赠人的权利

本协议生效后，乙方依法取得协议项下房屋的所有权。

（二）受赠人的义务

1. 若赠与协议附义务，乙方应按协议约定履行所附义务。

2. 甲方依协议约定或法律规定撤销赠与时，乙方应向甲方返还房屋。

3. 乙方保证将房屋不用于违法（或双方约定的其他事项）等事项。

4. 乙方无须向甲方支付费用，但与移交赠与房屋有关的费用包括到有关房产管理部门办理有关手续的费用以及有关契税等由乙方负担。

五、办理赠与协议公证

甲乙双方同意在本协议签订后________内前往________公证处办理赠与协议公证。

六、房屋过户

1. 甲乙双方定于________年____月____日前正式办理该房屋的过户手续；并定于____日前双方向有关部门申请办理相关附属设施和相关权益的更名手续。

2. 甲方未按规定履行以上义务的，则按下列约定承担违约责任：

____。

七、赠与房屋的交付

赠与人于________年____月____日前将赠与的房屋移交给受赠人管理和使用。

八、协议生效

本协议自甲乙双方签字并到公证处公证后生效。

九、其他

1. 甲乙双方确认，虽然房屋所有权证未作记载，但依法对该房屋享有共有权的权利人均已书面同意将该房屋赠与给乙方。

2. 本协议未尽事宜，甲乙双方另行订立书面补充条款或补充协议。补充条款或补充协议与本协议有同等效力。

3. 履行协议过程中如发生争议，双方协商解决。协商不成，任何一方可向赠与房产所在地人民法院起诉。

甲方：　　　　　　　　　　　　　　乙方：

　年　　月　　日　　　　　　　　　　年　　月　　日

股权赠与协议①

甲方（赠与人）：　　　　　　　　　乙方（受赠人）：

身份证号码：　　　　　　　　　　　身份证号码：

住址：　　　　　　　　　　　　　　住址：

甲乙双方根据《中华人民共和国民法典》的规定，本着自愿、诚实信用的原则，经充分协商，就甲方持有的________公司部分股权赠与乙方事宜达成如下协议，以资共同遵守。

一、赠与标的

1. 甲方拥有________公司____%的股权（该持有比例系签订本协议时市场监督管理部门登记持股比例），甲方是该公司的合法股东。

---

① 法条链接：《民法典》第六百五十七条。

2. 甲方同意将____%的股权份额赠与给乙方。乙方同意接受上述赠与,接受赠与后,乙方拥有________公司____%的股权。

二、赠与的撤销

除我国现行法律规定之可撤销情形外,甲方不得撤销赠与。

三、承诺和保证

1. 甲方保证对依据本协议赠与给乙方的股权拥有完全的处分权,其是真实的权利人,不存在股权代持的情形;上述股权未设置任何抵押权或其他担保权。

2. 股权变动或者经甲乙双方协商同意由甲方代持乙方的股权后,乙方拥有____%的股权不因甲方的股权变动而受到任何影响。

3. 关于赠与给乙方____%的股权对应的出资,甲方保证已实缴出资或者将来补缴该部分出资。

四、股权转让的程序

1. 本协议签署后10日内,甲方需提请公司到市场监督管理部门办理股东变动工商登记手续,并将股权变动的情况载于股东名册、同时为乙方发放出资证明书。

2. 甲乙双方按照本条1的程序办理股权变动手续,如股权赠与需经其他股东同意,由甲方负责完成该程序。

五、费用的负担

本转让协议实施所需支付的有关税费双方各负担二分之一。

六、违约责任

如果本协议任何一方未按本协议的规定,适当地、全面地履行其义务,应该承担违约责任。守约一方由此产生的任何责任和损害,应由违约一方赔偿。

七、法律适用和争议解决

1. 本协议受中国法律管辖并按其解释。

2. 凡因本协议引起的或与本协议有关的任何争议,双方应协商解决;协商不成,任何一方均可向________公司所在地法院提起诉讼。

八、其他

1. 本协议由甲乙双方签字并捺印后生效。

2. 本协议正本一式两份,甲乙双方各执一份。

甲方:　　　　　　　　　　　　　　乙方:

年　月　日　　　　　　　　　　　　年　月　日

借款合同①

甲方(借款人):________,男/女,________年____月____日出生,____族,住____________,身份证号码:____________,联系电话:____________。

乙方(出借人):________,男/女,________年____月____日出生,____族,住____________,身份证号码:____________,联系电话:____________。

根据《中华人民共和国民法典》等相关法律规定,甲乙双方在平等、自愿基础上,就甲方向乙方借款事宜达成以下协议,以资共同遵守。

一、具体约定

1. 乙方借给甲方人民币________元(大写:________整),利息为同期全国银行间同业拆借中心公布的一年期贷款市场报价利率(LPR)的四倍。

2. 本合同借款用途为:____。

3. 合同期限为:________年____月____日至________年____月____日止,乙方应当于________年____月____日还款。

4. 乙方将款项转至以下甲方指定银行账号:

开户行:______________________________

户　名:______________________________

账　号:______________________________

二、违约责任

如甲方到期未还清本息,乙方为实现债权的费用(包括但不限于诉讼费、律师费、保全费、交通费、差旅费、误工费、鉴定费等)全部由甲方承担。

三、纠纷的解决

本合同履行中发生任何争议,由各方协商解决,协商不成,应向乙方住所地人民法院起诉解决。

四、本合同自双方签字之日起生效,一式两份,甲、乙方各执一份。

甲方(签字):　　　　　　　　　　乙方(签字):

年　月　日　　　　　　　　　　　　年　月　日

---

① 法条链接:《民法典》第六百六十七条、第六百六十八条。

抵押借款合同①

借款人(抵押人,甲方):
居民身份证号码:
联系电话:
微信号:
联系地址:
电子邮箱:
还款账号:

出借人(抵押权人,乙方):
法定代表人:
联系地址:
联系电话:
电子邮箱:

根据《中华人民共和国民法典》等相关法律规定,经双方协商一致,就借款、抵押事宜签订本合同,以资共同遵照执行。

一、借款金额

1. 借款金额人民币________元(大写:________整)。

2. 乙方出借款项的条件:甲方办妥________(抵押物)的抵押担保手续。

二、借款用途

借款用于________________________。本借款只能用于合法经营的需要,不得挪作他用,更不得使用借款进行违法活动。

三、借款期限

本合同约定借款期限为________年,自____年____月____日起至________年____月____日止。在本合同项下的借款期限起始日与实际资金交接日不一致的,以实际资金交接日为准,借款期限随之顺延。资金交接凭证为本合同的组成部分,与本合同具有同等法律效力。

四、借款利率

借款利率按年息____%计算,利息从实际放款之日计算。

五、借款偿还

1. 本合同项下的贷款本息,采取按月等额还款方式,分____期归还,甲方授权乙方在贷款发生的次月起每月______日从甲方指定的账户扣收或由甲方在贷款发生的次月起每月______日前到乙方贷款发放处还款,直至所有贷款本息、费用清偿为止。如甲方提供的个人账户出现冻结等情况而造成无法扣收本息的,甲方须及时向乙方提供新的还款账户用于扣收贷款本息。

2. 甲方不能在合同约定还款期限届满前还清本息的,应在还款期限届满前______个工作日向乙方申请展期,经乙方书面同意,可以展期还款。本合同在乙方同意甲方展期还款的情况下继续有效。

3. 甲方每月还款本息额人民币________元(大写:________整)。

---

① 法条链接:《民法典》第六百六十七条、第六百六十八条。

六、提前还款

1. 经乙方书面同意后甲方可以提前还款:

(1)甲方提前归还未到期贷款本金的,应书面通知乙方。乙方在该月______日至该月最后一个工作日内办理提前还款手续。

(2)甲方经乙方同意可一次性提前归还全部所欠本金,利随本清。乙方不计收提前期的利息,也不退还或减免按原合同利率已收取的贷款利息。

2. 有下列情况之一项或几项发生时,甲方应提前归还全部借款本息:

(1)甲方违反本合同之任何条款。

(2)甲方发生因不能履行本合同义务之疾病、事故、死亡等。

(3)甲方涉入诉讼、监管等由国家行政或司法机关宣布的对其财产的没收及其处分权的限制。

七、抵押物事项

1. 抵押物具体信息:(动产包含物品名称、性状、物品编号、购买日期等;不动产包含产权所在地、权证号、面积等)。

2. 上述抵押物暂作价人民币________元(大写:________整),抵押物的最终价值以抵押权要实现时实际处理抵押物的净收入为准。

3. 抵押期限:________年(或为:自本贷款合同生效之日起至甲方还清乙方与本合同有关的全部贷款本息为止)。

本合同约定借款期限为________年,自____年____月____日起至________年____月____日止。

八、乙方的义务

1. 对甲方交来的抵押物的契据、证件妥善保管,不得遗失、损毁。

2. 在甲方到期还清贷款后,将抵押物的全部契据、证件完整交给甲方。

九、甲方的义务

1. 应在合同规定的期限内主动还本付息。

2. 保证在抵押期间抵押物不受甲方破产、资产分割、转让的影响。如乙方发现甲方抵押物有违反本条款的情节,乙方通知甲方当即改正或可终止本合同贷款,并有权提前收回部分或全部借款和相应利息。

3. 甲方应合理使用作为抵押物的________,并负责抵押物的经营、维修、保养及有关税赋等费用。

4. 甲方因故意或过失造成抵押物毁损,应在____天内向乙方提供新的抵押物,若甲方无法提供新的抵押物或担保时,乙方有权相应减少贷款额度或解除本合同,并有权提前收回部分或全部借款和相应利息。

5. 甲方未经乙方书面同意不得将抵押物出租、出售、转让、再抵押或以其他方式处置。

6. 抵押物由甲方向________________保险公司投保,以乙方为保险受益人,并将保单交乙方保管,保险费由甲方承担。投保的抵押物由于不可抗力遭受损失,乙方有权从保险公司的赔偿金中收回抵押人应当偿还的贷款本息。

十、合同的变更与解除

1. 本合同生效后，甲、乙任何一方不得擅自变更和解除本合同。

2. 甲方将本合同项下的权利和义务转让给第三方的行为，在同时满足以下条件后生效：________________。

(1)必须经乙方书面同意；

(2)乙方与第三方已签订债权债务转让合同或已签订新的借款合同；

(3)本合同项下的担保合同已作相应变更。

十一、违约责任

1. 甲方未按期偿还贷款本息的，应向乙方支付本合同项下借款总额20%的违约金。

2. 甲方如不按期还本付息，乙方可将抵押物折价或者拍卖、变卖，该抵押物所得的价款用于清偿借款本息、违约金，不足清偿的剩余部分，乙方仍有权向甲方追偿，直到甲方还清乙方全部借款本息、违约金为止。

3. 甲方向乙方借款时提供的资料不实或未经乙方书面同意，擅自将抵押物出售、出租、出借、转让、交换、赠与、再抵押或以其他方式处置抵押物的，均属违约，乙方有权提前收回贷款本息或处置抵押物，并有权向甲方或担保人追索由此造成的损失和发生的相关费用。

4. 甲方如未按贷款合同规定使用贷款，一经发现，乙方有权提前收回部分或全部贷款，并对挪用贷款部分在原贷款利率的基础上加收____%的罚息。

5. 乙方应及时受领还款本息，因乙延误受领而给甲方造成损失的，应进行相应赔偿。

十二、合同纠纷的处理

本合同履行期间如有争议，双方先协商解决。协商不成的，可向____________乙方住所地人民法院提起诉讼。

十三、附则

1. 本合同及其附属的任何修改、补充均须经双方协商一致并订立书面的协议方为有效。

2. 本合同经乙方法定代表人或其授权代表签名并加盖公章，甲方签名并捺印后与贷款担保合同一并生效，至甲方将本合同项下全部应付款项清偿时终止。

3. 本合同一式两份，合同双方各执一份，均具有同等效力，副本按需确定。

甲方(签名并捺印)：　　　　　　　　乙方(盖章)：

　　　　　　　　　　　　　　　　　法定代表人：

年　月　日　　　　　　　　　　　　年　月　日

借 条①

借款人________(身份证号码:____________)因____________,于________年____月____日向出借人________(身份证号码:____________)借款人民币________元(大写:________整),借款期限为________年____月____日至________年____月____日,借款利率按年息____%计算,利息从实际放款之日计算。借款人现已通过现金(或银行转账等其他形式)的方式收到了上述借款。

如借款人到期未还清本息,则按当期一年期贷款市场报价利率(LPR)的4倍计付逾期利息,且出借人可向________人民法院诉讼解决;出借人为实现债权的一切费用(包括但不限于诉讼费、律师费、保全费、交通费、差旅费、误工费、鉴定费)全部由借款人承担。

身份证载明的双方通信地址可作为送达催款函、对账单、法院送达诉讼文书的地址,因载明的地址有误或未及时告知变更后的地址,导致相关文书及诉讼文书未能实际被接收的、被邮寄送达的,相关文书及诉讼文书退回之日即视为送达之日。

特立此据。

借款人的微信号为:

借款人:(签名+捺手印)

________年____月____日

借款收据②

借款人(身份证号码:____________________)今收到出借人________(身份证号码:____________________)发放的借款人民币共________元(大写:________整)。借款期限为________年____月____日至________年____月____日,借款利息为年利率____%。

立此为据。

借款人:(签名+捺手印)

________年____月____日

① 法条链接:《民法典》第六百六十七条、第六百六十八条。

② 法条链接:《民法典》第六百六十七条、第六百六十八条。

催款函一

请款函[①]（针对首次催款或付款通知）

________公司：

感谢贵司对我司的支持，选择我司产品，与我司建立友好合作关系。

根据贵司与我司签订的《________合同》，双方约定，我司在交付产品后______日内，贵司应付清货款，现付款期将至（或付款期已过），请贵司本着友好、诚信、互惠互利之原则尽快安排付款。我司账户是（户名：________；开户行：________；账号：______________）。

顺祝商祺！

__________公司

________年____月____日

催款函二

催款函[②]（针对直接催款情形）

________公司：

贵司自______年____月____日至________年____月____日止尚欠我公司货款共________元，根据贵我双方所签署的《________合同》，贵司应在________年____月____日付清该款。现贵司已逾期______天仍未支付，严重影响了我司的资金周转和生产安排。请贵司收到此通知书后______天内将上述逾期未付的货款汇付我公司账户（户名：____________；开户行：__________________；账号：__________________）。否则，我司将循法律途径或委托相关追收人员上门催收解决，届时可能给贵司造成不良影响并将有损贵司诚信形象。

特此函告！

__________公司

________年____月____日

---

① 法条链接：《民法典》合同编第十二章。

② 法条链接：《民法典》合同编第十二章。

收条[①](适用于还款)

今收到________(身份证号码:____________)用于归还________年____月____日借款的转账款项________元(大写:__________整),所欠款项已全部还清。

收款人:

年 月 日

备注:借款人还款时,务必要求出借人填写收条,以证明借款人已给出借人还款。如果借款人手上有借条,还款后务必要求出借人返还借条。

保证合同[②]

甲方(借款人):

身份证号码: 联系地址:

联系电话: 电子邮箱:

乙方(贷款人):

法定代表人: 联系地址:

联系电话: 电子邮箱:

丙方(保证人):

身份证号码: 联系地址:

联系电话: 电子邮箱:

因甲方的请求,丙方愿意为甲方、乙方签订的________年____字第____号合同提供担保。乙方经审查,同意丙方作为甲方还款的保证人。甲、乙、丙三方经协商一致,根据《中华人民共和国民法典》等相关法律法规签订本合同,以资共同遵照执行:

一、丙方保证金额为甲方根据________年____字第____号(以下称主合同)向乙方借用的本金人民币________元(大写:________整)及其相应的利息、费用。

二、丙方对上条所列款项承担连带清偿责任。如甲方不按主合同的约定偿付借款本息和相应费用,乙方有权直接向丙方追偿。丙方保证在接到乙方书面索款通知后____日内清偿上述款项。

三、丙方的保证责任不因甲方上级单位的任何指令、甲方地位及财力状况的改变、甲方与任

---

① 法条链接:《民法典》合同编第十二章。

② 法条链接:《民法典》第六百八十一条、第六百八十五条。

何单位签订任何协议或文件及本保证合同所担保的主合同的无效或解除而免除。

四、本合同生效后，甲方和乙方如需要延长主合同项下借款期限或者变更主合同其他条款，应征得丙方同意，由甲、乙、丙三方达成书面协议。

五、本合同生效后，丙方有权对甲方的资金和财产情况进行监督，有权要求甲方提供其财务报表等材料，甲方应如实提供。

六、本合同的保证金额随甲方偿还或丙方代为清偿而相应扣减。

七、丙方代甲方清偿借款本息、费用后，有权向甲方追偿。

八、在本合同有效期内，甲、乙、丙任何一方不得擅自变更或解除本合同。需变更本合同条款时，应经三方协商同意，达成书面协议。

九、丙方违反本合同第二条约定，未按期代为清偿到期债务的，乙方有权按保证总额的____%向丙方收取违约金。甲方和乙方违反本合同第四条的约定，未经丙方同意擅自延长主合同项下借款期限或者变更主合同其他条款的，丙方可以自行解除担保义务。

十、甲、乙、丙三方在履行本合同中发生的争议，由三方协商或通过调解解决。协商或调解不成，可以向________人民法院提起诉讼。

十一、本合同未尽事宜，甲、乙、丙三方本着友好合作的原则另行协商确定；本合同补充协议及附件与合同正文具有同等法律效力。

十二、本合同经甲、乙、丙三方签字盖章后生效。本合同一式三份，甲、乙、丙三方各执一份，具备同等法律效力。

甲方（签字）：
日期：

乙方（盖章）：
法定代表人：
日期：

丙方（签字）：
日期：

签订合同地点：________省________市________县（区）

房屋租赁合同①

甲方（出租人）： 乙方（承租人）：

① 法条链接：《民法典》第七百零三条、第七百零四条。

身份证号码：　　　　　　　　　　　　　　身份证号码：
住所地：　　　　　　　　　　　　　　　　住所地：
联系电话：　　　　　　　　　　　　　　　联系电话：

根据《中华人民共和国民法典》及相关法律规定，甲乙双方通过平等协商，就房屋租赁事宜达成如下协议，以资共同遵守。

一、房屋基本情况

甲方房屋（以下简称该房屋）位于__________________；建筑面积为________平方米。

二、房屋用途

该房屋用途为____。

除双方另有约定外，乙方不得任意改变房屋用途。不得将房屋转租。

三、租赁期限

租赁期限自________年____月____日至________年____月____日止。

四、租金

该房屋月租金为人民币________元（大写：________整）。

租赁期间，如遇到国家有关政策调整，则按新政策规定调整租金标准；除此之外，出租方不得以任何理由任意调整租金。

五、付款方式

乙方按月支付租金给甲方，款项分别于每月的5日前支付给甲方。租金汇入以下甲方指定银行账户：

开户行：

户名：

账号：

六、交付房屋期限

甲方应于本合同生效之日起______日内，将该房屋交付给乙方。

七、甲方对房屋产权的承诺

甲方保证在交易时该房屋没有产权纠纷；除补充协议另有约定外，有关按揭、抵押债务、税项及租金等，甲方均在交付房屋前办妥。交易后如有上述未清事项，由甲方承担全部责任，由此给乙方造成经济损失的，由甲方负责赔偿。

八、维修养护责任

租赁期间，甲方对房屋及其附着设施每隔六个月检查、修缮一次，乙方应予积极协助，不得阻挠施工。

正常的房屋大修理费用由甲方承担；日常的房屋维修费用由乙承担。

因乙方管理使用不善造成房屋及其相连设备的损失和维修费用，由乙方承担并责任赔偿损失。

租赁期间，防火安全，门前三包，综合治理及安全、保卫等工作，乙方应执行当地有关部门规定并承担全部责任和服从甲方监督检查。

九、关于房屋租赁期间的有关费用

在房屋租赁期间，以下费用由乙方支付：

1. 水、电费；

2. 煤气费；

3. 供暖费；

4. 物业管理费。

十、房屋押金

甲乙双方自本合同签订之日起，由乙方支付甲方人民币________元（大写：________整）作为押金。

十一、租赁期满

1. 租赁期满后，如乙方要求继续租赁，甲方则优先同意继续租赁；

2. 租赁期满后，如甲方未明确表示不续租的，则视为同意乙方继续承租；

3. 租赁期限内，如乙方明确表示不租的，应提前一个月告知甲方，甲方应退还乙方已支付的租房款及押金。

十二、合同终止及解除条件

1. 在租赁期内甲乙双方任何一方单方面提前终止本合同，均构成违约。

2. 租赁期间，有下列情形之下而致合同终止的，双方互不承担责任。

（1）该房屋占用范围土地使用权依法提前收回；

（2）该房屋因社会公共利益或城市建设需要被依法征用的；

（3）该房屋因不可抗拒因素而遭毁损、灭失或被鉴定为危房的。

3. 在租赁期内，乙方有下列行为之一的，甲方有权解除本合同，收回该房屋，由此而造成甲方损失的，乙方应予以赔偿：

（1）未经甲方书面同意，擅自将该房屋转租、转让、转借他人或调换使用的；

（2）未经甲方书面同意，擅自拆改变动房屋结构，或损坏房屋；

（3）擅自改变本合同规定的租赁用途，或利用该房屋进行违法活动的；

（4）拖欠租金或逾期支付水、电、煤气、供暖、物业管理等相关费用达______天以上的；

（5）因乙方的原因、根据法律、法规规定允许收回该房屋的其他情况。

十三、违约责任

1. 乙方如逾期支付租金的，每逾期一天，则乙方需按月租金的____%支付违约金。

2. 在租赁期限内，乙方逾期交付租金、水、电、煤气、供暖物业管理等相关费用，每逾期一天，则应按上述费用的____%支付违约金。逾期达____天以上的，甲方有采取措施停止供应或使用的权利，因此造成的一切后果由乙方自行承担。

3. 在租赁期限内，乙方未经甲方同意，中途擅自退租的，预付押金不退；若预付押金不足抵付甲方损失的，乙方还应负责赔偿。

4. 租赁期满，乙方应如期交还该房屋。如乙方逾期归还，则每逾期一天应向甲方支付原日租金____倍的违约金。

5. 甲方未按本合同约定的时间交付该房屋供乙方使用的，每逾期一天，甲方应按月租金的____%向乙方偿付违约金。逾期____天，则乙方有权解除合同。

6. 在租赁期限内，因甲方不及时履行本合同约定的维修、养护责任，致使该房屋发生损坏，造成乙方财产损失或人身伤害的，甲方应承担赔偿责任。

7. 在租赁期限内，甲方擅自解除本合同，提前收回该房屋的，甲方应按月租金的____倍向乙方支付违约金，若支付的违约金不足抵付乙方损失的，甲方还应负责赔偿。

十四、不可抗力

因不可抗力原因导致该房屋毁损和造成损失的，双方互不承担责任。

十五、其他约定

1. 出租方为已提供物品如下：

(1)__________；(2)__________；(3)__________；

(4)__________；(5)__________；(6)__________。

2. 当前的水、电等表状况：

(1)水表现为：________；(2)电表现为：________；(3)煤气表现为：________。

3. 本合同在履行中发生争议，由甲乙双方协商解决。协商不成时，甲乙双方可向____________人民法院起诉。

4. 本合同自合同双方签字之日起生效，一式三份，其中甲方执一份，乙方执一份，交租赁管理部门备案一份，具有同等法律效力。

甲方：　　　　　　　　　　乙方：

年　　月　　日　　　　　　年　　月　　日

商铺租赁合同[①]

甲方(出租人)：　　　　　　乙方(承租人)：
身份证号码：　　　　　　　身份证号码：
住所地：　　　　　　　　　住所地：
联系电话：　　　　　　　　联系电话：

根据《中华人民共和国民法典》及相关法律规定，甲乙双方通过平等协商，就商铺租赁事宜达成如下协议，以资共同遵守。

一、房屋的基本情况

1. 甲方保证拥有房屋合法所有权，可对外进行出租。房屋权证号：____________，房屋坐落

① 法条链接：《民法典》第七百零三条、第七百零四条。

在________市________区(县)________路________号,建筑面积为________平方米。

2. 该房屋不存在抵押,不存在查封。

3. 该房屋的现有装修及家具、设施状况以及水表、电表、燃气表现数,由双方在合同附件中加以列明。除双方另有约定外,该附件作为甲方按本合同约定交付乙方使用和乙方在本合同租赁期满交还该房屋时的验收依据。

二、租赁用途

1. 乙方向甲方承诺,租赁房屋仅作为________使用,并遵守国家和本市有关物业管理的规定。

2. 在租赁期内,未事前征得甲方的书面同意,以及按规定须经有关部门审批准许前,乙方不得擅自改变该房屋的使用用途。

三、租赁期限

1. 该房屋租赁期共____个月。自________年____月____日起至________年____月____日止。

2. 租赁期满,甲方有权收回全部出租房屋,乙方应如期交还。乙方如要求续租,则必须在租赁期满前的______月向甲方提出书面意向,经甲方同意后,重新签订租赁合同。

四、租金及支付方式

1. 该房屋每月每平方米建筑面积租金为人民币________元,月租金总计为人民币________元(大写:________整)。每月____日至下月____日为一个计租周期月。

2. 该房屋租金____个月内不变。自第____个月起,租金每____个月递增____%。

3. 乙方必须在每月____日前支付当月租金。

4. 该房屋租金支付方式为(____________):

(1)现金方式,交付地点为:____。

(2)银行转账方式,乙方转至以下账号:

开户行:

户名:

账号:

五、房屋租赁保证金及其他费用

1. 甲方交付该房屋前,乙方应向甲方支付人民币________元作为房屋租赁保证金。支付方式同租金支付方式。

2. 租赁期满或合同解除时,房屋租赁保证金除抵扣应由乙方承担的租金、水电煤气等费用以及乙方应承担的其他费用外,剩余部分甲方应在租赁期满或合同解除后五日内无息如数返还乙方。

3. 乙方在租赁期限内,因使用房屋而发生的水费、电费、电话费、有线电视费、网络费、燃气费、供暖费、物业管理费、房屋专项维修金等所有费用,由乙方按实际发生金额承担,支付方式为________。

六、甲方的权利义务

1. 甲方应按照合同约定及时向乙方交付房屋。

2. 在租赁期限内，甲方应保证出租房屋的使用安全。

3. 甲方维修房屋及其附属设施，应提前____天书面通知乙方，乙方应积极协助和配合，因维修房屋影响乙方使用的，甲方应相应减少租金或延长租赁期限。因乙方阻挠房屋所有人进行维修而产生的后果，则概由乙方负责。因乙方阻挠房屋所有人进行维修而产生的后果，则概由乙方负责。

4. 监督承租方遵守经营场所内的各项规章制度，对承租方违反法律法规和损害消费者权益的行为要及时报告有关部门。

5. 违反城市规划及城市管理规定，擅自在商店门前或占道设置的柜台（包括在店内自行设置妨碍顾客出入的柜台），禁止出租并予以撤销。

6. 如因不可抗力原因，导致房屋损坏或造成乙方损失的，双方互不承担责任。

七、乙方的权利义务

1. 乙方应爱护并合理使用其所承租的该房屋及其附属设施。如乙方因使用不当造成房屋或设施损坏的，乙方应立即负责修复或予以经济赔偿。

2. 除房屋内已有装修和设施外，乙方如要求重新装修或变更原有设施的，应事先征得甲方的书面同意。按规定应向有关部门（包括该房屋物业管理机构）办理申报手续的，须办妥有关手续后，方可进行。租赁期满或合同解除后，如甲方要求恢复原状的，乙方必须恢复原状；乙方拆除添置的设备时，不得损坏房屋结构，经验收认可，方可办理退租手续。

3. 除甲乙双方在本合同补充条款中另有约定的外，乙方在租赁期限内，须事先征得甲方的书面同意，方可将承租的该房屋部分或全部转租给他人。

4. 乙方转租该房屋，订立的转租合同应符合以下规定：

（1）转租合同的终止日期不得超过本合同规定的终止日期；

（2）转租期间，乙方除可享有并承担转租合同规定的权利和义务外，还应继续履行本合同规定的义务；

（3）转租期间，本合同发生变更、解除或终止时，转租合同也应随之相应变更、解除或终止。

5. 乙方转租该房屋，订立的转租合同应经本合同甲方签署同意，并按有关规定办理登记备案手续后，方可生效。

6. 如果甲方将房产所有权转移给第三方时，合同对新的房产所有者继续有效。甲方出卖房屋，须在3个月前通知承租人，在同等条件下，乙方有优先购买权。

八、合同终止及解除条件

1. 在租赁期内甲乙双方任何一方单方面提前终止本合同，均构成违约。

2. 租赁期间，有下列情形之下而致合同终止的，双方互不承担责任。

（1）该房屋占用范围土地使用权依法提前收回；

（2）该房屋因社会公共利益或城市建设需要被依法征用的；

（3）该房屋因不可抗拒因素而遭毁损、灭失或被鉴定为危房的。

3. 在租赁期内，乙方有下列行为之一的，甲方有权解除本合同，收回该房屋，由此而造成甲方损失的，乙方应予以赔偿：

(1)未经甲方书面同意，擅自将该房屋转租、转让、转借他人或调换使用的；

(2)未经甲方书面同意，擅自拆改变动房屋结构，或损坏房屋；

(3)擅自改变本合同规定的租赁用途，或利用该房屋进行违法活动的；

(4)拖欠租金或逾期支付水、电、煤气、供暖、物业管理等相关费用达____天以上的；

(5)因乙方的原因、根据法律、法规规定允许收回该房屋的其他情况。

九、违约责任

1. 乙方如逾期支付租金的，每逾期一天，则乙方需按月租金的____%支付违约金。

2. 在租赁期限内，乙方逾期交付租金、水、电、煤气、供暖物业管理等相关费用，每逾期一天，则应按上述费用的____%支付违约金。逾期达____天以上的，甲方有采取措施停止供应或使用的权利，因此造成的一切后果由乙方自行承担。

3. 在租赁期限内，乙方未经甲方同意，中途擅自退租的，预付保证金不退；若预付保证金不足抵付甲方损失的，乙方还应负责赔偿。

4. 租赁期满，乙方应如期交还该房屋。如乙方逾期归还，则每逾期一天应向甲方支付原日租金____倍的违约金。

5. 甲方未按本合同约定的时间，交付该房屋供乙方使用的，每逾期一天，甲方应按月租金的____%向乙方偿付违约金。逾期____天，则乙方有权解除合同。甲方除应按上述规定支付违约金外，若支付的违约金不足抵付乙方损失的，甲方还应负责赔偿。

6. 在租赁期限内，因甲方不及时履行本合同约定的维修、养护责任，致使该房屋发生损坏，造成乙方财产损失或人身伤害的，甲方应承担赔偿责任。

7. 在租赁期限内，甲方擅自解除本合同，提前收回该房屋的，甲方应按月租金的____倍向乙方支付违约金，若支付的违约金不足抵付乙方损失的，甲方还应负责赔偿。

十、其他条款

1. 本合同自甲乙双方签署之日起的____天内，____应负责代表双方当事人按有关规定，向当地房屋租赁管理部门办理租赁登记，另一方应提供配合。因一方原因未能办理登记导致被处罚或发生其他损失的，应赔偿对方损失。

2. 本合同生效后，凡变更、解除、终止本合同的，____应负责代表双方当事人在本合同变更、解除、终止之日起的15天内，向原登记机关办理变更、解除、终止登记手续，另一方应提供配合。

3. 本合同未尽事宜，经甲乙双方协商一致，订立书面补充条款。但补充条款应符合国家和当地有关房屋租赁管理规定。本合同补充条款及附件均为本合同不可分割的一部分。

4. 双方联系方式为合同抬头处所填写，如有变更，则及时需书面通知另一方。一方有任何通知，仅需按此地址发送邮件或电话通知即可。

乙方紧急联系人：________，联系方式：__________。

十一、争议的解决

1. 本合同在履行中发生争议，应由双方协商解决，若协商不成，则按如下______方式处理：

(1)通过仲裁程序解决,双方一致同意以________仲裁委员会作为争议的仲裁机构。

(2)向________人民法院起诉。

2. 本合同的成立、效力、解释、履行、签署、修订和终止以及争议解决均应适用中华人民共和国法律。

十二、合同的生效

本合同(及附件)一式三份,其中甲方执一份,乙方执一份,交租赁管理部门备案一份,具有同等法律效力,本合同自合同双方签字,且甲方收到乙方支付的租赁保证金款项之日起生效。

本合同生效后,双方对合同内容的变更或补充应采取书面形式,作为本合同的附件。附件与本合同具有同等的法律效力。

甲方: 乙方:

年 月 日 年 月 日

厂房租赁合同[①]

甲方(出租人): 乙方(承租人):

身份证号码: 身份证号码:

住所地: 住所地:

联系电话: 联系电话:

根据《中华人民共和国民法典》及相关法律规定,甲乙双方通过平等协商,就厂房租赁事宜达成如下协议,以资共同遵守。

一、租赁物位置、面积、功能及用途

甲方将位于___________的厂房(以下简称租赁物)租赁给乙方使用。租赁物面积经甲乙双方认可确定为________平方米。

本租赁物的功能为___________,包租给乙方使用。如乙方需转变使用功能,经甲方书面同意后,因转变功能所需办理的全部手续由乙方按政府的有关规定申报,因改变使用功能所应交纳的全部费用由乙方自行承担。

本租赁物采取包租的方式,由乙方自行管理。

二、租赁期限

租赁期限为________年,即从________年____月____日起至________年____月____日止。

租赁期限届满前________个月提出,经甲方同意后,甲乙双方将对有关租赁事项重新签订租赁合同。在同等承租条件下,乙方有优先权。

---

① 法条链接:《民法典》第七百零三条、第七百零四条。

三、免租期及租赁物的交付

1. 租赁物的免租期为五个月，即从________年____月____日起至________年____月____日止。免租期届满次日为起租日，由起租日开始计收租金。

2. 在本出租合同生效之日起________日内，甲方将租赁物按现状交付乙方使用，且乙方同意按租赁物及设施的现状承租。

四、租赁费用

1. 本出租合同的租赁保证金为首月租金的两倍，即人民币________元（大写：________整）。

2. 租金第1年至第2年为每月人民币________元（大写：________整），第3年至第5年每年租金将在上年的基础上递增____%；第6年起的租金，将以届时所处位置的房屋租赁的租金水平为依据，由甲乙双方另行共同商定。每年的____月____日作为每年租金调整日。

3. 物业管理费为每月每平方米人民币________元计付。

4. 供电增容费

供电增容的手续由甲方负责申办，因办理供电增容所需缴纳的全部费用由乙方承担。

五、租赁费用的支付

1. 乙方应于本合同签订之前，向甲方支付部分租赁保证金人民币________元，租赁保证金的余额将于____日前向甲方一次性支付完毕。租赁期限届满，在乙方已向甲方交清了全部应付的租金、物业管理费及因本租赁行为所产生的一切费用，并按本合同规定向甲方交还承租的租赁物等本合同所约定的责任后______内，甲方将向乙方无偿退还租赁保证金。

2. 乙方应于每月五号或该日以前向甲方支付当月租金。并由乙方汇至甲方指定的下列账户，或按双方书面同意的其他支付方式支付。

开户行：

户名：

账号：

乙方逾期支付租金，应向甲方支付滞纳金，滞纳金金额为：拖欠日数乘以欠缴租金总额的________。

3. 乙方应于每月五号或该日以前按第4条的约定向甲方支付物业管理费。逾期支付物业管理费，应向甲方支付滞纳金，滞纳金金额为：拖欠日数乘以欠缴物业管理费总额的____%。

4. 本合同生效后，甲方就申办供电增容的有关手续，因供电增容所因交纳的费用，包括但不限于增容，由乙方承担。乙方应于甲方申办有关手续期间向甲方支付有关费用。

六、租赁物的转让

在租赁期限内，若遇甲方转让出租物的部分或全部产权，甲方应确保受让人继续履行本合同。在同等受让条件下，乙方对本出租物享有优先购买权。

七、专用设施、场地的维修、保养

1. 乙方在租赁期限享有租赁物所属设施的专用权。乙方应负责租赁物内专用设施的维护、保养、年审，并保证在本合同终止时专用设施以可靠运行状态随同租赁物归还甲方。甲方对此有检查监督权。

2. 乙方对租赁物附属设计负有妥善使用及维护之现，对各种可能出现的故障和危险应及时消除，以避免一切可能发生的隐患。

3. 乙方在租赁期限内应爱护租赁物，因乙方使用不当造成租赁物损坏，乙方应负责维修，费用由乙方承担。

八、防火安全

1. 乙方在租赁期间须严格遵守执行《中华人民共和国消防法》以及________有关制度，积极配合甲方主管部门做好消防工作，否则，由此产生的一切责任及损失由乙方承担。

2. 乙方应在租赁物内按有关规定配置灭火器，严禁将楼宇内消防设施用作其他用途。

3. 出租物内确因维修等事务需进行一级临时动火作业时（含电焊、风焊等明火作业），须甲方主管部门批准。

4. 乙方应按消防部门有关规定全面负责租赁物内的防火安全，甲方有权于双方同意的合理时间内检查租赁物的防火安全，但应事先给乙方书面通知。乙方不得无理拒绝或延迟给予同意。

九、保险责任

在租赁期限内，甲方负责购买租赁物的保险，乙方负责购买租赁物内乙方的财产及其他必要的保险（包括责任险）。若甲乙各方未购买上述保险，由此而产生的所有赔偿及责任分别由甲乙各方自行承担。

十、物业管理

1. 乙方在租赁期满或合同提前终止时，应于租赁期满之日或提前终止之日将租赁物清扫干净，搬迁完毕，并将租赁物交还给甲方。如乙方归还租赁物时不清理杂物，则甲方对清理该杂物所产生的费用由乙方负责。

2. 乙方在使用租赁物时必须遵守中华人民共和国的法律、深圳市法规以及甲方有关租赁物物业管理的有关规定，如有违反，自行承担。倘若由于乙方违反上述规定影响建筑物周围其他用户的正常运作，所造成损失由乙方赔偿。

十一、装修条款

1. 在租赁期限内如乙方须对租赁物进行装修、改建，须事先向甲方提交装修、改建设计方案，并经甲方同意，同意须向政府有关部门申报同意。

如装修、改建方案可能对公用部分及其他相邻用户影响的，甲方可对该部分方案提出异议，乙方应予以修改。改建、装修费用由乙方承担。

2. 如乙方的装修、改建方案可能对租赁物主结构造成影响的，则应经甲方及原设计单位书面同意后方能进行。

十二、租赁物的转租

经甲方书面同意后，乙方方可将租赁物的部分面积转租，但转租部分的管理工作由乙方负责，包括向转租户收取租金等。本合同规定的甲乙双方的责任和权利不因乙方转租所改变。

如发生转租行为，乙方必须遵守下列条款：

1. 转租期限不得超过乙方对甲方的承租期限；

2. 转租租赁物的用途不得超出本合同第一条规定的用途。

3. 乙方应在转租约中列明，倘乙方提前终止本合同，乙方与转租户的转租租约应同时终止。

4. 乙方须要求转租户签署保证书，保证其同意履行乙方与甲方合同中有关转租行为的规定，并承诺与乙方就本合同的履行对甲方承担连带责任。在乙方终止本合同时，转租租约同时终止，转租户无条件迁离租赁物。乙方应将转租户签署的保证书，在转租协议签订后的五日内交甲方存档。

5. 无论乙方是否提前终止本合同，乙方因转租行为产生的一切纠纷概由乙方负责处理。

6. 乙方因作为转租行为的转租人应付的税费，由乙方负责。

十三、提前终止合同

1. 在租赁期限内，若遇乙方欠交租金或物业管理费超过一个月，甲方在书面通知乙方交纳欠款之日起五日内，乙方未支付有关款项，甲方有权停止乙方使用租赁物内的有关设施，由此造成的一切损失(包括但不限于乙方及受转租户的损失)由乙方全部承担。

若遇乙方欠交租金或物业管理费超过二个月，甲方有权提前解除本合同，并按本条第2款的规定执行。在甲方以传真或信函等书面方式通知乙方(包括受转租人)之日起，本合同自动终止。甲方有权留置乙方租赁物内的财产(包括受转租人的财产)并在解除合同的书面通知发出之日起五日后，方将申请拍卖留置的财产用于抵偿乙方应支付的因租赁行为所产生的全部费用。

2. 未经甲方书面同意乙方不得提前终止本合同。如乙方确需提前解约，须提前六个月书面通知甲方，且履行完毕以下手续，方可提前解约：a. 向甲方交回租赁物；b. 交清实租期的租金及其他因本合同所产生的费用；c. 应于本合同提前终止前一日或之前向甲方支付相等于当月租金两倍的款项作为赔偿。甲方在乙方履行完毕上述义务后五日内将乙方的租赁保证金无息退还乙方。

十四、合同的终止

本合同提前终止或有效期届满，甲乙双方未达成续租协议的，乙方应于提前终止之日或租赁期限届满之日迁离租赁物，并将其返还甲方。乙方逾期不迁离或不返还租赁物的，应向甲方加倍支付租金，但甲方有权书面通知乙方其不接受双倍租金，并有权收回租赁物，强行将租赁场地内的物品搬离租赁物，且不负保管的责任。

十五、广告

若乙方需在租赁物建筑物的本体设立广告牌，须按政府的有关规定完成相关的报批手续并报甲方备案。若乙方需在租赁物建筑物的周围设立广告牌，需经甲方书面同意并按政府有关规定执行。

十六、有关税费

按国家及________市有关规定须就本合同缴纳的印花税、登记费、公证费及其他有关的税项及费用，按该等有关规定应由甲方作为出租人，乙方作为承担人分别承担。有关登记手续由甲方负责办理。

十七、通知

根据本合同需要发出的全部通知以及甲方与乙方的文件往来及与本合同有关的通知和要求等，应以书面形式进行；甲方给予乙方或乙方给予甲方的电传或传真一经发出，挂号邮件以对方地本合同同第一页所述的地址并以对方为收件人付邮七日后或以专人送至前述地址，均视为已送达。

十八、争议解决

本合同在履行过程中发生的争议，由双方当事人协商解决；协商不成的，按下列第______种方式解决：

1. 提交________仲裁委员会仲裁；

2. 依法向________所在地人民法院起诉。

十九、其他条款

1. 本合同未尽事宜，经双方协商一致后，可另行签订补充协议。

2. 本合同一式两份，甲乙双方各执一份。

3. 本合同经双方签字盖章，并在甲方收到乙方支付的首期租赁保证金款项后生效。

甲方（盖章）：　　　　　　　　乙方（盖章）：
代表人：　　　　　　　　　　　代表人：
日　期：　　　　　　　　　　　日　期：

车位租赁协议[①]

甲方（出租人）：　　　　　　　乙方（承租人）：
身份证号码：　　　　　　　　　身份证号码：
住所地：　　　　　　　　　　　住所地：
联系电话：　　　　　　　　　　联系电话：

为了明确双方责任，规范各自行为。根据《中华人民共和国民法典》及有关规定，就甲方车位出租给乙方使用事宜，本着自愿、平等、互利的原则，双方协商达成如下协议：

一、甲方向乙方出租________市________小区地下停车位，车位号：____________。

二、租期期限及车位租金：自________年____月____日至________年____月____日止，租金合计人民币________元（大写：人民币________整）。租金由乙方在签署本协议时一次性支付给甲方。租赁期内的因车位发生的其他费用均（其他费用包括但不限于管理费）由甲方承担。

三、双方只构成车位租赁关系，不构成车辆保管关系。乙方应自行做好车辆的安全防护工作，如因车辆受损或车内物品丢失，甲方不承担任何责任。

---

① 法条链接：《民法典》第七百零三条、第七百零四条。

四、乙方停放至停车位上的车辆如因车辆受损，由乙方自行向损害方索赔，甲方可以给予必要协助。

五、在租赁期内，甲方对本协议约定的车位具有排他使用权且不存在其他权利瑕疵。乙方对该车位只有使用权，乙方不得在租期内对该车位进行销售、转让、转租、抵押、转借或采取其他任何侵犯租赁物件所有权的行为。

六、乙方不得擅自更改本协议停车位的用途；乙方停放的车辆内不得有人、物品留置；乙方停放的车辆不得外附或内装任何危险物品，如易燃、易爆、腐蚀性等违禁物。由于上述原因产生的一切责任由乙方承担。

七、乙方承诺并遵守本车位的管理单位制定的停车管理规定，乙方进出本停车场的车辆必须服从当值保安员的指挥，以及配合物业公司的管理。如因乙方原因导致停车场地受损及其他人身、财产损害的，由乙方承担全部责任（包括但不限于对甲方及第三方的赔偿责任）。

八、乙方应于本协议约定期限届满前30日向甲方提出续租要求，获得甲方同意后办理相关手续。逾期通知或不通知，视为乙方不再续租，甲方无须将乙方列入下一期车位的租赁计划内。

九、乙方在此承诺，无论在任何情况下，乙方均放弃本协议项下车位的优先购买权。

十、甲乙双方不得单方解除本协议，甲方擅自解除协议的，应与乙方据实结清租金费用，并向乙方支付本协议总金额20%的违约金。乙方擅自解除本协议的，所已支付的租金费用不予退还，并向甲方支付本协议总金额20%的违约金。

十一、本合同协议争议提交车位所在地有管辖权的人民法院诉讼解决。

十二、本协议一式两份，双方各执一份，具有同等的法律效力，自双方签字之日起生效。

十三、其他未尽事宜甲乙双方签订书面补充协议。

甲方：　　　　　　　　　　　　乙方：

年　月　日　　　　　　　　　　年　月　日

融资租赁合同①

甲方（出租方）：　　　　　　　　乙方（承租方）：

身份证号码：　　　　　　　　　　法定代表人：

住所地：　　　　　　　　　　　　住所地：

联系电话：　　　　　　　　　　　联系电话：

根据《中华人民共和国民法典》及有关法律、法规，为了明确双方权利义务关系，保护双方合法权益，经甲乙双方协商一致同意签订本合同，以资共同遵守。

---

① 法条链接：《民法典》第七百三十五条、第七百三十六条。

一、合同标的

设备名称	型号及规格	数量	单价(元)	使用期限	合价(元)	备注

二、租赁用途及日期:

1. 本设备租赁用于____。

2. 本设备租赁日期____。

三、租金及支付方式

1. 甲方为乙方融资购买租赁物件,乙方承租租赁物件须向甲方支付租金,租金数额及其给付时间、地点、币种和次数,均按附件______规定。

2. 前款租金是根据____________计算的。

3. 乙方在起租日起12个月内(含)不得提前还款。

4. 乙方在起租日起12个月以后(不含)申请提前还款的,应提前30日通知甲方并征得甲方的书面同意。

5. 乙方经甲方同意提前还款,并按照本合同约定支付全部款项之后,租赁物所有权自动转移给乙方,本合同终止。

6. 本合同所约定的租金等应付款项的支付义务是无条件的,乙方不得以经营不善等乙方原因、与供应商纠纷等第三人原因、租赁物不能正常使用/灭失/毁损等租赁物原因、国家政策调整/政府行为等客观情况发生变化而要求迟延支付或者进行减免。

四、租赁物的购买

1. 乙方根据自己的需要,自主选择租赁物及供应商。乙方对租赁物的名称、规格、型号、性能等事项享有完全的决定权,乙方对前述选择及其决定承担全部责任,甲方不承担任何责任;甲方根据前述决定与供应商签订《买卖合同》。

2. 乙方在此同意并确认,甲方除取得租赁物所有权的权利和承担向供应商付款的义务外,《买卖合同》中所约定的买方其他的权利和义务均由乙方享有和承担。

3. 乙方应负责办理并向甲方提供与租赁物购买和使用相关的批准文件及甲方认为必要其他许可文件。

五、租赁物的交付

1. 甲乙双方同意由供应商根据《买卖合同》约定的交付方式、地点和时间向乙方直接交付租赁物。乙方应在指定交付地点接货。在租赁物到达交付地点后,视为乙方已接收租赁物,并应立即向甲方出具《租赁物接收证明》。

2. 乙方应按照《买卖合同》的约定,对租赁物进行验收;若《买卖合同》中要求乙方向甲方提交《租赁物验收合格证书》的,乙方应在验收合格后,应将《租赁物验收合格证书》提交甲方备案。

3. 因不可抗力、政府行为或延迟运输、卸货、报关等不属于甲方责任而造成租赁物延迟交货或乙方不能接收租赁物时，甲方不承担责任。

六、租赁物件的权利、义务

1. 租赁期限内，租赁物的所有权属于甲方，由乙方占有和使用，乙方不得在租期内对租赁物件进行销售、转让、转租、分租、抵押、投资或采取其他任何侵犯租赁物件所有权的行为。

2. 乙方在租期有义务合理、适宜保护租赁物件，并对由于乙方果实或乙方可防止的任何第三人的行为造成的对租赁物件的灭失或损害负有赔偿义务。

3. 为保护租赁物件正常使用和运转，乙方负责对租赁物件按技术要求进行正常、适时维修和保养，该费用均由乙方自付。租期内租赁物件发生的任何制造或使用事故均由乙方负责解决，乙方不能因此免除向甲方支付租金的义务。

4. 甲方有权对租赁物件的使用情况进行检查，乙方应为甲方的工作提供便利，乙方每半年向甲方提供乙方财务报表，并向甲方报告经营情况。

5. 租期内，乙方不得以任何形式明示或暗示起对租赁物件具有所有权和处分权，如乙方在此期间由于债务纠纷或依法破产，乙方应向法院、债权人或清算委员会申请对租赁物件不具有所有权，亦不得以租赁物件充作诉讼保全或抵偿债务，同时必须及时报告甲方。

七、其他约定

乙方应在本合同签订后____个工作日内，向甲方支付下列全部款项：

1. 首付款：乙方应按照附件一约定的金额、币种和支付方式，向甲方支付首付款。

2. 保证金：乙方应按照附件一约定的金额、币种和支付方式，向甲方支付保证金，保证金作为乙方履行本合同的担保，不计利息。甲方有权以保证金冲抵乙方对甲方的债务或乙方给甲方造成的损失。保证金不足以补偿甲方损失的，甲方有权按照实际损失要求乙方进行赔偿。保证金冲抵后，乙方应及时补足。在甲方确认乙方履行本合同项下全部义务后，甲方应将保证金退还给乙方或冲抵乙方最后几期租金。

3. 租赁手续费：指甲方向乙方提供融资租赁服务而收取的服务费用。乙方应按照附件一约定的金额、币种和支付方式，向甲方支付租赁手续费。本合同签署后，无论何种情形，甲方已收取的租赁手续费不予退还。

4. 除非本合同另有约定，乙方向甲方支付的任何款项按照如下顺序划扣：(1)逾期利息；(2)违约金；(3)其他费用；(4)保证金(如需补足)；(5)逾期租金(先抵扣租赁利息后抵扣租赁本金)；(6)当期租金(先抵扣租赁利息后抵扣租赁本金)；(7)提前还款；(8)留购价款；(9)其他需抵扣的项目。

八、租赁物瑕疵的处理

1. 甲方对租赁物不作任何陈述和保证。并且，甲方对租赁物的任何瑕疵不负任何责任。因供应商延迟交付租赁物，或提供的租赁物与《买卖合同》所规定的内容不符，或在安装调试、操作过程中及质量保证期间有质量瑕疵等情况，由《买卖合同》约定的责任方承担责任，甲方不承担赔偿责任，乙方不得向甲方追索；因供应商原因导致第三人就租赁物主张权利的，甲方不承担任何责任。乙方不得以租赁物的瑕疵为由主张免除或迟延支付租金。

2. 租赁物未能交付、延迟交付、交付不符合约定和质量瑕疵的索赔权归甲方所有。甲方将索赔权部分或全部转让给乙方，由乙方办理有关索赔事宜，索赔费用和索赔后果由乙方承担和享有。乙方若要求甲方协助的，应向甲方发出书面协助通知（该通知应包含协助事项和响应时间等要素），甲方在合理的范围内给予必要协助。

3. 乙方占有租赁物期间租赁物发生的任何质量问题，或因此引起的与第三者的经济纠纷均由乙方负责，并且不得因此免除乙方按期支付租金的义务。租赁物造成乙方或第三人财产损害或人身伤害的，甲方不承担责任。

九、租赁物的毁损、灭失

1. 在合同履行期间，租赁物件灭失及毁损风险，由乙方承担（正常损耗不在此限）。

2. 如租赁物件灭失毁损，乙方应立即通知甲方，甲方可选择下列方式之一，由乙方负责处理并负担一切费用：

（1）将租赁物件复原或修理至完全正常使用状态；

（2）更换与租赁物件同等状态、性能的物件。

3. 租赁物件灭失或毁损至无法修复的程度使，乙方按实际租金的金额赔偿甲方。

4. 根据前款，乙方将所定损失金额及任何其他应付款项缴纳给甲方时，甲方将租赁物（以其现状）及对第三者的权利转交给乙方。

十、保险

1. 租赁期限内，乙方应根据有关法律及甲方要求为租赁物办理财产险。保险单须经甲方认可，且保险期内未经甲方同意乙方不得对保险单内容进行变更。投保后或保单变更后，乙方应立即将保单副本提交甲方。乙方应要求保险人在保险单上注明：甲方为该保险的第一受益人，一旦发生保险事故，保险人应将保险赔偿金直接划付至甲方指定的账户；投保人变更保单时，须同时经第一受益人同意。如租赁物已保险但未批注甲方为第一受益人的，须增加批注或将第一受益人变更为甲方。

2. 租赁期限内发生保险事故的，乙方应在24小时内通知甲方，并向甲方提供检验报告和一切必要相关资料，会同甲方向保险公司申请理赔。因乙方原因贻误定损检验和理赔的，乙方应承担全部赔偿责任。

3. 租赁物灭失或毁损致使无法修理时，乙方应在24小时内通知甲方，并会同甲方向保险公司申请理赔。乙方可向甲方申请按下列方式之一进行处置。

4. 甲方领取的保险金与租赁保证金合并直接依次冲抵未到期租金、到期未付租金等应付款项，本合同自动终止。保险金与租赁保证金不足冲抵的本合同第17.5款所需费用的，不足部分由乙方补足；冲抵后仍有剩余的，剩余部分甲方应在10个工作日内退还乙方；甲方用保险金重置租赁物。保险金不足以支付租赁物重置价款的，不足部分由乙方补足，本合同双方继续履行。

5. 租赁物发生事故（包括但不限于保险和非保险事故），给乙方及他人造成人身、财产和声誉损失的，由乙方负责处理并承担赔偿责任，甲方不承担任何责任。

十一、甲方权利的转让和抵押

本合同有效期间，不需要乙方同意，甲方有权转让本合同以及合同项下的全部或部分权利，或提供租赁物作为抵押，甲方将前述事项通知乙方即可。

十二、违约处理

1. 如甲方未能履行本合同所规定的义务造成卖主逾期交付租赁物，甲方购买租赁所支付款项在逾期期间所发生的利息由甲方承担。

2. 如乙方不支付租金或违反本合同其他条款，甲方有权要求乙方即时付清租金和其他费用，或收回租赁物自行处置，所得款项抵作乙方应付租金及迟延利息，不足部分应由乙方赔偿。虽然甲方采取前述措施，并不因之免除本合同规定的乙方其他义务。

十三、甲方权利的转让和抵押

本合同期内，甲方有权将本合同赋予甲方的全部或部分权利转让给第三者，或提供租赁物作为抵押，但不得影响乙方在本合同项下的权利和义务。

十四、重大变故的处理

1. 乙方如发生关闭、停产、合并、分立、破产等情况，须立即通知甲方，甲方可立即采取本合同第十条规定的措施。

2. 乙方和担保人的法定地址、法定代表人等发生变化，不影响本合同的执行，但乙方和担保人应立即书面通知甲方。

十五、租赁物所有权的转移

乙方向甲方付清全部租金及其他款项，并再向甲方支付租赁物的残值人民币________元（大写：________整）后，由甲方向乙方出具租赁物所有权转移证明书，租赁物的所有权即转归乙方所有。

十六、担保

1. 乙方委托为本合同乙方的担保人，担保人向甲方出具不可撤销的租金担保函。详见本合同附件二。

2. 乙方负责将本合同复印件转交担保人。

十七、争议解决

有关本合同的一切争议，甲乙双方首先应根据本合同规定的内容协商解决，如协商不能解决时，任意一方可向________人民法院提起诉讼。

十八、合同的修改和补充

凡对本合同进行修改、补充或变更，须以书面形式经双方法定代表人或授权的委托代理人签字后生效，并作为本合同的组成部分，同原合同具有同等效力。

十九、本合同的生效

本合同经甲乙双方签字盖章后生效，一式两份，甲乙双方各执一份，具有同等效力。

甲方（盖章）：____________　　乙方（盖章）：____________

法定代表人：____________　　法定代表人：____________

________年____月____日　　________年____月____日
签订地点:____________　　签订地点:____________

加工承揽合同①

定 作 人:　　　　　　（以下简称“甲方”）
住　　址:
联系电话:
承 揽 人:　　　　　　（以下简称“乙方”）
住　　址:
联系电话:

甲乙双方经平等自愿协商,根据《中华人民共和国民法典》及相关法规,签订本合同以共同遵守。

第一条　加工承揽项目:

品名	规格	单位	数量	备注

第二条　质量要求

2.1　加工定作物品,需要封存样品的,应当由双方代表当面封签,并妥为保存,作为验收的依据。

2.2　产品质量应当符合国家或行业标准。

第三条　合同价款

3.1　本合同承揽费用为:人民币________元(大写:________整)。

3.2　付款方式和时间为____________________________________。

第四条　验收标准和方法

4.1　双方按照合同规定的质量要求、图纸和样品作为验收标准。

4.2　甲方应当在收货后____日内验收乙方所完成的工作。验收前乙方应当向甲方提交必需的技术资料和有关质量证明。对短期检验难以发现质量缺陷的定作物或项目,双方确定质量保证期为____个月。保证期限内发生问题,除甲方使用或保管不当等原因而造成质量问题的以外,由乙方负责修复或退换。

---

① 法条链接:《民法典》第七百七十条、第七百七十一条。

第五条　交(提)货

5.1　交(提)货的时间和地点：________________________________。

5.2　交(提)货的费用承担：__________________________________。

第六条　违约责任

6.1　本合同一方不履行合同义务或者履行合同义务不符合约定的，应当承担继续履行、采取补救措施或者赔偿损失等违约责任，并承担守约方因此产生的损失的，包括但不限于诉讼费、差旅费、律师费等费用。

第七条　管辖

7.1　在合同履行过程中发生争议，双方应当协商解决。双方不愿协商或者协商不成的，双方商定采用以下第______种方式解决。

(一)申请______________仲裁委员会仲裁；

(二)向______________人民法院提起诉讼。

第八条　其他

8.1　本合同如有未尽事宜，应由双方协商，作出补充规定，补充规定与本合同具有同等效力。

8.2　本合同自双方签字盖章之日起生效，一式二份，甲方和乙方各执一份。

甲方(盖章)：	乙方(盖章)：
代表人：	代表人：
日　期：	日　期：

建设工程勘察设计合同[①]

甲方(发包方)：	乙方(勘察设计方)：
法定代表人：	法定代表人：
职务：	职务：
联系地址：	联系地址：
联系电话：	联系电话：

甲方委托乙方进行________勘察设计任务。根据《中华人民共和国民法典》《中华人民共和国建筑法》《建设工程勘察设计合同条例》的有关规定，结合该工程的具体情况，为明确责任，协作配合，搞好该工程勘察设计工作，经双方协商一致，就本工程________勘察设计阶段的工作签订本合同，以资共同遵守。

---

①　法条链接：《民法典》第七百八十八条。

第一条　本合同签订依据

1.《中华人民共和国民法典》《中华人民共和国建筑法》。

2. 国家及地方有关建设工程勘察设计管理法规和规章。

3. 建设工程批准文件。

第二条　勘察设计依据

1. 甲方给乙方的委托书或勘察设计中标文件。

2. 甲方提交的基础资料。

3. 乙方采用的主要技术标准是:________________。

第三条　合同文件的优先次序

构成本合同的文件可视为是能互相说明的,如果合同文件存在歧义或不一致,则根据如下优先次序来判断:

1. 合同书;

2. 中标函(文件);

3. 甲方要求及委托书;

4. 投标书。

第四条　工程概况

1. 工程名称:____________________。

2. 工程建设地点:____________________。

3. 工程规模、特征:____________________。

4. 工程勘察设计任务委托文号、日期:____________________。

5. 工程勘察设计任务(内容)与技术要求:____________________。

6. 预计勘察设计工作量:____________________。

第五条　甲方向乙方提交的有关资料及文件:

序号	资料及文件名称	份数	内容	提交时间

第六条　乙方向甲方交付的勘察设计文件：

序号	资料及文件名称	份数	内容	提交时间

第七条　工期

本工程自________年____月____日开工至________年____月____日完工，工期为______天。由于甲方或乙方的原因，未能按期开工、完工或交付成果资料时，按本合同第十二条规定执行。

第八条　收费标准及支付方式

1. 本工程收费按国家规定的现行收费标准________计取；或以“预算包干”“中标价加签证”“实际完成工作量结算”等方式计取收费。国家规定的收费标准中没有规定的收费项目，由甲方、乙方另行议定。

2. 本工程费总额为________元（大写________），合同生效后______天内，甲方应向乙方支付预算工程费总额的____%，计________元作为定金（本合同履行后，定金抵作工程费）。

3. 本合同生效后，甲方按下表约定分______次向乙方预付（或支付）工程费，甲方不按时向乙方拨付工程费，从应拨付之日起承担应拨付工程费____%的滞纳金。

拨付工程费时间	占合同总额的百分比	金额（元）

第九条　变更及工程费的调整

1. 本工程进行中，甲方对工程内容与技术要求提出变更，甲方应在变更前______天向乙方发出书面变更通知，否则乙方有权拒绝变更；乙方接通知后于______天内，提出变更方案的文件资料，甲方收到该文件资料之日起______天内予以确认，不确认或不提出修改意见的，变更文件资料自送达之日起第______天自行生效，由此延误的工期顺延外，因变更导致乙方经济支出和损失，由甲方承担。

2. 变更后，工程费按如下方法（或标准）进行调整：____________。

第十条　双方责任

1. 甲方责任

(1) 甲方按本合同规定的内容，向在乙方提供开展勘察设计工作所需的有关基础资料，并对提供的时间、进度与资料的可靠性负责。

(2) 甲方委托勘察工作的，在勘察工作开展前，应提出勘察技术要求及附图。

(3) 甲方委托初步设计的，在初步设计前，应提供经过批准的设计任务书、选厂报告，以及原料（或经过批准的资源报告）、燃料、水、电、运输等方面的协议文件和能满足初步设计要求勘察的资料、需要经过科研取得的技术资料。

(4) 甲方委托施工图设计的，在施工图设计前，应提供经过批准的初步设计文件和能满足施工图设计要求的勘察资料、施工条件，以及有关设备的技术资料。

(5) 甲方提交上述资料及文件超过规定期限______天以内，乙方按本合同第六条规定的交付勘察设计文件时间顺延；甲方交付上述资料及文件超过规定期限______天以上时，乙方有权重新确定提交勘察设计文件的时间。

(6) 甲方变更委托勘察设计项目、规模、条件或因提交的资料错误，或所提交资料作较大修改，以致造成乙方勘察设计返工时，双方除另行协商签订补充协议（或另订合同）、重新明确有关条款外，甲方应按乙方所耗工作量向乙方支付返工费。

(7) 在未签订合同前甲方已同意，乙方为甲方所做的各项勘察设计工作，甲方应支付相应勘察设计费。

(8) 在合同履行期间，甲方要求终止或解除合同，乙方未开始勘察设计工作的，不退还甲方已付的定金；已开始勘察设计工作的，甲方应根据乙方已进行的实际工作量，不足一半时，按该阶段勘察设计费的一半支付；超过一半时，按该阶段勘察设计费的全部支付。

(9) 甲方必须按合同规定支付定金，收到定金作为乙方勘察设计开工的标志。未收到定金，乙方有权推迟勘察设计工作的开工时间，且交付文件的时间顺延。

(10) 甲方应按本合同规定的金额和日期向乙方支付勘察设计费，每逾期支付一天，应承担应支付金额____‰的逾期违约金，且乙方提交勘察设计文件的时间顺延。逾期超过____天以上时，乙方有权暂停履行下阶段工作，并书面通知甲方。甲方的上级或勘察设计审批部门对勘察设计文件不审批或本合同项目停缓建，甲方均应支付应付的勘察设计费。

(11) 甲方要求乙方比合同规定时间提前交付勘察设计文件时，须征得乙方同意，不得严重背离合理勘察设计周期，且甲方应支付赶工费。

(12) 甲方应为乙方派驻现场的工作人员提供工作、生活及交通等方面的便利条件及必要的劳动保护装备。

(13) 甲方应当将工程勘察设计业务委托给具有相应工程勘察设计资质证书且与其证书规定的业务范围相符的乙方。

(14)甲方原则上应将整个建设工程项目的设计业务委托给一个乙方,也可以在保证整个建设项目完整性和统一性的前提下,将设计业务按技术要求,分别委托给几个乙方。甲方将整个建设工程项目的设计业务分别委托给几个乙方时,必须选定其中一个乙方作为主体乙方,负责对整个建设工程项目设计的总体协调。

(15)甲方在委托业务中不得收受贿赂、索取回扣或者其他好处。

(16)甲方不得指使乙方不按法律、法规、工程建设强制性标准和设计程序进行勘察设计。

(17)甲方不得以低于国家规定的最低收费标准支付勘察设计费或不按合同约定支付勘察设计费。

(18)未经乙方许可,甲方不得擅自修改勘察设计文件,或将乙方专有技术和设计文件用于本工程以外的工程。

2. 乙方责任

(1)应按照现行的标准、规范、规程和技术条例,进行工程测量、工程地质、水文地质等勘察工作,并按合同规定的进度、质量提交勘察成果。

(2)勘察设计合理使用年限为________年。

(3)负责对外商的勘察设计资料进行审查,负责该合同项目的勘察设计联络工作。

(4)乙方对勘察设计文件出现的遗漏或错误负责修改或补充。由于乙方勘察设计错误造成工程质量事故损失,乙方除负责采取补救措施外,应免收受损失部分的勘察设计费,并根据损失程度向甲方支付赔偿金,赔偿金数额由双方商定为实际损失的____%。

(5)由于乙方原因,延误了勘察设计文件交付时间,每延误______天,应减收该项目应收勘察设计费的____‰。

(6)合同生效后,乙方要求终止或解除合同,乙方应双倍返还甲方已支付的定金。

(7)乙方交付勘察设计文件后,按规定参加有关上级的勘察设计审查,并根据审查结论负责不超出原定范围的内容做必要调整补充。乙方按合同规定时限交付勘察设计文件一年内项目开始施工,负责向甲方及施工单位进行勘察设计交底、处理有关勘察设计问题和参加竣工验收。在一年内项目尚未开始施工,乙方仍负责上述工作,可按所需工作量向甲方适当收取咨询服务费,收费额由双方商定。

(8)承接部分设计业务的乙方直接对甲方负责,并应当接受主体乙方的指导与协调。

(9)乙方必须持有由住房城乡建设主管部门颁发的工程勘察资质证书或工程设计资质证书,在证书规定的业务范围内承接勘察设计业务,并对其提供的勘察设计文件的质量负责。

(10)乙方应当自行完成承接的勘察设计业务,不得接受无证组织和个人的挂靠。经甲方同意,乙方也可以将承接的勘察设计业务中的一部分委托给其他具有相应资质条件的分乙方,但须签订分委托合同,并对分乙方所承担的业务负责。分乙方未经甲方同意,不得将所承接的业务再次分委托。

(11)乙方可以聘用技术劳务人员协助完成承接的勘察设计业务,但必须签订聘用合同。

(12)外国勘察设计单位及其在中国境内的办事机构,不得单独承接中国境内建设项目的勘察设计业务。承接中国境内建设项目的勘察设计业务,必须与中方勘察设计单位进行合作勘察或设计，也可以成立合营单位，领取相应的勘察设计资质证书，按国家有关中外合作、合营勘察设计单位的管理规定和本规定开展勘察设计业务活动。

(13)乙方不得以低于国家规定的最低收费标准进行不正当竞争承接勘察设计任务。

(14)乙方不得采用行贿、提供回扣或给予其他好处等手段进行不正当竞争。

(15)乙方不得违反规定程序修改、变更勘察设计文件。

(16)乙方不得使用或推荐使用不符合质量标准的材料或设备。

(17)未经甲方同意，乙方不得擅自将勘察设计业务委托给第三方，或者擅自向第三方扩散、转让甲方提交的产品图纸等技术经济资料。

第十一条　工程勘察设计版权

本工程的勘察设计版权全部属乙方所有，甲方有责任对此给予保护，不得将本工程的勘察设计造型、勘察设计文件、及有关数据进行修改、复制、描绘或提供给第三方使用，亦不得作为非本工程所属的其他工程建设之用。

第十二条　违约责任及违约金

1. 甲方不履行合同，无权请求退还定金。乙方不履行合同，应当双倍返回定金。

2. 甲方不能按时提供建设项目审批文件和勘察设计基础资料，或因资料原因影响乙方勘察设计进度或造成勘察设计修改，乙方除可推迟交付勘察设计文件日期外，甲方应按乙方实际损失的工日，以日产值________元计算，增补勘察设计费。

3. 甲方因故要求变更勘察设计，经乙方同意后，除勘察设计文件交付时间另议外，甲方应按乙方实际返工修改工日，增付勘察设计费。

4. 甲方因故要求停止勘察设计时，应及时用书面通知乙方，乙方应立即停止勘察设计，甲方已付的定金不予偿还，定金不足勘察设计进度部分，按已完成的设计实际进度补交费用。

5. 甲方报请初步勘察设计文件审批时间超过半年时，本合同自行失效，乙方已收的定金和勘察设计费不予退回。

6. 由于乙方的勘察设计错误，给甲方造成较大经济损失时，乙方除负责积极采取补救措施外，要免收损失部分的勘察设计费，并应付给甲方与直接损失部分勘察设计费相等的赔偿金。

7. 勘察设计文件(图纸)交付时间按协议规定时间拖后时，由双方商定，每逾期一天，甲方可少付该阶段勘察设计费的____%，提前时，甲方付给乙方该阶段勘察设计费的____%(经批准生效)。

8. 甲方如延期交付勘察设计费时应偿付逾期违约金，按天数累计计算，每天偿付勘察设计费____%的违约金，但每天偿付最高额不得超过________元。

9. 乙方不及时到现场处理有关勘察设计问题，不及时按审批机关意见修改勘察设计时，每影响一天应减付勘察设计费____%。

第十三条　勘察设计的修改和停止

1. 甲方因故要求修改工程的勘察设计，经乙方同意后，除设计文件交付时间另定外，甲方应按乙方实际返工修改工日，每工日按元增付勘察设计费，或按勘察设计阶段中返工的工作量百分比计算。

2. 原定任务书如有重大变更而重作或修改勘察设计时，须具有勘察设计审批机关或勘察设计任务书批准机关的意见书，经双方协商，另订合同。已经进行了的勘察设计费用的支付，按前条办法计算。

3. 甲方因故要求中途停止勘察设计时，应及时用书面通知乙方，已付勘察设计费不退，并按该阶段的实际耗工日，增付和结清勘察设计费，同时结束合同关系。

第十四条 材料设备供应

1. 甲方、乙方应对各自负责供应的材料设备负责，提供产品合格证明，并经甲方、乙方代表共同验收认可，如与勘察设计和规范要求不符的产品，应重新采购符合要求的产品，并经甲方、乙方代表重新验收认定，各自承担发生的费用。若造成停、窝工的，原因是乙方的，则责任自负；原因是甲方的，则应向乙方支付停、窝工费。

2. 乙方需使用代用材料时，须经甲方代表批准方可使用，增减的费用由甲方、乙方商定。

第十五条 报告、成果、文件检查验收

1. 由甲方负责组织对乙方交付的报告、成果、文件进行检查验收。

2. 甲方收到乙方交付的报告、成果、文件后______天内检查验收完毕，并出具检查验收证明，以示乙方已完成任务，逾期未检查验收的，视为接受乙方的报告、成果、文件。

3. 隐蔽工程工序质量检查，由乙方自检后，书面通知甲方检查；甲方接通知后，当天组织质检，经检验合格，甲方、乙方签字后方能进行下一道工序；检验不合格，乙方在限定时间内修补后重新检验，直至合格；若甲方接通知后______小时内仍未能到现场检验，乙方可以顺延工程工期，甲方应赔偿停、窝工的损失。

4. 工程完工，乙方向甲方提交治理工程的原始记录、竣工图及报告、成果、文件、甲方应在______天内组织验收，如有不符合规定要求及存在质量问题，乙方应采取有效补救措施。

5. 工程未经验收，甲方提前使用和擅自动用，由此发生的质量、安全问题，由甲方承担责任，并以甲方开始使用日期为完工日期。

6. 完工工程经验收符合合同要求和质量标准，自验收之日起______天内，乙方向甲方移交完毕，如甲方不能按时接管，致使已验收工程发生损失，应由甲方承担，如乙方不能按时交付，应按逾期完工处理，甲方不得因此而拒付工程款。

第十六条 奖励

在合理的工程投资控制数内，由于乙方采用先进技术或合理建议而节省了工程投资，可以从节约投资额中提取____%奖励乙方。

第十七条 保密

双方均应保护对方的知识产权，未经对方同意，任何一方均不得对对方的资料及文件擅自修改、复制或向第三人转让或用于本合同项目外的项目。如发生以上情况，泄密方承担一切由此引起的后果并承担赔偿责任。保密期限______年。

第十八条 不可抗力

1. 如果本合同任何一方因受不可抗力事件影响而未能履行其在本合同下的全部或部分义务，该义务的履行在不可抗力事件妨碍其履行期间应予中止。

2. 声称受到不可抗力事件影响的一方应尽可能在最短的时间内通过书面形式将不可抗力事件的发生通知另一方，并在该不可抗力事件发生后______日内向另一方提供关于此种不可抗力事件及其持续时间的适当证据及合同不能履行或者需要延期履行的书面资料。声称不可抗力事件导致其对本合同的履行在客观上成为不可能或不实际的一方，有责任尽一切合理的努力消除或减轻此等不可抗力事件的影响。

3. 不可抗力事件发生时，双方应立即通过友好协商决定如何执行本合同。不可抗力事件或其影响终止或消除后，双方须立即恢复履行各自在本合同项下的各项义务。如不可抗力及其影响无法终止或消除而致使合同任何一方丧失继续履行合同的能力，则双方可协商解除合同或暂时延迟合同的履行，且遭遇不可抗力一方无须为此承担责任。当事人迟延履行后发生不可抗力的，不能免除责任。

4. 本合同所称“不可抗力”是指受影响一方不能合理控制的，无法预料或即使可预料到也不可避免且无法克服，并于本合同签订日之后出现的，使该方对本合同全部或部分的履行在客观上成为不可能或不实际的任何事件。此等事件包括但不限于自然灾害如水灾、火灾、旱灾、台风、地震，以及社会事件如战争（不论曾否宣战）、动乱、罢工，政府行为或法律规定等。

第十九条　合同纠纷解决方式本合同在执行过程中发生纠纷，双方协商不成时，采取下列第______种方式解决：

1. 向____________________申请调解；

2. 向____________________仲裁委员会申请仲裁；

3. 向有管辖权的人民法院起诉；

4. 其他解决方式：____________________。

第二十条　勘察设计合同的索赔

（一）勘察设计合同一旦订立，双方当事人均应恪守合同。当因一方当事人责任使另一方当事人的权益受到损害时，受损方可以向责任方提出索赔要求，以补偿经济上遭受的损失。

（二）乙方的索赔

1. 甲方不能按合同要求准时提交满足设计要求的资料，致使乙方设计人员无法正常开展设计工作，乙方可提出合同借款和合同工期索赔。

2. 甲方在设计中途提出变更要求，乙方可提出合同价款和合同工期索赔。

3. 甲方不按合同规定支付价款，乙方可提出合同违约金索赔。

4. 因其他原因属甲方造成乙方利益损害时，乙方可提出合同价款索赔。

（三）甲方的索赔

1. 乙方不能按合同约定时间完成设计任务，致使甲方因项目不能按期开工造成损失，可向乙方提出索赔。

2. 乙方的勘察、设计成果中出现偏差或漏项等，致使项目施工或使用时给甲方造成损失，甲方可向乙方索赔。

3. 乙方完成的勘察、设计任务深度不足，致使项目施工困难，甲方也可提出索赔。

4. 因乙方的其他原因造成甲方损失的，甲方可提出索赔。

第二十一条　未尽事宜与附加条款

1. 本合同未尽事宜由双方协商确定，并形成书面协议作为本合同附件执行。

2. 本合同附加条款如下：________________________。

第二十二条　合同生效、中止与结束

1. 本合同需经双方加盖单位法人公章，并且要有双方单位法人代表或由法定代表人授权的委托代理人的签字（或盖章）方为有效。本合同生效日期以双方中最后一方签字（或盖章）的日期为准。

2. 双方因故需变更或终止本勘察设计合同时，应提前一个月书面通知对方，对本合同中的遗留问题取得一致意见，形成书面协议作为本合同附件执行。未达成协议前，本合同继续有效。

3. 因甲方原因要求中途停止勘察设计工作的，已付定金不退还；当勘察设计工作进行相应勘察设计阶段不足一半时，甲方应支付该阶段勘察设计费的一半；勘察设计工作进行到超过该勘察设计阶段的一半时，甲方应支付该阶段勘察设计费的一半；勘察设计工作进行到超过该勘察设计阶段的一半时，甲方应支付该阶段的全部勘察设计费。同时，按本条第2项办理，结束本工程双方合同关系。

4. 本合同以乙方向甲方提供本合同中规定的全部工程勘察设计文件，甲方按本合同规定付清全部设计费之日起，结束本合同关系，本合同另有条款约定的除外。

第二十三条　本合同自双方签字盖章后，在____日内报项目所在地省级建设行政主管部门规定的审查部门审查。双方认为必要时，到项目所在地工商行政管理部门申请鉴证。双方履行完合同规定的义务后，本合同即行废止。

第二十四条　本合同自双方签字盖章之日起生效，正本____份，甲方、乙方各执1份；副本____份，分别报送________备案。

甲方（盖章）：
法定代表人（签字）：
签订地点：
年　月　日

乙方（盖章）：
法定代表人（签字）：
签订地点：
年　月　日

建设行政主管部门（盖章）：
备案日期：

备案号：

建设工程总承包合同[①]

发包人（甲方）：
法定代表人：

总承包人（乙方）：
法定代表人：

---

① 法条链接：《民法典》第七百八十八条。

职务: 职务:
联系地址: 联系地址:
联系电话: 联系电话:

依照《中华人民共和国民法典》、《中华人民共和国建筑法》及其他有关法律、行政法规,遵循平等、自愿、公平和诚实信用的原则,双方就本建设工程施工事项协商一致,订立本合同,以资共同遵守。

一、工程概况

工程性质:________________________。

工程名称:________________________。

工程地点:________________________。

工程内容:________________________。

工程立项批准文号:________________________。

资金来源:________________________。

承包范围:________________________。

二、工程承包范围

1. 土建施工承包范围为________(工程设计单位)设计的“________期工程”施工图纸范围内的除地下室钢筋混凝土结构工程外的土建主体工程、建筑屋面部分图纸范围内的除地下室钢筋混凝土结构工程外的土建主体工程、建筑屋面部分工程、初步装饰装修工程。

2. 机电安装、幕墙、高档装饰、景观等其他专业工程,待甲方通过招标等形式确定专业承包商后,纳入本合同乙方的总承包施工范围。

3. 凡甲方另行招标的其他项目,在同等条件下优先选用本合同乙方。

4. 工程师指令经甲方发包人同意的其他项目。

5. 在本合同承包范围内的工程未经甲方书面同意,乙方不得擅自转包。

6. 甲方如有正当理由时,保留对以上工程承包范围根据具体情况对上述承包范围进行调整的权利。

三、合同工期

开工日期:________年____月____日(暂定)具体开工日期以甲方书面通知为准。

竣工日期:________年____月____日

合同工期总日历天数____天(暂定),详细分期交付工期约定见专用条款。

四、质量标准

工程质量标准:各项工程须满足国家、省市现行的各项质量验收规范标准的要求,工程总体质量符合《建筑工程验收统一标准》(GB 50300 - ________)的规定。

质量目标:确保市优,争创国优。

五、合同价款

金额人民币________元(大写:________整)(暂定)。此价款为暂定价,最终结算价按本合同双方确认的实际完成的总承包范围内全部工程量进行计算，承担保修责任的款项以双方确认的价款为准。

六、价款支付方式

1. ____。

2. ____。

七、组成合同的文件

组成本合同的文件包括：

1. 本合同协议书；

2. 中标通知书；

3. 投标书及其附件；

4. 本合同专用条款；

5. 本合同通用条款；

6. 标准、规范及有关技术文件；

7. 图纸；

8. 工程预算书；

9. 其他合同附件。

双方有关工程的洽商、变更等书面协议或文件视为本合同的组成部分。

八、工程竣工验收条件

1. ____。

2. ____。

3. ____。

九、工程质量保修

乙方应按照本合同约定的质量要求进行施工，并从工程竣工验收合格之日起______年内承担工程质量保修责任。

十、双方的权利义务

1. 甲方必须保证本合同中的项目真实可靠。

2. 甲方应按照合同约定的期限和方式向乙方支付合同价款及其他应当支付的款项。

3. 甲方派专人定期对整个工程的施工质量及施工过程进行监督。

4. 乙方必须按照合同约定的内容进行施工和交付工程。

5. 乙方有权按合同约定要求甲方支付工程价款。

6. 乙方负责施工过程中的工人工资、保险等费用的开支。

7. 乙方负责整个施工过程中的施工安全，在施工过程中出现的安全生产事故由乙方自己负责。

十一、违约责任

1. 甲方发包的工程如果不真实，给乙方造成损失的，应承担____%的违约责任。

2. 甲方应按合同约定及时向乙方支付工程款，逾期不支付的，应承担应付金额的____%的违约责任。

3. 乙方应依合同约定按质按量完成本工程，如不符合本合同约定的质量要求，应承担____%的违约责任。并赔偿甲方的所有损失。

4. 乙方超过规定期限交付工程，应向甲方支付____%的违约金，并赔偿甲方的所有损失。

十二、不可抗力、免责事由

由于不可抗力事件，致使一方在履行其在本合同项下的义务过程中遇到障碍或延误，不能按规定的条款全部或部分履行其义务的，不应视为违反本合同。本合同所指不可抗力，是指不能预见、不能避免并不能克服的客观情况。

十三、争议的解决方式

双方就履行中产生的任何争议，都应由双方通过友好协商解决，协商不成的，双方一致同意将该争议向________人民法院提起诉讼。

十四、本合同自双方签字盖章，并经政府部门备案后生效。

甲方：（公章）　　　　　　　　乙方：（公章）
法定代表人：　　　　　　　　　法定代表人：
日期：　　　　　　　　　　　　日期：

货物运输合同①

甲方（托运人）：　　　　　　　乙方（承运人）：
法定代表人：　　　　　　　　　法定代表人：
联系电话：　　　　　　　　　　联系电话：
联系地址：　　　　　　　　　　联系地址：
电子邮箱：　　　　　　　　　　电子邮箱：

根据《中华人民共和国民法典》及相关法律法规的规定，甲乙双方在平等、自愿基础上达成以下协议，以资共同遵守。

一、货物情况

1. 货物名称：____。

2. 货物规格：____。

3. 货物数量：____。

二、货物运输时间、地点

1. 货物起运地点：____。

2. 货物到达地点：____。

① 法条链接：《民法典》第八百零九条。

3. 货物起运日期：____。

4. 货物运到日期：____。

三、运输费用

1. 运输费总额为：____。

2. 运输费的支付方式：____。

3. 运输费的支付时间：____。

四、托运人的权利义务

（一）托运人的权利

1. 要求承运人按照合同约定的时间、地点把货物运输到合同中约定的目的地。

2. 货物托运后，托运人需要变更到货地点、收货人或者取消托运的，有权向承运人提出变更合同的内容或者解除合同的要求，但必须在货物运到目的地之前或起运之前通知承运人。

（二）托运人的义务

1. 按约定向承运人交付运费。

2. 托运人对托运的货物，应按照约定的标准进行包装并按照合同中约定的时间和数量交付托运货物。

五、承运人的权利义务

（一）承运人的权利

1. 向托运人收取运费。

2. 对于超过合同期限仍无法交付的货物，承运人有权予以提存。

（二）承运人的义务

1. 在合同约定的期限内将货物运到指定的地点。

2. 按合同中约定的方式和时间运输并负责托运货物的安全。

六、违约责任

（一）托运人的违约责任

1. 未按合同约定上的时间提供托运的货物，托运人应付给承运人违约金________元。

2. 未按合同约定进行包装，致使其他货物或运输工具、机械设备被污染、腐蚀、受损，托运人应承担污染、腐蚀、受损部分的赔偿责任。

3. 未按合同约定支付运费，每逾期一日向承运人支付运费____%的违约金。

（二）承运人的违约责任

1. 未按合同约定的时间运输货物，和托运人支付违约金________元。

2. 未将货物运到合同中约定的地点，向托运人支付违约金________元。

3. 运输过程中货物灭失、短少、变质、污染、损坏，向托运人赔偿货物的实际损失。

4. 在符合法律和合同约定的条件下运输由于下列原因造成货物灭失、短少、变质、污染、损坏的，承运人不承担违约责任：

（1）不可抗力。

（2）货物本身的自然属性。

(3)货物的合理损耗。

(4)托运人或收货方的过错。

七、附则

1. 本合同在履行过程中发生的争议,由双方协商解决。如果双方不能协商一致时,向________仲裁委员会申请仲裁。

2. 本协议一式两份,双方各执一份,具有同等法律效力,自签字盖章之日起生效。

托运人(盖章):
法定代表人(签字):
签订地点:
年 月 日

承运人(盖章):
法定代表人(签字):
签订地点:
年 月 日

软件委托开发合同①

甲方(受托人):
法定代表人:
联系电话:
联系地址:
电子邮箱:

乙方(委托人):
法定代表人:
联系电话:
联系地址:
电子邮箱

根据《中华人民共和国民法典》等相关法律规定,甲乙双方经友好协商,一致达成本协议。双方申明,双方都已理解并认可了本合同的所有内容,同意承担各自应承担的权利和义务,忠实地履行本合同。

一、合作内容

乙方为提高企业信息管理化水平与公司形象,特委托甲方为其开发________软件,详细要求见附件。

二、合同期限

自________年____月____日始至________年____月____日止。

三、甲方权利与义务

1. 甲方应在________年____月____日前交付本合同约定的软件。

2. 甲方所开发软件是自行研发的,保证不是侵权软件。

3. 甲方必须严格按照乙方提出的各项技术指标、要求进行软件的开发设计。

4. 甲方开发的软件不得含有病毒,不得含有黄色、反动及其他违反国家法律规定的内容。

5. 甲方所开发软件的所有权、版权归甲方所有,乙方只有使用权。

---

① 法条链接:《民法典》第八百五十一条。

6. 甲方只根据乙方提出的书面要求进行开发。

7. 甲方交付软件时应当给乙方提供相关技术培训及售后服务。

四、乙方权利与义务

1. 乙方托付甲方所开发的软件保证不含有反动、黄色及其他违反国家法律规定的内容，否则甲方将不予开发。

2. 乙方必须保证对甲方所开发的软件不作任何侵权行为，如不进行拷贝、篡改、泄露给第三方使用等，否则甲方将追究乙方的法律责任。

3. 乙方托付甲方开发软件时必须以书面形式（一式两份且加盖公章）详细地说出需求模块，提供给甲方各项技术指标。

4. 乙方托付甲方开发的软件在签订合同之后如需增加其他功能，必须以书面形式呈交给甲方，甲方做改动并酌情收取适当费用。

五、乙方验收标准

1. 乙方验收时，不得对甲方所开发的软件提出附加条件。

2. 甲方所开发的软件符合乙方呈甲方的附件要求及各项技术指标即为合格。如验收合格的，乙方出具验收合格文件；如验收不合格的，甲方应当在____日内消除造成不合格的原因。

3. 甲方完成软件工作，乙方应在三日内组织验收，超过七日不验收，视为验收合格。

六、支付报酬

1. 该软件乙方付给甲方费用总金额人民币________元（大写：________整）。

2. 甲乙双方签订合同当日，乙方将预付保证金人民币________元（大写：________整），占总造价____%。

3. 甲方交付软件当日，乙方验收合格后付甲方人民币________元（大写：________整），占总造价____%。

4. 甲方收取完开发费用后，免费为乙方维护软件____个月。

5. 免费维护期过后，乙方如需甲方对该软件继续进行维护，甲方将提供有偿服务，具体费用由双方另行约定。

6. 付款方式：____________________。

七、支付方式

乙方应在本合同第6条约定的期限内向以下银行账户支付报酬，报酬支付时间以银行收到该款项为准：

甲方开户行：____________________

开户名：________________________

账号：__________________________

八、保密

甲乙双方保证对在讨论、签订、执行本协议过程中所获悉的属于对方的且无法自公开渠道获得的文件及资料（包括商业秘密、公司计划、运营活动、财务信息、技术信息、经营信息及其他商业秘密）予以保密。未经该资料和文件的原提供方同意，另一方不得向任何第三方泄露该商业秘密的全部或部分内容。但法律、法规另有规定或双方另有约定的除外。保密期限为____年。

九、违约责任

1. 除不可抗力因素外，如任何一方违反本合同约定给对方造成损失，另一方有权解除合同，并要求对方赔偿造成的实际损失及为补救产生的合理费用。

2. 甲方违反本合同第3.1条规定，由于甲方原因未能按时完成软件的开发，每逾期1日，应按照开发费用的____%向乙方支付违约金，同时仍应履行开发义务；逾期超过20日的，乙方有权解除本合同。

3. 由于乙方未及时提供软件开发所需的信息而导致甲方工作不能按时完成，甲方不负任何责任，并有权向乙方提出延期要求，延期时间由双方协商确定。

4. 乙方违反本合同第6条规定，乙方应每日按约定报酬的____%向甲方支付迟延履行金。如该项付款超过20日，乙方仍未付款，甲方有权解除本合同，乙方需赔偿甲方由此造成的损失。

5. 因甲乙双方任何一方违反本合同约定，违约方应承担守约方为保护和实现本合同项下权利和救济所产生的所有合理费用（包括但不限于诉讼费、律师费等）。

十、其他约定

1. 通知方式

本合同要求所有通知应以信件或传真等书面方式送达对方于本合同所载地址，若地址有所变更应及时通知对方，否则视同于送达。一方变更通知或通信地址，应自变更之日起____日内，以书面形式通知对方；否则，由未通知方承担由此而引起的相关责任。

2. 不可抗力

（1）如果本合同任何一方因受不可抗力事件［不可抗力事件指受影响一方不能合理控制的，无法预料或即使可预料到也不可避免且无法克服，并于本合同签订日之后出现的，使该方对本合同全部或部分的履行在客观上成为不可能或不实际的任何事件。此等事件包括但不限于水灾、火灾、旱灾、台风、地震、及其他自然灾害、交通意外、罢工、骚动、暴乱及战争（不论曾否宣战）以及政府部门的作为及不作为］影响而未能履行其在本合同下的全部或部分义务，该义务的履行在不可抗力事件妨碍其履行期间应予中止。

（2）声称受到不可抗力事件影响的一方应尽可能在最短的时间内通过书面形式将不可抗力事件的发生通知另一方，并在该不可抗力事件发生后十五日内以手递或挂号空邮向另一方提供关于此种不可抗力事件及其持续时间的适当证据。声称不可抗力事件导致其对本合同的履行在客观上成为不可能或不实际的一方，有责任尽一切合理的努力消除或减轻此等不可抗力事件的影响。

（3）不可抗力事件发生时，双方应立即通过友好协商决定如何执行本合同。不可抗力事件或其影响终止或消除后，双方须立即恢复履行各自在本合同项下的各项义务。如不可抗力及其影响无法终止或消除而致使合同任何一方丧失继续履行合同的能力，则适用本合同关于合同终止的规定。

3. 合同修改

本合同履行期间，发生特殊情况时，甲、乙任何一方需变更本合同的，要求变更一方应及时书面通知对方，征得对方同意后，双方在规定的时限内（书面通知发出______天内）签订书面变更协议，该协议将成为合同不可分割的部分。未经双方签署书面文件，任何一方无权变更本合同，否则，由此造成对方的经济损失，由责任方承担。

4. 合同终止

任何一方终止合同，需提前______个工作日书面通知对方，并说明正当的终止理由，由双方代表签字后方可终止本合同。

5. 法律适用

有关本合同的解释履行等相关事宜皆适用中华人民共和国法律。

十一、争议解决

本合同在履行过程中发生的争议，由双方当事人协商解决；协商不成的，按下列第______种方式解决：

1. 提交________仲裁委员会仲裁；

2. 依法向________所在地人民法院起诉。

十二、附则

1. 合同签订前未尽事宜，双方协商解决并以书面形式进行确认；合同签订后，经双方当事人协商一致，对本合同有关条款进行变更或者补充时应以书面形式确认。

2. 本合同一式四份，双方各执两份。自签订之日起生效。附件与本合同具有相同法律效力。

甲方（签章）：

法定代表人：

年　月　日

合同签订地：

乙方（签章）：

法定代表人：

年　月　日

合同签订地：

技术转让合同[1]

转 让 方（以下简称“甲方”）：

住　　址：

联系电话：

受 让 方（以下简称“乙方”）：

住　　址：

联系电话：

甲乙双方经平等自愿协商，根据《中华人民共和国民法典》及相关法规，签订本合同以共同遵守。

第一条　转让标的

1.1　甲方转让给乙方的技术内容为：________________________________。

① 法条链接：《民法典》第八百六十二条。

1.2　为保证乙方有效实施本项技术,甲方应向乙方提交以下技术资料:______________。

1.3　甲方应向乙方提供如下技术指导:______________________________。

第二条　验收标准

2.1　本合同所约定的技术的验收标准为:____________________________。

第三条　转让价格

3.1　技术转让费人民币________元(大写:________整)。

3.2　支付方式:____。

第四条　违约责任

4.1　甲方保证本项技术秘密的实用性、可靠性,并保证本项技术秘密不侵犯任何第三人的合法权利。如发生第三人指控乙方实施技术侵权的,甲方应赔偿乙方的全部损失。

4.2　本合同一方不履行合同义务或者履行合同义务不符合约定的,应当承担继续履行、采取补救措施或者赔偿损失等违约责任,并承担守约方因此产生的损失的,包括但不限于诉讼费、差旅费、律师费等费用。

第五条　管辖

5.1　在合同履行过程中发生争议,双方应当协商解决。双方不愿协商或者协商不成的,双方商定采用以下第______种方式解决。

(一)申请______________仲裁委员会仲裁;

(二)向______________人民法院提起诉讼。

第六条　其他

6.1　本合同如有未尽事宜,应由双方协商,作出补充规定,补充规定与本合同具有同等效力。

6.2　本合同自双方签字盖章之日起生效,一式二份,甲方和乙方各执一份。

甲方(盖章):　　　　　　　　乙方(盖章):

代表人:　　　　　　　　　　代表人:

日　期:　　　　　　　　　　日　期:

技术许可合同[①]

许可方(以下简称"甲方"):　　　　　　被许可方(以下简称"乙方"):

住　　址:　　　　　　　　　　　　住　　址:

联系电话:　　　　　　　　　　　　联系电话:

甲乙双方经平等自愿协商,根据《中华人民共和国民法典》及相关法规,签订本合同以共同遵守。

---

① 法条链接:《民法典》第八百六十二条。

第一条 技术许可内容

1.1 甲方许可乙方使用的技术内容为:____________________。

1.2 为保证乙方有效实施本项技术,甲方应向乙方提交以下技术资料:____________。

1.3 甲方应向乙方提供如下技术指导:____________________。

第二条 验收标准

2.1 本合同所约定的技术的验收标准为:____________________。

第三条 许可使用费

3.1 许可使用费:人民币________元(大写:________整)。

3.2 支付方式:____________________。

第四条 许可期限

4.1 自________年____月____日起至________年____月____日止。如期限届满,双方可协商延长转让期限,并签订补充协议。

第五条 违约责任

5.1 本合同一方不履行合同义务或者履行合同义务不符合约定的,应当承担继续履行、采取补救措施或者赔偿损失等违约责任,并承担守约方因此产生的损失的,包括但不限于诉讼费、差旅费、律师费等费用。

第六条 管辖

6.1 在合同履行过程中发生争议,双方应当协商解决。双方不愿协商或者协商不成的,双方商定采用以下第______种方式解决。

(一)申请______________仲裁委员会仲裁;

(二)向______________人民法院提起诉讼。

第七条 其他

7.1 本合同如有未尽事宜,应由双方共同协商,作出补充规定,补充规定与本合同具有同等效力。

7.2 本合同自双方签字盖章之日起生效,一式两份,甲方和乙方各执一份。

甲方(盖章): 乙方(盖章):

代表人: 代表人:

日 期: 日 期:

技术咨询合同①

委托方(以下简称甲方): 顾问方(以下简称乙方):

法定代表人: 法定代表人:

① 法条链接:《民法典》第八百七十八条第二款。

联系电话：　　　　　　　　　　　　联系电话：
联系地址：　　　　　　　　　　　　联系地址：
电子邮箱：　　　　　　　　　　　　电子邮箱：

依据《中华人民共和国民法典》的规定，合同双方就____项目的技术咨询，经协商一致签订本合同，以资共同遵守。

一、咨询的内容、成果及要求

1. 咨询的内容：____。

2. 成果及要求：____。

二、乙方完成咨询工作的时间

乙方在________年____月____日前完成咨询报告或解答甲方提出的问题。

三、甲方的协作事项

甲方应及时向乙方提供下列资料和工作条件：

____。

四、验收、评价方法

1. 验收方式

____。

2. 评价方法

____。

五、咨询费及其支付方式

1. 本项目咨询费为人民币________元（大写：________整）。该金额为乙方完成咨询工作所需的全部费用和报酬。

2. 支付方式及时限：（采用以下第____种方式）：

（1）一次总付：________元，时间：________________。

（2）分期支付：________元，时间：________________。

________元，时间：________________。

（3）其他方式：____。

六、咨询成果归属

乙方主要为甲方提供技术咨询工作。乙方在为甲方服务期间，因履行服务内容或者主要是利用甲方的物质技术条件、业务信息等产生的发明创造、作品、技术秘密或其他商业秘密信息等有关的知识产权均属于甲方所有。甲方可以在业务范围内充分自由的利用这些发明创造、作品、技术秘密或其他商业秘密信息，用于申请权利保护、生产经营或者向第三方转让。乙方应当按甲方的要求，提供一切必要的信息和采取一切必要的行动，包括申请、注册、登记等，协助甲方取得和行使有关的知识产权。乙方无权擅自使用该技术或转让该技术。

七、保密条款

乙方除了履行职务的需要之外，承诺承担下列保密义务：

1. 乙方在提供咨询期间，必须遵守甲方规定的任何成文或不成文的保密规章、制度，履行与其工作岗位相应的保密职责。

2. 未经甲方同意不得刺探与本职工作或本身业务无关的商业秘密。

3. 未经甲方同意不得以泄露、告知、公布、发布、出版、传授、转让或者其他任何方式使任何第三方（包括按照保密制度规定不得知悉该项秘密的甲方其他成员）知悉属于甲方或者属于他人但甲方承诺有保密义务的技术秘密或其他商业秘密信息。

八、违约责任

1. 甲方未按合同规定时间（日期）支付咨询费，应当每日按约定报酬的____%向乙方支付迟延履行金。如该项付款超过____日，甲方仍未付款，乙方有权解除本合同，甲方需赔偿甲乙方由此造成的损失。

2. 乙方不得擅自解除合同，否则免收报酬并支付数额为报酬总额____%的违约金。

3. 由于乙方原因，未按合同工期完成咨询工作，应支付数额为报酬总额____%的违约金，并及时书面通知甲方。

4. 如乙方完成的咨询工作不符合本合同约定的要求，应当应支付数额为报酬总额的____%违约金。若给甲方造成损失的，应赔偿全部损失。

5. 乙方违反合同约定的保密义务的，应当支付数额为报酬总额____%的违约金，并采取各种合理方法挽回泄密造成的影响。

九、通知与送达

1. 以本协议为目的或与之相关的任何通知均应以亲自递交、邮递、特快专递或传真发至文首列明的联系地址和/或联系方式，否则不发生效力。

2. 通知被视为送达的日期应按如下方法决定：

(1)专人递交的通知在专人递交之时视为有效送达。

(2)以（预付邮资）的挂号信件发出的通知，应在______时视为有效送达。

(3)以快递发送的通知应于______时有效送达。

(4)以图文传真发出的通知，在______时视为有效送达。

十、不可抗力

由于不可抗力事件，致使一方在履行其在本合同项下的义务过程中遇到障碍或延误，不能按规定的条款全部或部分履行其义务的，经双方协商，不应视为违反本合同约定。本合同所称的不可抗力是指不能预见，不能克服并不能避免且对一方当事人造成重大影响的客观事件，包括但不限于自然灾害、地震、火灾和风暴等以及社会事件如战争、动乱、政府行为等。

十一、争议解决

本合同的成立、效力、解释、履行、签署、修订和终止以及争议解决均应适用中华人民共和国法律。

双方因本协议有关的一切争议首先通过友好协商解决，如果协商不成的，任何一方有权选择以下第____种方式解决争议：

1. 向________法院提起诉讼；

2. 向________仲裁委员会提起仲裁。

十二、生效及文本条款

本合同经自双方签字并盖章之日起生效。一式____份，甲乙双方各执____份，具有同等法律效力。

十三、合同期限条款

合同期限为________年____月____日至________年____月____日。本合同期限届满前一个月，经双方协商同意，可续签本合同。

十四、补充条款

____。

甲方（盖章）：　　　　　　　　　　乙方（盖章）：

授权代表（签字）：　　　　　　　　授权代表（签字）：

签订地点：　　　　　　　　　　　　签订地点：

年　月　日　　　　　　　　　　　　年　月　日

技术服务合同[①]

委托方（以下简称甲方）：　　　　　受托方（以下简称乙方）：

法定代表人：　　　　　　　　　　　法定代表人：

联系电话：　　　　　　　　　　　　联系电话：

联系地址：　　　　　　　　　　　　联系地址：

电子邮箱：　　　　　　　　　　　　电子邮箱：

甲、乙双方经友好协商，基于平等、自愿的原则一致，根据《中华人民共和国民法典》等法律、法规之规定，达成如下协议：

一、项目名称：____。

二、甲方的主要义务

1. 在合同生效后______日内向乙方提供下列技术资料、数据、材料、样品：________。

2. 在接到乙方关于要求改进或更换不符合合同约定的技术资料、数据、材料、样品的通知后______天内、及时做出答复。

3. 按约向乙方支付报酬人民币________元（大写：________整），支付方式如下：

（1）合同生效后______日内向乙方支付报酬总额的____%。

（2）合同履行完成后（验收合格之日起）______日内向乙方支付全部报酬余额。（注：双方可约定由乙方实报实销或包干使用等方式）

---

① 法条链接：《民法典》第八百七十八条第二款。

(3)乙方开户银行：____。

(4)账　　　号：____。

4. 协助乙方完成下列配合事项：____。

三、乙方的主要义务

1. 在________年____月____日前完成技术服务工作。

2. 依照下列技术经济指标完成技术服务：

(1)______________________________。

(2)______________________________。

(3)______________________________。

3. 发现甲方提供的技术资料、数据、样品、材料或工作条件不符合合同约定时，应在合同生效后______日内书面通知甲方改进或者更换。

4. 应对甲方交给的技术资料、样品等妥善保管；在合同履行过程中，如发现继续工作对材料、样品或设备等有损坏危险时，应中止工作，并及时通知甲方；工作完成后应归还上述技术资料、样品，不得擅自存留复制品。

四、保密条款

甲乙双方应对各自提供的下列技术资料、数据承担保密义务：____________________。保密期限为：______年。

五、技术成果收益归属

在履行本合同中，甲方利用乙方提供的技术资料和工作条件完成的新的技术成果，属于甲方所有，乙方利用甲方提供的技术资料和工作条件完成的新的技术成果，属于乙方所有，合同另有约定的除外。

六、甲方的违约责任

1. 甲方未按照合同约定提供有关技术资料、数据、样品和工作条件，影响工作质量和进度的，应当如数支付报酬。逾期______个月不提供约定的物质技术条件，乙方有权解除合同，甲方应当支付数额为报酬总额____%的违约金。

2. 甲方迟延支付报酬，每延迟1天，应按逾期金额的万分之五向乙方支付违约金，同时仍应履行付款义务。逾期二个月不支付报酬或者违约金的，应当交还工作成果，补交报酬，支付数额为报酬总额____%的违约金。

3. 甲方迟延接受工作成果的，应支付数额为报酬总额____%的违约金和保管费。逾期______个月不领取工作成果的，乙方有权变卖、处理工作成果，从获得的收益中扣除报酬、违约金和保管费后，剩余部分返还甲方，所获得的收益不足抵偿报酬、违约金和保管费的，有权请求甲方赔偿损失。

七、乙方的违约责任

1. 擅自不履行合同，应当免收报酬并支付数额为报酬总额____%的违约金。

2. 乙方逾期履行合同的，每逾期一天，应按合同价款的1%向甲方支付违约金，甲方有权从应付款项中扣除。逾期超过30日的，甲方有权解除本合同。

3. 未按质按量完成工作的，应当负责返工改进或如数补上。如果给甲方造成损失的，应赔偿损失。

4. 在工作时间，发现对方提供的技术资料、数据、样品、材料或工作条件等不符合合同规定，未按约定期限通知委托方，造成技术服务工作停滞、延误或不能履行的，应酌减或免收报酬。

5. 在工作期间，发现委托方提供的物品有受损的危险，未按约定期限通知委托方，应承担由此造成的全部损失。

6. 违反合同约定、擅自将有关技术资料、数据、样品或工作成果引用，发表或提供给第三人，应支付数额为报酬总额____%的违约金。

7. 对甲方交付的样品，材料及技术资料保管不善，造成灭失、短少、变质、污染或者损坏的，应赔偿全部损失。

八、不可抗力、免责条款

由于不可抗力事件，致使一方在履行其在本合同项下的义务过程中遇到障碍或延误，不能按规定的条款全部或部分履行其义务的，不应视为违反本合同。本合同所指不可抗力，实质不能预见、不能避免并不能克服的客观情况。

九、验收标准和方法

1. 验收标准如下：

(1)____。

(2)____。

(3)____。

2. 验收方法：由甲方组织有关同行业专业技术人员验收，写出验收报告。验收合格的，由甲方出具验收合格文件；验收不合格的，乙方应当在____日内消除不合格情形。甲方再次验收的时间与周期同前一次验收时间与周期的安排；若再次验收不合格的，视为开发失败。

3. 验收费用由______方负担。

十、有关名词和术语的解释

1. ____。

2. ____。

3. ____。

十一、合同争议的解决办法

1. 本合同受中华人民共和国法律管辖并按其进行解释。

2. 本合同在履行过程中发生的争议，由双方当事人协商解决，也可由有关部门调解；协商或调解不成的，按下列第______种方式解决：

(1)提交____________仲裁委员会仲裁；

(2)依法向____________人民法院起诉。

十二、合同的效力

1. 本合同自双方签字盖章之日起生效。有效期为________年，自________年____月____日至________年____月____日。

2. 本合同正本一式________份，双方各执________份，具有同等法律效力。

甲方（盖章）：　　　　乙方（盖章）：
法定代表人：　　　　法定代表人：
签订地点：　　　　签订地点：
年　月　日　　　　年　月　日

保管合同①

甲方（寄存人）：　　　　乙方（保管人）：
统一社会信用代码：　　　　统一社会信用代码：
法定代表人：　　　　法定代表人：
地址：　　　　地址：
电话：　　　　电话：

根据《中华人民共和国民法典》及相关法律法规的规定，甲乙双方在平等、自愿基础上就保管____事项达成以下协议，以资共同遵守。

一、保管物

1. 保管物名称：____。
2. 性质：____。
3. 数量：____。
4. 价值：____。
5. 瑕疵：____。

二、保管场所

1. ____。
2. 当事人对保管场所有约定按照约定，若当事人没有约定的，依保管物的种类、价格、有偿或无偿等情况确定合适的保管场所。

三、保管方法

1. ____。
2. 保管物（是/否）需要采取特殊保管措施。措施为：________________________。
3. 当事人约定的保管方法，未经甲方同意乙方不得擅自变动。

四、保管期间

保管期间自________年____月____日至________年____月____日止。

---

① 法条链接：《民法典》第八百八十八条。

五、保管费用及其支付方式

1. 保管费总额为________元(大写:________圆整)。

2. 在保管物交付保管时,甲方应先行交付保管费用的____%,即______元(大写:________圆整)。

3. 保管费总费用一律以__________方式支付。

六、保管物的交付

1. 保管物在交付保管时,乙方应当验收,确认有无损坏,并当面记录,给付保管凭证。甲方依凭证提取保管物品时,也应当面检查是否符合原样。

2. 甲方对货币、有价证券或者其他贵重物品的声明:

____

____。

七、乙方权限

1. 甲方不允许乙方将保管物交予第三人保管。

2. 乙方或第三人不能使用保管物。

3. 甲方未向乙方支付保管费的,乙方享有留置权。

八、保管责任

1. 保管物在保管期间发生的损坏,由乙方承担赔偿责任。

2. 甲方隐瞒保管物本身缺陷,导致保管物在保管期间发生损坏的,由甲方自行承担责任。

九、归还义务

保管期限届满,乙方应当将保管物及其孳息归还甲方。

十、保密义务

1. 双方保证对从另一方取得且无法自公开渠道获得的商业秘密(技术信息、经营信息及其他商业秘密)予以保密。未经该商业秘密原提供方同意,一方不得向任何第三方泄露该商业秘密的全部或部分内容。

2. 一方违反上述保密义务的,应承担相应的违约责任并赔偿由此造成的损失。

十一、违约责任

(一)甲方违约责任

1. 未按合同规定的品名、时间、数量将货物组织入库或提出退仓要求的,应赔偿乙方因此遭受的损失并支付违约金。违约金的数额为违约所涉及部分货物的3个月保管费或3倍的劳务费。

2. 货物验收入库时,未提供验收资料或提供的资料不齐全、不及时,对新造成的验收差错以及贻误索赔期负责。

3. 对于易爆、易燃、有毒、放射等危险保管物以及易腐等特殊保管物应在合同中注明,并向乙方提供必要的保管运输技术资料,否则造成货物毁损或人身伤亡时,承担赔偿责任直至刑事责任。

4. 货物包装不符合国家规定或合同规定的,造成货物毁损、变质的,由甲方负责。货物出库时，在甲方代办运输的情况下，甲方未按合同规定及时提供包装材料或未按规定期限变更货物的运输方式、到站、收货人的，应承担延期的责任和有关增加的费用，甲方调拨凭证上的差错所造成的实际损失由自己负责。

5. 因保管期满而逾期提货的，甲方应承担逾期提货部分的3倍的保管费用。

6. 乙方已通知货物出库或合同期已到，由于甲方的原因不能如期出库，应承担违约责任。

（二）乙方违约责任

1. 乙方中途要求甲方入退仓的或者造成保管物不能按合同规定入库的，应赔偿甲方的运费，并支付违约金。违约金的数额为违约所涉及部分货物的3个月保管费或3倍的劳务费。

2. 货物入库时，不按合同规定的项目、方法和期限验收或验收不准确，由此造成的实际经济损失，由乙方负责。合同规定按比例抽验的，乙方只对抽验的那一批货物的实际经济损失负责。

3. 货物在保管过程中所发生的灭失、短缺、变质、污染、损坏是由于乙方不按规定操作或保管造成的，乙方应负责赔偿损失。

4. 乙方发现货物有异常或者货物在临近失效期60天前应书面通知甲方，否则，乙方应对由此造成的损失承担一定的责任。

5. 货物在保管过程中，由于保管或操作不当而使包装发生毁损，由乙方负责修复或按价赔偿；造成货物损坏的，由乙方负责。

6. 货物出库时，乙方没按合同规定的时间、数量交货的，应承担违约责任，违约金的数额为违约所涉及的那部分货物的3个月保管费或3倍的劳务费。

7. 由乙方负责发运的货物没有按合同规定的时间、数量发货，应赔偿甲方逾期交付的损失，错发到货地点的，除按合同规定无偿运到规定地点外，并赔偿甲方因此而遭受的实际损失。

十二、不可抗力

1. 本合同所称不可抗力是指不能预见、不能克服、不能避免并对当事人造成重大影响的客观事件，包括但不限于洪水、地震、火灾、风暴等自然灾害以及战争、动乱、政府行为等社会事件。

2. 若因不可抗力事件导致合同无法履行时，遇到不可抗力一方应立即将事故情况告知另一方，并应在____天内，提供事故详情及合同不能履行或需要延期履行的书面资料，双方认可后协商终止合同或暂时延迟合同的履行。

十三、通知

1. 根据本合同需要发出的全部通知及双方的文件往来及本合同有关的通知和要求，必须使用书面形式，可采用______（书信、传真、邮件、当面递交等）方式传递。以上方式无法送达的，方可采取公告送达的方式。

2. 各方通信地址及联系方式为：

____

____

____。

3. 一方变更通知或通信地址的，应自变更之日起____日内，以书面形式通知对方，否则，由未通知方承担由此引发的相应责任。

十四、合同争议的解决方式

本合同在履行过程中发生的争议，由双方当事人协商解决；协商不成的，按下列第______种方式解决：

1. 提交____________仲裁委员会仲裁；

2. 依法向__________所在地人民法院起诉。

十五、附则

本协议一式两份，双方各执一份，具有同等法律效力，自签字并盖章之日起生效。

甲方（盖章）： 乙方（盖章）：

法定代表人（签字）： 法定代表人（签字）：

签订地点： 签订地点：

年 月 日 年 月 日

仓储合同①

甲方（存货人）：

统一社会信用代码：

法定代表人：

地址：

电话：

乙方（保管人）：

统一社会信用代码：

法定代表人：

地址：

电话：

根据《中华人民共和国民法典》及相关法律法规的规定，甲乙双方经协商一致，就储存____事项签订本合同。

一、仓储物的品名、品种、规格、数量、质量、包装、件数和标记

1. 货物品名：____。

2. 品种规格：____。

3. 数量：____。

4. 质量：____。

5. 货物包装：____。

---

① 法条链接：《民法典》第九百零四条。

6. 件数：____。

7. 标记：____。

二、储存场所及储存方法

1. 储存场所位于____。

2. 储存场所条件____。

3. 储存方法(包括是否需要采取特殊储存方法)

____。

三、仓储物的验收方法及时间地点

1. 验收方法，采用以下____方法。

(1)全验。

(2)抽验。抽验比例为________。

(3)其他约定________________。

2. 验收方式：采用以下____方式。

(1)乙方验收。

(2)双方共同验收。

(3)其他约定________________。

3. 验收时间

(1)即时验收。

(2)自货物和验收资料送达乙方之日起____日内验收。

4. 验收地点：____________________________________。

5. 验收标准，采用以下____标准。

(1)按国家规定的标准。

(2)双方约定：____。

四、仓储物是否有瑕疵

____。

五、仓储物的入库和出库

1. 入库

(1)入库采用以下____________方式。

(A)甲方送货，________方负责卸货。

(B)________方自提，提货地点为________，运送方式为________，入库时限________，________方付费装运和卸货，运输期间的有关风险由乙方承担。

(C)其他约定：____。

(2)仓储物验收完毕后，双方对验收结果当场签字确认。如甲方对乙方验收结果有异议，由双方共同验收；对共同验收结果有异议的，委托____________进行验收。

(3)仓储物验收合格后即时入库，乙方填写入库资料，并写明仓储物的数量、品种、包装等事项，仓储物破损的写明破损状况和原因，并经甲方签字认可后，乙方应当将仓单交由甲方保管。

2. 出库

(1)仓储物出库应按照先进先出或易坏先出原则。

(2)甲方或有持有甲方完整委托手续的第三方凭出库凭证等相关资料提取仓储物,乙方应认真核对甲方开具的出库凭证,必要时向甲方进行询问,同时应认真核对仓储物品种、数量等相关资料,办好出库手续后做好相应记录,保留有效凭证。

(3)出库采用以下____方式。

(A)甲方自提,____方负责装运。

(B)乙方送货,送货地点为____________________________,运送方式为____________,送货时限为________________,____方负责装运和卸货,截至仓储物运送至甲方指定的地点并妥善交付甲方或甲方指定的第三人前,运输期间的有关风险由乙方承担。

(C)其他约定:____________________________。

六、储存期间

1. 储存期间自________年____月____日至________年____月____日。

2. 甲方____(能/否)提前提取仓储物。

七、仓储物的耗损标准及计算方法

____。

八、仓储费及其支付期限与支付方式

1. 仓储费用总计为人民币________元(大写:________整)。

2. 仓储费用为____(含税/不含税)。

3. 仓储费用计算方式

____。

4. 仓储期内甲方签署认可证明后____日内,乙方应提交机关资料配合甲方完成付款审查审批手续。

5. 本仓储合同按下列第____项方式支付。

(1)一次总付:甲方在付款审查审批手续完成后____日内向乙方全额付款。

(2)分期支付:____。

6. 甲方向乙方支付价款前,乙方应先将符合甲方财务要求的发票提交给甲方。

7. 乙方应对其指定的下列账户信息的真实性、安全性、准确性负责,甲方不承担此信息外的任何责任。

收款人:________________________。

开户行:________________________。

账　号:________________________。

九、仓单的签发及其交付

____。

十、仓储物的保险

____。

十一、双方的权利义务

1. 甲方权利

(1)要求乙方及时验收仓储物。

(2)要求乙方按照合同约定存储仓储物。

(3)检查仓储条件和仓储物状况。

(4)要求乙方即时告知仓储物状况,并提交相关记录资料。

(5)有权变更储存期限,但应提前____日书面通知乙方。

2. 甲方义务

(1)按照约定存取仓储物。

(2)在仓储物入库前,提前____日书面通知乙方到货信息,以便做好准备工作。

(3)提交仓储物相关资料,如仓储物有瑕疵或按照仓储物的性质需要采取特殊储存措施。易燃易爆炸、有毒等危险物品和易腐物品,必须在合同中注明,并提供必要的资料。

(4)按照约定支付仓储费用。

(5)其他约定:________________。

3. 乙方权利

(1)要求甲方告知仓储物情况并提供相关资料。

(2)要求甲方按期提取货物。

(3)(是/否)享有留置权。

(4)其他约定:________________。

4. 乙方义务

(1)按照约定验收和接受仓储物并提交相关资料。

(2)按照约定的仓储条件妥善保管仓储物。

(3)如入库仓储物可能会发生变质或其他损坏情况的,应提前催告甲方作出必要处置。因紧急情况必须立即代为处置的,应本着尽最大可能维护甲方权益的原则进行处置,并将处置后的详细情况及时告知甲方。

(4)第三人对仓储物主张权利时,应及时通知甲方。

(5)定期检查仓储物状况,形成检查记录,建立仓储物存储档案,并即时提交给甲方。

(6)按月进行盘库,并将情况告知甲方,配合协助甲方对方仓储物及相关资料的检查和核对,检查、核对结果由双方共同确认签字。

(7)未经甲方同意,不得使用或许可第三人适用仓储物,不得将仓储物转交第三人储存。

(8)应严格保守仓储信息,不得以任何方式使用或泄露仓储信息。

(9)其他约定:________________。

十二、违约责任

1. 甲方违约责任

(1)变更仓储期限或其他事项未按约定通知乙方的,甲方承担因此增加的费用。

(2)甲方未按照约定支付仓储费以及其他费用的,应承担违约责任,但乙方无权留置仓储物。

(3)其他约定:________________。

2. 乙方违约责任

(1)未及时验收或验收结果不准确,影响甲方出入库的,应当赔偿因此给甲方造成的损失。

(2)由于保管不善而发生灭失、短少、变质、污染、损坏的,以及在出入库过程中因操作不当造成损失的,乙方应负赔偿责任。

(3)造成退仓或不能入库的,应赔偿甲方损失并支付仓储费总额的____%作为违约金。

(4)仓储物出库时误发、错发或其他原因造成甲方损失的,乙方应当承担赔偿责任。

(5)乙方负责发运货物时未按期发货,应赔偿逾期交货的损失,错发到货地点的,除了赔偿甲方逾期交货的损失外,还应当赔偿甲方因此造成的损失。

(6)承担超出双方约定损耗标准以外的仓储物盘亏损失。

(7)未经甲方书面同意,使用或许可第三人适用仓储物的,乙方应向甲方支付仓储费用总额的____%作为违约金,给甲方造成的损失应当赔偿。

(8)未经甲方书面同意,将仓储物转交第三人储存的,乙方应向甲方支付仓储费用总额的____%作为违约金,给甲方造成的损失应当赔偿。

(9)使用或泄露甲方仓储物信息的,乙方应向甲方支付仓储费用总额的____%作为违约金,给甲方造成的损失应当赔偿。

(10)未经甲方同意擅自变更储存场所或储存条件,因此给甲方造成损失的,乙方应当承担赔偿责任。

(11)其他约定:________________________________。

十三、不可抗力

1. 本合同所称不可抗力是指不能预见、不能克服、不能避免并对当事人造成重大影响的客观事件,包括但不限于洪水、地震、火灾、风暴等自然灾害以及战争、动乱、政府行为等社会事件。

2. 由于不可抗力原因,使双方或任何一方不能履行合同义务时,应采取有效措施,尽量避免或减少损失,将因不可抗力造成的损失降低到最低。一方应当在不可抗力发生后____日内以书面形式通知对方,并在其后____日内向对方提供有效证明文件。

3. 因不可抗力致使合同无法按期履行或不能履行所造成的损失由双方各自承担。乙方未尽通知义务或未采取措施避免、减少损失的,应就扩大的损失负责赔偿责任。

十四、合同的生效、变更、解除和终止

1. 本合同经双方法定代表人(负责人)或委托代理人签字并加盖印章后生效。

2. 双方协商一致后,可以变更或解除本合同,但应该采用书面形式。

3. 具备下列情形之一的,一方可单方解除合同,但应向对方发出书面的合同解除通知,通知到达对方时合同解除:

(1)甲方解除合同的情形:

(A)因不可抗力致使合同目的不能实现。

(B)履行期限届满前,乙方明确表示或以自己的实际行为表明不履行合同义务。

(C)乙方提供的仓储条件不符合约定,并拒绝整改的。

(D)因乙方保管不善给甲方造成损失并拒绝赔付。

(E)因乙方原因发生事故,造成人员伤亡或财产损失,乙方未按规定及时赔付的。

(F)其他约定:____________________。

(2)乙方解除合同情形:

(A)因不可抗力致使合同目的不能实现的。

(B)在履行期限届满之前,甲方明确表示或者以自己的实际行动表明其不履行合同义务的。

(C)甲方拒不支付合同价款超过____%的。

(D)其他约定:______________________。

4.有下列情形之一的,本合同终止:

(1)合同已经按照约定履行完毕。

(2)双方协商解除合同。

(3)一方依据法定或约定原因解除合同。

(4)其他约定:______________________。

十五、合同争议的解决方式

本合同在履行过程中发生的争议,由双方当事人协商解决;协商不成的,按下列第____种方式解决:

1.提交____________仲裁委员会仲裁;

2.依法向__________所在地人民法院起诉。

十六、附则

本协议一式两份,双方各执一份,具有同等法律效力,自签字并盖章之日起生效。

甲方(盖章):	乙方(盖章):
法定代表人(签字):	法定代表人(签字):
签订地点:	签订地点:
年　月　日	年　月　日

委托合同[①]

委托人:	受托人:
身份证号码:	身份证号码:
联系地址:	联系地址:
联系电话:	联系电话:

根据《中华人民共和国民法典》及相关法律法规的规定,委托人与受托人双方在平等、自愿

①　法条链接:《民法典》第九百一十九条。

的基础上达成以下协议，以共同遵守。

一、委托人委托受托人处理________________________事务。

二、委托人处理委托事务的权限与具体要求：____。

三、委托期限：自________年____月____日至________年____月____日。

四、委托人不允许受托人把委托事务转委托给第三人处理。

五、受托人有将委托事务处理情况向委托人如实报告的义务。

六、委托人预付受托人处理委托事务的费用的数额、时间、方式：________________________。

七、受托人将处理委托事务所取得的财产转交给委托人的时间、地点、方式：______________。

八、委托事务完成后的报酬及支付时间、方式：__________。

因不可归责于受托人的事由，委托合同解除或者委托事务不能完成的，委托人应向受托人支付报酬如下：______________；支付时间、方式为：________________。

九、受托人处理委托事务时，因不可归责于自己的事由受到损失的，可以向委托人要求损失补偿。

十、有偿的委托合同，因受托人的过错给委托人造成损失的，委托人可以要求损失赔偿。

无偿的委托合同，因受托人的故意或者重大过失给委托人造成损失的，委托人可以要求损失赔偿。

无偿的委托合同，因受托人的故意或者重大过失给委托人造成损失的，委托人可以要求损失赔偿。受托人超越权限给委托人造成损失的，应当赔偿损失。

十一、本合同解除的条件：委托人或者受托人可以随时解除合同。因解除合同给对方造成损失的，除不可归责于该当事人的事由以外，应当赔偿损失。

十二、违约责任

1. 委托人违约责任：______________________________。

2. 受托人违约责任：______________________________。

十三、合同争议的解决方式：凡因本合同有关或者由本合同引起的争议，由双方当事人协商解决或申请调解解决；协商或调解不成的，按下列第____种方式解决：

1. 提交________________仲裁委员会仲裁；

2. 依法向______________所在地人民法院起诉。

十四、附则

1. 本协议一式两份，双方各执一份，具有同等法律效力，自甲乙签字之日起生效。

2. 其他未尽事宜，由双方签订书面补充协议予以确认。

委托人：　　　　　　　　　　　　　　　　受托人：

　　　　年　月　日　　　　　　　　　　　　　　　年　月　日

物业服务合同①

业主委员会：（以下简称“甲方”）
负　责　人：
办公所在地：
联系电话：
物业服务企业：（以下简称“乙方”）
法定代表人：
住　　址：
联系电话：

甲乙双方经平等自愿协商，根据《中华人民共和国民法典》及相关法规，签订本合同以共同遵守。

第一条　物业服务区域基本情况：

物业名称：________________；
物业类型：________________；
坐落位置：________________；
占地面积：________________；
总建筑面积：________________；
总栋数：________________；
总户数：________________；
物业区域四至：
东至________；南至________；
西至________；北至________。
（规划平面图见附件1；物业构成明细见附件2）

第二条　物业服务范围

乙方提供的物业服务范围包括以下内容：
1. 物业共用部位的养护和管理；
2. 物业共用设施设备的运行、养护和管理；
3. 物业共用部位和相关场地的清洁卫生，垃圾的收集、清运及雨、污水管道的疏通；
4. 公共绿化的养护和管理；
5. 车辆停放管理；
6. 公共秩序维护、安全防范等事项的协助管理；

① 法条链接：《民法典》第九百三十七条、第九百三十八条。

7. 装饰装修管理服务；

8. 物业档案资料管理；

9. ______________________。

第三条　物业服务费用

物业服务费由业主按其拥有物业的建筑面积交纳，具体标准如下：

多层住宅：________元/月·平方米；

高层住宅：________元/月·平方米；

办公楼：________元/月·平方米；

商业物业：________元/月·平方米；

其他：________________________。

第四条　物业服务期限

4.1　本合同期限自________年月____日起至________年____月____日。在合同期限届满后，同时具备以下两个条件的情况下，本合同继续有效，有效期顺延至业主大会决定与乙方解除合同之日：

4.1.1　乙方同意继续履行本合同；

4.1.2　本物业管理区域业主大会尚未依法对续聘或者解聘乙方依法作出决议。

第五条　甲方的权利与义务

5.1　业主应当按照本合同约定，按时足额交纳物业服务费、车位服务费、各项分摊费用以及甲乙双方约定的其他费用，并按照相关规定交存、使用和续交物业专项维修资金。业主对物业专项维修资金的管理与使用享有监督使用权；

5.2　监督乙方的物业服务行为，就物业服务有关问题向乙方提出意见和建议；

5.3　遵守物业管理相关法律、法规及本物业管理区域的各项管理制度，履行《管理规约》和本合同约定的各项义务；

5.4　需要装饰装修房屋，应当事先告知乙方并与乙方签署《装饰装修管理服务合同》，业主或业主使用人不得违反相关规定和《管理规约》、《业主大会议事规则》约定；

5.5　业主转让或者出租物业时，应当将本合同作为物业转让合同或者租赁合同的附件一并出示给受让人或者承租人，并将转让或者出租的情况告知乙方；

5.6　业主转让物业时，应当及时与物业公司结清物业服务费用，不得以任何理由欠交、拒交物业服务费用，并告知受让方须与乙方签订本合同；

5.7　承租人、使用人或者业主的访客因违反本合同小区物业管理制度给其他人造成损失的，业主应当与承租人、使用人以及访客承担连带赔偿责任；

5.8　业主应当按照安全、公平、合理的原则，正确处理物业的给排水、通风、采光、维修、通行、卫生、环保等方面的邻里关系，不得侵犯他人的合法权益；

5.9　业主在房屋使用过程中，如发现异常，应当及时通知乙方；

5.10　业主不得擅自占用、损坏本合同小区内道路、共有场地等其他物业共有部分和共用设施设备，不得擅自改变其使用功能；需要占用、挖掘本物业管理区域内道路、共有场地，或者占用其他共有部分、共用设施设备的,应当事先征得乙方同意,并在约定期限内恢复原状。业主在占用期间给其他业主造成损失的,应当承担相应赔偿责任;

5.11 业主应当对物业维护保养、清洁卫生等工作提供通行和工作便利,如因业主拒绝给乙方提供通行或者工作便利导致乙方或者他人因此受到损害的,应当承担赔偿责任;

5.12 业主和甲方均不得干涉乙方依法或依据本合同约定所进行的物业服务与经营活动;

5.13 ________________;

5.14 法律、法规规定的其他权利义务。

第六条 乙方的权利与义务

6.1 根据有关法律、法规及本合同约定,提供物业服务、收取物业服务费用;

6.2 针对本物业管理区域内的共有部分、共用设施设备制定合理的工程维修和更新、改造计划;

6.3 有权制定本物业管理区域内共有部分、共用设施设备的使用、公共秩序和环境卫生维护等方面的规章制度,业主与物业使用人应当共同遵守,乙方对业主和物业使用人违反法律法规、规章的行为,有权提请有关部门处理;

6.4 对业主和物业使用人存在违反法律法规规定或者本合同、《管理规约》、《业主大会议事规则》约定的行为,乙方有权进行劝阻、制止,对上述违法、违约行为劝阻、制止无效,应当及时向行政主管部门报告;

6.5 乙方有权将本物业管理区域内的专项服务委托给专业性物业服务企业,但不得将该区域内的全部物业服务事项一并委托给他人;

6.6 向业主和物业使用人告知物业使用的有关规定,当业主和物业使用人装饰装修物业时,应当告知其有关注意事项和禁止行为;

6.7 乙方不得擅自占用和改变本物业管理区域内共有部分和共用设施设备使用功能,如需在本物业管理区域内改、扩建或改善配套项目,须依法经业主大会决定同意后报有关部门批准方可实施;

6.8 建立并妥善保管和正确使用物业管理档案,并负责及时记载有关变更情况,不得泄露业主个人信息资料;

6.9 乙方应当接受甲方、业主、物业使用人和物业管理主管部门的监督,不断完善管理服务;

6.10 依法向全体业主和物业使用人通报本物业管理区域内有关物业服务的重大事项,及时处理业主和物业使用人关于物业服务的投诉;

6.11 在本合同期限内,乙方有权无偿使用物业服务用房;

6.12 依法接受委托使用物业专项维修资金进行物业共有部分、共用设施设备保修期满后的维修、更新和改造;

6.13 乙方在实施前期物业管理期间,可以利用本物业管理区域内物业共有部分、共用设施设备进行经营,乙方有权扣除税金等经营成本,其余部分归全体业主所有,乙方扣除税金等经营成本应当以本物业管理区域内物业共有部分、共用设施设备经营收入的____%为限;属于业主的经营性收入，由□甲方□乙方代为保管，首先用于支付本物业区域内的日常维修费用；□甲方□乙方应当对属于业主所有的经营性收入单独列帐，并每□月□季度□半年向全体业主进行公示经营收入的收支明细，接受业主的监督；

6.14 ______________________；

6.15 法律、法规规定的其他权利义务。

第七条　违约责任

7.1 甲方违反本合同约定，导致乙方未能完成物业服务内容或物业服务内容无法达到约定的标准的，乙方有权要求甲方限期解决；逾期未解决的，乙方可按照________标准向甲方主张违约金；造成损失的，乙方可要求甲方承担相应的法律责任。

7.2 乙方违反本合同义务，或不能完成本合同约定的服务内容和标准的，甲方有权要求乙方在合理期限内进行整改，乙方未能逾期未完成整改的，甲方可按照________标准向乙方主张违约金。乙方违约行为给业主造成损失的，有关当事人可要求乙方承担相应的法律责任。

7.3 乙方未按法律、法规的规定向甲方或甲方指定主体进行移交业主共有资金、资料和物品，或拒不退出物业管理区域的，则按照________标准向甲方支付违约金。

7.4 本条违约金均系业主共有资金，应纳入业主共有资金统一管理，违约方应直接支付至业主共有资金账户。

第八条　补充约定

8.1 ____；

8.2 ____。

第九条　管辖

9.1 在合同履行过程中发生争议，双方应当协商解决。双方不愿协商或者协商不成的，双方商定采用以下第______种方式解决。

（一）申请______________仲裁委员会仲裁；

（二）向______________人民法院提起诉讼。

第十条　其他

10.1 本合同如有未尽事宜，应由双方协商，作出补充规定，补充规定与本合同具有同等效力。

10.2 本合同自双方签字盖章之日起生效，一式五份，甲方和乙方各执二份，向物业所在地主管部门备案一份。

甲方（盖章）：	乙方（盖章）：
代表人：	代表人：
日　期：	日　期：

行纪合同①

委托人：　　　　　　　　　　　　行纪人：
法定代表人：　　　　　　　　　　法定代表人：
联系电话：　　　　　　　　　　　联系电话：
联系地址：　　　　　　　　　　　联系地址：
电子邮箱：　　　　　　　　　　　电子邮箱：

根据《中华人民共和国民法典》及相关法律法规的规定，委托人与行纪人双方在平等、自愿基础上达成以下协议，以资共同遵守。

一、委托人委托行纪人买入（卖出）的货物、数量、价格：

1. 货物名称：______________________________。
2. 商标或品牌：______________________________。
3. 规格型号：______________________________。
4. 生产厂家：______________________________。
5. 计量单位：______________________________。
6. 数量：______________________________。
7. 单价：______________________________。
8. 金额：______________________________。
9. 质量标准：______________________________。
10. 包装要求：______________________________。

合计人民币金额：________元（大写：________整）。

二、委托期限及费用

1. 委托人委托行纪人处理委托事务的期限为：________；委托人（是/否）允许乙方将委托事务转委托给第三人处理。

2. 报酬的计算方式及支付期限：______________________________。

3. 委托人将委托卖出的货物交付行纪人的时间、地点、方式及费用负担：______________________________。

4. 行纪人将买入的货物交付委托人的时间、地点、方式及费用负担：______________________________。

5. 委托人和行纪人结算货款的方式、地点及期限：______________________________。

6. 行纪人以高于委托人指定的价格卖出货时，报酬的计算方法：______________________________；行纪人以低于委托人指定的价格买入货时，报酬的计算方

① 法条链接：《民法典》第九百五十一条。

式：____________________。

三、其他权利义务

1. 本合同解除的条件：____。

2. 委托人未向行纪人支付报酬和货物的，行纪人（是/否）可以留置货物。

3. 违约责任：____。

四、争议解决

本合同在履行过程中发生的争议，由双方当事人协商解决；

协商不成的，按下列第____种方式解决：

1. 提交____________仲裁委员会仲裁；

2. 依法向____________所在地人民法院起诉。

五、协议效力

1. 本协议一式两份，双方各执一份，具有同等法律效力，自签字盖章之日起生效。

2. 其他未尽事宜，双方签订书面补充协议确认。

委托人（盖章）： 行纪人（盖章）：

代表人（签字）： 代表人（签字）：

年 月 日 年 月 日

中介合同①

甲方（委托方）： 乙方（中介方）：

法定代表人： 法定代表人：

联系地址： 联系地址：

联系电话： 联系电话：

根据《中华人民共和国民法典》及相关法律、法规及规定，甲乙双方本着互利互惠的原则，在平等、自愿、合法的基础上经友好协商，达成如下协议，以资共同遵守。

一、委托事项及具体要求

____。

二、中介期限：从________年____月____日至________年____月____日。

三、甲方不允许乙方将委托事务转委托给第三人处理。

四、乙方应当就委托事务处理情况向甲方如实报告。若因乙方故意隐瞒导致甲方遭受损失，由乙方承担全部责任。

五、报酬及支付期限：乙方促成合同成立的，报酬为人民币________元（大写：________整）。

① 法条链接：《民法典》第九百六十一条。

甲方应在合同成立后的____日内支付报酬。未促成合同成立的，乙方不得要求支付报酬。

六、中介费用的负担：乙方促成合同成立的，中介活动的费用由乙方负担；未促成合同成立的，甲方应向乙方支付服务过程中产生的必要费用（乙方须提供相应的票据证明）。

七、本合同无偿解除的条件

1. 当事人就解除合同协商一致。

2. 因不可抗力致使不能实现合同目的。

3. 其他法定情形。

八、违约责任

1. 甲方逾期未足额支付中介报酬或中介费用的，每逾期一天，应按逾期金额的万分之五向乙方支付违约金，同时甲方仍应履行付款义务。

2. 乙方违反本合同约定、损害甲方利益的，甲方有权拒绝支付中介报酬，并要求乙方赔偿损失。

3. 若甲方绕过乙方，与乙方推荐的目标方私下接触达成中介事项，且拒绝按本合同约定向乙方支付中介报酬的，除仍应按本合同约定支付中介报酬以外，还应按中介报酬的20%向乙方支付违约金。

4. 任何一方违反本合同约定给对方造成损失的，应赔偿给对方造成的全部损失。

九、合同争议的解决方式：本合同在履行过程中发生的争议，由双方当事人协商解决；协商或调解不成的，按下列第______种方式解决：

（一）提交____________仲裁委员会仲裁；

（二）依法向__________人民法院起诉。

十、本合同经甲乙双方签字盖章后生效，协议一式两份，甲乙双方各执一份，具有同等法律效力。

甲方（盖章）：	乙方（盖章）：
法定代表人：	法定代表人：
日期：	日期：

合伙合同①

第一条　合伙人信息

合伙人：________，男/女，________年____月____日出生，____族，住____________，居民身份证号码：____________，联系电话：____________。

合伙人：________，男/女，________年____月____日出生，____族，住____________，居民身份证号码：____________，联系电话：____________。

① 法条链接：《民法典》第九百六十七条。

合伙人:________,男/女,________年____月____日出生,____族,住____________,居民身份证号码:____________,联系电话:____________。

第二条　合伙目的及期限

合伙人________、________和________共同出资,以__________为目的结成个人合伙,共同经营,共同出资,共担风险,共负盈亏。合伙的期限为自签约之日起____年。

第三条　出资数额

合伙人________以________方式出资,价值人民币________元(大写________圆整),占总投资额的____%;

合伙人________以________方式出资,价值人民币________元(大写________圆整),占总投资额的____%;

合伙人________以________方式出资,价值人民币________元(大写________圆整),占总投资额的____%;

本合伙出资共计人民币________元(大写________圆整)。

所有的出资均由合伙人统一管理和使用,合伙期间,该出资性质为合伙财产,不得随意请求分割。各合伙人应当于________年____月____日完成出资。如果在该期限前未能及时出资,则视为其未加入合伙。如果按时出资的人数不足2人,则本合伙自动解散。合伙终止后,各合伙人的出资仍为个人所有,届时予以返还。

第四条　合伙人的权利

合伙人享有如下的权利:

1. 合伙事务的经营权、决定权和监督权,合伙的经营活动有合伙人共同决定,无论出资多少,每个合伙人都有表决权;

2. 合伙人享有合伙利益的分配权,合伙利益按投资占比分配;

3. 合伙经营积累的财产归合伙人共有;

4. 合伙人有退伙权。

第五条　合伙人的义务

合伙人负有如下的义务:

1. 遵守合伙协议的约定;

2. 维护合伙人的共同利益;

3. 共同分担合伙经营损失;

4. 对合伙债务承担连带责任;

5. 合伙负责人因故意或重大过失造成损失的,对其他合伙人负赔偿责任。

第六条　经营管理

(一)合伙字号为________,委托合伙人________依法办理工商核准登记,并在核准登记的经营范围内从事经营。

(二)合伙由全体合伙人共同进行日常的经营管理。

对以下日常事务,共同委托________作为合伙负责人进行处理:

1. 对合伙事务进行日常管理；

2. 签订金额低于________元以下，与经营范围相符的合同；

3. 对日常业务中出现的问题进行管理；

4. 采购日常经营所需物资。

对于重大事项，需要由全体合伙人一致同意，包括：

1. 合伙解散；

2. 与经营目的无关的投资行为；

3. 对外进行担保；

4. 对处分个人合伙财产中不动产及其他重要资产。

第七条 盈余分配

所有合伙人按出资比例对合伙收益进行分配，未分配利润则归入合伙财产中。

第八条 债务承担

合伙债务首先以共同合伙财产偿还，合伙财产不足清偿时，合伙人对合伙的债务承担连带责任。在合伙人之间，以出资比例为依据按比例承担。

第九条 入伙

（一）新合伙人入伙，须经全体合伙人同意；

（二）新合伙人需遵守本协议中规定的所有内容；

（三）除入伙协议另有约定外，新合伙人享有与原合伙人的相同的权利和义务。入伙的新合伙人对入伙前合伙企业的债务承担连带责任；

（四）新合伙人入伙后，需要在合伙人商议的规定出资日前完成出资。否则，视为其未加入合伙。

第十条 退伙

（一）所有合伙人均享有退伙的权利，在合伙经营期限内，合伙人应当提前30日通知其他合伙人。退伙生效日为发出通知后第30日。

如果合伙人的退伙会给合伙事务的执行造成严重不利影响，则需要全体合伙人一致同意。擅自退伙给合伙造成损失的，应当赔偿损失。

（二）合伙人发生下列情形的，视为退伙：

1. 死亡或者被依法宣告死亡；

2. 被依法宣告为无民事行为能力人；

3. 合伙财产份额被强制执行；

4. ____________________________；

以上情形实际发生之日为退伙生效日。

（三）合伙人出现下列情形的，可经其他合伙人一致同意将其除名：

1. 未履行出资义务；

2. 故意或重大过失给合伙造成损失；

3. 执行合伙事务时有违法和不正当行为；

4. ________________________________。

对合伙人的除名决议应当书面通知被除名人。被除名人接到除名通知之日起其退伙生效日。

(四)对于退伙人合伙财产的清算,以退伙生效日当日的合伙财产份额为准。

第十一条　合伙终止

本合伙可以因下列原因终止:

1. 全体合伙人同意终止合伙关系;

2. 个人合伙期限届满;

3. 不具备法律规定的个人合伙条件;

4. 其他符合法律、行政法规和规章的解散原因。

第十二条　合伙清算

1. 合伙终止后应当进行清算,并通知相关债权人;

2. 清算后如果合伙有盈余,则按照出资比例进行分配;

3. 清算后如果合伙有亏损,则合伙财产不足清偿的部分,各合伙人均应负无限连带清偿责任。合伙人内部按照出资比例分配所负担的债务,合伙人清偿数额超过其应当承担的数额时,有权向其他合伙人追偿。

第十三条　协议争议解决

各方就履行中产生的任何争议,都应由各方通过友好协商解决,协商不成的,各方一致同意将该争议提交至______仲裁委员会进行仲裁。

第十四条　其他

1. 经协商一致,合伙人可以修改本协议或对未尽事宜进行书面补充;补充、修改内容与本协议相冲突的,以补充、修改后的内容为准。

2. 本协议的成立、效力、解释、履行、签署、修订和终止以及争议解决均应适用中华人民共和国法律。

3. 本协议一式____份,合伙人各执一份,均具有同等效力。

4. 本协议经全体合伙人签字后生效。

合伙人:________　　签字日期:______年____月____日

合伙人:________　　签字日期:______年____月____日

合伙人:________　　签字日期:______年____月____日

四、人格权编法律文书

肖像权许可使用合同①

甲方(肖像许可方):	乙方(肖像使用方):
居民身份证号码:	法定代表人:
联系地址:	联系地址:
联系电话:	联系电话:

甲乙双方根据《中华人民共和国民法典》《中华人民共和国广告法》的有关规定,就甲方肖像权使用以及双方的权利义务关系,经友好协商达成协议如下:

一、一般约定

1. 乙方因业务经营需要,聘请甲方为乙方拍摄宣传照、广告宣传片及相应场景影像摄制。

2. 甲方为本合同中的肖像权人,自愿将自己的肖像权许可乙方作符合本合同约定和法律规定的用途。

二、拍摄内容、使用形式、使用地域范围

1. 拍摄内容

乙方拍摄的带有甲方肖像的作品内容包括:

(1)广告灯箱;

(2)各种宣传册画面;

(3)广告片、宣传片或者其他用于乙方对外营销宣传推广所需的拍摄内容。

2. 使用形式

乙方使用甲方肖像作为上述题材的平面宣传画面、宣传资料、视频镜头及销售附带光盘等。使用肖像的媒介限于不损害甲方肖像权的任何媒介(如电视、画册、杂志、网络等)。

3. 使用地域范围:____________________。

三、肖像权使用期限

肖像使用期为____年,自________年____月____日至________年____月____日止。

四、许可使用费用

1. 带有甲方肖像作品的拍摄费用由乙方承担。

2. 乙方于拍摄完带有甲方肖像的作品之日一次性付给甲方肖像许可使用费人民币______

① 法条链接:《民法典》第九百九十三条、第一千零二十一条、第一千零二十二条。

元(大写:________整)。

3. 支付方式为下列第____种形式:

(1)现金支付,甲方需在接受款项时出具收款凭证;

(2)以银行转账方式支付费用。

甲方指定收款账号:

开户行:

户名:

五、甲方的权利和义务

1. 甲方有权监督乙方正确使用带有甲方肖像权的作品,对乙方损害甲方肖像权的行为有权制止。

2. 甲方有权获得因许可乙方使用其肖像而应得的许可使用费用。

3. 甲方应及时配合乙方拍摄其肖像,并保证依照本合同的约定许可乙方使用其肖像。

4. 甲方承诺不再许可其他具有竞争关系的公司或企业使用其肖像。

六、乙方的权利和义务

1. 乙方有权要求甲方及时配合乙方拍摄带有甲方肖像的作品,并将该作品用于乙方需要的营销宣传推广用途。

2. 乙方需保护甲方的隐私权。

3. 乙方依法享有由拍摄的带有甲方肖像作品的所有权、著作权和财产权益等其他权利,甲方不得随意干涉乙方权利的行使,未经乙方另行书面同意,甲方不得以任何目的及任何方式使用或者许可他人使用该肖像作品。

4. 乙方不得将带有甲方肖像的作品改成毁谤、猥亵、淫秽或任何不道德的图片或其他形式,不得将带有甲方肖像的作品用作任何形式的非法目的。

5. 乙方应支付甲方应得的许可使用费用。

七、违约责任

任何一方未按本合同约定履行义务,均构成违约。违约方应支付违约金________元给守约方。

八、争议解决

甲乙双方因本协议的解释或履行发生争议,协商不成,由任意一方向____________人民法院提起诉讼。

九、其他事项

1. 本协议未尽事宜,经双方协议后作为本协议的补充协议;

2. 本协议自双方签字或盖章之日起生效。本协议一式两份,双方各执一份,具有同等法律效力;

3. 本协议________年____月____日于__________(地名)签订。

甲方(签字):　　　　　　　　　　乙方(盖章):

日期：　　　　　　　　　　　　　法定代表人：
　　　　　　　　　　　　　　　　日期：

捐赠器官协议①

甲方（捐赠人）：　　　　　　　　乙方（受赠人）：
身份证号码：　　　　　　　　　　法定代表人：
联系地址：　　　　　　　　　　　联系地址：
联系电话：　　　　　　　　　　　联系电话：

根据《中华人民共和国民法典》的有关规定，甲方作为完全民事行为能力人依法自主决定无偿捐献其人体________。为此，自愿与乙方达成协议如下：

一、捐赠器官范围：____。

二、甲方在签订本协议时充分了解了器官捐献的相关情况，并按法律程序和要求填写《人体器官捐献登记表》，到市红十字会进行了捐献登记。

三、乙方必须严格遵照甲方的意愿，对其捐献器官必须用于人道主义救治病人，不可进行其他营利性使用。

四、乙方必须充分尊重甲方意愿，履行保密义务。

五、其他有关事项，双方根据红十字会的《人体器官捐献登记表》和协议、规章等执行。

六、本协议经甲、乙双方签字盖章后生效。本协议一式三份，甲、乙双方各执一份，一份交红十字会备案。

甲方（签字）：　　　　　　　　　乙方（盖章）：
日期：　　　　　　　　　　　　　法定代表人：
　　　　　　　　　　　　　　　　日期：

① 法条链接：《民法典》第一千零六条。

五、婚姻家庭编法律文书

同居财产约定协议①

甲方：________，____族，________年____月____日出生，身份证号码：____________。

乙方：________，____族，________年____月____日出生，身份证号码：____________。

甲乙双方为同居关系，自________年____月____日起开始同居生活。双方为了防止因解除同居关系发生争议，现将所有的同居期间取得的财产进行划分。根据有关法律规定，双方经过友好协商，对同居期间取得财产的归属达成以下协议，双方共同遵守。

一、房产

双方同居期间以________名义购买位于________房屋一处，房产证号为________，建筑面积________平方米，该房付款方式为________，首付款为人民币________元由________支付。

现双方认可该房屋产权按下列第____种方式处理：

1. 两人共同所有，各占一半产权。

2. 双方按份共有，具体的份额比例为：________。

3. ____方所有，但若两人分手，则拥有房屋产权方应在____日内将该房产____%的份额按分手时该房产市价折价补偿另一方。

二、车辆

甲乙双方同居期间购买的________车一辆，车牌号为：________，登记在________名下。

现双方认可该汽车产权按下列第____种方式处理：

1. 两人共同所有，各占一半产权。

2. 双方按份共有，具体的份额比例为：________。

3. ____方所有，但若两人分手，则拥有汽车所有权方方应在____日内将该汽车____%的份额按分手时该汽车市价折价补偿另一方。

三、公司股权

________公司的____%股权（出资额人民币________元），登记于____名下。

现双方认可该股权按下列第____种方式处理：

1. 两人共同所有，各占一半股权。

2. 两人按份共有，具体的份额比例为：________。

---

① 法条链接：《民法典》第五编。

3. ____方所有，但若两人分手，则拥有股权方应在____日内将该股权____%的份额按分手时该股权市价折价补偿另一方。

四、其他财产

甲乙双方同居期间取得的其他未列明的存款、股票、基金、期货、首饰及个人生活用品等，双方认可按下列第____种方式处理：

1. 谁出资购买归谁所有。

2. 不论由谁出资，为甲乙双方共同财产，且各占50%的份额。

3. ________归甲方个人所有，________归乙方个人所有。其他为双方共同财产，各占50%份额。

五、债务

甲乙双方同居期间产生的债务，双方认可按下列第____种方式处理：

1. 各方名下债务，由各自承担，与对方无关。

2. 任何一方名下债务，另一方均承担连带责任，视为双方共同债务。

六、附则

本协议一式两份，双方各执一份，具有同等法律效力，自签字之日起生效。其他未尽事宜签订书面补充协议。

甲方：　　　　　　　　　　　　　　　　乙方：

年　月　日　　　　　　　　　　　　　　年　月　日

忠诚协议书①

男方：________，____族，________年____月____日出生，住______________，身份证号码：___________。

女方：________，____族，________年____月____日出生，住______________，身份证号码：___________。

男女双方于________年____月____日登记结婚，为兑现双方百年好合之承诺，互相督促履行夫妻忠实义务，根据《中华人民共和国民法典》等相关法律规定，经双方平等协商，自愿订立本协议，以资共同遵守。

一、双方在婚姻关系存续期间，应当互相遵守忠实义务，不得发生任何婚外性行为，违反夫妻互相忠诚的义务。

二、若任何一方有下述行为，视为对本协议第一条规定的违反：

1. 一方有嫖娼、卖淫行为；

---

① 法条链接：《民法典》第一千零四十三条。

2. 一方与异性偶然的婚外性行为；

3. 一方与异性的长期通奸，同居行为；

4. 一方出现配偶所不知晓的血缘关系儿女；

5. 一方出现配偶所不知晓的婚恋关系。

三、若任何一方有下列行为，可推定对本协议第一条规定的违反：

1. 一方与异性在非合理场合存在明显超出正常交际的亲密行为，如接吻、爱抚等情形；

2. 一方与异性在非正常时段、单独相处在封闭、隐秘场所，同时明显无法给予合理解释的情形；

3. 一方与异性在非正常时段，长期、频繁地存在有通信联系，同时明显无法给予合理解释的情形；

4. 有异性出现，主动承认自己为第三者，并且能提供相关证据予以直接证明的；

5. 一方与异性长期存在赤裸淫秽言语、图片、视频信息往来，经配偶劝阻过一次不予悔改的。

四、任何一方违反本协议约定的，除双方婚姻关系存续期间的夫妻共同财产按照过错方占夫妻共同财产份额的____%，无过错方占夫妻共同财产份额的____%进行分割外，过错方还应以个人财产赔偿无过错方人民币________万元。

五、本协议是双方在协商一致，完全自愿的情况下订立的。双方应本着诚实守信的原则，认真履行协议所约定的相关权利与义务。

六、本协议一式两份，双方各执一份，自双方签字之日起生效。

男方：　　　　　　　　　　女方：

年　月　日　　　　　　　　年　月　日

婚前财产协议①

男方：________，____族，________年____月____日出生，身份证号码：____________。

女方：________，____族，________年____月____日出生，身份证号码：____________。

男女双方经自由恋爱，准备依法登记结婚。为避免婚后财产纠纷，现根据《中华人民共和国民法典》的有关规定，依据公平、自由原则，对双方婚前财产作以下约定：

一、男方婚前财产：____。

二、女方婚前财产：____。

三、男女双方婚前财产的所有权归男、女各自所有。若发生离婚等原因致婚姻关系终止，任何一方不得对另一方的婚前财产主张所有权和要求分割等。

---

① 法条链接：《民法典》第一千零六十五条。

四、男女双方对各自的婚前财产拥有自由处分的权利，任何一方不得对对方处分婚前财产的行为进行干涉。

五、男女双方婚前各自所产生的债务，由各自独立承担，另一方不负清偿责任。

六、其他

本协议自男女双方签字捺印后生效，正本一式两份，由男女双方各持一份。

男方：　　　　　　　　　　　　女方：

年　月　日　　　　　　　　　　年　月　日

夫妻财产约定协议①

男方：________，____族，________年____月____日出生，身份证号码：____________。

女方：________，____族，________年____月____日出生，身份证号码：____________。

男女双方系夫妻关系，于________年____月____日登记结婚，现双方根据《中华人民共和国民法典》的有关规定，本着自愿、平等原则，经友好协商后，对夫妻关系存续期间财产归属约定如下：

一、不动产所有权归属

坐落于________________________（建筑面积________平方米，所有权证号____________）的房屋及房内装饰财产归________所有。

二、动产所有权归属

登记在________名下的________汽车（车牌号为__________）一辆归________所有。

三、其他财产性权利义务

（一）各自名下的存款归各自所有。

（二）以________名义持有的股票（股票代码：________）及对应的财产价值归________所有。

（三）债权债务

1. 本协议生效以前所产生的夫妻共同债务由________承担，本协议生效后以各自名义所欠债务各自承担；

2. 本协议生效以前的共同债权归________所有，本协议生效以后各自名下的债权归各自所有。

（四）生活支出

1. 本协议生效后，各自购买的物品归各自所有；共同购置的物品按出资比例拥有所有权；

2. 本协议生效后，平时生活费用、婚生子女抚养费用、双方父母赡养费用各承担50%。

---

① 法条链接：《民法典》第一千零六十五条。

（五）受让财产

1. 夫妻一方给付或赠与另一方的财物归接收方所有；

2. 夫妻各自接受的赠与或继承的遗产归各自所有。

四、其他

1. 本协议未明确说明的其他财产归属，可参照《中华人民共和国民法典》和其他相关法律法规以及司法解释之规定；

2. 双方应在本协议生效后____个工作日内根据本协议内容进行相关财产所有权的转移登记，所需税费双方平均负担；

3. 若双方离婚，按本协议约定确定财产归属；如发生争议，任何一方均有权要求________人民法院依据本协议确认相关财产所有权的归属；

4. 本协议一式两份，双方各执一份，经双方签字捺印后生效。

男方：　　　　　　　　　　　　　　　　女方：

年　　月　　日　　　　　　　　　　　　年　　月　　日

赡养协议[①]

被赡养人：张三，男，________年____月____日出生，汉族，住______________，身份证号码：____________。

赡养人：李四，女，________年____月____日出生，汉族，住________________，身份证号码：____________。

赡养人：王五，男，________年____月____日出生，汉族，住________________，身份证号码：____________。

现因________________，上述赡养人与被赡养人自愿协商一致，签订以下赡养协议：

一、赡养关系

1. 赡养人________与被赡养人________是________关系。

2. 赡养人________与被赡养人________是________关系。

二、赡养内容

1. 被赡养人与赡养人李四共同居住，赡养人李四应为被赡养人提供安全、舒适、方便的居住场所以及衣物、被褥等其他生活用品。

2. 赡养人应保证被赡养人的生活水平不低于家庭成员生活水平，根据其实际需要和赡养人的实际支付能力，赡养人李四每月给付被赡养人生活费________元，赡养人王五每月给付被赡养人生活费________元，随着生活水平的提高，赡养人应相应提高赡养费支付标准。

---

① 法条链接：《民法典》第一千零六十七条、第一千零七十四条。

(1)赡养费支付方式:________________;

(2)转账支付的,支付至被赡养人下述账户:

开户名:__________________;

账号:____________________;

开户行:__________________。

3. 被赡养人生病,赡养人李四应及时给予医治,并负责生活照料与护理。被赡养人无力支付的医疗、护理等费用,由各赡养人平均分担。

4. 被赡养人生活不能自理时,由赡养人李四护理;赡养人李四不能亲自照料被赡养人的,可以依照被赡养人的意愿更换照料人,由赡养人王五对被赡养人进行护理或者请人代为照料;护理期间所产生的费用由各赡养人协商分担。

5. 被赡养人去世后,赡养人要按照有关规定为被赡养人办理丧葬,丧葬费用由各赡养人平均分担。

三、赡养义务及违约情形

1. 未经被赡养人同意,各赡养人均不得侵占或私分被赡养人的财产及其他合法收入。

2. 各赡养人不得以放弃继承权、被赡养人的婚姻关系变化或其他理由拒绝履行赡养义务,也不得强行将有配偶的被赡养人分开赡养。

3. 赡养人不履行赡养义务,被赡养人有权要求赡养人履行赡养义务,因赡养人不履行本协议而产生的诉讼费、律师费、交通费、赡养期间的护理人员费用均由不履行义务的赡养人承担责任。

4. 赡养人不履行赡养义务的,除了需支付赡养费用外,还应按照每日________元的标准向被赡养人支付违约金,直至履行赡养义务之日止。

5. 本协议长期有效,赡养人必须切实遵守协议至赡养关系终止之日。

四、附则

1. 各方就履行中产生的任何争议,都应通过友好协商解决,协商不成,任何一方均有权向__________人民法院提起诉讼。

2. 本协议自赡养人、被赡养人签字之日起生效,一式三份,每人各执一份,具有同等法律效力。

被赡养人:

年　月　日

赡养人:

年　月　日

赡养人:

年　月　日

离婚协议书①

甲方(男方):张三,男,________年____月____日出生,汉族,住____________,身份证号码:____________。

乙方(女方):李四,女,________年____月____日出生,汉族,住____________,身份证号码:____________。

甲乙双方于________年____月____日办理结婚登记手续,结婚证号码:________________。婚后于________年____月____日生育一子,名王五。婚后因双方性格不合无法共同生活,夫妻感情完全破裂,已无和好可能,现双方自愿要求离婚,经充分协商,对有关事项达成以下协议:

一、子女抚养问题

1. 婚生子王五由女方抚养至____周岁(能够独立生活为止),男方每年支付孩子抚养费________元(大写:________整),男方应于每年的____月____日前将本年度孩子的抚养费转账到女方指定的银行账户内,开户行:________账号:________。如男方不能按时支付的,以本年度抚养费总额为基数,每天加收万分之五的赔偿金,直至付清之日止。

2. 离婚后孩子户口暂时留在男方住处,待女方落实好孩子落户问题之后,由男方配合女方将孩子户口迁出至女方指定地,最长期限不超过____年。

3. 离婚后,女方未经男方书面同意,不得改变孩子的姓氏,擅自改变的,应及时恢复原来的姓氏。

4. 女方应悉心抚养孩子,不得有虐待、遗弃、家庭暴力等行为。

5. 男方在不影响孩子学习、生活的情况下,可以随时探望孩子,但应提前____天通知女方,女方有协助的义务。

二、共同财产处理问题

1. 存款:双方各自名下储蓄账户内的存款保持不变,归各自所有;

2. 房屋:(1)夫妻婚后购有位于______________住房一套,系夫妻共同财产。该套房产归男方所有,剩余贷款由男方继续偿还,与女方无关;

(2)女方有义务自离婚手续办理完毕____日内配合男方办理上述房屋产权变更手续,因办理产权变更登记手续所应支付的一切费用和款项全部由男方承担;

3. 车辆:夫妻婚后购有____牌轿车一辆(车牌号:____________),归女方所有;

4. 其他财产:

(1)男女双方除上述财产外,没有其他共同财产;

(2)男女双方各自的衣物及私人生活用品归各自所有。

---

① 法条链接:《民法典》第一千零七十六条。

三、债务的处理

1. 男女双方现有的外债为：______________。以上债务由男方一人承担，与女方无关；

2. 除上述债务外，其他在婚姻关系存续期间的对外负债，由负债方自行承担。

四、其他

1. 离婚后，一方不得干预另一方的生活，不得向第三方泄露另一方的个人隐私，不得有故意损坏另一方名誉的行为；

2. 男女双方承诺对该协议书的字词义非常清楚，并愿意完全履行本协议书，不存在受到胁迫、欺诈、误解的情形；

3. 本协议书一式三份，男女双方各执一份，婚姻登记机关保留一份。本协议自双方签字，并经婚姻登记机关办理离婚手续后生效。本协议记载的住址为各自签收各项法律文书的地址；

4. 本协议生效后在执行中发生争议，协商不成，任何一方均可向__________人民法院提起诉讼。

甲方（男方）：　　　　　　　　　　乙方（女方）：

年　月　日　　　　　　　　　　年　月　日

夫妻分居协议[①]

男方：________，____族，________年____月____日出生，身份证号码：____________。

女方：________，____族，________年____月____日出生，身份证号码：____________。

协议双方于________年____月____日登记结婚，婚后生育一子名________，现年____岁。现夫妻经常闹矛盾，感情不和，为缓和夫妻矛盾，双方一致同意分居，以便冷静思考婚姻继续与否。根据《中华人民共和国民法典》的有关规定，双方经友好协商，自愿达成分居协议如下：

一、男女双方均自愿实行分居。分居自________年____月____日起至________年____月____日止。

二、分居期间，____方名下坐落于______________的住房，由____方居住。____方另行寻找房屋，自行解决居住问题。

三、在男女双方分居期间，各自所得的所有财物、收入及收益，归各自所有，互不为夫妻共同财产。

四、分居期间以各自名义产生的债务，由各自承担，不得主张为夫妻共同债务。

五、双方一致同意并约定，分居期间互不履行夫妻生活义务。

六、分居期间儿子随____方生活，____方每期月给付抚养费________元；____方每两周可探望儿子一次，每次为两天，于隔周的每周五晚接走，周日晚送回。

---

① 法条链接：《民法典》第一千零七十九条。

七、本协议一式两份，自双方签字时生效，男女双方各持一份，具有同等法律效力。

甲方：　　　　　　　　　　　　　　　　　　乙方：

　　年　　月　　日　　　　　　　　　　　　　　年　　月　　日

收养协议①

收养人：张三，男，________年____月____日出生，____族，住______________，身份证号码：____________。

收养人：李四，女，________年____月____日出生，____族，住址同上，系张三的配偶，身份证号码：____________。

送养人：王五，男，________年____月____日出生，____族，住______________，身份证号码：____________。

送养人：赵六，女，________年____月____日出生，____族，住址同上，系王五的配偶，身份证号码：____________。

被收养人：刘七，男，________年____月____日出生，____族，系王五与赵六的亲生儿子。

根据《中华人民共和国民法典》及相关法律法规的规定，经收养人与被收养人自愿协商，就张三、李四收养刘七事宜达成以下协议：

一、收养人张三与李四结婚____年，因李四身体原因一直未能生育，现膝下无子女，兹愿共同收养刘七为养子。

二、送养人王五与赵六因______________，对刘七无力尽到养育和教育之责，现同意送养。

三、收养关系自依法登记之日起，被收养人刘七将与收养人共同生活，并改名为张×。

四、自收养关系成立之日起，收养人张三、李四与被收养人刘七即依法成立养父母与养子女关系，送养人王五与赵六和刘七的父母子女关系即告解除。

五、自收养关系成立之日起，收养人将尽到抚养、教育被收养人的义务，保证被收养人刘七身心健康，送养人王五与赵六无权干涉收养家庭内部事务。

六、本协议自签订之日起生效。本协议签订后____日内，收养人和送养人双方到________民政局办理收养登记手续。

收养人：　　　　　　　　　　　　　　　　　送养人：

　　年　月　日　　　　　　　　　　　　　　年　月　日

协议签订地点：

① 法条链接：《民法典》第一千一百零五条。

解除收养关系协议①

收养人：

________，男，________年____月____日出生，住址：____________________，身份证号码：____________，电话：____________。

________，女，________年____月____日出生，住址：____________________，身份证号码：____________，电话：____________。

送养人：

________，男，________年____月____日出生，住址：____________________，身份证号码：____________，电话：____________。

________，女，________年____月____日出生，住址：____________________，身份证号码：____________，电话：____________。

被收养人：

________，男/女，________年____月____日出生，住址：____________，身份证号码：____________________，电话：____________。

收养人于________年____月____日收养了被收养人，并经________民政局登记确认收养关系。现经收养人、被收养人及送养人三方协商解除收养关系，并一致达成如下协议：

一、因________________原因，收养人与被收养人、送养人经协商一致同意解除收养关系。

二、解除收养关系后，原收养人与被收养人、送养人均不得干涉对方的生活，原来收养关系而产生的权利、义务随即终止。

三、本协议是收养人、被收养人及送养人的真实意思表示，经三方签字后发生法律效力，任何一方不得随意反悔。

四、本协议签署后，各方应一同到民政部门办理解除收养关系的登记。

五、各方均同意，无须就收养关系的履行与解除向任何一方支付补偿或费用。

六、解除收养关系后，养子/女与养父母以及其他近亲属之间的权利义务关系即行消除。

七、本协议一式五份，各方各执一份，另外两份用于登记与存档。

收养人：　　　　　　　　　　　　送养人：

年　月　日　　　　　　　　　　　年　月　日

被收养人：

年　月　日

① 法条链接：《民法典》第一千一百一十四条、第一千一百一十五条、第一千一百一十六条。

六、继承编法律文书

遗产分割协议①

甲方:________,男/女,________年____月____日出生,____族,住_____________,身份证号码:____________。

乙方:________,男/女,________年____月____日出生,____族,住_____________,身份证号码:____________。

丙方:________,男/女,________年____月____日出生,____族,住_____________,身份证号码:____________。

上述各方就遗产分割事宜,根据《中华人民共和国民法典》的相关规定,经平等自愿协商,达成如下协议:

一、背景介绍

________于________年____月____日在________医院因病去世。现就被继承人遗产问题,各方经协商同意按本协议处理。

二、所需分割遗产

1. 存款人民币________元(开户银行:________;账号:________);

2. 坐落于______________的房屋(产权证号:________)一套。

三、遗产分割方法及明细

1. 遗产总价值由甲、乙、丙方协议人三人平均分配,分割遵循公平、自愿、互信原则,协议人家庭遗产分割明细如下:

2. 甲方分割取得____;

乙方分割取得____;

丙方分割取得____。

四、遗产分割注意事项

1. 各协议人按照协议所载内容取得遗产。遗产分割完毕后,协议人三方互讫,不存在任何其他债务关系和争议纠纷。

2. 各协议人获得相应遗产后须谨慎妥善使用,如使用不当造成亏损以及债务,由当事人自行承担,与其他协议人无关。

五、本协议一式三份,经协议人签字按手印后生效,协议人每人各执一份,各协议人须妥善

① 法条链接:《民法典》第一千一百三十条、第一千一百五十九条。

保管本协议。

六、本协议是各协议人的真实意愿表示，具有法律效力，本协议一经签署即不得反悔，任何口头或书面协议均不得改变本协议内容。

本协议签订于：________年____月____日

甲方：

乙方：

丙方：

放弃继承权声明书[①]

声明人：________，男/女，________年____月____日出生，____族，住____________，身份证号码：____________。

声明人就放弃继承父亲张三遗产一事，声明如下：

张三（居民身份证号码：________）为本人的父亲，已经于________年____月____日在______医院因病去世。我父亲生前遗留的财产如下：

1. 坐落于______________的房屋（产权证号：________）一套；

2. 登记在张三名下的本田轿车，车辆型号为________，发动机号为________，车牌号为__________。

张三生前并未订立遗嘱，也未与他人签订《遗赠扶养协议》，我作为张三的婚生子，根据《中华人民共和国民法典》的相关规定，我系张三遗产的第一顺序法定继承人之一，对张三遗留的遗产具有合法的继承权。

现特声明如下：我自愿无条件放弃对张三遗产的继承权。放弃继承是我本人真实的意思表示，如有虚假，我愿承担由此而引起的一切经济和法律责任。

声明人：（签名手印）

年　　月　　日

遗赠扶养协议[②]

甲方（遗赠人、被扶养人）：________，男/女，________年____月____日出生，____族，住____________，身份证号码：____________。

---

① 法条链接：《民法典》第一千一百二十四条、第一千一百六十一条。

② 法条链接：《民法典》第一千一百二十三条、第一千一百五十八条。

乙方(受遗赠人、扶养人):________,男/女,________年____月____日出生,____族,住____________,身份证号码:____________。

根据《中华人民共和国民法典》及相关法律法规的规定,现甲乙双方在平等、自愿基础上就遗赠和扶养事宜达成以下协议,以资双方共同遵守:

一、遗赠财产范围

如乙方能够按照本协议的内容承担对甲方的生养死葬义务,甲方自愿在自己去世后将其所有的下列财产赠与给乙方:

1. 房产:登记在甲方名下位于________的房屋(产权号:__________),房屋的建筑面积为:________平方米。

2. 车辆:登记在甲方名下的本田轿车,车辆型号为________,发动机为________,车牌号为________。

3. 存款:____。

4. 其他财产:____。

乙方因本协议获得的财产,属于乙方的个人财产,与乙方的配偶无关。

二、乙方扶养义务的约定

乙方负责甲方的吃、穿、住、行、医疗、养老等扶养义务,扶养义务是指在生活上照顾、经济上给予帮助,精神上给予慰藉。具体为:

1. 饮食安排:乙方负责甲方一日三餐,饮食上应照顾甲方年纪和习惯。

2. 生活安排:保证甲方四季穿衣保障,衣物、被褥整洁、常洗常换。同时乙方应于每月十日前给付甲方生活费人民币________元,医疗补助费人民币________元。

3. 医疗安排:乙方生病应及时安排治疗,住院等医疗费用由乙方承担。备注:若每月的医疗费用总额超过________元,超出部分由甲方自行承担。

4. 其他安排:____。

三、遗赠财产所有权的转移

乙方在甲方生前不得转移、处置甲方个人财产,乙方应在甲方去世之后30日内办理遗赠财产的所有权转移手续。不需办理财产所有权转移手续的,乙方占有即视为已取得遗赠财产。

四、遗赠财产的保管、管理和维护责任

1. 甲方应负责对遗赠遗产的保管和维护责任,不得单方处置上述第一条列明遗赠的财产(包括但不限于赠与、买卖、设置抵押等)。遗赠的财产损坏或者甲方单方处置给第三方,乙方有权要求甲方修理、更换或收回;甲方拒不修理、更换或收回的,乙方有权终止本协议。

2. 因管理遗赠财产发生的费用以及遗赠的财产确需维修的,首先从甲方财产中支付,甲方财产不足以支付上述费用的,由乙方承担。

五、丧葬事务办理及费用承担

甲方过世后的丧葬事务由乙方负责,乙方应当按照当地政策和风俗办妥甲方丧葬事务。办理甲方丧葬事务的费用首先由甲方去世后留下的财物支付,不足部分由乙方承担。

六、本协议的解除

1. 双方协商一致可以解除本协议。

2. 一方当事人无正当理由拒绝履行协议内容，另一方可以解除本协议。

3. 如果乙方在甲方生前未经其同意处置(包括但不限于赠与、买卖、设置抵押等)甲方的个人财产，甲方有权解除本协议。

七、违约责任

1. 甲方单方处置遗赠的财产导致本协议解除，乙方有权要求甲方一次性支付人民币______元作为违约金并返还乙方已付的全部扶养费用；

2. 乙方无故不履行扶养义务导致本协议解除，不得享有受遗赠的财产，已支付的扶养费也不予退回。

八、争议解决

凡因履行本协议所发生的争议，甲、乙双方应友好协商解决，协商不能解决的，任一方均有权向________人民法院提起诉讼。

九、其他事项

1. 本协议自双方签字之日起生效。本协议一式两份，双方各执一份，具有同等法律效力；

2. 本协议其他未尽事宜，由双方协商解决并签订书面补充协议。

甲方：　　　　　　　　　　　　　　乙方：

年　月　日　　　　　　　　　　　　年　月　日

自书遗嘱范本

遗　　嘱①

立遗嘱人：张三，男，________年____月____日出生，____族，住____________，身份证号码：____________。

本人现在精神正常、头脑清醒、思维清晰，能够正常理解并清楚表达我本人的真实意愿。现依据《中华人民共和国民法典》的有关规定，订立遗嘱内容如下：

一、本人婚姻家庭情况

1. 婚姻和配偶：我于________年____月与李四(居民身份证号码：____________)结婚，李四于________年____月去世。除此之外，我没有其他的婚姻关系；

2. 子女：本人和李四共有两名子女，他们分别是：

(1)张某强(儿子)，居民身份证号码：____________。

---

① 法条链接：《民法典》第一千一百三十四条。

(2)张某芬(女儿),居民身份证号码:____________。

除张某强、张某芬之外,我没有其他子女(包括婚生、非婚生、收养及有扶养关系的继子女);

3. 父母:本人的父母均已过世。

二、本人现有财产及去世后的处理事宜

1. 房产

(1)坐落于________的房屋(产权证号:____________),在我去世后,由张某强个人继承,属于张某强个人财产,与张某强配偶无关;

(2)我现居住的位于________的房屋(产权证号:____________),在我去世后,由张某芬个人继承,属于张某芬个人财产,与张某芬配偶无关。

2. 车辆

登记在我名下的本田轿车,车辆型号为______,发动机号为____________,车牌号为____________,在我去世后,车辆由张某强个人继承,属于张某强个人财产,与张某强配偶无关。

3. 股权

本人享有________公司____%的股权,公司注册资本为________万元,法定代表人为________,公司注册地为________。公司章程中无限制继承的条款。

上述股权在我去世后由张某强个人继承,因股东身份所产生的权利由张某强个人享有,因股权产生的收益及转让股权所取得财产权利,归张某强个人专有,该项股东权利及所产生的财产收益与张某强配偶无关。

4. 股票

本人在________证券公司开立证券账户,账号类型:________、交易账号________、交易密码________,该证券账户内的所有资金及购买的股票在我去世后全部由张某芬个人继承,与张某芬配偶无关。

三、遗嘱执行人

1. 本人指定________(居民身份证号码:____________)为我的遗嘱执行人。

2. 在本人去世后,遗嘱执行人按照本遗嘱的内容办理遗嘱继承事宜。

3. 如本人去世后,遗嘱执行人不再具备担任遗嘱执行人资格,则由本遗嘱中所有继承人共同担任遗嘱执行人,依照本遗嘱的内容办理遗产继承事宜。

4. 遗嘱执行人的服务费用________元优先在我所遗留的存款中扣除。

四、其他事项

1. 本人去世后,本人以上所有财产按上述遗嘱列明的方式进行继承,继承人之间不得有争议。

2. 本遗嘱是目前我订立及认可的唯一有效的遗嘱。本人在本遗嘱之前所立的遗嘱与本份遗嘱冲突的,以本份遗嘱为准。本人无其他对外债务。

五、遗嘱的文本及持有

1 本遗嘱共三页,每页下方均有我的亲笔签名。

2. 本遗嘱一式三份,我本人及遗嘱执行人各持一份,我的朋友________(身份证号码:____

________)保存一份,待本人去世后,由遗嘱执行人按照本遗嘱内容执行,各继承人不得有异议。

立遗嘱地点:____________。

立遗嘱人:(签名手印)

年 月 日

备注:自书遗嘱必须由遗嘱人全文亲笔书写、签名,注明年、月、日。

代书遗嘱范本

遗 嘱①

立遗嘱人:张三,男,________年____月____日出生,____族,住____________,身份证号码:____________。

本人已罹患疾病,但目前意识清晰,为妥善解决将来本人去世后的遗产继承问题,现特立此遗嘱。因本人不能书写,为了证明本人所立遗嘱的真实性,特请________和________作为见证人,并由________(见证人之一)代书遗嘱如下:

一、本人的法定继承人情况

我的父亲、母亲早已去世,其余的法定继承人是我的妻子________,我的大儿子________、小儿子________和女儿________,均健在。

本人无其他法定继承人,无养子女、继子女等。

二、遗产分配

1. 在我与妻子________婚姻存续期间,购买位于________的房屋(产权证号:__________)一处,该房屋是我们夫妻的共同财产。在我去世后,该房屋中属于我的产权份额由大儿子________继承。

2. 在我与妻子________婚姻存续期间,共积蓄存款约100万元,相关存折及存单均在我妻子________手中持有,该存款中属于我的份额在我去世后由我的小儿子________继承。

但如果该100万元存款在立此遗嘱后有部分用于我的治疗,则在我去世后,所剩余额中属于我的份额由小儿子________继承。

三、本遗嘱原件一式三份,由本人保存一份,________保存一份,________保存一份。

代书人(见证人):

身份证号码:

① 法条链接:《民法典》第一千一百三十五条。

日期:

见证人:
身份证号码:
日期:

立遗嘱人:(签名手印)
年 月 日

备注:代书遗嘱应当有两个以上见证人在场见证,由其中一人代书,并由遗嘱人、代书人和其他见证人签名,注明年、月、日。

七、侵权责任编法律文书

人身损害赔偿协议①

甲方(受害人):________,男/女,________年____月____日出生,____族,住____________,身份证号码:____________,联系电话:____________。

乙方(赔偿义务人):________,男/女,________年____月____日出生,____族,住____________,身份证号码:____________,联系电话:____________。

________年____月____日晚上,甲乙双方在________地方因口角发生争斗,甲方右手受伤(后经法医鉴定为轻伤)。现甲乙双方根据各自的过错程度,经充分协商,自愿达成如下协议:

一、乙方一次性支付赔偿金共计人民币________元(大写:________圆整)给甲方,支付时间:本协议签订后____日内。

甲方指定收款账号:

开户行:

户名:

二、甲方就本次事故所涉及的所有财产及相关费用,均已经通过本协议约定的赔偿方式予以解决。甲方今后不得再因此事追究乙方的任何责任。

三、若甲方有与本次事故有关的隐性伤情,治疗该伤情的费用(包括但不限于医疗费、护理费、住院伙食补助费等)由乙方负责。

四、双方因本协议有关的一切争议首先通过友好协商解决,若协商不成的,任何一方有权选择以下第____种方式解决争议:

1. 向__________法院提起诉讼;

2. 向__________仲裁委员会提起仲裁。

五、本协议自双方签字之日起生效,一式两份,甲乙双方各执一份,具有同等法律效力。

甲方:　　　　　　　　　　乙方:

年　月　日　　　　　　　　年　月　日

① 法条链接:《民法典》第一千一百七十九条、第一千一百八十七条。

交通事故致人残疾赔偿协议①

甲方(肇事人):________,男/女,________年____月____日出生,____族,住____________,身份证号码:____________,联系电话:____________。

乙方(受害人):________,男/女,________年____月____日出生,____族,住____________,身份证号码:____________,联系电话:____________。

________年____月____日____时____分许,甲方驾驶________沿________路由____向____行至________处,与驾驶________正常行驶的乙方相撞导致交通事故,造成乙方(此处需详述医院诊断的具体伤情)________受伤。________年____月____日,________公安局交通警察大队就该事故做出事故认定书,认定:_____________(此处填写事故认定书认定的双方责任)。

现甲、乙双方本着互谅互让、和谐友爱的精神就本次交通事故致人损害的赔偿事宜,在平等、自愿、合法基础上协商一致达成如下协议。

一、甲方于________年____月____日前向乙方一次性支付赔偿款人民币________元(大写:________整)。上述赔偿款包括车辆、财产、人身伤害方面的全部赔偿、补偿费用,包括但不限于医疗费、后续治疗费、住院伙食补助费、营养费、护理费、误工费、交通费、精神损害抚慰金、伤残赔偿金、车辆损失等。甲方已经支付或承担的费用款项不计算在内。

二、甲方将上述款项汇入乙方指定银行账号:

开户行:

户名:

账号:

三、乙方在收到上述款项后,双方的赔偿纠葛已作一次性了结。乙方不得再以同一理由、同一事实向甲方索要其他任何名目的费用。

四、如有必要,一方应配合对方办理保险理赔手续,如不配合导致对方无法理赔,应承担赔偿责任。

五、若甲方未按时支付乙方上述款项,乙方有权要求甲方按总款项的____%支付迟延履行金,直至甲方全部履行止。

六、本协议系双方当事人协商,经认真阅读后自愿签订。

七、双方因本协议有关的一切争议首先通过友好协商解决,如果协商不成的,任何一方有权选择以下第____种方式解决争议:

1. 向________法院提起诉讼;

2. 向________仲裁委员会提起仲裁。

八、本协议经双方当事人签字生效、一式两份,双方当事人各执一份,均具有同等法律效力。

---

① 法条链接:《民法典》第一千一百七十九条、第一千一百八十七条、第一千二百零八条。

甲方：　　　　　　　　　　　　　　　　乙方：

年　月　日　　　　　　　　　　　　　　年　月　日

交通事故致人死亡赔偿协议①

甲方（肇事者）：____________________

乙方（受害方）：____________________

________年____月____日____时____分许，甲方驾驶车牌号为____________的车行驶至________时发生交通事故，致________死亡。________年____月____日，________公安局交通警察大队就该事故做出事故认定书，认定：____________（此处填写事故认定书认定的双方责任）。现甲方与死者的所有近亲属（乙方）经友好协商，就本次交通事故致人损害的赔偿事宜，在平等、自愿、合法基础上协商一致达成如下协议。

一、甲方于________年____月____日前向乙方一次性支付赔偿款人民币________元（大写：________整）。上述赔偿款包括车辆、财产、人身伤害方面的全部赔偿、补偿费用，包括但不限于医疗费、住院伙食补助费、营养费、护理费、误工费、交通费、精神损害抚慰金、死亡赔偿金、被抚养人生活费、车辆损失等。甲方已经支付或承担的费用款项不计算在内。

二、甲方将上述款项汇入乙方指定账号：

开户行：

户名：

账号：

三、乙方在收到上述款项后，向甲方出具收据，即双方的赔偿问题已作一次了结。乙方今后不得再以同一理由、同一事实向甲方索要其他任何名目的费用。

四、根据甲方真诚悔过，考虑到甲方行为系过失所致，主观恶意小，社会危害轻，本着构建和谐社会的原则，乙方对甲方的行为给予谅解，不再追究甲方责任，希望司法机关及相关部门对甲方从轻、减轻或免于处罚。

五、本协议系双方当事人协商，经认真阅读后自愿签订。

六、双方因本协议有关的一切争议首先通过友好协商解决，如果协商不成的，任何一方有权选择以下第____种方式解决争议：

1. 向________法院提起诉讼；

2. 向________仲裁委员会提起仲裁。

七、本协议经双方当事人签字后生效，一式____份，甲乙双方各执一份，具有同等法律效力。

甲方：　　　　　　　　　　　　　　　　乙方：

年　月　日　　　　　　　　　　　　　　年　月　日

① 法条链接：《民法典》第一千一百七十九条、第一千一百八十七条、第一千二百零八条。